U0637151

中国中共党史人物研究会 编

中共党史人物传

【第89卷】

中共党史出版社

中国中共党史人物研究会第四届理事会

顾　　　问　赵南起　布　赫　热　地　邵华泽
　　　　　　伍绍祖　陈焕友　舒惠国　徐光春
　　　　　　林开钦　金冲及　刘纪原　徐文伯
　　　　　　王重农　李　岩　王　淇

名 誉 会 长　李力安　孙　英
会　　　长　欧阳淞
常务副会长　李忠杰　安　民　陈小津　章百家
副 会 长　翟卫华　陈喜庆　李书磊　董　宏
　　　　　　袁贵仁　邬书林　陈昊苏　陈荣书
　　　　　　朱佳木　唐双宁　周　涛　黄修荣
　　　　　　杨凤城

参与本卷编辑相关人员
主　　　编　章百家　黄修荣
执 行 主 编　张　琦

审 稿 人 员（以姓氏笔画为序）
　　　　　　陈铁健　宋毅军　吴家林　庞　松
　　　　　　姜华宣　姜廷玉　赵勇民　黄如军
　　　　　　谢荫明　彭咏梅

责 任 编 辑　姚佩莲
编　　　务　赵永旭　刘　曼

中共党史人物传

陈云 丙寅

◇ 彭 真

◇ 赛福鼎·艾则孜

◇ 张友渔

◇ 武胡景

◇ 王维舟

◇ 康永和

出 版 说 明

　　中国中共党史人物研究会，是 1979 年成立的一个全国性、群众性学术团体。从 1996 年开始，中共中央党史研究室主管其业务。本会由从事中共党史、国史、军史、革命史和中国近现代史研究机构和学者组成，主要从事中共党史人物传记的编纂和出版工作。第一至第四任会长分别是何长工、李力安、孙英、欧阳淞。《中共党史人物传》是经中共中央有关部门批准，由中国中共党史人物研究会主持编写的大型历史丛书。36 年来本会已编纂出版《中共党史人物传》87 卷，《中共党史人物传精选本》10 卷本和 16 卷本，与解放军总政治部联合出版《中国人民解放军高级将领传》40 卷，与民族出版社联合出版《中共党史少数民族人物传》4 卷（6 种文字）。已出版的 87 卷《中共党史人物传》，是本会组织全国党史工作者以实事求是的治史态度撰写的 1000 多位党史人物的传记，共计 2500 万字。这次出版的《中共党史人物传》第 88 卷、第 89 卷，是 2008 年以来由以孙英为会长的第三届理事会组稿，由欧阳淞为会长的第四届理事会编辑的。每卷收入五至六位传主传记，字数根据从事革命工作的重要性和岗位不同不等，最多不超过 10 万字。这两卷收录了包括习仲勋、彭真、阿沛·阿旺晋美、赛福鼎·艾则孜 4 位党和国家领导人在内的 11 位传主的传记，共 60 万字。在风格体例上继续保持史学传记、编年体叙事风格，力求史实准确、重点突出、评介公允、详略得当、文字简明。本书的出版必将成为了解和研究各位传主生平的重要参考，对党史人物的研究和宣传工作也会起到积极的推动作用。

编者

2015 年 7 月 10 日

目　录

1

彭真

　　彭真，男，1902年10月12日出生于山西曲沃。1923年加入中国社会主义青年团，同年加入中国共产党，是山西省共产党组织的创建人之一。伟大的无产阶级革命家、政治家，杰出的国务活动家，坚定的马克思主义者，我国社会主义法制的主要奠基人，党和国家的卓越领导人。他为中国人民的解放和新中国的诞生，为社会主义革命和建设事业，建立了不可磨灭的历史功勋。

1927年起，历任中共天津市委代理书记，中共顺直省委代理书记，中共北方局组织部长，中共北方局代表，中共中央晋察冀分局书记，中央党校副校长，中央城市工作部部长，中央组织部部长。中共七大中央委员、政治局委员，中央书记处候补书记。1945年9月任中共中央东北局书记，1945年10月任东北人民自卫军第一政治委员，1946年1月任东北民主联军第一政治委员。1948年任中共中央组织部部长兼政策研究室主任、中共北平市委书记。新中国成立后，任政务院政治法律委员会副主任，中共中央政法小组组长，全国人大常委会副委员长兼秘书长，政协全国委员会副主席，兼任中共北京市委书记、第一书记、北京市市长。中共八大中央委员、政治局委员、中央书记处书记，在书记处协助邓小平负总责。"文化大革命"中被停止和撤销了一切职务。"文化大革命"后复出，1979年2月任全国人大常委会法制委员会主任，7月在五届人大二次会议上补选为全国人大常委会副委员长，10月在中共十二届四中全会上增补为中央委员、政治局委员。1980年任中央政法委员会书记。1983年当选为全国人大常委会委员长。

一、黄土地上的农家子弟

清末民初，帝国主义势力和封建势力在中国盘根错节，中国人民生活在贫穷、落后、分裂、动荡、混乱的苦难深渊中。中国的先进分子逐渐觉悟到必须探寻救国救民的真理，"亟拯斯民于水火，切扶大厦之将倾"①。彭真，黄土地上成长起来的一位农家子弟，在封建、贫穷、落后的农村与命运抗争，终于走向外面的世界，加入先进分子行列，在救国救民的道路上铸就辉煌人生。

彭真原名傅懋恭，1902年10月12日出生于山西省曲沃县侯马镇垤上村（今属侯马市）一个贫苦农民家庭。上学期间，自号"敬之"、"温卿"，参加革命后曾用"春雷"、"炜实"等化名。1937年改名彭真。

彭真祖籍山东省桓台县侯庄乡玉皇阁村，祖父傅象义于1888年带领全家逃荒到晋南地区，辗转落户曲沃县侯马镇垤上村。房无一间，地无一垄，一家人暂住在废弃的土窑洞里，艰难度日。窑洞紧邻浍河滩，大雨天浍河涨水灌进屋里，不得已又在附近高处另挖窑洞居住。10余年后彭真就出生在自家所挖的窑洞里。兄弟姐妹共八人，彭真居长，有两个弟弟，五个妹妹。饥荒之年，彭真的

---

① 见《兴中会章程》，《孙中山选集》，人民出版社1981年版，第14页。

母亲怀孕七八个月时还要上山摘酸枣,有时要在山上的破庙里过夜。酸枣晒干后碾粉掺糠,做成枣面糠饼充饥。

彭真童年时期的中国农村,民生凋敝,惨象环生。由于家境贫寒,彭真六七岁开始随父亲下地劳动。后来又学会纺线。白天下地做农活,晚上与家人一起纺线贴补家用。年龄稍大些有时还要挑上自家种的蔬菜到集上去卖,开始接触外部社会,开阔眼界,增长见识。

彭真的祖父积劳成疾于1902年去世。祖母傅张氏,为人仗义执言,办事认真,说到做到,深受街坊邻里爱戴。父亲傅维山精明干练,精通珠算。母亲魏桂枝也是由山东逃难到山西的,嫁入傅家后终日含辛茹苦操持家务。在祖母的精心安排和父亲的带领下,一家人辛勤劳作,家境逐渐好转。

当家里有条件让彭真读书的时候,傅维山给他请来一位私塾先生。本村的几个少年得以同时进入私塾读书。傅维山的本意,是要把自己的长子培养成为乡村教书先生。在他看来,果能如此,就已经很满足了。

少年彭真在本村读私塾,是从1916年他14岁时开始的。读书时仍时常随父亲参加劳动。私塾先生傅英海,是彭真的本家远房侄子,年龄大辈分小。14岁开始读书的彭真,该是小学毕业的年龄了。由于在同学中年龄最大,又最用功,加之天赋高,理解能力强,深受先生喜爱,傅英海经常为他单独增加教学内容。彭真的聪明与勤奋,使他在私塾生活中不仅熟读"四书五经"等,而且阅读《水浒传》《三国演义》等古典小说。

除从容应付私塾课程以外,晚上,彭真还照入学前的习惯忙里偷闲凑到村中更房的人群中听讲民间故事。岳飞抗金、戚继光抗倭斩子等故事情节,深深印在少年彭真的脑海里,使他从传统故事中得到了反抗压迫、报效国家的启迪。彭真在乡间贫苦的生活中感受到太多的不公平,深为梁山好汉杀富济贫的英雄行为所感动,立志铲除不平,匡扶正义。

1918年,彭真以优异成绩考入设在侯马的曲沃县立第二高等国民小学校。为减轻家里的负担,彭真坚持不在学校入伙,常年走读。课余假日,还要回家磨豆腐、干农活,还经常一大早担上蔬菜到集上卖,卖完后再到学校上课。

彭真在乡间求学期间,国内形势发生巨大变化。1916年袁世凯死后,北洋军阀①分成直系、皖系、奉系三大派系，各自割据一方，并以帝国主义列强在中国的争夺为背景，相互之间展开愈演愈烈的军阀混战，使国家陷于长期的分裂和动乱之中。在各种社会矛盾日益加剧的情况下，一场新的人民大革命的兴起已不可避免。这场革命以1919年5月爆发的五四运动②为起点。1919年上半年，第一次世界大战中取胜的协约国一方在巴黎举行"和平会议"。会议不顾属于战胜国一方的中国的权益，规定战败的德国将在中国山东获得的一切特权转交给日本。消息传到国内，激起各阶层人民的强烈愤怒，以学生斗争为先导的五四运动爆发。

五四运动兴起后，彭真思想上受到很大影响。由于他的爱国主张和在学生中的威望，被同学们公推为二高宣传队长。彭真曾带领同学们上街游行或演讲，宣传抵制日货，打倒列强，振兴中华。次年，他又被推选为二高学生会主席。

1921年彭真高小毕业。1922年，在父亲和祖母的支持下，彭真只身离别家乡，到太原求学。1922年9月，彭真以优异成绩考入山西省立第一中学。

二、在太原，革命征程初露锋芒

五四运动促进了马克思主义的传播。中国的先进分子以马克思主义基本原理为指导，积极投身到革命斗争中。山西省立一中是一所具有光荣革命传统的学校，是山西省共产主义运动的发祥地。党的早期革命活动家高君宇③就

---

① 北洋军阀，民国军阀势力之一，由袁世凯掌权后的北洋新军主要将领组成。袁死后，无人具有足够能力统领整个北洋军队及政权，各领导人以省割据导致分裂，以军队为主要力量在各省建立势力范围。在名义上仍接受北京政府的支配。北京政权实际上由不同时期的军阀所控制。历史上把长江吴淞口以北的军阀也称北洋军阀。

② 五四运动是 1919 年 5 月 4 日在北京爆发的中国人民彻底的反对帝国主义、封建主义的爱国运动，是中国旧民主主义革命到新民主主义革命的转折点。五四运动促进了马克思主义在中国的传播及其与工人运动相结合，从而在思想上和干部上为中国共产党的建立准备了条件。

③ 高君宇（1896—1925），山西静乐县峰岭底村（今属娄烦县）人。1916 年由山西省立一中考入北京大学，是北京共产主义小组的最早成员之一。历任中国社会主义青年团中央执行委员和中共中央委员，多次回太原宣传、发动革命斗争。

是该校毕业生。彭真到校不久,与在校内开展革命活动的贺昌①、王振冀②等社会主义青年团团员相识,并参与管理由贺昌创办的省立一中青年学会。青年学会的宗旨是倡导学习、宣传马克思主义。在山西省立一中,彭真和他同时代的一大批进步青年,大量地阅读马克思主义宣传品。彭真担任由青年学会设立的平民小学校长,热衷于平民小学的组织管理和教学工作。他讲课时常能联系社会现实,很受学员欢迎。

1923年5月,彭真加入社会主义青年团。是年冬,经高君宇、李毓棠③介绍,加入中国共产党。入党时,彭真确信:人类历史发展的必然性是最后进入共产主义社会,他彭真决心为中国走向共产主义而奋斗终身。

1924年春,太原的共产党员在省立一中成立中共太原党支部,张叔平、李毓棠、彭真任支部负责人。彭真被推选为省学联委员,并先后负责太原团地委平民部和学生部的工作。1925年1月,根据社会主义青年团第三次全国代表大会通过的新团章,太原团地委改名为中国共产主义青年团太原地方执行委员会,彭真任书记。1925年3月,彭真任中共太原支部书记,并以省立一中学生会主席的身份,参加山西省中等以上学校学生联合会,任省学联副主席、党团书记,成为省市学生运动的领导人之一。彭真先后指导成立山西工人联合会和太原市总工会。在彭真领导下,太原广大党、团员深入工厂、学校,发动罢工、罢课斗争,使革命力量的影响逐步扩大。彭真直接参与领导的反房税斗争、印刷工人罢工斗争和反帝爱国斗争,都取得胜利。

反房税斗争是从1925年4月开始的。在军阀争雄的年代,山西军阀阎锡

---

① 贺昌(1906—1935),原名贺颖,又名贺其颖,字伯聪。山西省离石县柳林镇(今属柳林县)人。1923年加入中国共产党。历任中共广东省委书记、中共中央北方局书记、中共顺直省委书记、中国工农红军第五军政委、红三军团政治部主任、中国工农红军总政治部副主任、代理主任等职。

② 王振冀(1901—1931),又名王仲一,字壮飞。原籍山西天镇小盐厂(今属河北阳原),生于张家口。1921年5月协助高君宇发起成立太原社会主义青年团,任团小组长。同年秋转为中国共产党党员。历任中共顺直省委常务委员兼工委书记、中共满洲临时省委工委书记。1931年2月被国民党当局逮捕入狱,10月在北平草岚子监狱病故。

③ 李毓棠(1901—1960),山西忻县温村乡王家庄村人,山西党团组织最早的负责人之一。1924年,中国共产党山西省第一个党组织——太原支部成立,任书记。1928年脱党。解放后任太原五中校长、太原市政协秘书长、副主席等职。

山①当局为了扩军备战，在山西全省强行征收房屋估价税，加重人民负担。4月28日，彭真以山西省学联名义发动太原22所学校的8000余名学生到省议会请愿，要求取消房屋估价税。5月16日晚，彭真和潘恩溥②、纪廷梓③召集加入山西省学联的各学校代表开会，讨论进一步发动反房税斗争。彭真在发言中指出："磕头主义是行不通的！"5月18日，彭真率领数千名大中学校学生和各界群众到阎锡山督军府，高呼"废除苛捐，为民请愿"等口号，谴责阎锡山当局强征房税。彭真、潘恩溥等被推选为代表进督军府与阎锡山谈判。大门外的学生担心代表被扣，遂与军警发生冲突。阎锡山见事情越闹越大，权衡利弊后，当场写下手令："房屋估价契办法，着即取消。关于此项税款，如有收起者，立即退还，以昭公允。"彭真等到督军府外向广大学生宣布谈判结果，反房税斗争取得胜利。彭真在这场他参加革命以来亲自领导的最大的一次群众革命斗争风暴中锻炼了领导才干，增长了革命胆识，坚定了革命到底的决心和信心。

上海五卅惨案④发生后，彭真于6月初主持太原党团联席会议，研究声援上海工人斗争。不久，"太原市民为英日惨杀上海学生、工人案后援会"成立（后改为"山西血耻会"），彭真任副主席。在彭真等领导下，太原市学生罢课，工人罢工，声援上海工人。6月23日广州沙基惨案发生后，25日，彭真在太原文瀛湖公园主持召开为支持上海、广州反帝斗争大会，并在全市下半旗为死

① 阎锡山（1883—1960），山西五台县河边村（今属定襄）人，参加同盟会，组织与领导了太原辛亥起义。民国时期，历任山西省都督、督军、省长，北方国民革命军总司令，国民党中央政治委员，军事委员会副委员长，太原绥靖公署主任，第二站区司令长官，山西省政府主席，国民政府行政院长。

② 潘恩溥（1899—1972），太原及山西第一批中共党员，是1924年5月中共山西地方组织的筹建人之一（时任青年团太原地委书记），后赴莫斯科学习，1931年被共产国际派回国内，赴任西北特委组织部长途中，在阿拉善旗被捕，次年被当地晋商联名保释出狱后脱党。

③ 纪廷梓（1903—1931），山西太原小店人。1924年加入中国共产党，为太原的第一个党支部成员。1925年参加第七次全国学联代表大会并赴苏留学。1928年归国后，历任中共顺直省委巡视员，中共天津市委书记。1931年1月，由于叛徒出卖被捕。同年11月7日被秘密杀害。

④ 五卅惨案是五卅运动的导火线。1925年5月30日，上海学生2000余人在租界内散发传单，发表演说，抗议日本纱厂资本家镇压工人大罢工、打死工人顾正红，声援工人，并号召收回租界，被英国巡捕逮捕100余人。下午1万余群众聚集在英租界南京路老闸巡捕房门前，要求释放被捕学生，高呼"打倒帝国主义"等口号。英国巡捕开枪射击，当场打死13人，重伤数十人，逮捕150余人，造成震惊中外的五卅惨案。

难烈士致哀。彭真在大会上号召全省同胞起来打倒帝国主义。会后,举行示威游行。

1925年8月初,彭真同太原女子师范学生侯秀梅结婚。侯秀梅生于1905年,山西省榆次县德音村人。1923年考入太原女子师范学校,聪明好学,喜欢诗词,追求进步。1925年春加入中国共产党。

彭真由于多次出面组织领导民众进行革命斗争,身份暴露,党组织决定调彭真到石家庄另行安排工作。

三、转战石家庄,走上职业革命道路

在石家庄,彭真等共产党人和革命人民仍然面临北洋军阀统治下严重的白色恐怖。在任何艰难困苦的条件下始终坚持革命不动摇,是真正革命者的本色。

1925年8月,中共北京区委和中华全国铁路总工会党团组织调彭真到石家庄正太铁路总工会任秘书,负责党的工作。8月25日,彭真携侯秀梅到石家庄。从此,彭真成为以从事革命活动为主的职业革命家。

彭真到石家庄后,立即与正太铁路总工会秘书袁子贞①、高克谦②以及总工会执行委员长施恒清③等接上关系。此时,正太铁路工人正在进行"买米斗争",彭真立即投入组织领导当地工人进行斗争的工作中去。

正太铁路是由法国资本家独资经营的。在法国资本家和奉军操纵石家庄警察当局的统治下,共产党领导组织的铁路总工会尚未取得合法地位,只能在暗中活动,被称为"外工会"。法国资本家收买、支持的合法工会被称为"里工会"。法国资本家每月免费发一趟车,到山西省寿阳县一带购进价格较便宜的米面卖给工人。"里工会"负责买米的人营私舞弊,引起广大工人不满。"外工会"发动广大工人展开罢工斗争,夺回买米权,为广大工人谋了利益。"外工会"在工人中威信大增。不久,买米权又被剥夺。彭真、袁子贞领导正太铁路总机厂工人包围了法国资本家的办公大楼。在军警步步进逼之下,为了避免流血

---

① 袁子贞(1887—1927),1922年在法国加入中国共产党,著名的旅法华工领袖。

② 高克谦(1906—1925),直隶省立第七中学学生,1924年加入中国共产党。

③ 施桓清(1894—1941),正太铁路工人,1922年加入中国共产党。

牺牲,总工会指挥工人回厂复工。通过这次斗争,增强了正太铁路总工会在工人中的凝聚力。

为了破坏正太铁路总工会的革命活动,石家庄警察厅于1925年9月中旬突然派便衣特务袭击了彭真等人的住处。当时,彭真夫妇外出未归,袁子贞越墙逃脱,高克谦未及脱身遭到拘捕。大批警察闯入正太铁路总工会所在地,逮捕10余名工会积极分子,并将工会查封。

高克谦等被捕后,彭真、袁子贞等多方设法,积极营救。在发动工人探视、慰问、交涉、游行示威的同时,又通过上级工会向全国各地工会发出求援电。广大工人愤怒谴责军警暴行,社会舆论哗然。反动当局一面欺骗群众,一面秘密杀害了高克谦,加紧镇压群众,石家庄陷于白色恐怖之中。袁子贞奉调赴唐山工作,彭真只身留在石家庄坚持斗争。

1925年11月,在第一次国共合作中,冯玉祥的国民军第三混成旅赶走驻石家庄的奉系军阀。彭真组织工人协助国民军进驻石家庄,并通过中共党员、新任石家庄警备司令张庆华和中共党员、国民军第三混成旅团长孙实做旅长刘月溪的工作,争取国民军同情群众的爱国行动,石家庄的政治形势趋于好转。彭真抓住有利时机,公开恢复正太铁路总工会,由王凤书①任委员长。彭真仍任秘书。不久,中共北方区委、中华全国铁路总工会派王鹤寿(王警昆)②到石家庄。彭真、王鹤寿组织领导石家庄京汉铁路工人建立京汉铁路总工会石家庄分会,王鹤寿任秘书。彭真、王鹤寿领导的两个工会联合起来开展斗争,壮大了铁路工人的力量。中共北方区委又派北京中法大学共产党员王光宇(王斐然)③到石家庄,与彭真、王鹤寿共同组成中共石家庄特别支部。王光宇任书记,王鹤寿兼任青年团石家庄特别支部书记。石家庄特支成立后的主要任务是建党、建团、建立工会组织。在特支领导下,石家庄党团组织和工会迅速发展壮大,仅正太铁路总机厂就有数十名工人被发展入党。

---

① 王凤书(1887—1935),正太铁路工人,1922年加入中国共产党。

② 王鹤寿(1909—1999),河北唐县人。保定直隶第二师范学校毕业。历任中共黑龙江省委书记,中共中央东北局副秘书长,重工业部部长、党组书记,冶金工业部部长、党组书记,中共中央纪律检查委员会第二书记等职。中国共产党第八届中央委员会候补委员,中国共产党第十一届、第十二届中央委员会委员。

③ 王斐然(1904—1994),又名王光宇,北京市人大常委会原副主任,北京市法学会副会长、顾问。1949年至1955年期间先后担任北平军事管制委员会军法处处长、北京市高级人民法院第一任院长等职。

1926年1月17日，彭真与王鹤寿领导正太铁路总工会和京汉铁路总工会石家庄分工会，召开高克谦烈士追悼大会，1.2万人参加大会。彭真和各工会代表先后讲话，号召工友继承烈士遗志，团结起来，肃清一切反动势力，战斗到底。会后，组织示威游行。

1926年1月中旬，彭真组织指挥正太铁路总工会工人纠察队，抓捕破坏工人运动、谋害高克谦的六个工贼，结果将其中三人抓获，并予严惩。彭真代表正太铁路总工会向参加抓捕行动的12名工人纠察队员颁发了银质义勇奖章。

这一时期，彭真把工作重点放在拥有3000多名工人的大兴纱厂，该厂是石家庄规模最大的民族工业企业。由于受到资本家残酷剥削和压迫，广大工人生活困难，政治地位低下。彭真深入工人群众中开展工作，宣传组织群众，建立了大兴纱厂工会。1926年2月上旬，在彭真、王光宇组织领导下，大兴纱厂工会召开工人代表会议。会议决定：一、制作工会徽章发给工人；二、不准资本家、工头打骂和开除工人，工人犯错误由工会处理；三、提出改善工人生活待遇的16项条件，其中包括实行"三八"工作制，建立工人学校、俱乐部、合作社、食堂、医院、疗养院，女工分娩休假10天，工人因工死亡进行抚恤，工伤休假工资照发等。会后，工会用工人的捐款制作厂徽作为会员进厂证件，不再使用资本家发的手折。上述措施，大长工人阶级的志气，使广大工人以高涨的革命热情紧密团结在工会周围。

1926年2月7日至15日，彭真率正太铁路总工会代表团出席中华全国铁路总工会在天津召开的第三次全国铁路工人代表大会。赴津前，在彭真主持下起草工作总结报告。大会通过《正太铁路代表团工作报告决议案》。会议期间，彭真听取李大钊等人讲话，结识中国天津市委书记李季达[1]。

1926年3月，在直、奉、晋各军阀部队联合进攻之下，国民军被迫撤离石家庄。阎锡山的晋军占据石家庄后，白色恐怖再度袭来。反动派收买打手，制造事端，于3月29日夜对工人发动突然袭击，致死三人，重伤10余人。彭真立即组织工人罢工，发动大批工人包围工厂，缉拿凶手。资本家置工人的严正要求于不顾，进一步勾结军警，残酷镇压工人运动。大兴纱厂工会被查封，四名工人领袖被捕，工人代表、纠察队员和工会积极分子150人被开除，并下令通缉彭真

---

[1] 李季达（1900—1927），四川巫山县巫峡镇人。1921年春赴法勤工俭学。1925年6月任中共天津地方执行委员会书记。1927年8月被捕，11月英勇就义。

等人。大兴纱厂持续20余天的罢工斗争被镇压下去。

在严重的白色恐怖下，彭真在工人掩护下多次转移仍不能存身。1926年春，彭真返回太原。同年夏到北京，中共北方区委调彭真到天津工作。

四、在领导天津工农运动中锻炼成长

在军阀混战局面下，皖系军阀段祺瑞①倒了，奉系军阀张作霖②上台了。他们敌视共产党人的态度如出一辙，中国革命者面临种种困难与危险。

彭真到天津时，中共天津地委将下属组织分为三个部委员会。一部委主要工作对象是海河西岸纱厂和地毯厂；二部委主要工作对象是租界以北地区的纱厂、地毯厂、铁路和学校；三部委主要工作对象是租界内的行业工会。1926年7月，彭真接任二部委书记兼宣传委员，不久调任一部委书记兼宣传委员，后又任三部委书记。8月，彭真提出建议并直接领导了北洋纱厂工人的罢工斗争。在工人罢工的强大声势下，资方被迫同意为工人增加工资，罢工取得胜利。此后，彭真又领导了裕元、宝成、裕大等厂的工人运动，各厂工人斗争逐渐活跃起来。

彭真在领导裕元、北洋纱厂工人运动的同时，还组织领导了两个纱厂附近的小刘庄、小滑庄、东楼、西楼、贺家口等相邻五个村的反霸斗争。五村农民遭受地主恶霸的剥削欺压，不少人被逼得走投无路。彭真经常深入到广大农民之中，宣传革命道理，启发农民的斗争觉悟，引导农民起来进行反抗恶霸的斗争。

彭真在与工人群众接触中发现，许多工人对练武术颇有兴趣。彭真的祖母早年习武，在乡间团结了一批喜好抱打不平的农民。把自幼的耳濡目染与工人群众的爱好结合起来，彭真找到了团结工人骨干的有效方式。在西楼前街成立"国术馆"，以习武为掩护开展革命活动，团结了大批工友农友。进而发展党员，秘密建立和发展党的基层组织。

五村农民在党的领导下组织起来，于1928年冬举行了一次大规模的示威

---

① 段祺瑞（1865—1936），原名启瑞，皖系军阀首领，一度掌控北京政府。
② 张作霖（1875—1928），字雨亭，辽宁海城人。奉系军阀首领，是北洋政府最后一个掌权者，号称"东北王"。

游行, 反对增租, 保护佃权。1929年6月彭真被捕入狱后, 他发展的党组织仍继续领导五村农民的反霸斗争。1929年夏末, 组织6000余农民包围河北省高等法院, 迫使法官不得不答应农民的要求。

1927年4月12日, 蒋介石突然在上海向革命群众举起屠刀, 发动反共"清党"政变。随后, 在江苏、浙江、广西等省也相继以"清党"为名, 大规模捕杀共产党员和革命群众。仅广东一地, 被捕杀者就达2000多人。北方的奉系军阀张作霖也捕杀大批共产党员和革命群众。4月28日, 李大钊在北京英勇就义。四一二政变发生后, 国内政局迅速逆转, 第一次国共合作破裂。

1927年8月1日, 中国共产党人在南昌发动起义, 打响武装反抗蒋介石国民党反动统治的第一枪。同日, 中共顺直省委①成立, 将中共天津地方执行委员会改为市委, 书记李季达, 彭真任宣传部长。8月9日, 中共临时中央政治局决定成立中共中央北方政治分局 (简称北方局), 由王荷波②、蔡和森③、彭述之④、刘伯庄⑤、张昆弟⑥等人组成, 王荷波为书记, 蔡和森为秘书 (同年11月, 中共临时中央政治局常委会议决定撤销北方局, 由顺直省委代行北方局职权, 直属中共中央领导)。8月16日, 中共天津市委书记李季达等13人被捕。之后不久, 彭真代理书记。当时, 顺直省委决定在北方发动大暴动。京东的玉田暴动很快被奉系军阀镇压。彭真被派往唐山组织暴动。到唐山后, 组建中共唐

---

① 中共顺直省委当时领导北平、河北、山西、山东、察哈尔、河南等省、市党的工作。

② 王荷波 (1882—1927), 山西太原人 (生于福州), 1922年6月加入中国共产党。1927年参加党的八七会议, 当选为临时中央政治局委员。9月任中共中央北方局书记。10月18日, 由于叛徒出卖, 在北京被捕。11月11日牺牲于北京。

③ 蔡和森 (1895—1931), 中国无产阶级杰出的革命家、中国共产党早期卓越领导人之一, 著名政治活动家、理论家、宣传家, 新民学会发起人之一, 法国勤工俭学组织者、实践者之一。中共第二、三、四、五、六届中央委员, 第五、六届中央政治局委员、常委。1931年6月12日遇刺身亡。

④ 彭述之 (1895—1983), 湖南邵阳人。1921年加入中国共产党, 在中共四大、五大相继当选为中央委员。因不同意中央的路线于1929年11月被开除出党。

⑤ 刘伯庄 (1895—1947), 四川南充人。历任中国共产主义青年团北京地方执委会书记、中共北京地方执委会书记、代理中共顺直省委书记、中共湖北省委书记。1928年6月被中共中央取消中央候补委员职务。之后参加托派组织。

⑥ 张昆弟 (1894—1932), 号芝圃, 湖南益阳桃江县板溪乡人。历任中华铁路总工会党团书记、中共山东地方委员会书记、中华全国铁路总工会党团书记、顺直省工委书记和河北省工委书记、红五军团政治部主任。1932年遭到王明"左"倾路线迫害被杀。

山市委, 彭真任书记。根据当时当地实际情况, 不具备举行罢工和组织暴动的条件。彭真在尚未得知中央和北方局不同意举行暴动的情况下, 果断取消工人罢工和武装起义支援玉田暴动的计划。北方暴动这一过左的行动计划, 使天津、北京、京东一带党的力量遭受很大损失。事实证明, 彭真根据主客观条件做出不实行暴动的决策是正确的。11月, 彭真返回天津, 任天津市委书记和顺直省委职工部主任。

1928年1月, 中共中央为了解决顺直省委原书记彭述之的错误造成的工作失误, 调省委书记朱锦堂①、中央巡视员蔡和森到上海汇报工作, 顺直省委书记由彭真代理。王藻文②接任省委书记后, 彭真任常委、组织部长。1928年2月, 彭真到上海向中共中央周恩来、罗亦农③、瞿秋白等汇报工作。返回天津后, 根据中共中央指示精神, 中共顺直省委兼天津市党部, 彭真作为省委组织部长直接领导天津市各区委和特殊支部。

1928年7月, 在陈潭秋、刘少奇主持下, 顺直省委在天津召开扩大会议, 选出新省委。会后, 彭真仍以省委常委、组织部长身份负责天津市党的工作。彭真经常深入天津纱厂工人中进行宣传, 发展党员。不久, 在裕大纱厂建立了第一个党支部。9月, 刘少奇④、蔡和森在上海向中共中央政治局常委会汇报顺直省委的工作。蔡和森特别指出, 在顺直党混乱时期"仅傅茂公 (即彭真) 可

① 朱锦堂, 生卒年月不详。湖南安源人。1925年1月在中国共产党第四次全国代表大会上当选中央执行委员会候补委员。八七会议后, 中共顺直省委第一次改组时, 任中共顺直省委书记。

② 王藻文 (? —1929), 河北张家口人。1923年加入中国共产党。历任京绥铁路总工会委员长、天津市总工会主席、中共中央职工运动委员会委员、中共顺直省委会书记。1929年初叛变。

③ 罗亦农 (1902—1928), 湖南湘潭人。1921年赴莫斯科东方大学学习, 同年加入中国共产党。1925年回国后任中共广东区委宣传部部长, 江浙区委书记, 参与领导五卅运动、省港大罢工和上海工人三次武装起义。1927年后任中共中央长江局书记、临时中央政治局常委、中央组织局主任。1928年在上海被捕遇害。

④ 刘少奇 (1898—1969), 本名或谱名绍选, 字渭璜, 中国共产党和中华人民共和国的主要领导人之一, 中共政治家和理论家。1921年到苏俄莫斯科东方劳动者共产主义大学学习, 同年加入中国共产党。曾任中共中央北方局书记、中共中央中原局书记、新四军政治委员、中共中央华中局书记和中央军委新四军分会书记、中共中央书记处书记和中央军事委员会副主席, 在中共七届一中全会上当选为中央政治局委员、书记处书记。新中国成立后曾任全国人民代表大会常务委员会委员长、中华人民共和国主席。在"文化大革命"中被批判并迫害致死, 1980年后被中共全面平反并恢复一切名誉。

以做些工作"。

1928年10月,彭真任中共天津特区委员会书记。

1928年12月,周恩来到天津传达了中共中央对顺直省委工作的指示精神。彭真向周恩来汇报了天津的工人运动等情况。12月下旬,顺直省委再次召开扩大会议并进行改组。1929年2月,中共天津特区委员会改建为中共天津工作会议(又称天津工作办事处),彭真仍任书记。4月6日,中共顺直省委决定取消天津工作会议,由省委直接管理天津工作。

1929年3月,天津反动势力搜捕共产党人的风声日紧,形势十分严峻。彭真经常派已经怀孕的妻子侯秀梅做联络工作。侯秀梅积劳成疾,未及救治而逝世,年仅24岁。

五、在天津监狱中坚持斗争

蒋介石于1928年东北易帜①取得全国统治权后,继续实行镇压共产党的政策,共产党人仍然时刻面临被捕入狱坐牢杀头的危险。

1929年6月10日,由于叛徒出卖,彭真被国民党天津当局逮捕,关押在公安局特务队,后被关押在天津小西关河北省第三监狱。由于已被叛徒指认,彭真承认自己是原省委领导,并设法一再叮嘱被捕的党员要严守纪律,不乱供,不指供。国民党军警无法得到新的线索,使狱外党组织得以免于遭受更大的破坏。1930年春,彭真被国民党河北省高等法院判处九年徒刑(政治犯最高徒刑)。在狱中,彭真又抓住一名政治犯被折磨致死的事件,秘密串联狱中难友,发动广大政治犯团结起来与狱方进行斗争,争取生活条件的改善。彭真还设法通过各种关系在报纸上公开揭露监狱中的黑暗生活。狱中党员以彭真为核心迅速团结起来。不久,狱中秘密党支部建立,彭真任书记,领导政治犯们互相保护,设法使未暴露身份的20余位党的领导者和党员巧妙应对军警的审讯,先后获释。同时,彭真领导狱中党支部努力争取狱外党组织支援狱中斗争。

---

① 东北易帜是指统治中国东北的奉系军阀首领张学良将原来悬挂的北洋政府的五色旗换成国民政府的青天白日满地红旗,并于1928年12月29日通电南京,宣称接受国民政府管辖的历史事件。张学良此举实现了当时中国形式上的南北统一。

第三监狱的生活条件十分恶劣。一间不足10平米的囚室,关押着五人至十人,大小便在屋内,臭气熏天。吃的小米饭霉臭掺砂,看守随意打骂囚犯。彭真与党支部成员研究后决定,利用狱方内部矛盾和弱点,实行合法和非法斗争相结合,公开斗争和秘密斗争相结合,狱内斗争和狱外斗争相结合,团结广大难友,通过绝食斗争改善狱中生活条件。

斗争开始后,狱方对于政治犯的正当要求迟迟不予答复,1930年7月2日,在狱中党支部的组织领导下,第三监狱120余名政治犯全部绝食。按照党支部事先安排,以全体政治犯的名义向狱方提出了8项书面要求,主要内容为:改善伙食、除去刑具、白天开放监门、改善病人待遇、允许阅读书报等。狱中党支部还向全体难友明确提出了三项纪律:1.无论狱方使出何种手段,都要坚持一致行动,不准单独复食;2.按党支部要求开展斗争,不得超越规定砸门毁物等;3.不得向狱方泄露斗争计划等情况。

绝食开始后,狱方使出各种伎俩进行破坏,政治犯们坚持绝食,毫不动摇。绝食到第五天后,在强大社会舆论压力下,狱方基本答应各项条件。绝食期间,彭真被转移到天津陆军监狱关押。第三监狱的政治犯仍按党支部的部署继续开展狱中斗争,多次通过绝食进行抗争。

六、狱中斗争在北平

1931年5月13日晨,彭真等30人被押上囚车,转赴北平。彭真在北平监狱长达5年。共产党人的信念使他经受住了痛苦的折磨,度过了难熬的岁月,并且抓住机会深入研究马列主义理论,为以后的革命工作创造了有利条件。

押运彭真等人的囚车开进天津北站时,政治犯们被聚集到站台一隅候车,四周布满持枪士兵。彭真伤病初愈,身体还很虚弱,但仍在考虑不失时机开展工作。他和几名在第三监狱时的支委趁机交换意见。商定:不管敌人施展何种伎俩,决不放弃一切开展斗争的机会。如果北平监狱同第三监狱待遇差不多,可先熟悉情况,加强内部团结,争取尽快打通与狱外党组织的联系;如果待遇恶劣,就立即进行绝食斗争,争取改善生存环境。彭真特别强调:今后各方面条件必将更加困难,要鼓励全体同志紧密团结,坚持斗争,争取胜利。意见统一后,支委们在候车及乘车途中,向大家作了传达和动员。

到北平后，彭真、刘文蔚①、刘秀峰②、刘慎之③等15人被点名去北平河北省第二监狱，其余15人去北平河北省第一监狱。

北平河北省第二监狱坐落在德胜门外下关以北，旧为顺天府习艺所，由功德林庙宇改建。1931年称宛平监狱，次年改称北平第二监狱。彭真被关进一间不超过4平方米的小监室内。

北平第二监狱每日两餐，上午9时，下午4时。第一顿饭，政治犯们每人分得两个黑乎乎的玉米面窝头，一碗漂着几片菜叶的清汤。彭真明白，敌人在使下马威，如果一声不吭任凭宰割，等待15位同志的命运将更加悲惨。尽管早已饥肠辘辘，他仍把"饭菜"退回去，并大声要求见监狱负责人。关在同一监筒的难友们听到声音纷纷响应，一致要求给予和天津第三监狱相同的待遇。看守们似乎早已接受了指令，对政治犯们的要求冷冷地不予理睬。愤怒之下，彭真等按照事先约定，开始了来到第二监狱的第一次绝食斗争。此后，政治犯们的生活待遇有些提高。后又经过一段时间坚持不懈的抗争，狱方不得不答应政治犯们的要求，把关押在独居监室的重案犯转到普通杂居牢房，三五个人住在一起。狱方仍将他们与普通刑事犯严格隔离，不允许做工，不允许与外界通信、会见。彭真与刘文蔚、刘慎之、刘秀峰等在一起，他们很快就成立起以彭真、刘文蔚为领导核心的党支部，共同组织难友们开展灵活有效的狱中斗争。

11月，北平已是寒气逼人，监狱里却不生炉火，牢房内冰冷难耐。到了年底，牢房四壁挂冰，几个身体较弱的难友被冻病了。彭真患有肺病，最怕受寒发烧。为了改善生存条件，他们不断向狱方交涉，终于迫使狱方同意在监筒里生起火炉。

在半年多大小数十次斗争中，彭真注意通过实际行动考察党员。同牢房的年轻难友刘秀峰，原在顺直省委负责保管文件及发行工作。1929年5月，由于叛

---

① 刘文蔚（1905—1976），陕西神木县人。1927年加入中国共产党。历任中共天津市河北区委书记、中共榆横特委书记、中共大荔地委书记兼东府军分区政委、政协陕西省委员会副主席等职。

② 刘秀峰（1908—1971），河北完县人。1925年加入中国共产主义青年团，1926年转为中国共产党党员，历任中共保定地方执行委员会职工运动委员会书记、中共张家口市委书记、中共华北局副书记兼组织部长、建筑工程部部长。

③ 刘慎之（1911—1969），河北静海县（今天津市静海县）人。1926年加入中国共产主义青年团。1927年转为中国共产党党员。历任共青团天津市委书记、中共北平市委书记、中共晋察冀边区第十八地委书记、福建省省长等职。

徒出卖突然被捕，无意中将自己的住处说出，造成一些党内文件被敌人搜去，一个同志被蹲守的敌人抓捕的后果，因此受到第三监狱中党支部不定期留党察看的处分。转来北平第二监狱后，刘秀峰仍以昂扬的斗志与敌人作斗争，表现出对革命事业的忠诚和不怕迫害、不怕牺牲的果敢精神。经过第二监狱党支部的研究，由彭真亲自向刘秀峰宣布：撤销处分，恢复党员权利，并设法将此决定通知狱外党组织。

1932年3月，国民党四届二中全会通过《大赦案》，规定凡于1932年3月前判刑者均减刑三分之一。据此，彭真的刑期由九年减为六年。

1932年春，15名政治犯因长期营养不良、环境恶劣而日渐瘦弱。彭真等开始考虑再次使用绝食这一武器，以"求死"图生存，进一步改善政治犯的生活待遇。

4月2日，北平由各校学生代表组成的参观团来到第二监狱。政治犯们乘机提出了改善待遇的五项要求：1. 改善伙食，吃大米白面；2. 给政治犯卸掉脚镣；3. 要有看书学习的自由；4. 冬天每个监室生一个炉子；5. 有买东西的权利。同时表示：不答应条件就绝食，要求学生们到外面向舆论界代为呼吁。狱方声称政治犯们要暴乱，狱警把他们拖回牢房，并把学生们带走。被拖回牢房并重新钉上重镣的政治犯们，立即宣布开始绝食，表示不获胜利决不复食。

开始，狱方并未将政治犯的绝食放在心上。时间一天天过去，政治犯们仍然静静地躺在床上。典狱长只好同意先答应政治犯改善待遇的要求，按病犯待遇，每人每天六两米、六两白面。彭真等见斗争已取得初步胜利，便同意复食。不料，生活改善了仅10天，狱方又出尔反尔，取消了所答应的条件。被激怒的政治犯们马上宣布再次绝食。第二监狱绝食风潮的消息已在外界传开，狱方无力承担将政治犯虐待致死的责任。他们将彭真等人集中到一个号子里，在他们身体极度虚弱已无力反抗的时候，强行撬开他们的牙关灌盐水和米汤。绝食到第21天，典狱长不得不宣布无条件答应政治犯提出的五项要求。

绝食斗争取得胜利后，彭真与难友们利用生活条件改善之机，将主要精力转向恢复体力和读书学习。与彭真关押在一起的14名政治犯，原来大都是一些刚刚走上革命道路的青年学生，并没有深入地学习过马列理论。根据彭真提出的书目，通过狱外党组织，他们拿到不少政治、经济、哲学方面的马列书籍。由彭真辅导，从《共产党宣言》学起，大家一起探讨，从马列主义原理到中国革命实际问题，无不是他们求索的天地，牢房成了他们难得的课堂。在张学良控制下的北平，监狱当局仍然依照"严防秀才造反"的老一套，禁止政治犯们阅读"水浒"、"三国"一类造反生事的书，而对他们研读马克思列宁那些"洋玩意儿"却宁愿睁一只眼闭一只眼。

1934年10月，刘文蔚、刘慎之等四年刑期已满，被告知要履行反省手续，发表反共声明才能出狱，遭到断然拒绝后，便把他们转押到草岚子"北平军人反省院"继续关押。1935年8月，彭真和刘秀峰1932年减刑后的六年刑期已满。狱方请示南京国民政府司法部，不久得到复电：释放。

七、坚持革命义无反顾

出狱后，彭真立即回到天津，首先找到他当年领导工人运动时所联系的工人，得到他们的掩护和帮助，然后与当地党组织取得联系。1935年秋，彭真任中共天津市工作组负责人。1936年春，彭真调任中共北方局驻冀东代表，主持改组中共京东特委，重建中共冀热辽特委。

1931年九一八事变后，东北沦陷，之后日军又向华北步步进逼。蒋介石消极抗日，积极反共，共产党人依然面临白色恐怖。

1936年夏，彭真调任中共中央北方局组织部长。

1936年9月，蒋南翔①、徐高阮②分别写信给北方局，报告北平党内意见分歧情况。

北平党内的分歧意见起源于关于入党条件问题的争论。1935年12月，中共中央政治局瓦窑堡会议通过的《中央关于目前政治形势与党的任务决议》中指出："中国共产党是中国无产阶级的先锋队，因此一切愿意为着共产党的主张而奋斗的人，不问他们的阶级出身如何，都可以加入共产党。一切在民族革命与土地革命中的英勇战士，都应该吸收入党。"③在北平党内，以徐高阮为

---

① 蒋南翔（1913—1988），江苏宜兴人。1933年加入中国共产党，历任中共清华大学地下党支部书记。1952—1966年任清华大学校长、中共北京市高校党委第一书记、教育部副部长、高等教育部部长等职。1977年后任国家科学委员会副主任、教育部部长、中央党校第一副校长等职。

② 徐高阮（1914—1969），字芸书，浙江杭县人。早年毕业于清华大学，1936年初任中共北平市委宣传部长，后被开除出党。1949年赴台湾任职于中央研究院。

③ 《中共中央文件选集》第九册，中共中央党校出版社1986年版，第622页。

代表的一些人，认为市委过分强调组织的纪律性和纯洁性，工作死气沉沉；老同志多是"关门主义"老一套，难以教育过来。他们说"旧瓶不能装新酒"，主张撤换这些同志。1936年，徐高阮等人在《学生与国家》《国闻周报》等刊物上发表《青年思想独立宣言》《论共产党问题》等文章，公开倡导青年们拒绝中国共产党的影响，提出"青年运动必须让真正的原始感情支配"，"莫再傍人门墙，好回到自己的天真，树立起自己的意见"，引导青年走第三条道路。同时，对学生运动提出"无条件统一论"，主张解散学联，解散民先队。徐高阮与中共北平市委李葆华①以及清华大学蒋南翔、赵德尊②等存在尖锐的意见分歧。在北京大学，与徐高阮持相同观点的人也与李昌③、陆平④、刘居英⑤等共产党员激烈辩论。北平党的领导机关内部也对如何领导学生运动存在意见分歧，这种状况影响了北平党的工作的正常开展。

　　1936年8月，中共中央放弃"抗日反蒋"的口号，实行"逼蒋抗日"的总方针。8月25日，中共中央发表《中国共产党致中国国民党书》，呼吁停止内战，一致抗日，实现"国共两党重新合作"。同日，中共中央北方局给各级党部发出指示信。指出："深切的研究与学习党的新策略，利用一切运用联合战线策略的实际工作中的经验教训来教育干部与同志，根据新策略的精神来改造各地党的全盘工作，完全克服关门主义与空谈的错误，就成为各地党部工作的极重要的一环。"

---

① 李葆华（1909—2005），曾用名赵振声，河北乐亭县人，李大钊之子。历任中共北平市委书记、水利部和水利电力部党组书记、副部长、中国人民银行行长兼党委书记等职，是中共第七届中央候补委员，第八、十、十一届中央委员；十二、十三大均被选为中央顾问委员会委员。

② 赵德尊（1913—2012），辽宁沈阳人，毕业于清华大学外语系，历任中共清华大学党支部书记、中共黑龙江省委书记、黑龙江省人大常委会主任等职。

③ 李昌（1914—2010），土家族，湖南永顺人，毕业于清华大学，历任中华民族解放先锋队总队总队长、哈尔滨工业大学党委书记、校长，中共中央纪律检查委员会书记等职。

④ 陆平（1914—2002），原名刘志贤，又名卢荻，吉林长春人。1933年加入中国共产党，历任中共平北地委书记、中共中央华北局青委书记、铁道部副部长、北京大学党委第一书记兼校长、第七机械工业部副部长、第六届全国政协副秘书长等职。

⑤ 刘居英（1917—　　），吉林省长春市人。参加一二九运动后加入中国共产党，曾任北京大学团支部书记，1937年到山东莱芜地区组织抗日武装。1951年入朝，任志愿军铁路管理局局长、中朝联合前方铁道运输司令部司令员。1961年，任哈尔滨军事工程学院院长。后任海军政治部主任、铁道兵副司令员。1955年被授予少将军衔。

北平党内意见分歧的状况和当时民族矛盾不断上升的严峻斗争形势的需要不相适应。为了改善北平党的领导,消除党内意见分歧,加强对北平抗日救亡工作的领导,1936年9月,刘少奇派北方局组织部长彭真以北方局代表身份到北平指导工作。

1936年九十月间,彭真找中共北平市委书记李葆华听取情况汇报,又找中共清华大学党支部书记赵德尊了解情况。之后,彭真到清华大学,住地下党员杨德基(杨述)①处,了解清华大学党组织情况,找蒋南翔、徐高阮谈话。他对中共清华大学党支部的工作给予肯定。在北平,彭真还找很多党员谈话,进行广泛、深入、细致的调查研究。他号召广大党员对北平党组织以往的工作以及今后如何开展北平的工作发表意见,写出意见书。彭真初到北平工作时年仅34岁,这在二十出头的大学生看来已经很年长了。由他来领导学生运动,使大学生党员们感觉心里有了主心骨。

经过全面深入的调查,根据党的抗日民族统一战线策略,彭真对中共北平市委提出改进工作的意见:

1. 从政治领导上来检查,存在的问题是:只有一般的政治号召,没有抓紧现实的事变和机会开展群众运动,不会动员群众进行公开活动,使政治斗争脱离群众的日常斗争。指出应利用各种合法组织、合法运动和合法手段来进行公开活动,应该特别注意群众需要什么,要作些什么,能作些什么。

2. 从组织生活与领导方式来检查,存在的问题是:只注意机械地服从组织,因而束缚了同志们的创造性,并且忽视了开展工作;指出要相信广大党员和群众的创造性,要把党的决议和指示传达给他们,和他们议论,使他们自觉地接受;消化、吸收,成为他们自己的意见,并且能够灵活地运用,使每个同志都能充分地发挥其创造力。

3. 从干部政策上来检讨,存在的问题是:一些优秀干部长期使他们闲散着,并常常打击一些干部;指出应对干部加强教育、帮助,简单地撤换调动的作法必须纠正,绝不能任意打击干部。

1936年10月21日,彭真依据他广泛深入的调查了解所收集到的情况和所收

---

① 杨述(1913—1980),江苏淮安人。原名德基,笔名斯基。1936年加入中国共产党。历任中共川东特委组织部长兼青委书记,《中国青年》杂志社社长,《中国青年报》社社长,中共北京市委常委、宣传部长兼高校党委第二书记,中国科学院哲学、社会科学部副主任兼政治部主任,中国社会科学院顾问。

到的18份意见书，写出《根据党的新策略来检讨北平工作》一文，在北方局党内刊物《火线》上发表。彭真在调查研究中注意到，北平党的工作大部分集中在学校中，学生党员占北平党员的绝大多数。根据实际工作的需要，彭真采纳北平党内一些同志提出的"此后北平的学生运动最好由学生运动出身的学生同志自己来领导"的意见，向李葆华提议成立中共北平市学生工作委员会（简称"北平学委"）；北平学委开始时由黄敬①任书记，一个月后由蒋南翔接任。北平学委成立后，领导北平学生运动的职责由北平市委移交给北平学委。北平学联、北平民先队、全市各大中学校党支部统归北平学委直接领导。

1936年11月，彭真代表北方局再次到北平，对北平党组织领导成员作了一些调整，刘杰②任农委书记，李俊明③任文委书记，蒋南翔任学委书记。

经过彭真一段时间的工作，北平革命形势明显好转。刘少奇在1936年11月14日向中共中央的报告中指出："北平学生运动近有大进步，我们的新策略已深入群众运动中，关门主义在每一个小问题上都进行了纠正。""最近'九·一八'纪念，双十节纪念，为反对日军演习罢课，赈济日军演习地点灾民（因日军演习中拆除了许多民房），参观二十九军演习，动员群众夹道欢呼二十九军穿城，援助绥远军运动，均能动员很多的群众，动作都合乎我们的原则。"刘少奇还指出：北平《教授对时局意见书》的签名运动，由中立的教授发起，签名者已达数万人。北平民族解放先锋队已发展到四五千人，很活跃。民先应成为参加民族运动与一切进步的政治的运动，争取青年本身利益及教育与学习的组织，此组织准备发展到各地。

1936年12月5日，在彭真直接领导下，北平、天津、太原、西安、归绥、保定、洛阳等地的抗日救亡团体代表在天津举行华北各界救国联合会成立大会。参加华北各界救国联合会筹备工作的有清华大学哲学系教授张申府以及文化教

---

① 黄敬（1912—1958），本名俞启威，历任中共北平市委书记、中共中央平原分局书记、平原军区政委、华北军区后勤司令部政委、中共天津市委书记、国家技术委员会主任兼第一机械工业部部长等职。中共中央委员。

② 刘杰（1915—　），河北威县人，历任中共北平市委农委书记、中共宛平县中心县委书记、中共察哈尔省委书记、察哈尔军区政委、二机部部长、党组书记。国防工业办副主任。中共河南省委书记、省长、人大主任。中顾委委员。

③ 李俊明（1907—1941），又名李光汉，山西省河津县人。1935年加入中国共产党，历任中共北京大学支部书记、中共北平市委文委书记。1941年在担任晋察冀区党委北岳五地委书记时，以身殉职。

育著名人士邢西萍①、杨秀峰②、张友渔③、于毅夫④和北平学联代表、民先队代表、天津学联代表等。会上，讨论了抗日救亡运动组织的团结和援助绥远抗战等问题。彭真经常参加华北救国会领导人的会议，阐述当前形势和党的方针政策，并对华北救国会的工作有所指示。

1936年12月12日，国民党东北军、西北军领导人张学良、杨虎城发动西安事变，扣留了蒋介石，以期迫使其走上抗日道路。西安事变发生后，北方局在没有得到中共中央指示前未急于表示态度。中共中央确定了和平解决西安事变的方针之后，彭真在北平找许德珩⑤、张友渔等开会，传达中共中央精神，说明释放蒋介石对避免引起内战，争取共同抗日的重要性，张友渔、许德珩等党内外人士一致拥护和坚决支持中共中央的正确决策，并为团结抗战积极工作。

1936年12月，中华民族解放先锋队改由中共中央北方局直接领导，彭真与民先总队长李昌直接单线联系。中华民族解放先锋队是在一二·九运动之后成立的。1935年冬，在中国共产党的领导下，北平爱国学生冲破国民党反动派的白色恐怖，英勇地举行"一二·九"、"一二·一六"两次游行示威，响亮地喊出"停止内战，一致对外"、"打倒日本帝国主义"的口号，掀起了全国救亡运动的新高潮，配合了工农红军北上抗日的伟大行动。游行示威后，在中共北平市委领导下，平津学生组成南下宣传团，深入冀中一带农村开展抗日宣传活

① 邢西萍（1903—1972），后名徐冰，河北南宫人。历任上海反帝大同盟中共党团书记、中共中央党报委员会秘书长、北平军事调处执行部中共方面顾问、中共山东潍坊市委书记，济南市副市长、北平市副市长、中共中央统战部第一副部长、中央人民政府人事部副部长、中共中央统战部部长、政协全国委员会副主席。中共第八届中央候补委员。

② 杨秀峰（1897—1983），原名碧峰，字秀林。河北迁安县人。全国解放后，任河北省人民政府主席，高教部部长，教育部部长，最高人民法院院长。为中共八届中央委员，五届人大常委，人大常委会法制委员会副主任。

③ 张友渔（1898—1992），中国法学家、政治学家、新闻学家。山西灵石人。第一、二、三、四、五届全国政协委员，第六届全国人大常委。曾任北京、天津市副市长、中国政法学会会长等职。

④ 于毅夫（1903—1982），吉林双城辛家窝堡（今属黑龙江肇东）人。1936年加入中国共产党。历任东北抗日救亡总会宣传部部长、新华社华中分社总编辑、嫩江省人民政府主席、黑龙江省人民政府主席、中共中央统战部副部长、中共吉林市委书记、中共吉林省委书记处书记、吉林省政协副主席等职。

⑤ 许德珩（1890—1990），字楚生，江西九江市人。历任江西抗敌后援会主任委员、九三学社理事长、政务院法制委员会副主任委员、水产部部长、中国人民政治协商会议全国委员会副主席、全国人大副委员长。

动。南下宣传团回到北平后，1936年2月1日，在宣传团的基础上成立"民族解放先锋队"（后改称"中华民族解放先锋队"，简称"民先队"）。民先队在宣言中宣布了"动员全国武力驱逐日本帝国主义者出境"和"成立各地民众武装自卫组织"等八大斗争纲领。当时，中国共产党处于秘密状态，民先队不能公开表明它和党的亲密联系，发表宣言表明自己的态度是必要的。实际上，民先队是一二·九运动中涌现出来的先进青年组织，它是共产党所缔造的，党的政治纲领也就是它的斗争纲领。1936年8月，民先队各级干部实行民主改选，李昌任总队长，总队部还有刘导生①、杨雨民②、杨克冰③（女）、于光远④等。中共北平市委派黄敬领导民先队。据报道，1936年10月统计，共有31个城市和地区有民先队，遍及北平、天津、西安、济南、唐山、开封、烟台、武昌、汉口、苏州、南京、成都、保定、青岛、广州、香港、太原、宣化、杭州、洛阳、贵阳等，以及国外的里昂、巴黎和东京。

中华民族解放先锋队改由中共中央北方局领导后，在彭真直接领导下，李昌等进行了民先队全国代表大会的筹备工作。这段时间，李昌经常与彭真见面，有时在公园，有时在茶馆，有时在张瑞芳⑤家里。当时，张瑞芳的姐姐张楠⑥已经入党，根据组织安排，张楠向其母廉维⑦说明了她的共产党员身份，

---

① 刘导生（1913—2014），江苏丰县人。历任全国学联主席、山东大众日报社社长、滨海建国学院院长、中国科学院哲学社会科学部副主任、中共北京市委常委、宣传部长、中共北京市委书记、北京市政协主席。

② 杨雨民（1910—1971），内蒙古赤峰人。1937年加入中国共产党。曾任冀中军区政治部敌工部副部长、热河省人民委员会副主席。历任中国作协书记处书记、河北省第一至三届政协副主席。

③ 杨克冰（1909—2009），女，奉天（今辽宁）海城人。1933年加入中国共产党。历任中华民族解放先锋队妇女部部长、八路军第一二九师旅政治部副主任、东北妇女联合会主任、中共鞍山市委书记、辽宁省人大常委会副主任。

④ 于光远（1915—2013），原姓郁，名钟正，上海人。历任中国社会科学院副院长兼马列主义毛泽东思想研究所所长、《中国大百科全书》总编委会副主任。中顾委委员。

⑤ 张瑞芳（1918—2012），原籍北京，生于河北保定。1938年加入中国共产党。著名表演艺术家。从舞台到银幕，她塑造了一系列鲜活生动的形象。

⑥ 张楠（1916— ），1936年加入中国共产党。曾任《红旗》杂志办公室主任、马列主义研究院党总支书记、人事处处长。1967年马列主义研究院解散后，张楠去了河北汉沽农场。1978年到社科院法学所工作。1981年离休。

⑦ 廉维（1889—1960），1938年到晋察冀边区，转赴延安，后又回到晋察冀边区工作。解放后先后在民政部、商业部工作。

并说明她的同志经常要到她家开会。其母不仅爽快地答应，还设法为会议警戒，为大家准备饭食，保存党的文件。彭真在与李昌的频繁接触中，详细审阅、修改民先全国代表大会的报告、章程及其他文件。1937年2月6日，中华民族解放先锋队总队第一次全国代表大会在北平召开，有18个地区或单位的24名代表出席，代表6000名民先队员。大会选举李昌、李哲人①、刘导生等7人为民先总部负责人。

1936年12月至1937年1月，在张瑞芳家，彭真两次主持召开中共北平学委扩大会，黄敬、蒋南翔、李昌等参加会议。会议主要内容是贯彻中共中央关于抗日统一战线的精神，统一思想认识，研究第二次国共合作后学运工作如何开展。

北平党内以徐高阮为代表的少数人，极力主张在国共合作后应承认国民党在抗日战争中的领导权，认为现在就是抗日爱国，统一战线中没有阶级斗争了，实际上是不要保持党的独立性。徐高阮甚至主张既要摆脱三民主义对青年学生思想的束缚，又要摆脱马列主义对青年学生思想的"束缚"。彭真主持召开两次学委扩大会，意在肃清徐高阮等人错误思想的影响，保证党的统一战线策略的贯彻执行。彭真还对徐高阮提出的关于"旧瓶不能装新酒，要彻底肃清老干部"的论调提出过批评。不久，徐高阮被开除出党。

1937年1月，彭真主持调整中共北平市委领导成员：黄敬任市委书记，调李葆华到北方局工作。彭真随即派李葆华到张家口和绥远东北义勇军垦区检查工作。李葆华根据他检查工作时了解到的情况，提议由东北学生领袖白乙化②任绥远东北义勇军垦区中共工委书记，以便掌握那里的一二百人和一批枪支。彭真表示同意。

1937年2月，彭真随北方局机关从天津迁往北平。同年4月，彭真率白区代表团赴延安参加党的白区工作会议。参加会议的北平代表有市委书记黄敬、

---

① 李哲人（1910—1969），山西临猗县人，1931年参加革命，1932年加入中国共产党。历任外贸部副部长、国家经济委员会副主任、物资管理部副部长等职。

② 白乙化（1911—1941），满族，辽宁辽阳人。1930年加入中国共产党。九一八事变后，白乙化在辽西组建抗日义勇军。1939年底，任八路军冀热察挺进军第十团团长。1941年2月初，白乙化率部与敌激战于密云马营西山，在前沿阵地指挥作战，不幸壮烈牺牲。

清华大学党支部两任书记李昌、杨学诚①、师范大学党支部书记林一山②。在党的白区工作会议上，彭真当选为大会主席团成员。

1937年卢沟桥事变③爆发不久，7月20日前后，彭真北平的家中收到彭真自保定来信，主要内容是通知在北平坚持工作的刘少奇的秘书林枫④安排北平党的撤退工作，提出平津的共产党员和进步群众都撤到太原重新分配工作。信是以商人口气写的，提到太原的买卖很好做。彭真到达保定后本要回到北平，但因日军封锁而未能成行。由于日军严密封锁，北平大批党员和民先队员自天津乘船南撤，大部分人辗转撤到太原。只有于光远、赵德尊等少数人冒险穿过日军封锁线到保定见到彭真后又转至太原。

八、领导建设晋察冀边区成为模范抗日根据地

彭真十余年后回到他加入革命队伍的太原市，已经锻炼成长为党的高级领导干部。七七事变后，国共合作抗日的局面形成。不久，彭真回到华北，领导建设晋察冀边区成为模范抗日根据地。

1937年7月，中共中央北方局在太原重建，彭真仍任组织部长，与刘少奇、杨尚昆⑤等共同领导部署华北地区党的工作，组织开展抗日游击战，创建抗日

---

① 杨学诚（1915—1944），武汉黄陂人。1936 年加入中国共产党。历任清华大学地下党支部书记、北平市委学委书记、中共长江局青委委员、湖北省青委书记。1944 年 3 月，在部队转移中病逝于大悟山。

② 林一山（1911—2007），山东文登市泽头镇人。1936 年加入中国共产党。历任中共胶东特委书记、胶东区游击司令员、辽南省委书记兼军区政委、第四野战军南下工作团秘书长、长江水利委员会主任、国务院长江流域规划办公室主任、水利部副部长。

③ 卢沟桥事变又称七七事变，是 1937 年 7 月 7 日发生在中国北平的卢沟桥的由日军挑起的中日军事冲突，日本就此开始向中国内地发动全面进攻。七七事变是日本帝国主义为实现它鲸吞中国的野心而蓄意制造出来的，是它全面侵华的开始。

④ 林枫（1906—1977），黑龙江望奎人。原名郑永孝。1927 年加入中国共产党。历任河北反帝大同盟党团书记、中共北平市委书记、中共晋西区党委书记、中共中央晋绥分局书记、晋绥军区政委、东北行政委员会主席、国务院文教办公室主任、中共中央党校校长、全国人大副委员长。中共第七、第八届中央委员。

⑤ 杨尚昆（1907—1998），四川潼南人。1926 年加入中国共产党。历任中共中央北方局书记、中共中央办公厅主任、中华人民共和国主席、中央军委第一副主席、中共中央政治局委员等职。

根据地。太原失守后，杨尚昆与中共山西省委领导人一起随阎锡山的第二战区总部逐步转至晋西南地区，彭真与八路军总部辗转抵达晋东南，以八路军办事处名义开展工作，到安泽县、沁县指导党的工作。

1937年12月31日，彭真同刘伯承①从晋东南到临汾，出席山西省党的活动分子会议。刘少奇、彭德怀②分别传达中共中央12月9日至14日在延安召开的政治局会议精神。王明③在这次政治局会议上批评洛川会议过分强调独立自主和民主、民生，他强调要"一切经过统一战线""一切服从统一战线"。对此，彭真在听传达后提出：怎么能领导权也不要了？大革命失败不就是因为不要领导权吗！

在临汾期间，彭真同刘伯承一起到洪洞县马牧村八路军总部，向朱德④汇报晋东南情况。

1938年2月，彭真以中共北方局代表身份在中共冀豫晋省委党的活动分子会议上作报告，指出要在统一战线中保障党的政治和组织的独立性。并对少数领导干部强调，在统一战线中要争取领导权。

1938年2月，彭真抵达晋察冀边区平山县，后转至阜平、五台等地。3月，根据中共中央决定，彭真以北方局代表名义常驻晋察冀，与聂荣臻⑤协同配合，领导晋察冀、平汉路东及平津等地党的工作。

1938年4月，彭真、聂荣臻在山西省五台县金刚库村主持召开晋察冀边区第一次党代表大会。会议总结了抗战以来创建晋察冀边区的成就和经验，制定了扩大与巩固边区的方针和各项工作。彭真在会上传达中共中央十二月

---

① 刘伯承（1892—1986），四川（今重庆市）开县人。中华人民共和国元帅。中国共产党第八至第十一届中央政治局委员。历任八路军第一二九师师长、第二野战军司令员、南京市市长、中央军事委员会副主席、全国人大常委会副委员长、中央军委总参谋长。

② 彭德怀（1898—1974），湖南省湘潭县人，中华人民共和国元帅。历任八路军副总司令、中共中央政治局委员、国防部长。是中国共产党、中华人民共和国与中国人民解放军的卓越领导人之一。

③ 王明（1904—1974），原名陈绍禹，安徽金寨县人。1925年加入中国共产党。历任中共中央政治局常委、中共驻共产国际代表、中共中央政治研究室主任、政务院政法委员会副主任等职。

④ 朱德（1886—1976），字玉阶，原名朱代珍，曾用名朱建德，四川省仪陇县人。中华人民共和国十大元帅之首。历任八路军总司令、中共中央副主席、全国人大常委会委员长等职。

⑤ 聂荣臻（1899—1992），字福骈，四川江津（现重庆市江津区）人。中华人民共和国元帅。历任晋察冀军区司令员兼政治委员、华北军区司令员、中央军委副主席等职。

政治局会议精神,作关于全国抗战形势和争取全国抗战胜利方针的报告。会上,彭真还提出,目前边区党的中心政治任务,是扩大和巩固边区抗日根据地,以坚持华北抗战,配合主力作战,并使它继续发展成为全国统一战线的模范区域。此后,彭真又强调必须做好以下重要工作:1.巩固党和军队、政权及群众抗日组织;2.广泛深入地进行战争动员;3.进一步巩固扩大统一战线;4.建立健全抗日群众组织和群众武装;5.深入进行锄奸工作;6.进行财政经济上的动员。

7月17日,彭真就怎样粉碎日军的阴谋以巩固边区金融问题,发出实施货币统治巩固边区金融的指示:立即停止法币①及一切杂钞在市面的流通,确定边钞②为市面流通的唯一货币,一切交易只限使用边钞;严禁汉奸奸商私运法币出境,替日寇吸收本区的法币;动员民众将其所有的法币、杂钞,一律兑换边钞,但个别民众定要自己保存一部分法币或杂钞,应给以保存的权力和自由;禁止伪钞入境和在本区流通;全力维持边区银行纸币的信用;一切货币出入境,均须经过政府在边界所设货币统治机关依法办理出入境手续;在边界应该依靠群众组织和力量,严禁货币走私③。

在中共中央领导下,在领导晋察冀抗日根据地建设过程中,彭真与北方分局领导成员一起提出并实施了一整套新民主主义的政治、经济、文化政策。在彭真、聂荣臻的直接领导和全区党政军民的共同努力下,晋察冀迅速建设成为模范抗日根据地。

1938年9月至11月,彭真在延安出席扩大的中共六届六中全会,在会上作了关于晋察冀边区工作的报告。全会主席团在听取彭真的报告后于10月5日致电晋察冀边区,明确表示完全同意边区党委所执行的坚定的统一战线的方针,并指出晋察冀边区已成为敌后模范的抗日根据地及统一战线的模范区。

10月13日,彭真在中共中央机关刊物《解放》杂志上发表《论晋察冀边区

---

① 中华民国时期国民政府发行的货币。1935年11月4日,规定以中央银行、中国银行、交通银行三家银行(后增加中国农民银行)发行的钞票为法币,禁止白银流通,发行国家信用法定货币,取代银本位的银圆。1948年8月19日被金圆券替代。

② 1938年3月20日,晋察冀边区银行在山西省五台县石嘴村成立。所发行的货币称为边币。晋察冀边币的发行在开展对敌货币斗争,扶植和发展边区经济,保障军需,支援抗日战争和解放战争等方面,做出重要贡献。

③ 《彭真年谱》第一卷,中央文献出版社2012年版,第89—90页。

抗日民主政权建设的重大成就》文章，认为晋察冀边区政府成为一个具有高度行政效率的政府，其主要经验是：第一，适应战争环境，逐渐肃清文牍主义、形式主义和官僚主义，实行比较合理的分工。第二，动员所有群众团体帮助政府进行各种工作，特别是人力和资财的动员。第三，政府要有一批廉洁、正直、能为抗战牺牲一切的积极负责工作的人员。

1938年11月9日，中共中央发出《关于北方局及分局委员的通知》决定以朱德、彭德怀、杨尚昆、聂荣臻、关向应①、邓小平②、彭真、程子华③等为中共北方局委员，以朱德、彭德怀为北方局常委，杨尚昆兼北方局书记。成立晋察冀分局，以聂荣臻、彭真、关向应、程子华为中共北方局晋察冀分局委员，彭真兼分局书记。1939年1月，撤销晋察冀分局，成立中共中央北方分局，彭真任书记。

彭真在领导边区建设中，正确地贯彻执行中共中央和毛泽东的指示，始终把发动和武装群众作为巩固和建设根据地工作的中心环节，把抗日民主政权建设作为重要任务，把发展和巩固党作为做好各项工作的根本。他反复强调要坚持党在抗日民族统一战线中的独立自主原则和争取党的领导权问题，并强调要使马克思主义中国化。

1939年1月13日至2月初，彭真在河北省平山县主持召开晋察冀边区第二次党代表大会，传达了中共中央扩大的六届六中全会决议。彭真在报告中提出当前的紧急任务是：坚持持久抗战，巩固与扩大抗日民族统一战线，克服困难，停止敌之进攻，准备力量实行反击。驱逐日寇出中国。在大会结论中，彭真就

---

① 关向应（1902—1946），辽宁金县（今属大连市金州区）大关家屯人，满族，满姓瓜尔佳氏。1925年加入中国共产党。曾任中国共产主义青年团中央书记、红军第二方面军总政治委员、八路军第一二〇师政治委员、中共中央晋绥分局书记、中共中央委员。

② 邓小平（1904—1997），四川广安人。1924年加入中国共产党。曾任红军总政治部秘书长、总政治部机关报《红星》报主编、中共中央秘书长、八路军129师政治委员、中共中央太行分局书记、中共中央北方局代理书记、华东局第一书记、国务院副总理、中共中央副主席、中央军委主席、中顾委主任等职。中国共产党、中国人民解放军、中华人民共和国的主要领导人之一，中国社会主义改革开放和现代化建设的总设计师，邓小平理论的创立者。

③ 程子华（1905—1991），山西运城人。曾任红十五军团政治委员，晋察冀分局代理书记，冀察热辽分局书记、军区司令员兼政委，北平警备司令员兼政委，第十三兵团司令员，山西省委书记、省人民政府主席、军区司令员兼第一政委，商业部部长，民政部长兼党委书记、全国政协副主席。中顾委常委。

党内民主与集中、点线工作、城市与乡村、马克思主义中国化、中国革命性质与规律、人民阵线和统一战线等问题作了说明和论述。

三四月间，彭真与北方分局驻阜平县易家庄。期间，彭真除指导易家庄党支部的工作外，还到阜平城南庄考察指导农村基层党的工作，并从边区党校抽调教员帮助城南庄党支部加强党的建设工作。

为了根据实际情况重新布置冀东、平西的工作，依照中央指示精神，彭真提出：关于冀东工作，在军事上，冀东目前应集中一切力量进行开展游击战争的准备工作，特别是艰苦深入的党和群众工作，根据目前实际情况，遵照分局党代表大会决定重新布置。平西应成为你们向北向东发展之巩固根据地，从各方面树立巩固根据地的必要的深入的工作。在政权方面，平西仍成立专员公署，直属晋察冀边区政府，并以此名义向冀东发展，在冀东另建立主任公署，属边区政府；冀东应作持久的财政计划，部队在平西期间及将来留在平西的部队，由边区政府经过军区供给部实行统筹统支，帮助解决困难；各县必须建立金库，保管一切收入并呈报边区政府；统筹统支实行后，部队应停止筹款，有正当收入时须报告军区供给部，列入预算开支中；平西须立即排除伪钞、杂钞，并由党委统治流通；部队开支应按人员、马匹实数及经济制度作成预算。平西党和群众方面，应根据边区一般的方针进行长期的深入的工作，特别是要巩固与发展各阶级阶层人民间的统一战线，积极动员、组织广大人民群众，调整政民关系，切实检查讨论布置①。彭真于1939年5月5日将上述意见电告聂荣臻、舒同②、萧克③并冀热察区党委并报北方局、中共中央书记处。

7月上旬，晋察冀边区连降暴雨，河水猛涨。日军借机扒开永定河、子牙河、大清河、滹沱河等河流大堤182处，使河北平原遭受数十年未遇的大水灾。彭真立即指示党政军民抗洪救灾，克服困难。边区各地广泛开展生产自救，坚持

---

① 《彭真年谱》第一卷，中央文献出版社2012年版，第117页。

② 舒同（1905—1998），江西东乡县人。曾任晋察冀军区政治部主任、军事科学院副院长、中共第八届中央委员、中国书法家协会主席等职。1982年被选为中共中央顾问委员会委员。

③ 萧克（1907—2008），湖南嘉禾泮头小街田村人。曾任八路军第120师副师长，冀热察挺进军司令员，晋察冀军区副司令员，人民革命军事委员会军训部部长，国防部副部长，国防大学校长，中国人民政治协商会议第五届全国委员会副主席。中共中央委员，中顾委常委。上将军衔。

长期抗战。

7月31日至8月1日，彭真主持召开北方分局会议，讨论冀中工作。关向应、程子华、聂荣臻先后发言。8月1日，彭真作总结发言，指出：冀中工作今天是由一帆风顺走向困难。由顺境走入逆境，会发生困难。冀中基本上没有离开党的路线。党在冀中发展，基本上应面向劳苦群众，革命的知识分子也应大量吸收。要在党内普遍加紧阶级教育与阶级警觉性。要健全政权本身组织。党给政权的是方针、策略、路线，如果什么都管，则政府工作不会走上轨道。必须使政府有充分的主动性来处理其工作。

在领导建设模范抗日根据地的同时，在彭真和中共北方分局领导下，北平、天津、唐山、保定、石家庄等敌占城市的地下党进行了卓有成效的工作。各城市地下党员积极行动起来，组织地下抗日力量，为根据地运送急需物资，输送抗日青年去根据地，为打击、消灭日伪势力发挥了重大作用。

1939年11月24日，彭真与张洁清①结婚。

为了顺利开展工作，使广大干部及时了解政治形势和当前必须完成的紧急任务，1940年1月3日，彭真主持召开北方分局干部会议，作《目前政治形势与当前紧急任务》的报告。指出：在相持阶段，我们不仅要坚持抗战，而且要准备在大资产阶级投降后，使边区成为反投降的根据地，成为党的巩固根据地。边区的紧急任务是，深入进行巩固根据地的工作，强化边区内部统一战线工作，强化党在各方面的领导，利用我们在边区的阵地来争取时局好转，随时准备应付敌人的"扫荡"战争与突然事变。为此，边区党的工作主要是：提高党员与战士爱护边区的热忱，巩固山岳地带的工作，特别加紧某些枢纽地区的工作。在边区发展统一战线的工作，争取愿意而且可能继续抗战的友军，起码使他们将来不反对我们；坚决瓦解消灭反对、破坏边区的军队；麻痹地主阶级，打击顽固分子，孤立地主，而争取其中进步分子共同抗日，严厉处置破坏抗战、破坏团结的汉奸、敌特；积极争取富农合作抗日。报告还就强化党在政权中的绝对领导、切实依靠群众和实行群众的民主及改善民生密切党和政权及军队的关系、加强反奸细斗争、注意迷信组织等问题提出了意见。②

---

① 张洁清（1912—2015），河北霸县人。1936年加入中国共产党。曾任彭真秘书、北京市妇联副主任、陕西商洛地区副专员、中央政法委员会副秘书长。

② 参见《彭真年谱》第一卷，中央文献出版社2012年版，第141页。

　　彭真认为，巩固边区以应对日伪军不断的新"扫荡"，是目前党政军民的中心任务。巩固扩大统一战线问题应看成是目前党的中心问题之一。边区民主选举运动、政权建设、妇女青年工作等工作都必须得到加强。并指出：在整个战略相持阶段，敌后没有战略上的相持，只有在两个战役空隙之间的战役上的相持，党在一切方面应准备迎接更残酷的斗争局面。目前党的工作的中心任务，是全面地巩固党。①

　　1940年2月，毛泽东《新民主主义论》的复写稿传到北方分局。毛泽东在封面上亲笔写道："送晋西北转送五台山彭真同志指正"。彭真立即将书稿交付《抗敌报》排印出版。很快又传来了毛泽东的讲课稿《中国革命和中国共产党》。这两部著作对彭真的思想和实践产生巨大影响，促使彭真结合边区实际思考在根据地内怎样建设新民主主义的问题。

　　1940年4月，彭真主持召开北方分局扩大干部会议。彭真在报告中具体运用毛泽东新民主主义理论，明确提出在边区"改造旧社会，创建新社会"的总目标，开展民主选举运动，建立健全新民主主义的政治制度。彭真指出：边区政权的性质是抗日民族统一战线的政权。边区政权的任务和施政方针是反对日本帝国主义和真正的汉奸反动派，保护一切抗日人民，调节各抗日阶层的利益，改善工农生活。政权人员的分配，党员占三分之一，左派进步分子占三分之一，不左不右的中间派占三分之一。彭真指导边区政府制定颁布《晋察冀边区县区村暂行组织条例》《晋察冀边区参议会暂行组织条例》《晋察冀边区暂行选举条例》，为边区民主选举运动提供了牢固的政策法律依据。

　　1940年，敌后抗日根据地开始进入最艰难时期。为了坚持敌后抗战，彭真在亲自进行调查研究的基础上主持制定了《中共北方分局关于晋察冀边区目前施政纲领》。这个纲领以党的新民主主义理论为指导，科学地总结了边区建设的经验，在坚持国共合作团结抗战、实行全民族武装自卫、开展群众游击战争、建立"三三制"政权、充分发扬民主、保障人权、实行减租减息和交租交息、劳资兼顾、增加工人工资、征收统一累进税、发展农工商业、保障正当贸易、取缔奸商以及实现各民族平等、发展大众文化等各个方面，都做出了明确的政策规定。纲领共20条，因此也称"双十纲领"。这一纲领的颁布实施，受到

---

① 参见《彭真年谱》第一卷，中央文献出版社2012年版，第153—154页。

边区各界各阶层人民的广泛拥护,中共中央也给予高度评价。党的刊物发表文章,号召敌后各抗日根据地在各方面工作中均应以晋察冀施政纲领为参考,以推动全国团结抗战和民主化进程。

为了发展边区经济,在彭真和北方分局领导下,边区政府于1939年4月以"为实现抗战建国纲领而奋斗"为题公布边区经济建设的原则方案。具体规定了发展生产事业,发展合作事业,繁荣贸易,稳定货币金融,建立健全财政制度等各方面的具体计划和任务。毛泽东《新民主主义论》发表后,彭真先后在北方分局扩大干部会议上和晋察冀军区高级干部会议上阐明了财政经济政策的着眼点:一是充裕民生和军需。二是坚强的持久性,财力物力之正确的培植、蓄积和使用。三是统一战线和工农生活的改善。四是生产和交换是财政和金融的基础。

在彭真和北方分局指导下,1940年8月召开了晋察冀边区第一次经济工作会议。会议认为,今后边区经济建设的方针和任务是,积极进行减租减息,积极帮助贫农、中农发展生产,发展商品经济,取缔走私,统制外汇,巩固边币发展必要的公营工业。

晋察冀边区一系列正确经济政策的制定与执行,使边区党政军民增强了克服困难、发展经济、坚持抗战的信念。

彭真十分重视边区的文化教育事业。1940年7月,彭真在晋察冀军区高级干部会议上明确指出,掌握政权的党必须掌握社会的文化教育。又在公开发表的文章和社论中反复强调,没有文化斗争相配合,抗日战争是不能胜利的。以北方分局领导的《抗敌报》为代表,各级报刊纷纷开办,在边区的文化宣传中发挥了重大作用。发展边区文化,基础是教育。彭真和聂荣臻一起,领导边区党政军民逐步清除半封建半殖民地的旧教育制度,创造性地建立起干部教育、社会教育、学校教育"三位一体"的新型教育体制。边区不断加强干部教育,训练了大批新干部,除满足本地需要外,还向其他敌后抗日根据地陆续抽调干部。普及社会教育,是提高全民族文化素质的基础。晋察冀边区广泛兴办"冬学",努力恢复、改造和普及小学教育,积极解决师资问题。在抗日战争环境下,学龄儿童入学率达到60%上下。

在彭真直接领导和关怀下,晋察冀边区的文艺活动得到广泛开展。自上而下的"文化界抗日救国会"和基层"文救小组"发挥了重要作用。

遵照中共中央关于开展城市工作的指示,彭真主持拟订晋察冀边区关于对北平、天津、保定、石家庄等大城市工作方案。第一步具体工作是：调平、津现有的可靠干部和党员来分局受训，训练后仍回平、津工作；由冀中、路西两个区党委调训一批能到平、津、保等大工厂等交通部门去工作的可靠工人党员，并调一批家庭可以供给其到平、津、保和敌后城市各大、中学上学的青年学生同志。派去的工人、学生党员第一步不作党的宣传，也不发展党员，绝不暴露面目。他们首先要深刻精细地了解其所处环境和工作对象，特别要了解哪些是敌探奸细，哪些是真正的抗日和革命分子。第二步，仍审慎地、稳健地建立党的堡垒。所派去的人，所建立的党组织，均不发生横的关系，只以各种极秘密技术的方式与根据地有关领导机构保持较疏远的关系。①北平、天津等城市的地下党组织迅速恢复、建立和发展，主要以地下交通线方式与根据地党的领导机关保持联系。北平的一批批抗日青年学生就是在北平地下党的统一安排下，秘密投奔了抗日根据地。

抗日游击战争和抗日民主根据地是互为依存的。没有游击战争，根据地无法存在和发展，但没有根据地的巩固和发展，游击战争就不能长期坚持。为了坚持敌后持久抗战，发展和巩固抗日根据地，中共中央军委根据中共六届六中全会决定的"巩固华北，发展华中"的战略部署和华北、华中敌后的新形势，决定：八路军第一一五师主力挺进山东，第一二〇师主力进入冀中，第一二九师主力进入冀南、冀鲁豫等平原地区，帮助和配合地方党组织，放手发动群众，广泛深入地开展群众性游击战争，大力发展人民抗日力量，扩大和巩固抗日民主根据地。晋察冀抗日根据地在不断扩大中，人民抗日武装也在不断发展壮大。1940年春，北方局和八路军总部规定晋察冀边区至年底扩大正规部队2.9万人。晋察冀边区至当年11月已扩军3.8万人。与此同时，晋察冀中央分局根据中共中央指示，创造性地实行减租减息，发展生产，实行三三制，团结人民，坚持对敌斗争。至1941年初，中共中央晋察冀分局领导地区的抗日根据地建设已经取得巨大成就。山西北部、河北中北部和察哈尔南部的大片地区建立了抗日根据地或游击区。日军占据的中心城市，实际上已经处于抗日军民的包围之中。新民主主义社会的雏形也已经在晋察冀边区呈现。

---

① 参见《彭真年谱》第一卷，中央文献出版社2012年版，第184页。

九、参与中共中央决策层工作

1941年1月25日,中共中央决定: 北方分局书记彭真离开晋察冀边区赴延安, 准备参加中共第七次全国代表大会; 中共中央北方分局正式改称中共中央晋察冀分局; 彭真离职期间, 由聂荣臻代理分局书记。

1941年3月, 彭真离开晋察冀抗日根据地赴延安。

彭真到延安后, 自1941年5月20日开始列席中共中央政治局会议。[①]

1941年6月4日至8月21日, 彭真在延安分七次向中共中央政治局详细汇报了晋察冀边区的工作。[②]毛泽东听了全部汇报并作了详细笔记。毛泽东在听取汇报时认为, 晋察冀中央分局从实际出发, 创造性地实行减租减息, 发展生产, 实行 "三三制", 团结各阶层人民, 坚持对敌斗争, 这是把马列主义中国化, 是执行了一条活的马克思主义路线。中共中央逐次将汇报内容批转各根据地党委。全部汇报内容又经彭真补充整理, 出版了单行本, 题为《关于晋察冀边区党的工作和具体政策报告》。毛泽东称它是 "马列主义的"。

1941年9月, 中共中央任命彭真为中央党校教育长。彭真向毛泽东请示中央党校的校训应当是什么, 毛泽东答: 实事求是, 不尚空谈。在彭真起草的《中央党校计划》中, 根据毛泽东的指示, 校委会确定办校方针为: 实事求是, 不尚空谈; 坚持真理, 随时修正错误; 把自己的言行当作客观事物来对待。实事求是成为概括毛泽东思想精髓和党的思想路线的科学表述。

1941年10月, 彭真列席中共中央书记处会议。会议决定成立以毛泽东为首的清算党的过去历史委员会和以陈云为首的审查过去被打击干部委员会, 彭真为两个委员会的成员。

为了深入总结党的历史经验教训, 清算错误路线, 教育全党学会运用理论和实际相结合的方法处理中国革命中的具体问题, 1942年2月, 毛泽东在中共中央党校开学典礼大会上发表了《整顿党的作风》的演说, 发动整顿学风、党风和文风的全党整风运动。2月28日, 中共中央政治局决定中央党校直属中央书记处, 指导由毛泽东负责, 组织指导由任弼时负责, 彭真任政治教育长, 并

---

① 参见《彭真年谱》第一卷, 中央文献出版社 2012 年版, 第 189—297 页。

② 汇报要点参见《彭真文选》, 人民出版社 1991 年版, 第 1—53 页。

由彭真主持政治教育会议，负责出版学习报。

中共中央党校集中了相当多的党的高级干部和党的七大代表，他们熟悉党的历史，在革命斗争的大风浪中经受过锻炼和考验，有着丰富的实践经验。因此，中央党校的整风学习能否顺利进行，关系到整风运动在全党的普及开展。

为了整风运动的顺利开展，根据中共中央指示，彭真在调查研究的基础上领导制定了党校的整风学习计划。1942年5月14日，彭真在延安《解放日报》发表《领会二十二个文件的精神与实质》的署名文章，指出整风中规定要学习的22个文件的精神与实质，是指分析和解决问题的马克思主义立场、观点和方法，亦即指导思想。领会了它，便可能依据它、运用它来了解周围事变的内部联系，来预言事变的发展进程。领会是为了运用，用来改正我们的思想，改造我们的工作，解决中国革命的实际问题。领会的标准是实践，是会不会在实践中运用。①5月16日，彭真在《解放日报》的《学习》专刊第二期上发表《怎样学习二十二个文件》一文。文章指出，要真正领会这些文件的精神与实质，唯一的办法是精读，反复地深思熟虑地精读，深入地研究，热烈地讨论。要区别文件的形式与实质、字句与精神，看它用什么立场、观点和方法，根据什么来分析考虑和处理问题；同样的立场、观点和方法，如何实际应用于各种具体的不同的场合；同样的问题，过去自己如何分析，如何看待，如何处理，自己的经验如何，过去的优点缺点何在，正确还是错误。正确，究竟正确到什么程度，正确在哪一点上；错误，究竟错误到什么程度，错误在哪一点上。这样反复地加以思考，再系统地依照文件的精神加以反省。读文件只靠自己精读，记笔记，还是十分不够的，必须进行同志间的座谈，自由漫谈，自由交换对于文件的意见，相互质疑解答。②彭真组织中央党校学员紧紧围绕22个文件展开了热烈的讨论。

1942年6月2日，中共中央总学习委员会正式成立。毛泽东、康生③、陈

---

① 《彭真文选》，人民出版社1991年版，第54—55页。

② 参见《彭真年谱》第一卷，中央文献出版社2012年版，第215页。

③ 康生（1898—1975），原名张宗可，曾用名赵溶，山东胶南县人。历任中共中央副主席、中央政治局常委、全国人民代表大会常务委员会副委员长、中共中央文化革命小组顾问等职。1980年，中共中央将其开除党籍，撤销悼词；其骨灰被迁出八宝山革命公墓，后被划为林彪、江青集团的主要成员之一。

云①、高岗②、彭真、李富春③为委员，主任毛泽东，副主任康生。中共中央就抽阅高级干部和各系统的整风学习笔记作了分工，中央党校系统由毛泽东、彭真负责。

6月23日至7月4日，彭真主持中央党校整风文件第一期学习考试，并亲自拟定了考试试题，报请毛泽东审定。内容有：一、什么是党的学风中的教条主义？你所见到的最严重的表现有哪些？你自己在学习和工作中曾否犯过教条主义错误？如果犯过，表现在哪些方面？已经改正过了多少？今后将如何改正或预防？二、什么是党的学风中的经验主义？（以下与第一条试题内容同）三、你听了或读了毛泽东同志改造学习的报告及中央关于延安干部学校决定、中央关于在职干部教育决定以后，你对于过去党内的教育与学习反省结果如何？有些什么意见？对于你自己的学习和工作的检查结果如何？你如何改造自己的学习或工作？四、你接到中央关于调查研究决定后，怎样根据它来检查并改造或准备改造你的工作？

1942年9月16日，彭真在全校大会上作了《关于党校讨论大会的方针问题》的讲话，强调在真理面前大家是一律平等的，指出要以严正的、彻底的、尖锐的、诚恳坦白的、实事求是的态度充分开展争论，开展批评与自我批评。讨论会的目的在于把原则问题、是非问题、思想问题弄清，惩前毖后，治病救人。彭真经常深入学员中了解收集学习情况，运用马克思主义的立场观点和方法分析和解答学员在学习中提出的问题。他坚持中共中央和毛泽东提出的整风宗旨，做了大量思想工作和组织工作，排除和纠正康生"左"的干扰和做法，使党校的整风学习沿着正确的方向健康发展。④

10月21日，彭真在中央党校作怎样展开我们的思想斗争的报告。报告针对党校学员对整风学习的不同认识与不同态度，指出整风就是无产阶级思想与

---

① 陈云（1905—1995），上海人。1925年加入中国共产党。历任中共江苏省委书记、中央政治局委员、白区工作部部长、中央书记处候补书记、中共中央东北局副书记兼东北民主联军副政委、国务院副总理、中央委员会副主席、中央纪律检查委员会第一书记等职。

② 高岗（1905—1954），陕西横山县武镇乡高家沟村人。陕甘边革命根据地领导人之一，中华人民共和国中央人民政府副主席。1954年8月17日自杀身亡。1955年3月中共全国代表会议通过决议，开除其党籍，撤销其党内外一切职务。

③ 李富春（1900—1975），湖南长沙人。历任中共中央政治局委员、常委，中共中央书记处书记，中华人民共和国国务院副总理、国家计委主任等职。

④ 《彭真年谱》第一卷，中央文献出版社2012年版，第220页。

非无产阶级思想的斗争, 在整风学习中基本的问题在于自觉——自我反省。强调对自己、对别人都要作为一个客观的事物来对待, 要从客观实际出发。对于事物质的优差要加以区别, 量的多少也加以区别。全面性, 有历史的全面性也有现实的全面性。问题本身就包含着解决问题的办法。报告分析了有的同志不愿反省自己, 摆老资格等错误倾向。①

1943年3月20日, 彭真列席中共中央政治局会议。会议通过中共中央关于中央机构调整及精简的决定: 在两次中央全会之间, 中央政治局担负领导整个党工作的责任, 有权决定一切重大问题。政治局推定毛泽东为主席。书记处是根据政治局所决定的方针处理日常工作的办事机关, 它在组织上服从政治局, 但在政治局方针下有权处理和决定一切日常性质的问题。重新决定书记处由毛泽东、刘少奇、任弼时②三位同志组成, 毛泽东为主席。会议中所讨论的问题, 主席有最后决定之权。在中央政治局及书记处之下, 设立宣传委员会与组织委员会。这两个委员会, 是政治局和书记处的助理机关。会议决定毛泽东兼任中央党校校长, 彭真任副校长。同日, 中共中央总学习委员会发出关于整风学习的总结计划。延安整风学习的普遍整风阶段开始进行总结。③

4月28日, 彭真列席中共中央政治局会议。为了推动延安的反特务斗争及防奸教育, 决定组织延安各机关、学校、部讨论任弼时所作特务活动与中央对特务的方针的报告, 继续进行坦白与检举内奸运动; 在中央书记处下设以刘少奇为主任, 康生、彭真、高岗为委员的反内奸斗争专门委员会; 6、7、8三月内专门在延安高中级干部中进行锄奸教育; 肃清内奸必须由机关、学校、部队首长负责, 亲自动手, 以达到肃清内奸、培养干部两大目的。书记处的决定得到会议批准。毛泽东在会上谈肃清内奸时指出, 我们一方面要肃清内奸, 另一方面要培养锄奸干部, 教育群众, 要实行首长负责, 亲自动手, 审讯时不要动刑, 不要轻信口供, 要重证据。5月4日, 中央研究院合并到中央党校, 为党校第三部, 学员多是知识分子、文化人(党内重要领导干部编在第一部和第二部)。同时, 中央党校成立第四部, 学员多是文化水平较低的工农干部, 大体上是地委、旅级以下的干部, 在整风学习的同时还进行文化学习。此后, 延安中央文联、西北

① 《彭真年谱》第一卷, 中央文献出版社2012年版, 第221页。
② 任弼时(1904—1950), 湖南湘阴县人。1922年加入中国共产党。历任共青团中央代理书记、中共中央政治局委员、中共中央秘书长、中共中央书记处书记。
③ 《彭真年谱》第一卷, 中央文献出版社2012年版, 第226页。

抗日文工团合并到三部。5月6日，彭真列席中共中央书记处会议。会议决定，审查内奸工作从4月1日起分三期进行，每期三个月，在此项工作进行过程中必须反官僚主义和粗暴工作方式。5月21日，彭真列席中共中央政治局会议。会议讨论今后防奸工作的六项原则等问题。六项原则是：首长负责，自己动手，调查研究，分清是非轻重，争取失足者，教育干部。①

7月13日，彭真列席中共中央政治局会议。会议讨论关于国民党准备进攻陕甘宁边区和中央的对策等问题。次日，根据中共中央政治局决定精神，彭真在中央党校全校大会上就审查干部问题作动员报告。报告指出：我们要把进攻边区的军队彻底消灭。那些打入我们里边的奸细，都要肃清。我们的政策是两面的，宽大和镇压相结合。能够争取的尽量争取。在清算历史的问题上，每一个同志都可以表明自己的态度，在行动上表明自己是真正革命的，党是欢迎的。今天党的宽大政策，还是继续宽大，宽大就是对于有觉悟的人宽大。共产党是与人为善的，但是宽大是有限度的。现在要把许多问题考虑清楚，还需要同志们互相帮助，但是首先是自己觉悟。总之，我们这一次反对国民党进攻边区，保卫边区，同时也巩固我们的党。

7月19日，彭真在中央党校全校人员大会上作报告，进一步谈审干问题。这时正是坦白高潮时期，彭真针对中央党校审干的实际情况强调：要做好思想政治工作。从政治形势、前途、道路上认识清楚，是坦白运动取得成绩的根本原因。要注意掌握政策，反对简单化，不许动手打人。可以争取的统统争取。审干工作对干部都要审查，有问题的、没有问题的都要审查。另外，每个干部也要学会审查干部，一个干部是有问题还是没有问题，要做到耳聪目明。现在是革命高潮时期，主要是推动有问题的人自觉起来反省，可多在下面谈，有什么问题帮助他解决。你帮我，我帮你，大家动员起来，帮助有问题的人，促使他反省。我们要有高度的忍耐心，应该像医生对待病人一样，对待那些有问题的人。这些有问题的人还是我们的同志，把他们当做敌人是不对的。你动手打他的肉，但打不到他的思想。我们是医生，要诚恳地对症下药，思想上解决了问题，其他问题就一下子解决了。②

彭真认为，延安的整风、抢救运动中，存在思想上的简单化，好"逼、供、

---

① 参见《彭真年谱》第一卷，中央文献出版社 2012 年版，第 229 页。
② 参见《彭真年谱》第一卷，中央文献出版社 2012 年版，第 235—236 页。

信"的问题。7月31日,彭真在中央党校全校学工人员大会上作报告,对坦白运动进行总结。指出:在抢救运动中,大家情绪很高,这是一个高潮。在高潮中,我们进行了阶级教育,揭穿了国民党顽固派的罪恶。许多同志对国民党有了正确的认识。这就给有问题的同志以决心、勇气、力量和聪明,使他们认识了唯一救中国的是中国共产党,促使了这些同志自身的努力,这是很重要的因素。报告强调:在高潮时期,在大会上,同志们的热情很高,偏重于镇压,可是我们没有那样做,我们还是耐心地去争取。那么,有没有缺点呢?还是有的,这就是思想上的简单化。今后要注意这个问题。现在情况和缓了,我们给有问题的同志一个时间想一想,我们也调查研究一下,一个一个地研究,个别地清查,能争取一个就争取一个。

此前,彭真同中央社会部副部长李克农①一起,向毛泽东报告延安在抢救失足者运动中普遍大搞"逼、供、信"的过火斗争情况。毛泽东听完后说:我看是扩大化了。我们要很快纠正这一种错误做法。我们的政策是一个不杀,大部不抓。这些同志的问题是会搞清楚的,现在可不能随便作结论。我们如果给哪一个同志作错了结论,那就会害人一辈子。现在作错了我们要给人家平反,给受害的同志道歉。要彻底纠正这种"左"倾扩大化的错误。②

由于日伪和国民党派遣特务打入抗日根据地进行破坏活动,认真审查干部是必要的。但审干活动被康生搞成了"抢救失足者"运动。1942年11月,康生一手制造了一起假特务案"张克勤案件"③。1943年4月1日晚,康生突然在延安机关逮捕200多人,并提出"整风必然转入审干,审干必然转入肃反",在各机关、学校、单位掀起抓特务、抓叛徒的高潮。从机关到学校、工厂,从城镇到乡村,到处召开"抢救大会"、"规劝会"、"坦白会"、"批判会"、"挽救会"。机关单位被查出大量所谓"国民党特务"、"日本特务"、"汉奸"、"叛徒"、"红旗党"等等。一个十四五岁的孩子黑娃也上台坦白"特务"问题。他不知道特务是干什么的。问他为什么要去坦白,他说:"人家说谁坦白是特务,就给

---

① 李克农(1899—1962),曾用名李震中,安徽巢县烔炀河人。曾任中共中央社会部部长、中华人民共和国外交部副部长、中国人民解放军副总参谋长。

② 《彭真年谱》第一卷,中央文献出版社2012年版,第239—240页。

③ 张克勤,当时19岁,1937年在甘肃加入中共地下党,后来到延安学习。康生以他父亲在兰州被捕自首为由,将他看管起来审讯了6天6夜,百般折磨。在"坦白了可以保留党籍"的诱逼下,张克勤作了"甘肃党是红旗党"的假口供,虚构了一个反革命的"红旗党",致使追查活动扩展到前方根据地,造成很大混乱。

谁一碗面条吃。"“抢救”中, 5万人中1.5万人被打成特务、奸细。毛泽东后来在许多公开场合向受害者赔礼道歉。

1943年7月; 彭真在中央党校全体人员大会上作学习毛泽东的报告。报告提出: 要学习毛泽东在党内外斗争的顽强性和灵活的策略相结合。要学习毛泽东的理论与实际相结合。要学习毛泽东谦虚的精神, 向群众学习, 眼睛向下, 甘当小学生的精神, 向下级学习的精神, 虚怀若谷经常学习的精神。要学习毛泽东坚强的党性原则精神。他处处照顾大局, 从全党利益出发, 工作认真负责, 一丝不苟。要学习毛泽东服从组织、服从多数的精神。他表现对工作负责, 这就是党性的表现。要学习他的群众观点。做事情是为多数人, 还是为少数人, 这是马列主义的一个根本问题。要估计到群众的要求, 要照顾到群众的利益。要从群众出发, 为群众的利益而工作。那些野心家想利用群众为自己谋私利, 最后必为群众所埋葬。领导的艺术, 就是将群众的意见集中起来, 再坚持下去。我们的母亲就是群众。毛泽东所以有上述优点, 就是他从事调查研究, 从实际出发, 不去幻想。毛泽东不但进行调查研究, 而且有分析的能力, 因此, 他能找出正确的解决问题的办法。学习到他的方法, 其他则都可以学到。掌握思想, 掌握政策, 集中起来, 坚持下去, 从群众中来, 到群众中去, 先当群众的学生, 再当群众的先生, 这些, 都是毛泽东的重要的方法。要学习毛泽东与广大群众有密切的联系、了解群众的要求、观察和掌握群众的情绪、帮助群众解决问题的作风。拉拉扯扯一小部分人, 再将自己在大多数人中孤立起来是最蠢的。大公无私的人, 他自己是党的, 是党的干部。①

8月2日, 彭真列席中共中央政治局会议。会议讨论时局等问题。会议同意书记处的提议, 准备于1944年二三月间召开党的七大, 迅速进行各项准备工作。会议还指出, 审干中有“逼、供、信”的毛病。把思想问题弄成政治问题的, 一定要平反, 恢复弄错者的名誉。

9月7日至10月6日, 彭真列席中共中央政治局举行的整风会议。会议主要批评王明在十年内战时期的“左”倾机会主义错误和抗战初期的右倾机会主义错误。11月13日至27日, 相同内容的会议再次举行。

12月3日, 彭真出席中央党校部分学员和工作人员座谈会。参加座谈会的多是被审查的对象。彭真在座谈中说: 审查干部运动, 是“一个革命”, 把过

① 参见《彭真年谱》第一卷, 中央文献出版社 2012 年版, 第 238—239 页。

去对党隐瞒的问题坦白报告了党，对同志们个人来讲，再没有一件事比这件事更大。这是党的胜利。不仅对党，对同志们个人也是一个很大的胜利、很大的革命。主要的问题是把自己的人生观确定下来。应该从大的方面看，问题在于同志们的思想与人生观问题，究竟走什么道路的问题。头一条，把思想方法搞通，不要教条主义，就是要用科学的态度看问题。思想问题弄通了，人生观确定后道路选定了，那时，就会觉得共产党的事业就是自己的事业，共产党的道路就是自己的道路。

14日，彭真列席中共中央书记处会议。会议讨论高级干部学习党的路线问题。会议决定：高级干部学习党的路线，时间为半年。学习《共产党宣言》《社会主义从空想到科学的发展》《共产主义运动中的"左派"幼稚病》《社会民主党在民主革命中的两种策略》《联共（布）党史简明教程》《两条路线》上下册。学习要展开争论，提出中心问题，开展自我批评，要联系实际材料，要有历史观点等等。会议批准中央党校审查委员会由黄火青①、安子文②等五人组成，甄别坦白分子的是非轻重。③

12月22日，彭真列席中共中央书记处会议。会议讨论反特务斗争问题。同日，列席中共中央政治局会议，讨论甄别工作。延安审干运动进入甄别阶段。

本月，彭真在中央党校第二部谈学习问题时指出：没有充分的民主，整风是学不好的。有不同的意见可以争论，如不要他讲，我们怎样了解他的思想？必须经过发扬民主。错误的思想只有经过放才能纠正。在谈到复审委员会的工作问题时指出：过去我们是从好人中找坏人，从米中拣砂粒，砂中总要带几颗米的，今天是从砂中找米，过去是从红名单中找黑名单，今天是从黑名单中找红名单，过去我们提高警惕性，今天我们是要不冤枉好人。复审委员会首先在思想上要趋一致，今天的工作就是多、少、翻、正四种，就是讲多的减去，少的加上去，翻的正过去，正的加以肯定，虽只有四字，做起来就很难。总之，我

① 黄火青（1901—1999），湖北枣阳县新市杨庄村人。1926年加入中国共产党。曾任红九军团政治部主任，中共热河省委书记，热河军区政委，中共天津市委第一书记、天津市市长，中共辽宁省委第一书记，中共中央东北局书记，最高人民检察院检察长。中央委员、中顾委常委。
② 安子文（1909—1980），陕西绥德县双湖峪镇人，曾任中共晋冀豫区太岳地委书记，中共中央党校教育长、人事部部长，中共中央组织部部长。
③《彭真年谱》第一卷，中央文献出版社2012年版，第245页。

们要全面, 要客观。我们的目的是, 不冤枉一个好人, 也不放过一个坏人。①

2月17日, 彭真写出中央党校第一部整风学习工作总结。总结着重概述了如何进行思想改造的经验, 认为: 因为整风运动所处理的首先是思想问题, 是思想改造, 是治病救人, 故其中心一环, 是促起每个同志的自觉。在整风运动中必须特别强调民主作风, 不如此, 便不能彻底纠正歪风, 建立正风, 使党在思想上、政治上和组织上达到完全的一致。毛泽东治病救人的方针, 是在坚持原则的基础上团结全党的。它反对像宗派主义者那样打人, 也反对像庸俗的自由主义者那样模糊是非、一团和气。这个方针的目的是救人, 实现这个方针的办法, 是教育和感化, 而不是打击。总结认为: 整风学习不但要把理论与实践密切联系起来, 在检查工作、思想和历史的基础上来领会整风文件的精神, 以改造我们的思想和作风, 而且必须采取群众路线, 使正风与歪风的斗争成为真正的群众性的斗争, 使正风真正在群众的掌握下发展巩固起来。这是整风中唯一正确的路线。总结强调: 必须系统的研究党的两条路线, 才能彻底肃清歪风、建立正风, 才能真正在毛主席的中国化的马列主义的思想基础上, 建立思想上、政治上、组织上完全巩固的中国共产党。②

本月, 中共中央根据西北局提议, 决定将西北局党校合并到中央党校。合并后组建为中央党校第五部。五部学员包括: 陕甘宁边区的区、乡、营、连级干部; 长征的老同志; 少数县、团级干部; 华北、华东抗日民主根据地来的中、下层干部; 国民党统治区来的青年知识分子。10月以后, 原西北局党校二区学员划出, 成立中央党校第六部。

3月5日, 彭真列席中共中央政治局会议。会议讨论毛泽东关于路线学习、工作作风与时局问题的讲话; 周恩来关于宪政运动的讲话。根据毛泽东提议, 会议决定: 陈云任西北局委员、西北财经办事处副主任兼政治部主任; 彭真代理中央组织部部长。

3月下旬至4月, 彭真针对中央党校二部在学风学习结束时大会的讨论中有不少非无产阶级思想的问题, 对中央党校二部领导谈话时指出, 贯彻毛主席的与人为善、治病救人的方针, 不打击一个同志, 不伤害一个同志的积极性, 在批评与自我批评中, 启发同志们自觉, 达到思想上的改造。根据这一意见,

---

① 《彭真年谱》第一卷, 中央文献出版社 2012 年版, 第 246—247 页。
② 《彭真年谱》第一卷, 中央文献出版社 2012 年版, 第 250—251 页。

二部领导人把大会改为支部会, 开展批评与自我批评。

1944年5月10日, 彭真列席中共中央书记处会议。会议讨论召开党的七大问题。会议决定组织3个委员会: 军事报告委员会、组织问题报告委员会和党的历史问题决议准备委员会。彭真参加后两个委员会。5月21日, 彭真出席在延安杨家岭召开的中共六届七中全会第一次全体会议。彭真被任命为组织报告及党章问题起草委员会成员、党的历史问题委员会成员。同时负责七大代表资格审查的实际工作, 负责组织中直、军直补选七大代表的工作。六届七中全会从本日开始, 到1945年4月20日结束。在中共六届七中全会第二次全体会议上, 彭真作关于城市工作的发言。

5月30日, 彭真列席中共六届七中全会主席团会议。会议决定向七中全会提议, 七大应增加关于城市工作的议程。彭真发言说: 该项议程的报告和决议应从抗战的需要和我党任务出发, 提出目前在敌占城市中工作的重要性, 联系到对过去城市工作的批判。本月, 中共中央关于若干历史问题的决议的起草工作开始, 彭真参加。这项工作在毛泽东领导下进行, 日常工作由任弼时主持。

本月, 彭真主持中央党校报告会, 听取毛泽东对中央党校即将到前线去的学员讲话。毛泽东说: "在整风中有些同志受了点委屈, 有点气是可以理解的。但已经进行了甄别, 还生气不讲团结, 这就不好。整风中的一些问题, 是则是, 非则非, 搞错了的, 摘下帽子, 赔个不是。"讲到这里, 毛泽东向大家敬礼赔不是, 并说: "同志们, 我举起手向大家敬个礼, 你们不还礼, 大家想想, 我怎么放下手呢? "这时全场起立鼓掌。毛泽东为在审干运动中受委屈的同志, 多次赔礼道歉。①

6月2日, 彭真在中央党校三部师生员工大会上讲话, 指出: 在整风运动中重点是弄清思想, 组织处理要采取宽大的政策。我们处理每个同志问题的方法则是实事求是的。你是为阶级敌人做事或做过事的也好, 是为民族敌人做事或做过事的也好, 党都是以治病救人的方针来对待你的。你应该选择一条光明的道路, 并拿出足够的勇气与决心创造你的新的前途, 投向党的怀抱来! ②

6月5日, 彭真出席中共六届七中全会第二次全体会议, 讨论城市工作问题。在会上发言时提出: 过去的城市工作, 只是长期埋伏着, 没有明确的方针。现在, 通过国民党河南战争的失败, 要认识夺取大城市要靠我们。过去把国民

---

① 《彭真年谱》第一卷, 中央文献出版社 2012 年版, 第 254 页。
② 《彭真年谱》第一卷, 中央文献出版社 2012 年版, 第 254 页。

党当做正统的观念要改变。城市的力量，第一是工人与苦力。第二是伪军。要动员工农到伪军去当兵。过去，上海三次暴动的群众准备，是有好的组织群众的环境，现在没有这样好的条件。现在要以伪军工作为中心。近年来夺取城市主要是做伪军工作。冀东暴动要写出经验来。第三是将来我们占领城市时，要削弱国民党的力量，敌后的影响由我们独占。敌后城市工作，应统一方针，分散经营。现在是胜利的前夜，要大规模地进行城市工作，但要到主力进攻时才举行内应。现在，对占领城市时的一切准备工作都要做好，把各种组织人选都准备好。一切都是我们的。对铁路、电车、工厂工作都要准备人去管。

会议最后作出决议：一、中共中央关于城市工作的指示（草案）交主席团修改后发出；二、同意朱德的提议，党的七大增加城市工作议事日程；三、成立中共中央城市工作委员会，成员有：彭真、刘少奇、康生、刘晓①、吴德、刘慎之②、陈云、孔原③、邓发④、陈郁⑤、刘宁一⑥、李富春、朱瑞⑦、朱宝

① 刘晓（1908—1988），湖南辰溪县人。1926 年加入中国共产党。曾任中共粤赣省委书记、中共江苏省委书记、中共中央城市工作部副部长、中共中央上海局书记、外交部常务副部长。中共中央委员。

② 刘慎之（1911—1969），河北静海县人。1927 年加入中国共产党。曾任中共北平市委书记、八路军冀热察挺进军政治部组织部部长、广州铁路局局长兼党委书记、福建省副省长。"文化大革命"中，被迫害致死。1980 年平反昭雪，恢复名誉。

③ 孔原（1906—1990），江西萍乡人。1925 年加入中国共产党。1927 年参加南昌起义。曾任中共中央社会部副部长、海关总署署长、对外贸易部副部长、国务院外办主任、解放军总参谋部顾问。

④ 邓发（1906—1946），广东云浮市人。中国共产党早期领导人，中国工人运动的杰出领袖。曾任中共中央政治局候补委员、中共驻共产国际代表、中共中央党校校长、中共中央职工运动委员会书记。1946 年 4 月 8 日，邓发与叶挺、秦邦宪等人同机自重庆飞往延安，途中飞机失事遇难，后被中共追认为革命烈士。

⑤ 陈郁（1901—1974），广东宝安县客家人。1947 年任东北煤矿工人干部学校（现黑龙江科技大学）校长。新中国首任煤炭部部长。1950 年任燃料工业部部长时兼任中国矿业学院 现中国矿业大学）院长。后任中共中央委员、中共广东省委书记、广东省人民政府省长。

⑥ 刘宁一（1907—1994），河北满城人。1925 年加入中国共产党。曾任中共上海市委工委书记、中共中央城市工作部秘书长、中共中央职工运动委员会书记、国务院外事办公室副主任、全国总工会主席、中共中央对外联络部副部长、全国人大常委会副委员长兼秘书长、中共中央书记处书记，中共中央统战部副部长。

⑦ 朱瑞（1905—1948），江苏宿迁市宿城区人。1928 年加入苏联共产党，1929 年回国。历任中央特派员、中共中央长江局军委参谋长兼秘书长、红三军政治委员、中共中央山东分局书记、山东军政委员会书记、东北民主联军和东北军区炮兵司令员兼炮兵学校校长。

庭①。彭真为主任。

同日，中共中央作出关于城市工作的指示，指出：不占领大城市与交通要道，不能驱逐日寇出中国。因此，各局各委必须把城市工作与根据地工作作为自己同等重要的两大任务，而负起准备夺取所属一切大中小城市与交通要道的责任来。各局各委必须把争取敌占一切大中小城市与交通要道及准备群众武装起义这种工作，提到极重要地位，改变过去不注意或不大注意城市工作与交通要道工作的观点。准备配合世界大事变，在时机成熟时，夺取在有我强大军队与强大根据地附近的一切敌占城市与交通要道。指示还说明了要实现这个伟大任务必须解决的具体问题。②

1944年6月8日，彭真在中央党校支部书记联席会议上指出：看问题第一要客观，第二要全面，第三要看本质。7月18、19日，彭真在中央党校作了题为《思想方法问题》的整风总结报告，指出，这次整风学习，"我们不伤害一个同志，不打击一个同志。我们要采取群众路线，大家都站在党的立场上，以客观、全面、本质地看问题的观点与方法来解决问题，来进行批评与自我批评"。③彭真还曾在党校整风大会上指出，在整风运动中我们没有右的倾向，但有"左"的情绪。④

7月18日至19日，彭真在中央党校整风大会上作总结报告。指出：看问题的方法一致，才容易得到一致的结论。要采取"实事求是的办法，搞清思想，把病治好。毛主席、党中央关于党内斗争的方针就是治病救人，思想弄清，结论从宽。其中有两个意思：是有病一定要治，一是治病不是治人。这次大会不是火坑，是钢炉。把铁炼成钢还不好吗？错误要检讨，思想要弄清，又不损伤同志。这不是说不损伤他的'面子'，而是不损伤他的积极性。"报告认为：真要走群众路线，就要做到两点。一点是你的意思是对的，就要说服别人。说服不是压服、管服，不是打击、戴帽子。这是一个本领。再一点是你错了，就要承认错误。很多人病就是怕"脱裤子"。报告指出："说服人是不容易的，这有一个

① 朱宝庭（1880—1947），浙江宁波人。1922年加入中国共产党。曾任中华海员联合总会汉口分会委员长、中国解放区职工联合会筹备委员会常务委员。1947年病逝。
② 《彭真年谱》第一卷，中央文献出版社2012年版，第254—255页。
③ 《彭真文选》，人民出版社1991年版，第75页。
④ 参见《彭真年谱》第一卷，中央文献出版社2012年版，第256—257页。

立场、观点、方法的问题。""我们的立场是党的立场,即无产阶级的立场,它表现在党性与党的政策上面。""我们的观点和方法是辩证唯物主义的,只有我们无产阶级才能采取这种观点和方法。我们的立场和观点、方法是一致的。我们的观点,第一要客观地看问题,不要主观地看问题;第二要全面地看问题,不要片面地看问题;第三要看问题的内在联系,看它的本质,不要停留在问题的表面即现象上。"怎样达到这个目的呢?要进行周密的调查研究,掌握大量系统的资料。①

9月1日,彭真列席中共六届七中全会主席团会议,在会上就城市工作问题发言时说:上海和北宁、正太二路有工作,门头沟、平津等地亦有基础,满洲个别关系很多,但缺乏组织,山东半岛亦有组织,总共有二三百人关系。另外,运昌②处也有个别关系。晋察冀派出200余人也有一半是到满洲,有许多根据地的地主在城市,好做工作。有许多人可从根据地去。毛泽东说:各局、分局、区党委,均设城市工作委员会。中央城委,要有各大城市的人,现在城委要成为中央的一个部门。会上决定建一个小城委。会议讨论关于提议召开各党派代表会议成立联合政府、派八路军部队南下、开展满洲工作、组建城市工作部等问题。会议决定:一、为着发展湘、鄂、赣等地工作,派王震③、王首道④等率部队和干部于十月份南下,由任弼时、刘少奇、彭真负责先与王震、王首道等谈话;二、在中共中央及各中央局、分局和区党委成立城市工作委员会和城市工作部。城市工委为商讨性质的组织,城工部为实际执行工作的组织。中央城市工作委员会调整为以彭真、刘少奇、康生、周恩来、高岗、刘晓为委员,彭真为主任;中央城市工作部以彭真为部长,刘晓为副部长。

9月22日,彭真列席中共六届七中全会主席团会议。会议主要讨论中国共产党同美军合作对日反攻的问题、成立中国解放区联合委员会问题、审查干部的问题。会议讨论审查干部问题时彭真发言说:最近几天党校开会讨论中,有的认为抢救运动不对,有的认为都好。几天争论中,有20余人发言。抢

---

① 该报告以《思想方法问题》为题收入《彭真文选》。

② 运昌,即李运昌,时任中共冀热边特别委员会书记、晋察冀边区行政委员会冀热边特别区行署主任、晋察冀军区第十三军分区司令员。

③ 王震,时任中共陕甘宁边区延属地方委员会书记、延属军分区司令员兼政治委员。

④ 王首道,时任中共中央书记处办公厅秘书处长。

救运动的错误是在戴错了帽子与戴久了, 如立即甄别则不伤人, 可以解决大部分。

10月7日, 彭真列席中共六届七中全会主席团会议。彭真发言时谈了几个问题: 一、关于对待投诚兵与俘虏的政策问题。二、关于技术兵种和技术人员的搜集与训练问题。三、关于向敌后几个地区的发展问题。四、关于整个军事准备问题。会议决定: 以陕甘宁边区政府为主, 准备欢迎国民参政员来延安参观。毛泽东提议由彭真、聂荣臻商量向东北发展的问题。

10月下旬至11月上旬, 彭真主持召开中央城市工作会议。11月6日, 在会上作《大城市和交通要道工作》的报告, 分别阐明了城市工作、新区工作、统战工作、武装工作、党内问题、交通要道工作等问题。报告提出当前城市工作的任务, 是在城市中准备武装暴动, 争取千百万的工人苦力, 争取庞大的伪军伪警, 里应外合, 收复城市。报告要求每一个城市组织一个委员会, 或者几个委员会。搞城市工作, 要长期埋伏, 不为小利而牺牲, 等有利时机再里应外合。报告还强调: 在城市工作中要慎重选择干部, 组织形式要简单, 要受当地党委领导, 要搞好统一战线工作, 要依靠群众, 发展民兵, 争取积极分子, 建立地方党组织, 站住脚以后再展开工作。会后, 中央向各地派出一批城市工作人员。

1945年3月16日, 彭真列席中共六届七中全会主席团会议。会议讨论党的七大的准备工作。会议决定26日正式开会。决定向七中全会提议由毛泽东、朱德、刘少奇、周恩来、任弼时、彭德怀、康生、高岗、陈毅[1]、陈云、林伯渠[2]、董必武[3]、

---

[1] 陈毅 (1901—1972), 名世俊, 字仲弘, 四川乐至人, 1922年加入中国共产党。中华人民共和国元帅。新中国第一任上海市长, 国务院副总理兼外交部长, 中央军委副主席。

[2] 林伯渠 (1886—1960), 原名林祖涵, 号伯渠, 湖南安福县 (今临澧县) 人, 与董必武、徐特立、谢觉哉和吴玉章并称为中共五老。1921年加入中国共产党上海党小组。历任中华苏维埃共和国国民经济部部长兼财政人民委员部部长、陕甘宁边区政府主席、全国人大常委会副委员长。中共中央委员、政治局委员。

[3] 董必武 (1886—1975), 湖北黄安 (今红安) 人。1921年7月出席中共一大。历任中华苏维埃共和国最高法院院长、中央党校校长、华北人民政府主席、中华人民共和国副主席、全国人大副委员长。中共中央委员、中央政治局委员、中央政治局常委。

彭真、张闻天①、徐向前②、贺龙③等16人组成七大主席团；毛泽东、朱德、刘少奇、周恩来、任弼时5人为七大主席团常委，处理中央日常事务。会议还通过了开幕典礼程序及七大正式议程。会议还讨论通过周恩来起草的关于中共七大开会及准备召集解放区人民代表会议问题的指示电。

1945年4月20日，彭真出席中共六届七中全会第八次全体会议。会议通过向七大的军事报告，基本通过关于若干历史问题的决议，通过七大议事日程、七大主席团名单、七大代表资格审查委员会和七大会场规则。彭真被选为七大代表资格审查委员会主任。中共六届七中全会至此闭幕。次日，彭真出席中共七大预备会。

1945年4月23日至6月1日，彭真作为主席团成员出席在延安召开的中国共产党第七次全国代表大会。开幕式上，毛泽东、朱德、刘少奇、周恩来、林伯渠、冈野进④致开幕词或发表演说。彭真作关于代表资格审查的报告，对代表资格审查的情况、七大代表资格审查的结果和到会代表的情形作了说明。大会一致通过彭真的审查报告。几天的大会在听取毛泽东、朱德的报告和周恩来、彭德怀、陈毅、高岗、张闻天、康生的发言后，彭真于5月3日在第七次全体大会上

① 张闻天（1900—1976），化名洛甫，上海南汇人。1925年加入中国共产党。历任中共中央宣传部部长、临时中央政治局委员及政治局常委、中央政治局委员、中央书记处书记，遵义会议后，根据中央政治局常委分工代替博古负总责。新中国成立后曾任驻苏联大使、外交部第一副部长。1959年在庐山会议上，被打成"彭、张、黄、周反党集团"的骨干成员。

② 徐向前（1901—1990），山西五台县人。1927年加入中国共产党。中华人民共和国元帅。历任红四方面军总指挥、红军右路军总指挥、西路军军政委员会副主席、华北军区副司令员兼第一兵团（后改为第十八兵团）司令员兼政委。新中国成立后，历任中央军委总参谋长、军委副主席、国务院副总理兼国防部部长、国防委员会副主席、全国人大副委员长。中共中央委员、中央政治局委员。

③ 贺龙（1896—1969），字云卿，湖南桑植县人，中华人民共和国元帅。1927年加入中国共产党。历任八一南昌起义总指挥、红二方面军总指挥、八路军第120师师长、陕甘宁晋绥联防军司令员、中央军委副主席、国防工业委员会主任、国务院副总理、中共中央政治局委员。

④ 冈野进（1892—1993），即野坂参三，野坂铁，中国名字叫林哲。日本山口县人。1919年赴英国留学，翌年加入了英国共产党。1922年加入日本共产党，曾任日共中央委员、日共中央委员会第一书记、日本参议员、日共中央委员会主席。在抗日战争期间到延安，任延安日本工农学校的校长，教育改造了大批日俘，将在华日人的反战组织由觉醒联盟发展为日本人民解放联盟，并创立了反战组织的核心组织——在华日本共产主义者同盟，统一了华北的日人反战力量，为中国人民的抗战事业做出了重要的贡献。

作关于敌占区城市工作的发言。发言提出，今天城市工作的任务与方针，是领导与号召一切抗日人民，"将自己组织于各种群众团体中，组织地下军，准备武装起义，一俟时机成熟，配合从外部进攻的军队，里应外合地消灭日本侵略者"。①此后，在历次全体大会上，又听取了毛泽东、刘少奇、周恩来、聂荣臻、杨尚昆等的报告和发言。最后由毛泽东作结论。

彭真在中共七届一中全会上当选为中央政治局委员，会后任中共中央组织部部长和中央党校副校长。在毛泽东、周恩来赴重庆谈判前夕，1945年8月23日，在中共中央政治局扩大会议上，彭真被增补为中央书记处候补书记。

十、承担把东北建设成为中国革命巩固基础的任务

在中共七大上，毛泽东特别强调了东北的重要性。他指出：如果我们把现有的一切根据地都丢了，只要我们有了东北，那末中国革命就有了巩固的基础。当然，其他根据地没有丢，我们又有了东北，中国革命的基础就更巩固了。彭真受命到东北承担把东北建设成为中国革命巩固基础的任务。

抗日战争胜利后，1945年9月14日，中共中央决定成立以彭真为书记，陈云、程子华、伍修权②、林枫为委员的中共中央东北局，把全国的战略重点放在东北。根据中共中央指示，各根据地迅速抽调大批干部战士开赴东北地区。9月16日，为便于同当时进入东北的苏联红军联系，中共中央军委主席毛泽东授予彭真中将军衔。

1945年9月18日，彭真抵达沈阳。19日，为实现中共七大提出的争取东北的战略方针，中共中央发出刘少奇起草的致各中央局电，指出：全国战略方针是向北发展，向南防御。只要我能控制东北及热察两省，并有全国各解放区及全国人民配合斗争，即能保障中国人民的胜利。当日，彭真在东北局机关驻地召开东北局第一次扩大会议。传达了中共中央的战略方针和部署，确定东北局当前的任务是立即收缴敌伪武器及资材，严厉镇压汉奸、敌特，加紧剿匪，迅速

---

① 毛泽东：《论联合政府》。
② 伍修权（1908—1997），曾用名吴寿泉，祖籍湖北大冶，出生于湖北武昌。1931年加入中国共产党。历任陕甘宁边区政府秘书长、中央军委一局局长、东北军区参谋长兼军工部政委、外交部副部长、中共中央对外联络部副部长、中国人民解放军副总参谋长。中共中央委员、中顾委常委。

安定社会秩序, 恢复生产; 摧毁伪政权, 建立各级民主政府; 发动群众, 扩大人民武装, 准备同国民党军队打仗; 在农村组织群众开展反奸反霸、减租减息斗争; 在广大城乡大力宣传中共中央的方针政策、肃清国民党的影响。

八年抗战, 中国人民胜利了, 全国人民要求和平, 反对内战。中国共产党提出 "和平、民主、团结" 三大口号。蒋介石为了争取时间, 调兵遣将, 部署内战, 于1945年8月三次致电毛泽东, 邀请毛泽东速到重庆 "共定大计"。8月25日, 中共中央政治局紧急决定派毛泽东、周恩来、王若飞为代表, 赴重庆同国民党进行谈判。8月28日, 毛泽东、周恩来、王若飞在美国驻华大使赫尔利、国民党政府代表张治中的陪同下, 乘飞机到达重庆。重庆谈判从8月29日开始到10月10日结束。经过43天的艰苦谈判, 国共双方正式签署会谈纪要。因为是10月10日签订, 纪要又称 "双十协定"。国民党当局承认 "和平建国的基本方针", 同意长期合作, 坚决避免内战, 建设独立自由和富强的新中国。对于人民军队和解放区政权的合法地位问题, 国共双方未能达成协议。

重庆谈判期间, 彭真不失时机地部署东北工作。除将主力布置于南部, 并请中央以林彪所部控制山海关一带以外, 按照中共中央指示, 在满洲之东、西、北三方面, 分兵去接收政权, 发动群众, 发展武装, 创造根据地, 并建设兵工厂。在10月7日东北局工作会议上, 彭真指出: 要建立巩固的根据地, 部队应分散活动, 以便于扩大。要发动群众, 争取两个月内部队发展到30万人。我们现在是布局, 要抓紧布置后方五个地区。8日, 彭真、陈云致电中共中央, 报告东北军事部署情况。10月24日, 毛泽东批复: 8日电22日收到, 甚慰。俟大批干部及部队到后, 除以旧辽宁及热河为第一布置力量外, 对旧吉、黑两省布置相当力量甚为必要。洮南方向, 亦望注意。遵照中共中央指示, 东北局在保持主力相对集中的同时, 迅即向其他地方派出一部分干部和部队, 分头开辟工作。

彭真率领党政军干部抵达东北时, 消灭了日本关东军的苏联红军还驻扎在东北境内。历经八年抗战, 国民党在东北也不具有统治基础。这就为中国共产党领导的人民革命力量争取控制全东北造成了可能性。根据毛泽东在中共七大提出的战略思想, 在进入东北之初, 彭真在工作部署上着眼于整个东北的城市和乡村。

10月26日, 在沈阳干部会议上, 彭真作《我们的任务是争取全东北》的报告, 提出要放手发动群众, 发展人民武装, 接收政权, 建立根据地。当时, 东北的57个城市处于苏联红军的军事管制之下。东北问题牵涉到苏联、美国、国民党、共产党之间的相互关系，形势错综复杂，矛盾重重。中共中央、中央军委和毛泽东紧紧把握形势，根据情况的不断发展变化，及时果断地调整部署，对东北的各方面工作给予具体指导。彭真报告中指出："我们的任务是争取全东北。""我们是被迫打内战的，现在准备战争，是因为蒋介石要打我们。不久以后，我们就要进行争夺东北的战争。""我们怎么办？放手发动群众，发展武装，接收政权，积极收集、保管资材，建立根据地。""我们要争取全东北，基础是发动群众。""总之，工作要放手，要武装工人、农民，在政权问题上实行东北人民自治，武装问题上实行东北人民自卫。"①

1945年10月31日，中共中央致电东北局，决定将各抗日根据地进入东北部队和东北抗日联军部队正式组成东北人民自治军，林彪②为总司令，吕正操③为第一副司令，李运昌为第二副司令，萧劲光④为第三副司令兼参谋长，彭真为第一政治委员，罗荣桓⑤为第二政治委员，程子华为副政治委员。

11月7日，在彭真签发的中共中央东北局关于蒋军企图登陆及我军应即进行的工作给各部并报毛泽东的电报中称：此间苏方消息，美军将协助蒋于十一月十日在营口、葫芦岛登陆，拟于二十日进到沈阳，空运部队亦将配合行动。各级政权正企图接受。基于以上情况，各部队应立即进行下列工作：一、迅速接收尚未接收之各级政权，展开反对汉奸、特务运动，实行政权的民选；二、加紧肃清与国民党有关之一切武装并调查人民所痛恨之汉奸特务及反动分子，发动群众反对并准备及时地给以彻底肃清；三、除主力部队外，各县应立即着手组织各区地方武装，以肃清奸细，安定社会秩序，并援助前线，

---

① 该报告以《我们的任务是争取全东北》为题收入《彭真文选》中。

② 林彪（1907—1971），湖北黄冈人。中华人民共和国元帅。历任中共中央副主席、中华人民共和国国务院副总理、国防部长、中共中央军委第一副主席。1971年9月出逃途中，飞机坠毁于蒙古温都尔汗，机毁人亡。

③ 吕正操（1904—2009），字必之，辽宁海城人，中国人民解放军开国上将。1937年加入中国共产党。历任全国政协副主席，铁道部部长，中国人民解放军铁道兵第一政治委员、党委第一书记等职。是中共第七届中央候补委员，第八、十一届中央委员，第十一届中央军委委员，第十二届中顾委委员。

④ 萧劲光（1903—1989），湖南长沙人。人民海军的主要创建者，中国人民解放军开国十大将之一。在国内革命战争时期、抗日战争时期、解放战争时期、中华人民共和国成立前夕及以后均担任要职。

⑤ 罗荣桓（1902—1963），湖南衡山县寒水乡南湾村（今属衡东县荣桓镇）。中华人民共和国元帅。中国人民解放军政治工作奠基人，党、国家和军队卓越领导人。

配合正规兵团作战; 四、已编成为团的各部队应迅速加强整训, 加强三大纪律八项注意的教育 (每日当政治课上), 除整训部队外, 同时派出干部将现有部队放手扩兵, 组织新的营团; 五、对无敌意之部队, 可酌量收编, 并委任或派干部去领导。①

11月8日, 中共中央东北局决定成立中共辽宁、安东、辽北、吉林、合江、松江、嫩江、黑龙江等省工作委员会。中共辽宁省工委书记陶铸②, 中共安东省委书记黄春圃 (江华) ③, 中共辽北省工委书记黎文④; 中共吉林省工委书记张启龙⑤, 中共合江省委书记张松⑥, 中共松江工委书记王友 (钟子云) ⑦; 中共嫩江省工委书记刘锡五⑧, 中共黑龙江省工委书记张秀山⑨。当日, 彭真致电毛泽东, 报告了派往各地之负责干部配备情况。

11月10日, 苏联红军方面突然通知陈云, 苏方已允许在苏撤退前五天中让国民党空运部队到各大城市, 并且不准我部在此五天中与国民党空运部队冲突。苏方一再声明, 此系根据新的协定, 是莫斯科的决定, 并声明此种事件之决定, 东北苏军全体人员无权力变动。如果五天中我军与国民党空运部队冲突, 则苏方只能缴我们的械。苏方一再提出莫斯科的利益应该是全世界共产

① 《彭真年谱》第一卷, 中央文献出版社 2012 年版, 第 331—332 页。

② 陶铸 (1908—1969), 湖南祁阳人, 曾任东北野战军政治部副主任, 此后历任中共广东省委第一书记、省长, 国务院副总理, 中共中央宣传部部长, 中共中央政治局常委。

③ 江华 (1907—1999), 曾用名黄春圃, 湖南江华县人。1926 年加入中国共产党。曾任八路军苏皖纵队司令员兼政委, 中共浙江省委第一书记, 最高人民法院院长。中顾委常委。

④ 黎文 (1912—1997), 曾用名李海涛, 河北乐亭县大黑坨村人。曾任中共辽北省工委书记、省军区司令员、政委、省委副书记、天津市人民检察院副检察长等职。

⑤ 张启龙 (1900—1987), 湖南浏阳人。1926 年加入中国共产党。曾任中共吉林省省委书记、中共黑龙江省委书记、中共中央纪律检查委员会副书记。

⑥ 张松 (1912—1986), 原名李福德, 曾用名李范五, 黑龙江穆棱县人。曾任中共合江省工委书记、中共黑龙江省委书记、黑龙江省省长。

⑦ 钟子云 (1913—2000), 曾用名苏宗泉, 王友。直隶 (今河北) 东光人。曾任中共松江省工委书记、哈尔滨市委书记、哈尔滨市卫戍司令部政委、煤炭工业部副部长。中顾委委员。

⑧ 刘锡五 (1903—1970), 河南孟县人。1925 年加入中国共产党。曾任中共嫩江省委书记兼嫩江军区政治委员, 中共中央东北局组织部部长, 中共吉林省委书记、中共中央监察委员会书记等职。

⑨ 张秀山 (1911—1996), 陕西神木人。1929 年加入中国共产主义青年团, 同年秋转为中国共产党党员。曾任中共松江省委书记, 中共辽宁省委书记兼军区政委, 国家农业委员会副主任。中顾委委员。

主义者最高的利益。彭真、陈云要求：或者他们早五天撤退，如此我打国民党军队苏即无责任；或者国民党空运部队到后，我军即坚决地打击，苏军则缴国共双方的武器；或者我坚决给国民党空运部队以打击后，苏军再缴我们的械。以上意见提出后，至11日尚未得到答复。中共中央东北局电请中央指示并与远方交涉。

11月13日，中共中央电复东北局：11日电悉，友人方针既定，恐难改变，此间亦不好交涉；如友人方针不能改变，我们应服从总的利益，立即重新部署力量以适应新形势。在友军撤退后，你们布置对于蒋军着陆部队的打击，在争取东北城市的任务上，是完全必要的，但应注意不要因此而使你们与友方处于对立状态。望将你们的决心和布置通知友方，在他们不正式反对时实行之，或在他们撤退后再迟数日实行之。

苏军决定，长春路沿线及城市全部交给蒋军，有苏联红军之处，不准共产党领导的人民军队与国民党军作战，并退出铁路线若干里以外，以便国民党军能接收，苏军能回国。彭真同林彪得知这一情况后于11月19日报告中共中央。20日，中共中央发出由刘少奇起草的复电：彼方既如此决定，我们只有服从，长春路沿线及大城市让给蒋军，我们应作秘密工作布置。大城市让出后，应力求控制次要城市，站稳脚跟，准备和蒋军斗争。①

11月22日，中共中央发出刘少奇起草的致在重庆的中共谈判代表团电：彭、林电，成皓②友方通知他们，长春路沿线及城市全部交蒋，有红军之处不准我与顽军作战，要我们退出铁路线若干里以外，以便蒋军能接收，他们能回国。彭、林③未答应。我们已去电要他们服从彼方决定，速从城市及铁路沿线退出。

11月26日，彭真签发东北局关于撤出大城市的工作指示，指出：我们应当把所有已暴露之军队组织及政权中已暴露之干部，或军队以及大城市不能立足之干部，迅速坚决撤退，但一切既不影响苏联外交，又可以在城市立足之干部，应坚决留在城内，建立城市的秘密领导机关与组织，在城内坚持工作。在我军已撤退的大城市中的任务是：准备力量，组织地下党、地下军，并利用各

---

① 《彭真年谱》第一卷，中央文献出版社 2012 年版，第 333—338 页。
② 成皓，即 11 月 19 日。
③ 彭，指彭真；林，指林彪。

样各色的合法宣传形式、组织形式、斗争形式, 在各界群众中广泛进行宣传组织工作, 领导他们进行合法斗争, 以准备武装非武装的力量, 特别是工人、苦力与警察、保安队中的力量, 及各种小型便衣武装 (在红军退却前, 暂不作任何武装斗争), 以便将来配合城外大军, 顺利占领或夺取现在暂退的大城市。退出时和退出后, 要在群众中很好地进行解释工作, 说明我们现在的退出, 是为了照顾大局, 为了求得和平, 并以各种形式与方法求得东北人民民主自治的实现, 暂时到城外去, 是为了建立和平与创造巩固的东北根据地。①

根据中共中央关于 "目前你们应以控制长春路以外中小城市、次要铁路及广大乡村为工作重心" 的指示精神, 12月15日, 彭真签发致各部并报中共中央电, 对相关工作进行部署, 指出: 目前我党已无独占东北之可能。当前任务力求我在东北之一定地位, 力争我在东北之优势。我党我军的主要力量应放在控制沿长春路两侧广大地区 (包括中小城市及次要交通联结点), 建设根据地, 加紧肃清土匪, 放手发动群众, 组织地方武装, 并使主力求得休整, 与新军合编, 以充实主力, 巩固新军。②12月24日, 为东北局起草关于发动群众工作的指示, 指出: 为了在东北建立我党巩固的根据地, 确立我对国民党之优势, 以便与国民党进行持久的斗争, 各级党与军队必须不失时机、雷厉风行地进行发动群众、肃清土匪、整训部队、改造政权、组织生产和建设后方等六项工作。争取群众、发动群众, 乃是各项工作中决定的一环。它做得不好, 其他一切工作便都不可能做好, 我党在东北便不可能取得优势。③12月31日, 中共中央发出刘少奇起草的致东北局电: 12月24日你们关于群众工作的指示, 很好, 望切实迅速贯彻执行。如果你们在东北今冬明春能发动广大深刻的群众运动, 像大革命时南方的农民运动与工人运动那样, 又有十余万主力部队和20万地方部队与之配合, 那你们就不独能够在东北站住脚, 而且能争取对国民党的优势, 否则, 你们在东北的地位就将是很危险的。你们必须放手发动群众, 不要束缚自己的手脚。

12月28日, 中共中央发出毛泽东起草的关于东北工作任务与方针的指示: 我党现时在东北的任务, 是在东满、北满、西满建立巩固的军事、政治的根据

---

① 《彭真年谱》第一卷, 中央文献出版社2012年版, 第342—343页。
② 《彭真年谱》第一卷, 中央文献出版社2012年版, 第354页。
③ 该指示以《发动群众是各项工作的决定一环》为题收入《彭真文选》中。

地。在国民党已占或将占的大城市和交通干线附近,我党应当做充分的工作,在军事上建立第一道防线,决不可轻易放弃。但是,这种地区将是两党的游击区,而不是我们的巩固根据地。建立巩固根据地的地区,是距离国民党占领中心较远的城市和广大乡村。我党在东北的工作重心是群众工作。群众工作的内容是发动人民进行清算汉奸的斗争、减租和增加工资运动以及生产运动。我党必须给东北人民以看得见的物质利益,群众才会拥护我们。必须教育外来干部,注重调查研究,熟悉地理民情,下决心和东北人民打成一片。要将正规部队的相当部分,分散到各军分区去,发动群众,消灭土匪,建立政权。应尽可能吸引工人和知识分子参加军队和根据地各项建设。

在12月下旬召开的东北局、东总直属机关干部大会上,彭真讲话指出:有一个时期我们想独霸东北,那时有可能,现在没有这个可能。现在我们的方针是依靠次要铁路、次要城市和广大乡村,创造强固的根据地,动员群众起来,这是现在的中心。我们现在的工作:第一,是放手发动群众。在艰难困苦的时候可以依靠的,在城市里是工人,在乡村中是农民。在农村中要发展生产。为什么要革命,就是要发展、提高生产,打破生产关系的束缚。第二,关于武装部队问题。我们要编野战兵团,另外要划分军区,每区有一个独立旅,各县都要有一个地方武装,最后是人民的武装。第三,肃清反动武装。野战军、地方武装都要消灭土匪。第四,关于政权。凡人民所痛恨所不满的都要换掉,要吸收进步分子和与群众有联系的中间分子来参加,对坏分子要动员群众起来制裁。第五,关于经济、金融问题。城市中要复工,各地政府组织贸易机关统管物资。可以公私合营,也可以开私人商店。工业采取地区分散方针。我们各种工厂、兵工厂应分散到各地,或靠近铁路,或靠近原料基地,这样也可避免人口高度集中。第六,关于日本人。总的方针是联合日本人民反对法西斯,动员日本人民反对法西斯。对日本战争罪犯一定要逮捕,枪一定要缴。现在各地缺干部,唯一的办法是当地找。我们要办学校,办各种训练班,讲《论联合政府》《新民主主义论》,哲学也讲。我们能争取到知识青年,干部问题就可解决。①

在错综复杂、艰苦卓绝的激烈斗争中,彭真和中共中央东北局抓住苏军在东北实行军管和人民军队先于国民党军抵达东北地区的有利时机,领导东

---

① 《彭真年谱》第一卷,中央文献出版社 2012 年版,第 363—364 页。

北党政军民，迅速发展壮大革命力量，同国民党军展开了一场针锋相对的争夺战。工作中，彭真立足于建立巩固的东北根据地，正确掌握党的政策，广泛深入地发动群众，改善人民生活，争取和教育广大知识分子，组成最广泛的革命统一战线。同时，从更长远的观点制定了保护工商业、矿山、交通等各项政策。经过艰苦努力，使东北党政军民逐渐融为一体，党建立了广泛的群众基础，保障了革命力量的不断发展壮大。到1945年底，共产党领导的东北人民军队已由出关时的10万人扩大到近30万人，南满、北满、西满、东满各省省委、市委或工委陆续建立。

双十协定签订之后，国共冲突仍未停止。在美国总统特使马歇尔的调停下，为尽快停战，国民政府代表张群与中共代表周恩来商谈停战令。1946年1月10日，中共代表与国民党政府代表签署停战协定，颁发于13日午夜生效的停战令。但是，国、美两方坚持在停战协定中将东北除外。不久，蒋介石便在东北放手大打，然后再把战火烧向关内。蒋介石在下达停战令的前后，还密令国民党军队迅速"抢占战略要点"。中共代表在谈判桌上针锋相对地揭露了美、蒋阴谋。人民解放军也针锋相对，寸土必争，在自卫反击中击退了"抢占战略要点"的国民党军。

彭真认为，目前我们的方针仍应是力求控制中小城市、次要铁道及广大乡村，并在求得苏军谅解及与国民党避免武装冲突条件下，适时地派部队跟踪国民党接收。部队应进入并力争在沈阳、长春等大城市插脚，力争控制哈尔滨或在哈尔滨之优势，力争控制抚顺、吉林、四平街与齐齐哈尔等。1946年1月13日，彭真将上述意见致电中共中央，并请立复，以便速将整个部署下发。次日，中共中央复电：国民党仍拒绝与我谈判东北问题，不承认我在东北之任何地位，并对东北我军仍未放弃武力解决的方针，因此国民党军队进入东北后要向我进攻，是不能避免的。望东北局立即布置一切，在顽军向我进攻时坚决击破其进攻。同意你们在友方谅解下力争控制抚顺、吉林、四平街、齐齐哈尔等次要城市。至于进占沈阳、长春、哈尔滨等大城市，请你们考虑是否有利，因我军进入大城市无法与国民党避免冲突，有被消灭的危险，且将给国民党及美国以借口。必须我在东北能击败顽军之进攻，使其武力解决东北问题不能实现，方能和我谈判东北问题。

1月14日，中共中央批准东北人民自治军改称东北民主联军，林彪任总司令，彭真任第一政治委员。同时组成东满、西满、南满、北满4个军区，由周保中①和林枫、吕正操和李富春、程世才②和萧华③、高岗和陈云分任各军区司令员和政治委员。

1月18日,东北局发出关于停战后应进行的工作给各地区的指示,指出,内战虽已停止,但和平并未巩固,国际、国内反动派破坏和平阴谋仍然存在。国民党仍不承认我在东北的任何地位,对于东北仍继续增兵,继续进攻东北人民军势难避免。我全党、全军应提高警惕,并告诉人民巩固和平、争取民主、防止反动派背信弃义的进攻,仍是重大紧迫任务。目前部队整编、整训工作,要争取时间加紧进行。对于战斗情绪的鼓励与战斗准备,不可丝毫松懈,且应加强。并应加强发动群众与肃清股匪,以创造我可靠的根据地。对于党内外可能发生的盲目的乐观,减弱警惕,松懈斗争与工作,惧怕战斗的和平幻想,应及时防止和纠正。

1946年1月26日,中共中央发出刘少奇起草的关于对目前东北的方针问题给东北局并林彪、黄克诚的指示:一、现全国停战业已实现,东北亦必须停战,整个国际国内形势不能允许东北单独长期进行内战。但由于蒋军在进攻锦州、阜新、热河时,我未能给以有力打击,使蒋轻视我在东北之力量,相信杜聿明报告,认为可以不费大力即能击溃东北我军,控制东北。因此,蒋想拒绝与我谈判和平解决东北问题的建议,不想承认我在东北地位,而仍想武力解决。在此情形下,东北的武装冲突,暂时还难避免。二、我党目前对东北的方针,应该是力求和平解决,力求国民党承认我党在东北一定合法地位的条件下与国民党合作,实行民主改革,和平建设东北。因此企图独占东北,拒绝与国民党合作的思想,是不正确的、行不通的,必须在党内加以肃清。三、由于蒋介石现在还不愿承认我在东北地位,不愿和平解决并不愿实行民主改革,因此

---

① 周保中(1902—1964),云南大理人,白族。1927年加入中国共产党。曾任东北抗日联军第2路军总指挥,中共吉东省委书记,东北人民自卫军总司令兼政治委员,东北民主联军副总司令,吉林省人民政府主席,东北军区副司令员兼吉林军区司令员,云南省军政委员会副主任、省人民政府副主席等职。
② 程世才(1912—1990),湖北大悟县人。曾任南满军区司令员,安东军区司令员,辽西军区司令员、公安军第一副司令员,沈阳军区副司令员兼沈阳卫戍区司令员,军委装甲兵副司令员。1955年被授予中将军衔。
③ 萧华(1916—1985),江西赣州市兴国县人。曾任鲁西军区司令员兼政治员,东北野战军第一兵团政治委员,东北野战军特种兵司令员,中国人民解放军空军政委、总政治部主任等职。1955年被授予上将军衔。

我们在东北要实行和平解决与民主合作的方针，还有严重困难，还必须经过严重的，甚至流血的斗争，才能达到目的。我们在东北有力量，能在东北长期坚持，蒋介石在东北有很多困难，只要他在东北打一二个败仗，他的威信必然降落。由于这些客观条件，我们完全不应怀疑东北问题有和平解决、与国民党实行和平合作的可能。四、要达到东北问题的和平解决及与国民党实行民主合作，必须具备以下条件并做到以下几点：(一) 必须采取一个完全坚定、公开明白的和平合作方针，动员全党、全军及东北人民为东北和平民主而斗争；(二) 在军事上力求巩固自己，建立巩固的根据地，打下长期坚持的基础，在完全自卫的条件下力求打一二个大胜仗；(三) 力求苏联在外交上配合我们这一和平合作的方针。同日，彭真致电中共中央，提出对国民党军的进攻拟坚决采取自卫手段。27日，中共中央复电同意。

此后，东北军民抗击了国民党军的大举进攻，根据中共中央、中央军委和毛泽东的指示、命令，夺取了长春、齐齐哈尔和哈尔滨，进行了四平保卫战，显示了东北军民的战斗力。

3月5日，中共中央发出刘少奇起草的关于东北问题的指示，指出：蒋军可能在最近进攻西满及南满，通辽、洮南及辽阳、鞍山、营口、海城、本溪、抚顺等地，有被蒋军占领可能。你们必须迅速准备严重的粉碎蒋军进攻的战斗，并准备在上述地区被蒋军占领后，你们仍能继续斗争。你们须切实要求友方不要在外交文件上及事实上将许多中小城市都交蒋接收，以造成我们在国共谈判中的困难。不但这些中等城市，我方绝对不能让给蒋方，即南满南段、中东西段某些城市亦不能让。

3月6日至8日，东北局干部会议在抚顺召开，彭真主持。根据中共中央关于东北问题的一系列指示，彭真在6日的会议上总结了到东北以来东北局的工作，着重讲了战争问题、工作中心问题、城市与乡村问题等。指出：东北的形势是不可能保持平静的，蒋介石不会甘心。和平要用战争来争取，没有战争就没有和平。当前工作中心一环是动员群众，在前方创造战场，在后方建立根据地。从清算斗争开始到减租减息要快一些，有条件的地方应立即实行减租减息。春耕已到，减租是迫切的。我们建立的大块根据地包括中小城市，要把绝大部分的力量摆在乡村和中小城市。要注意干部中的享乐主义、计较地位和腐化问题，要树立为人民服务的思想。8日下午，彭真作总结发言，着重讲了要准备长期打仗和建立根据地的问题，强调要充分发动群众参战和搞好减租减息、反奸清算、发展生产; 机关、部队要发展生产, 减轻人民负担, 密切军民关系; 要加强党的建设; 要解决好民族问题等。

3月13日, 中共中央致电东北局、林彪并告重庆代表团: 苏军退出沈阳后, 我军不要去进攻沈阳城, 我军进去在军事上必会陷于被动, 在政治上亦将处于极不利。不仅沈阳不必去占, 即沈阳到哈尔滨沿线在苏军撤退时我们都不要去占领, 让国军去接收。只有在国军向我军进攻时, 我们应在防御的姿态下组织有力的回击。

为了落实上述指示, 3月14日, 东北局发出关于必要时让出一部地区换取和平向中央的报告: 一、我们必要时可以让出营口、鞍山、辽阳、沈阳、铁岭、四平、长春、法库及国民党现所占的地区以换取和平及国顽承认我在东北的地位。抚顺为我南北的连锁, 最好能争取国共均不驻兵, 但必要时我亦可让出。又因长春路国民党不能运兵, 可能他会坚持要一条南北干线, 必要时我们可让出大郑线 (大虎山经郑家屯到四平) , 但郑家屯以北的平齐线及吉奉线必须归我驻兵, 此外归国民党驻防的一段长春路的两侧三十华里内我不驻兵。二、以上各地为东北的重要工矿区, 为东北的精华, 人口近一半, 仅鞍山一地即占东北铁产量约百分之九十, 鞍山、抚顺均有炼油厂, 抚顺一日曾出过两万吨煤, 同时若国民党进入东北之兵力确实只限五个军, 他纵付很大代价恐只能控制上述地区, 且因电源均在我手随时可使其完全停工, 因此这一条件在经过战争之后也许可能为美蒋所接受。三、哈尔滨、齐齐哈尔应为我驻兵, 友人对此虽未表示态度, 但一再谈北满甚为重要。四、决不能允许国民党接收整个长春路与矿区, 所谓长春路包括大连至哈尔滨及绥芬河至满洲里, 而矿区则遍地皆是, 仅苏方前已派人接管者或准备接管者即有本溪、鞍山、烟台①、抚顺、西安②、辉南、蚊河、富锦、鹤岗、阜新等, 而我兵工建设中心通化省及间岛均为大煤铁矿区, 如允国民党驻兵长春路及矿区, 我不仅完全丧失优势, 而存在亦将发生严重困难。五、如国民党开入东北者确实只限五个军, 估计其可能占领之地必有限, 因此目前我们除在谈判和宣传上尽量作和平解决的攻势外, 似以等待再给顽军以打击后谈判也许还有利些, 如不能确实限定为五个军时, 则以主动地以上述条件妥协为有利。

---

① 指抚顺矿区烟台煤矿。
② 指今辽东。

3月17日，东北民主联军一部收复四平。24日，中共中央发出毛泽东起草的致东北局并告林彪、黄克诚、李富春电：美苏、中苏关系业已改善，苏军四月撤完，已照会王世杰。判断蒋介石必由沈阳出兵向北和我争夺长春、哈尔滨。我党方针是用全力控制长、哈两市及中东全线，不惜任何牺牲反对蒋军进占长、哈及中东路，而以南满、西满为辅助方向。为此目的，请速与友人交涉，允许由我方派兵占领长、哈两市及中东全线。如得允许，即令周保中部担负占领任务，并厉行剿匪。黄、李部①动员全力，坚决控制四平街地区，如顽军北进时，彻底歼灭之，决不让其向长春前进。我南满主力就现地坚决歼灭向辽阳、抚顺等处进攻之敌，如能歼敌一两个师，即可大量牵制顽军不得北进。如作战结果，顽军在辽阳、抚顺地区巩固了他们的地位，以致可以抽兵北上向四平、长春前进时，你们须准备及时将南满主力转移四平、长春之间，与黄、李及周保中协力为保卫北满而奋斗，留下相当数量的部队保卫南满解放区。同日，东北局发出关于夺取哈、齐、长市的部署：东北停战谈判有很快签字可能，苏军也有由北满撤退之说，顽军欲乘此和战未定之际，拼命抢占地方，我们应与之针锋相对、寸土必争，占取下述各大城市。不论停战与否，在苏军撤退时夺取哈尔滨、齐齐哈尔，如果在停战前苏军已撤退时，我并应迅速夺取长春。

3月28日，中共中央致电彭真、林彪：渝周②电称，中苏经济谈判移至重庆，长春交与蒋方接管之可能性极大，哈市③亦有此种可能，齐齐哈尔则有交我之可能。不论如何，你们须迅向友方交涉，尽可能争取由我接管三市，否则两市，至少一市。我军必须阻止蒋军于四平街以南，并给以严重打击，方有利于今后之谈判。抚顺一战，挫敌锐气，对我甚有利。以我之主力对付蒋之主力，以我之次要力量配合地方党政积极剿匪，发动群众，巩固后方，甚为重要。同日，中共中央致电彭真、林彪：你们应力争于数日内占领长、哈、齐，要如占领四平街那样迅速，否则会失去时机。

4月4日，林彪到四平街，侦察地形，了解情况。拟集中近6个旅的兵力坚决与国民党军决一死战。4月6日，中共中央发出毛泽东起草的复林彪并告彭真电：林四日从四平所发电悉，集中六个旅在四平地区歼灭敌人，非常正确。党

---

① 黄、李部，指由黄克诚任司令员、李富春任政治委员的西满军区部队。

② 渝周，指在重庆的周恩来。

③ 哈市，指哈尔滨市。

内如有动摇情绪，哪怕是微小的，均须坚决克服。本溪方面，亦望能集中兵力，歼灭进攻之敌一个师。上述两仗如能打胜，东北局面即可好转。如我能在三个月至半年内，组织多次得力战斗，歼灭进攻之敌六至九个师，即可锻炼自己，挫折敌人，开辟光明前途。为达此目的，必须准备数万人伤亡，要有决心付出此项代价，才能打得出新局面。而在当前数日内，争取四平、本溪两个胜仗，则是关键。各军区后方剿匪与发动群众斗争，一刻不能松懈，望同时严督实行。4月10日至13日，彭真在梅河口主持东北局会议，讨论东北执行小组到后的形势，以及集中兵力由林彪统一指挥进攻长春、齐齐哈尔和哈尔滨，城市工作政策，与国民党谈判中的宣传方针，蒙古和朝鲜问题等。彭真强调要把发动群众破路当作战略任务，和减租减息联系起来进行，以发动群众支援战争在根据地内应先分土地，抓紧进行减租减息。分配土地、武装自己。

4月18日，彭真主持东北局会议，根据中共中央关于马歇尔到重庆后国共可能达成停战协议的形势，提出巩固与确保已得地区的方针。会后，彭真向中共中央报告：长春残敌已压迫至市中心，其首脑部中央银行、警察所等处已被围，残敌在逐步歼灭中，估计今晚可能全部解决战斗。现在须根据全局决定对长春的基本方针。将来谈判中长春有无可能被迫让出，是否准备确保，请速示，以便作具体决定与布置。同日，中共中央致电东北局：我应力争保持长春于我手中，如我能在四平地区大量歼灭顽军，此种可能性是有的；但目前尚难作最后决定，须看斗争结果如何而定；在未作最后决定前，你们应作长期保持计划。长、哈取得后，注意纪律，注意市政。①东北民主联军吉辽军区部队于4月18日当天解放长春。国民党军新一军向四平发动进攻，四平保卫战开始。

4月19日，中共中央发出毛泽东起草的致林彪、彭真并转周恩来、陈云、高岗电：占领长春，对东北及全国大局有极大影响，望对有功将士，传令嘉奖；杨师②立即或休息数日南下参战，必须增加四平方面兵力，歼灭新一军主力，并准备继续打几个大胜仗，方能保卫长春；用全力夺取哈、齐两市；用全力发动长、哈、齐三市及长、哈、齐线东西两侧各200里左右地区的数百万群众，帮助他们组织起来与武装起来，作为控制全满之中心区域，迅速准备一切，为保卫长春而战。

---

① 《彭真年谱》第一卷，中央文献出版社2012年版，第429页。
② 杨师，指杨国夫任师长的第7师。

4月20日,彭真在梅河口东北局机关干部会上作报告,指出:关于时局,是和还是战?现在是处于过渡时期两个敌对阶级,走的是两条道路。蒋介石说:"不消灭共产党,死不瞑目。"何应钦说:"除非东北搬到月球上,接收方案决不改变。"我们也是一句话:"不消灭蒋介石,死不甘休!"这是两个阶级的生死斗争,是绝对的。但现在又要和,因为蒋介石还消灭不了我们,永远也消灭不了我们;我们暂时也消灭不了蒋介石;全国人民渴望和平;许多民主人士也不希望打,美、英、苏特别是苏联不希望中国打内战。蒋介石没有美国的支持也不敢打,他讲"和"是被迫的、被动的,我们要和平是主动的但蒋介石是不守信义的因此,我们一方面要争取和平,一方面要准备足够的军事力量。要在四平和蒋介石拼命打,南满扭着他打,在他后面破坏交通,广泛开展游击战争,发动群众深入清算,彻底减租减息,分配敌伪土地。

4月22日,毛泽东致电林彪:望死守四平,挫敌锐气,争取战局好转;马歇尔与蒋谈了三天,今(二十二)日开始与恩来谈话,内容如何,明(二十三)日得恩来电后当即告你;国民党对于在东北和我军作战,信心不高。

5月3日,中共中央发出毛泽东起草的致林彪、彭真电:自蒋介石拒绝停战后,东北我军须作长期打算。前方不要攻坚,除必须数量之守城部队外,应控制强大机动部队,以为有利时机在运动战中打击敌人之用。除坚持四平阵地外,速准备公主岭及它处之第二线阵地。后方必须保证新兵与弹药之充分接济,必须迅速建立兵工厂。自造弹药、地雷及必要枪械。后方一切机构应用全力为前线服务。总之一切为着前线胜利。同日,彭真主持东北局会议,讨论召开东北民主协商会、东北参议会、选举东北人民代表、经济建设及办报等问题。会上提出,筹建东北行政委员会,各省成立办事处,其任务是争取东北的和平民主和组织领导东北的经济建设。会上还讨论了发行货币的问题。

5月18日,东北民主联军主动撤出四平,四平保卫战结束,共歼灭国民党军一万余人。在撤出四平后,人民军队仍控制着广大解放区。5月19日,中共中央发出毛泽东起草的致东北局并林彪电:四平退出,我兵力获得自由使用,顽军占领面积愈大,补给线愈长,将愈困难。鉴于在敌北进以前未能破坏沈阳四平段铁路,使我吃了大亏,现应动员一切力量昼夜不停彻底破坏长春至四平段铁路。立即开始在稳固后方建立兵工厂,自己制造枪弹,作长期战争打算。长春卫戍部队应立即开始布置守城作战,准备独立坚守一个月,不靠主力援助,而我主力则将在敌人两侧及远后方行动。

四平战役后，东北局分析了东北形势，依照中共中央指示精神，于6月1日就东北形势与任务发出指示：在当前敌我具体形势下，若无全国或其他压力，不经过比较长期残酷的斗争，不打得反动派无力前进非和不可时，东北的和平是不能取得的，纵然取得也是难以巩固的。争取实现东北和平局面的中心一环，是全党全军动员一切力量迅速深入普遍发动群众，主要是深入发动农民群众，彻底肃清土匪；解决土地问题，增加工人、雇农、零工的工资；改造区村政权，特别是在斗争中组织与改造地方武装与建立民兵并动员新兵源源不断地补充主力。组织武装与地方基干部队结合起来打击特务土匪之骚扰，开展敌后的破袭与游击战争，并协同城市地下党展开对敌政治攻势，开展高树勋①运动，开展一八四师运动②，以配合主力之机动作战。斗争是长期的，只有在长期斗争中才能取得和巩固我们的地位。

为了明确东北半个月停战期内的任务，6月6日，东北局发出关于东北半个月停战期内我之任务的指示，指出：在国民党宣布停战，继续谈判期内，我们应以积极准备作战为目标，立即休整主力，总结作战经验，教育部队，训练新兵，收容散失人员，解决供给，整顿纪律，并以最大警惕监视当前之敌，防止袭击，随时取得情报。分配适当力量进行群众工作，帮助建立与健全地方武装，改进地方工作。深入农村，集中力量发动群众，组织群众武装展开游击战，打土匪、镇压反动地主及敌伪残余凡不可靠的地方武装，均交主力编掉，从主力中抽调过去在抗日战争敌后做过敌伪工作的干部，去组织武工队，开展敌后工作。迅速将存放的物资向深远后方转移。

1946年6月中旬，中共中央决定东北局主要领导重新分工。6月16日，中共中央发出刘少奇起草、毛泽东修改的中共中央东北局主要领导重新分工的决定：

①　高树勋（1898—1972），字健侯，河北盐山县人。曾任抗日同盟军骑兵师长、第十一战区副司令兼"新编第八军"军长，1945年10月率部在邯郸前线起义，任民主建国军总司令。同年11月13日，加入中国共产党。中华人民共和国建立后曾任河北省政府副主席、副省长、国防委员会委员等职。高树勋运动是指策动国民党军起义的运动。

②　国民党第一八四师原属云南地方部队，一向受蒋介石排斥。1946年4月被送到东北打内战，驻守在鞍山、海城、大石桥、营口一带，受到国民党军特监视、控制。东北民主联军奉命发动鞍海战役，于5月25日收复鞍山，27日南下海城，28日发动攻势。在关键时刻，一向具有爱国热忱的一八四师潘朔端师长勇敢地选择了弃暗投明的道路。5月30日早6时，起义队伍在海城南门外集合，潘朔端率起义军直奔解放区析木城。6月6日，朱德总司令从延安给潘朔端和起义部队发电贺勉。

目前东北形势严重,为了统一领导,决定以林彪为东北局书记、东北民主联军总司令兼政委,以彭真、罗荣桓、高岗、陈云为东北局副书记兼副政委。并以林、彭、罗、高、陈五人组织东北局常委。

彭真主持中共中央东北局工作期间,执行中共中央和毛泽东的指示,为创建巩固的东北根据地打下基础。中共中央在关于东北局主要领导重新分工的决定中明确指出,由于"目前东北形势严重,为了统一领导",对东北局主要领导进行重新分工。抗战胜利后,为了迅速打开东北局面,中共中央选择领导创建晋察冀模范根据地的彭真任中共中央东北局书记。中共中央东北局到东北一个多月后,林彪作为军事主官进入东北,但未在东北局挂职。东北形势错综复杂,东北局、东北民主联军总部主要领导人多数时间分散活动,彭真与林彪主要靠电报交换意见。彭真多次提出希望林彪能回总部与他一起工作,林彪仍长期未与彭真合在一起。1946年3月,在东北局和东总干部会议上,林彪公开对彭真提出批评。又于5月10日向东北局并中共中央提议高岗代理罗荣桓任第二政委,提议彭真及东北局的工作,除一般的领导和各种政策的领导外,其次为财政经济工作。中共中央于5月12日致电东北局并林彪:照林彪电以高岗代理罗荣桓为第二政委,此事如东北局同意,望速通知高岗。

在彭真领导下,到1946年年中,东北已经创造了广大的解放区,铺下了摊子,基本打开了局面。

7月3日至11日,彭真出席在哈尔滨召开的东北局扩大会议。会议于7日讨论通过了《关于东北形势及任务决议》。其基本精神是创建根据地、保卫解放区、根据具体情况规定各种政策、深入农村发动农民群众。会后,彭真先后在哈尔滨的两次党内会议上传达上述决议。

8月7日,彭真代表东北局和东北民主联军出席在哈尔滨召开的东北各省代表联席会议,在致辞中就当前形势、会议的任务以及土地、劳资、民族、政权、武装等问题作了阐述。

9月23日,彭真召集中共哈尔滨市委、市政府领导干部开会,针对国民党挑动东北内战,东北形势又趋紧张,物价不稳等情况,强调要动员各界起来准备粉碎国民党的进攻,自由贸易,镇压奸商。①

11月至12月,彭真到哈尔滨市工厂、街道、商店、学校进行调查研究,了解

---

① 《彭真年谱》第一卷,中央文献出版社2012年版,第463—464页。

各阶层动态和群众要求，宣讲党的方针政策。

1947年1月10日，彭真收到刘少奇准备召开全国土地会议向各中央局发出的关于土地改革几个问题的征询意见电。彭真对东北各地的土地改革进行调查研究，重点调查哈尔滨周围地区情况，并为参加全国土地会议做准备。

十一、在任中共中央工委常委的日子里

不久，彭真又回到晋察冀边区，他离开这里已经6年。他奉调到设在晋察冀边区西柏坡村的中共中央工委工作，并以中共中央政治局委员身份帮助和指导晋察冀边区的土地改革。

1947年4月11日，中共中央决定，组成由刘少奇、朱德、董必武为常委，刘少奇为书记的中共中央工作委员会。将来彭真于参加全国土地会议后亦留在中共中央工作委员会为常委。5月上旬，彭真离开哈尔滨，赴河北省平山县西柏坡。7月中旬至9月中旬，彭真出席中共中央工委在西柏坡召开的全国土地会议。7月20日，在讨论土地政策时，彭真在发言中指出，领导者要冷静，政策不能单从感情出发，土改要彻底，但要慎重。9月13日，全国土地会议通过《中国土地法大纲（草案）》。10月10日，中共中央正式公布《中国土地法大纲》。

全国土地会议后，刘少奇于9月18日为中共中央工委起草致中共中央电，提议彭真以中央政治局委员资格到晋察冀帮助与指导工作。次日，毛泽东在为中共中央起草的电报中称："根据中央工委建议，为着加强晋察冀工作之目的，决定派彭真同志以中央政治局委员资格帮助与指导晋察冀工作。"彭真到晋察冀后，于10月3日至11月9日出席晋察冀边区土地会议并于10月4日在听取各代表团汇报后讲话，指出大会要集中全力解决土改与整党两个问题。

1948年3月14日，彭真出席中共中央工委会议，就检讨土改和整党中存在的问题发言：老区有些村，无须再平分土地，而一律宣布平分。由于不是土地重于浮财而是浮财重于土地，难免发展到吊打死人。发言中还指出了乱打乱分、唯成分论、中农受压、党支部受压等问题。

1948年5月，晋冀鲁豫和晋察冀两中央局合并为华北中央局，刘少奇兼任第一书记，彭真为常委。5月15日，中共中央决定彭真任中共中央组织部部长兼中央政策研究室主任。

1948年9月8日至13日，彭真出席在西柏坡召开的中共中央政治局会议。会

议听取了毛泽东的报告, 作出了从根本上打倒国民党的战略决策, 探讨了相关重大问题。9月12日, 彭真在会上发言, 要点是: 一、恢复和发展生产, 在现在的情况下是可能的, 但有许多问题, 主要是牲口缺乏、劳力不足、农民负担重、土改期间侵犯了中农。二、加强纪律性与民主。加强纪律性不是提倡家长制。民主与自我批评是连带的, 两者都决定于领导。三、整党中把一些批评批评就可以的问题都整得很厉害。除少数很坏的党支部以外, 都应依靠支部。四、土改中不动中农, 有许多好处。五、新民主主义革命是无产阶级领导的, 但去年在土改中却搞成贫农团比党重要。六、对工商业, 应扶植那些有利于国计民生的。

在彭真领导下, 中共中央组织部和中共中央政策研究室分别于11、12月间拟定了《中共中央组织部关于组织部门业务与报告请示制度的通知》和《中央关于中央政策研究室业务的通知》, 毛泽东、朱德、周恩来、任弼时、彭真圈阅后发出。

在彭真兼任中共中央组织部部长期间, 共组织派出5万余名各级干部奔赴各地, 为解放全中国作准备。

十二、领导接管北平

古都北京就要解放了。中国共产党领导的民主革命, 始于北京 (五四运动) , 终于北京 (开国大典) 。在毛泽东和中共中央领导下, 彭真代表党和人民成功接管北平。早在领导晋察冀边区时期, 北平的抗日工作就是由以彭真为书记的中共中央晋察冀分局领导的。新中国定都北京后, 发挥首都功能被置于首位, 同时, 各项建设事业蓬勃开展起来。

1948年12月, 平津战役正在进行中。12月13日, 毛泽东在为中共中央军委起草的分别致聂荣臻、薄一波、叶剑英和林彪、罗荣桓等有关领导人的电报中, 对接管平津做出了部署, 并对平津党政军领导人选做出了安排。聂荣臻为平津卫戍区司令, 薄一波为政委, 彭真为北平市委书记, 叶剑英为市委副书记、北平军管会主任兼市长, 黄克诚为天津市委书记兼军管会主任, 黄敬为天津市长。从此, 彭真、叶剑英等承担起领导接管北平的重任。

1948年12月14日, 彭真带领北平接管人员170余人由石家庄出发, 16日进至保定。12月17日, 彭真在保定主持召开中共北平市委第一次全体会议。会上宣布了经中共中央和华北局批准的北平市领导机构和组成人员: 中共北平市委由彭真、叶剑英、赵振声(李葆华)、刘仁、徐冰等11人组成, 彭真任市委书记, 叶剑英任第一副书记, 赵振声任第二副书记。叶剑英任市军管会主任和市长, 徐冰为副市长。按照中央和华北局指示, 这次会议讨论了北平市军管会的组织机构和人选、入城初期的几项具体任务、入城工作人员应遵守的纪律以及入城后若干思想问题。

12月18日, 中共北平市委北移途中在涿县召开第二次全体会议, 继续讨论第一次会议提出的议题。同时具体讨论了金融、报纸的问题, 包括对外国企业及中国私人所设银号钱庄与私人报纸等政策问题。彭真召集准备先期进入北平市的52名干部传达两次市委会议决定的问题, 并征求意见。彭真、叶剑英又召集1100多名各接管干部传达了两次市委会议精神。当日夜, 市委率领全体接管干部到达长辛店。这两次市委会议, 从政治、思想、组织、作风方面, 为接管北平作了充分准备。22日, 彭真、叶剑英、赵振声将入城前所做的准备工作向中共中央及华北局作了报告。进入北平城前, 彭真率领中共北平市委机关又先后驻于良乡和青龙桥。

1948年12月21日, 彭真签发中共北平市委关于如何进行接管北平工作的通告, 公布中共北平市委、北平市军管领导人名单, 宣布中国人民解放军进入北平后, 立即实行军事管制。通告指出: 军管会是北平军事时期内统一的军政权力机构。其初期的中心任务是迅速消灭混乱现象, 安定社会秩序; 系统地进行接管工作; 肃清反革命残余, 首先是肃清潜伏的武装敌人和摧毁敌人的特务组织; 向城市输送煤、粮等主要必需品, 力求保证对城市人民及时的供应。通告强调: "在具体政策的执行上, 必须完全严格遵守中央历次指示的对于城市的各项政策, 不得逾越。"通告还就接管北平工作中的思想作风和纪律问题做出了明确规定。①

1949年1月22日, 东北野战军代表与傅作义②的华北"剿总"代表在《关于北平和平解决问题的协议书》上签字。即日起, 城内国民党军开始移至城外指定地点听候改编, 到月底全部出城。人民解放军入城接管防务。

---

① 见《北京市重要文献选编》(1948—1949), 中国档案出版社2001年版, 第15—20页。

② 傅作义(1895—1974), 字宜生, 山西荣河(今山西省临猗)人, 抗日名将, 华北"剿总"总司令。1949年1月, 毅然率部起义, 促成北京和平解放。解放后任水利部、水利电力部部长达22年。

在中共北平市委移至平郊地区至入城前，彭真在领导接管北平的准备中首先抓了调配干部和对干部的训练教育工作。

准备入城的干部集中在良乡县城。到1949年1月底，从各地调派来的干部近2800人。干部来自四面八方，工作经历不同，思想水平不一，特别是绝大多数人对接管城市工作没有经验，对党的城市政策了解不多，有不少农村干部甚至从未进过大城市，对城市的生活很陌生。这些干部不经过集训学习，很难顺利完成接管任务。因此，市委领导要求对干部进行深入的时事教育、政策教育和纪律教育，同时了解一些城市生活常识。彭真等市委领导人多次作报告，并组织干部认真学习中央文件。

在政策教育方面，市委要求广大干部认真学习中国人民解放军平津前司令部1948年12月22日颁布的《约法八章》。彭真等在报告中指出，这八章就是党的八项城市政策，不但被接管的旧机构人员要遵守，我们接管人员更要模范地遵守。在纪律教育方面，重新学习《三大纪律八项注意》，学习军管会的入城守则。要求大家坚持做到"一切缴获要归公"，不拿群众的一针一线，模范地遵守纪律。彭真一再告诫入城干部要保持无产阶级的本色，要保持我们党的优良传统和作风，千万不要被资产阶级"同化"，千万不能走李自成进北京的老路。同时，彭真反复强调要搞好团结，尤其要注意外边老区来的干部和城内做地下工作干部的团结，应从互相尊重互相学习中把关系搞好。在同傅作义达成和平解放北平的协议后，市委又特别进行了一次有关和平接管的教育。事实证明，进行这些教育，对做好接管工作起了很好的思想保证作用。

北平是一个有200多万人口的消费城市，平津战役期间，解放军又围城50多天，没有充分的物资供应，不能迅速安定民生。彭真在良乡的报告中说："无产阶级先锋队的任务在于解放生产力"，只有恢复了生产，使"大家都有了饭吃，无产阶级的天下就好坐了"。①彭真还多次指示，必须一面抓接管，一面抓金融市场，尽快恢复生产，做好物资供应。为了迅速稳定城内人民的生活，在围城期间，从老解放区筹集调运了3500万斤粮食、20万斤食油、66万斤盐、70万吨煤等。加上进城后可能接管一部分，预计能维持北平200万人1个月的需要。然后再陆续从农村调粮进城，以保证供应。

北平四郊是人民解放军以武力解放的。进城前，为了适应工作需要，市军

---

① 《北平的和平接管》，北京出版社1993年版，第48页。

管会在郊区设立四个军管分会 (后来又对分会的设置做了个别调整, 为五个分会)。

在准备全面接管北平的同时, 在彭真、叶剑英直接领导下, 首先对北平四郊进行接管。1948年12月中旬中共北平市委到达保定、涿县时, 解放军已经占领北平四郊。市委先后派出西南区交通及企业等接管小组去工作。在长辛店又先后派出工人、锄奸、学生等小组, 分赴长辛店、石景山、门头沟、丰台以及北平西郊接管。在这期间, 1949年1月6日, 彭真在良乡对准备进城接管的干部讲话, 指导干部要掌握党的基本政策, 做好入城后的工作。他指出, 进城以后总的任务是推翻旧的政权和建立新的政权, 彻底摧毁和肃清反动势力的残余。首先做下面三项工作: 一是掌握政权。必须将政权拿在手里, 用以保护自己和消灭敌人。二是建立民主。民主建设应先从座谈会做起, 然后召开临时代表会议, 最后再召开人民普选的代表大会。首先是要把狼打死, 肃清敌人就是首要的民主建设。三是工商业问题, 先组织供销合作社, 取农民原料给工厂, 取城市工业品运往乡下, 彼此互通有无。彭真在进城前的几次讲话中, 都教育干部注意调查研究, 先了解情况, 后决定政策, 依照具体情况推进工作。

1949年1月19日, 中共中央致电林彪、罗荣桓、聂荣臻并告华北局: 为北平工作与华北局易于联系, 北平军管会应以叶剑英、彭真、谭政①、赵振声、徐冰等九人组成, 同意以彭真、叶剑英、赵振声组成北平市委常委, 彭真仍为书记。

2月1日, 彭真主持召开北平市干部会议。在叶剑英讲完全国形势后, 彭真就进城后的工作与纪律问题发表讲话, 指出: 入城后的三条根本任务是: 摧毁旧政权, 建立新的人民民主政权; 进行经济建设; 按新民主主义方针改造学校教育, 培植干部。当前紧急的任务有四项: 安定秩序、接管、肃清特务、解决好人民生活问题。要注意外来干部和地下干部的团结, 主要负团结责任的是解放区派来的干部, 不要把不适合于城市的东西搬进城去。彭真在讲话中强调指出: 要遵守纪律, 进城工作人员不经组织批准一概不许进去。进城后, 任何

---

① 谭政 (1906—1988), 原名谭世铭, 湖南湘乡人。1927年加入中国共产党。历任中共中央军委总政治部副主任、陕甘宁晋绥联防军副政治委员兼政治部主任、留守兵团政治部主任、第四野战军副政治委员、总政治部主任。1955年被授予大将军衔。

发表有代表性的意见,要经过党组织的批准。凡是涉及人权、财权的事,要经过党与军管会批准,要经法律手续,不能乱动。不能用群众会决定的方法来解决问题;除公安机关外,任何机关不能捕人。外交问题要叶剑英签字。不允许少数人乱搞。

1949年2月2日,彭真率领中共北平市委机关人员从青龙桥进城。市委事先派出韩钧、王甫等进城勘察,将市委机关选定在东交民巷40号原德国驻华大使馆院内。

对解放了的城市采取军事接管方式,是中共中央的既定方针。中共中央在建立北平市委时就明确规定北平市委领导一切,北平市军管会是市委领导下的机构。市委实行集体领导,分工负责。军管会、市政府日常工作由叶剑英负责,重大问题由市委集体讨论决定。在建立政权机构的同时建立相应党组,各区建立中共区工作委员会,代行党委职权。北平市的全部接管工作都是在市委统一领导下进行的。

中共中央关于和平接管北平的方针确定后,在彭真领导下,中共北平市委确定了一些基本原则:一是规定了"接"是为了"管","接"必须服从"管",必须把一个机构一个系统整体地接下来,再按性质分给有关部门去管;二是要把文件、档案、图表一齐接管,看作和机器一样重要;三是要做到纵的系统接收和横的检查相结合;四是对接收的物资只准看管,不准动用。入城之初,把大多数干部留在城外(良乡),只率各部负责同志及经过选择批准的军事代表和联络员进城,并用联合办事处的形式进行接管。由于充分发挥联合办事处的作用,缩短在新旧交替中无政府状态的时间,了解某些过去所不知道的接管对象,大大便利了接管。1949年2月2日,北平市军事管制委员会和北平市人民政府分别向全市发布入城办公的布告。同日,北平市警备司令部宣布成立,程子华任司令员兼政治委员。在这之前,刘仁①进城召开地下党负责人会议,布置地下党发动、组织群众迎接解放军进城,庆祝解放和配合接管。

城内的接管工作,从1949年1月31日进城开始到4月底基本完成,历时约三个月。大体可分为三个阶段:接交阶段,从2月初到2月中旬,约20多天;清点阶

---

① 刘仁(1909—1973),原名段永强,四川酉阳人,土家族。1927年加入中国共产党。曾任中共中央党校秘书长、中共晋察冀中央分局委员秘书长、分局城市工作委员会书记、中共北京市委第二书记。在"文化大革命"中受到林彪、江青反革命集团的诬陷迫害,含冤逝世。中共十一届三中全会后平反昭雪。

段，从2月下旬到3月中旬，近一个月；人员物资处理阶段，从3月中旬到4月底，约一个多月。

为了主持繁重的北平接管工作，根据中共中央指示，彭真未出席中共中央在西柏坡召开的七届二中全会。①中共七届二中全会决定了以下几个方面的问题：一、确定了促进革命迅速取得全国胜利的各项方针；二、决定将党的工作重心由乡村转到城市；三、决定了党在全国胜利后的一系列基本政策；四、强调要加强党的思想建设，防止资产阶级思想的腐蚀。赵振声参加会议，会后向中共北平市委传达会议精神。

进城后，紧张而繁忙的接管工作在彭真、叶剑英直接领导下全面展开。和平接管工作是采取自上而下的方式分系统进行的。一是市政府系统；二是物资接管委员会系统；三是文化接管委员会系统。

中共北平市委在接管工作中坚决贯彻了中共中央的指示，反复强调要执行党的阶级路线。彭真在1949年4月18日北平市委第一次党员大会上说："我们的队伍依靠什么做主体？首先就是依靠工人阶级，依靠工农。有人说北平没有工人，这话不对。光近郊就有几万产业工人，因此，工作重点首先要放在工人方面，其次是近郊农民。"彭真还指出：既要全心全意依靠工人阶级、团结农民，同时也要做好对民主人士、知识分子和民族资产阶级的工作，结成最广泛的人民民主统一战线。这样，才能保证和平接管的成功。

坚持共产党领导，加强党的思想作风建设和对广大党员、干部的纪律教育，是做好接管工作的根本保证。彭真在进城后多次强调：革命的参谋部、司令部，这就是共产党。要把北平搞好，首先就要把党搞好。否则，一切都搞不好。

共产党领导人民接管北平市政府，标志着人民民主专政的政权已经在北平建立，国民党反动派在北平进行反动统治的国家机器已经被粉碎，开始了北平人民当家作主的新历史。

在基层，首先摧毁旧保甲制度，建立各级人民政权。各界代表会议的召开是人民行使当家作主权力的关键步骤。中共中央于1948年11月30日即给各中央

①　1949年2月18日，周恩来为中共中央起草的给平津战役总前委、华北局和平津两市委的电报中补充通知：中央决定罗荣桓、薄一波、彭真、叶剑英、黄克诚不参加七届二中全会，留在原地主持工作，其他现在华北的各中央委员、中央候补委员均于2月28日前赶来中央开会。

局、分局和各前委发出指示，要求新解放的城市应及时召开各界代表会议。1949年7月29日，中共北平市委就召开各界代表会议向中央报告。报告说：过去北平市只召开一些带有代表会议性质的座谈会，解决一些诸如土地、房屋等重大问题，尚未召开正式的各界代表会议。现决定由军管会、市政府联合召开一次全市的各界代表会议。7月31日中共中央再次给各中央局、分局发出迅速召开各界代表会议和人民代表会议的指示。在中央的这个指示中，还将北平市委给中央的上述报告转发各地作参考。

1949年8月9日至14日，第一届北平市各界代表会议在中山公园中山堂隆重召开。彭真在8月9日的开幕词中说，这个会议是我们北平市地方的最高权力机关。这个会议，在组织上，还不是由普选产生的人民代表大会，这只是一种各界人民代表会议的性质。但它有着广泛的和充分的代表性。所有北京市各民族人民都有代表参加。从此我们北京各界人民就直接管理自己的政权了，在这个会议上将要讨论与解决的问题，将按照北平市人民的意志作出决议。今后北平市全体人民最中心的和决定一切的任务，仍然是恢复与发展生产。如果没有生产的恢复与发展，一切所谓建设都将成为空谈。革命也将因此而失掉其最根本的意义。只要北平市各界人民团结一致，共产党与其他民主党派团结一起，新老工作人员团结一致，我们就能够克服一切困难，迅速发展北平市的各项建设事业，建设人民的北平。中共中央对北平市各界代表会议十分重视。

8月13日，毛泽东主席到会作了重要讲演。中共中央军委副主席周恩来到会作了《将革命进行到底与建设新中国》的报告。中国人民解放军总司令朱德、中国国民党革命委员会主席李济深、中国民主同盟副主席沈钧儒、著名无党派民主人士郭沫若、华北人民政府主席董必武到会祝贺并致词。

会议审议了提案和临时动议254件。会议一致通过《关于市政报告的决议》《北平市各界代表会议宣言》和《北平市各界代表会议协商委员会组织条例》。

8月14日，中共北平市委书记彭真出席北平市第一届各界人民代表会议并就会议讨论中提出的一些重要问题作了总结报告。彭真在报告中表示，希望各界代表与全市人民在大会闭幕后，协助人民政府立即行动起来，执行大会的决议，并共同克服进步中、胜利中、发展中、过渡中的困难，在毛主席的旗帜下，建设新北平。

紧密依靠北平地下党并适时予以公开，是做好北平各项工作的重要保障。

北平和平解放后，市委领导各级党组织积极做好在党外公开党组织的各项准备工作。北平市的各级党组织比较细致的工作，使党的公开具备了思想的、组织的基础。

1949年4月16日，彭真出席北京市第一次党员大会并讲话。指出：我们长期的任务有三个：第一个任务是为建设新民主主义的政治，建立人民民主专政和政权，粉碎国民党的政权而奋斗。第二个任务是生产。为什么要革命？其最终目的是解放生产力，发展生产。为什么要解放工人？因工人代表生产力。为什么要解放农民？因农民代表生产力。要解放生产力，就得改造生产关系，而旧政权保护旧生产关系，故必须粉碎。第三个任务是发展新民主主义的文化。当前要抓紧做的工作有4项：第一安定社会秩序；第二迅速完成接管；第三肃清国民党地下组织及散兵、游勇；第四安定民生，主要是解决当前金融、物价及粮煤等物质问题。

1949年6月中旬，中共北平市委做出决定，要求全市各工厂、学校、机关在6月底至7月初，即在纪念中国共产党诞生28周年之际，将党的组织和党员名单全部公开。各基层单位按照市委的要求，先后在本单位公开了党支部和党员。

1949年8月5日，彭真审改与赵振声联名向中共中央、华北局报送的《关于公开党的组织及改善党与群众关系问题的报告》。审改后于8月27日上报。《报告》中说：党与群众的关系，在入城之始，一般是很好的。公开后，党员感觉到作一个党员不容易，在学习上、业务上、作风上特别是对群众的态度上有显著的改善。一般的是工作认真了，做事谨慎了，作风民主、态度谦虚了；在党内关系上，也很自然地打击了一些家长制的作风，扩大了党内民主。工人、学生、教职员一般的很兴奋，对党表示关怀、爱护和羡慕。有些群众打听入党的条件，要求入党，或向党推荐候补党员。从总的方面说，加强了党与群众的关系。

进城以后，干部队伍结构发生了很大变动。在彭真领导下，市委确定了依靠老干部和地下党员，团结教育非党干部，大量提拔使用新干部，从组织上保证完成各项工作任务的方针。市委多次召开会议，反复进行党的干部政策和统一战线政策的教育，要求对非党干部必须从政治上关心与培养，工作上放手使用，使他们真正有职有权，不断扩大爱国民主统一战线。为了保证新干部的质量，彭真指示市委有关部门从1949年3月至1950年3月举办了5期干部培训班，训练党员及非党积极分子4133名。为了加强党与群众的联系，在市委领导下建立了青年团、工会、妇联、学生会等组织，团结发动全市各阶层、各条战线的群众, 为新北平的建设奠定了深厚的群众基础。

北平原是国民党在华北的政治军事中心, 又是华北最后解放的大城市, 聚集众多的特务分子、反动党团骨干分子和其他反革命分子。特务分子、散兵游勇还隐匿不少武器弹药, 对北平的社会治安、党政军干部的人身安全和群众的生命财产形成严重威胁。

进城之前, 中共北平市委和市军管会已充分预见到在国民党军队接受和平改编以后, 城内必然会有相当大的反动力量潜伏下来。这些潜伏在地下的反动势力, 其危害不下于公开的反革命的武装力量。因此, 进城以后彭真在肃清一切反动势力中付出极大精力。1949年3月3日, 彭真就治安与肃反工作情况致电中共中央并华北局、总前委: 因系和平接管并在事前经过了相当酝酿时间, 国民党特务、党务人员在我进城前已有计划地潜伏起来, 并作了相当周密的活动布置。除已抓获5000余散兵游勇与4000余枪支外, 估计尚有散兵游勇2万至3万人。各机关之党务人员及反动分子多未逃走, 还有大批流亡县政府与一些生活困难的潜伏的还乡团人员及强盗与惯窃。青红帮在北平主要是青帮, 近20余年来长期与国民党特务有复杂关系, 现仍与党特有勾结。关于治安形势, 总的形势对我军有利。我军有压倒的威力, 在治安方面尚未出大乱子。数万散兵游勇被收容集中处理, 国民党特务组织和反动党团基层组织被摧毁, 为安定北平社会秩序消除了隐患, 保障了人民生命财产安全, 巩固了新生的人民政权。

彭真的运筹和操劳以及方方面面的努力工作, 使共产党人接管后的北平社会秩序有了明显好转, 展示了人民当家作主的巨大威力。

北平和平解放后, 国民党留下的是百孔千疮的社会经济: 粮食、食油、煤炭、蔬菜等生活必需品严重短缺; 工厂停工、商业萧条; 大量人口失业; 通货恶性膨胀, 物价飞涨。中共北平市委和市军管会、市人民政府在进城之前, 就把安定民生确定为进城后的一项中心任务。

早在1948年12月29日, 彭真在良乡与北平市委政策研究室干部谈当前应调查研究的问题时曾经指出: 进北平以后第一件事就是煤、粮的问题。如果没有饭吃一切都完了。研究室要了解群众需要我们做甚么? 彭真在谈话中还提出城市的独立生产者组织起来生产农村需要的产品, 与农民交换粮食, 改变旧城乡关系隔绝问题, 进城后如何在经济上、政治上、思想上实现无产阶级的领导权, 这些都是根本大计, 应加以研究。

中共北平市委、北平市政府进城办公后，第一批从张家口和冀中筹集的粮食、食油、煤，以及从天津调拨的布匹、食盐等等物资，立即源源运进城内。以后又陆续从各地调运大批生活必需品进入北平，并建立起由军管会领导的供应网点。原来囤粮惜售的私营商店，见公家粮食源源进城，也相继开门营业。解放不到10天，北平的市场就开始复苏了。到1949年底，全市共从外地调进粮食4.7亿斤，盐21万担，布35万匹，纱30万捆，以较充足的物资保证了市民生活必需品的供给。

整顿金融市场，是中共北平市委、市军管会在解放之初安定民生的重要举措。1949年2月2日，北平市军管会发出《关于伪金圆券兑换办法的布告》，确定以中国人民银行发行之钞票 (当时简称"人民券"，后来称"人民币") 为本市本位币，一切公私会计与交易均须以人民币为计算单位。布告还宣布，为了减少北平市人民的损失，工人、学生、独立劳动者、工厂职员、学校教职员、城市贫民可以按1:3的优待比价 (政府的收兑比价为1:10) 每人兑换金圆券500元。为了做好收兑工作，北平市人民银行在市内设立了247处兑换点，组织了5000多人做收兑工作，结果仅用18天即顺利完成了收兑工作，共收兑金圆券8亿多元。在兑换期内，人民政府准备了大批粮食、食油、煤炭等物资，源源不断地运进北平，使广大人民可以用兑换到的人民币购买生活必需品，不仅树立了人民币的信誉，也安定了人民的生活。国民党滥发金圆券，榨取民财；共产党收兑金圆券，把民众的损失减少到最低限度。两相对比，广大市民更加亲近共产党。

1949年3月3日，彭真就安定民生工作致电中共中央并华北局：入城后关于安定民生的工作，主要做了两件事情：一是金融；二是粮、煤供应和物价。人民币对伪金圆券的兑换，2月4日开始，以1:3的比值对工人、学生、职员、贫民及独立劳动者实行优待兑换，2月6日起，以1:10比值进行普通兑换，已于2月23日截止。共兑入伪金圆券8.3亿。享受优待兑换的人口99万，其中职工17万，学生16万。工人、学生、职员以工厂、学校为单位集体兑换；贫民及其他劳动人民以保为单位派工作团去办理，进行得很快，很顺利。掌握的原则是"宁可稍宽多优待两户，不要因太严而有所遗漏"。群众对我们的干部到工厂、学校、各区各保挨户办理优待兑换很满意，说共产党真是给人民办事的。关于准备煤粮，稳定物价问题，入城前已准备粮食3700万斤。此外，察哈尔省应允供给3000万斤。燃料煤门头沟有十余万吨。还运进一批油盐。粮商知道我们将运粮来，就争相抛售，因而解放后城内粮价下跌，比冀中、平西低得多。

平抑物价，医治物价飞涨这个国民党留下的痼疾，是北平解放后一个重大任务，也是一个十分棘手的问题。在彭真直接领导下，市委设法从其他解放区调集大批粮、油、煤、布等物资进入北平，为解决这一难题提供了坚实的物质基础；废除金圆券和确定人民币的稳定地位，为解决这一难题创造了有利的金融条件；整顿交易市场，控制批发商业，不断扩大国营和合作社商业零售网点，从而打破了私商垄断零售商业的局面。

解放前的北平，是一个生产极为落后，经济不发达的消费城市。解放前夕，北平市场物价飞涨，大量市民失业，广大人民处于饥寒交迫之中。彭真和中共北平市委在进城初期，主要精力放在建立革命政权和革命秩序、安定民生等工作上，尚未来得及系统地抓紧解决生产建设中的各项问题。两个月后，彭真和市委才得以花费较大精力领导生产建设。

1949年4月1日，彭真主持召开中共北平市委会议，讨论北平社会秩序已安定后的工作问题。彭真在讲话中指出：下一步必须把封建残余继续肃清，建立新民主主义的北平。要恢复生产，发展生产，要把旧的独裁制度与文化肃清。建设文化事业，也应该有发展生产的观点，北平的文化应为生产做准备。要组织工会。在郊区要把农民工作搞上去。农会、工会是其他一切工作的关键，这些工作完成了，工作就可推进一步。

4月16日，市委专门开会讨论并通过了由彭真起草的《关于北平市目前中心工作的决定》，明确指出：恢复改造与发展生产，乃是北平党政军民目前的中心任务，其他一切工作都应该围绕着这一中心任务来进行，并服从于这一任务。今后在党内应经常召开党的代表会议，在党外应该常召开工人代表会议、农民代表会议和党外人士的政治座谈会、工商界的经济座谈会、文教座谈会及其他解决专门问题的各种小型座谈会。在作风上要继续克服由于过去农村环境所养成的散漫作风，及在城市中新生长的关门主义、命令主义、官僚主义与文牍主义，要养成适合城市与工业环境的科学的工作方法。

经过半年的努力，北平市的恢复、改造和发展生产工作取得明显的成效。1949年8月24日，彭真将北平5至7月份《关于开展城乡贸易及恢复发展生产工作的报告》的书面材料上报毛泽东和华北局。8月26日，毛泽东将此件批转各中央局、中央分局：兹将彭真同志关于五月至七月份的北平工作情况的报告转发给你们作为研究材料，其中有些经验是各地可以采用的。按照毛泽东的批示，这份报告经周恩来阅后立即下发。

北平的接管和接管后各项工作的顺利开展,为新中国首都建设事业的全面发展打下了基础。

贫苦农民出身的彭真最了解旧中国广大农民的疾苦,也最懂得如何调动广大农民的生产积极性。早在1949年1月6日,彭真在对准备进城接管北平的干部讲话中,在讲到农村工作时就指出:"北平近郊是否分地还未决定,打算先调查一下,提出具体办法以后解决。"但是,对农民"应该"也"必须宣传我们的土改政策"。他还说:"对农民的借粮问题,可先从恶霸手中取粮借给贫苦农民,但事先须先好好调查研究。"①

北平郊区土地集中程度高,剥削量大。根据调查研究中的实际情况,中共北平市委拟定了《关于北平市辖区农业土地问题的决定》。1949年5月15日,经彭真审改后上报中央。5月18日,刘少奇代表中共中央批示:同意这个决定。5月31日,这个决定以北平市军事管制委员会的名义颁布。

北京郊区的土地改革于1950年3月胜利完成。共没收地主土地和征收富农出租地40多万亩,没收地主的农具66804件,水车和大车2279辆,耕畜1734头,多余的粮食66.5万公斤,多余的房屋22298间,有贫苦农民52009户、217019人分得胜利果实。从此,京郊封建统治基础被铲除,推动了农村生产力的发展。

1949年9月21日,中国人民政治协商会议第一届全体会议在北平中南海怀仁堂隆重开幕。毛泽东在开幕词中庄严地宣告:"占人类总数四分之一的中国人从此站立起来了。"人民政协是共产党领导的以工农联盟为基础的人民民主统一战线的组织形式。在普选的全国人民代表大会召开前,政协全体会议代行全国人民代表大会的职权。参加这次政协会议的,有中国共产党、各民主党派、无党派人士、各人民团体、人民解放军、各地区、各民族以及国外华侨的代表共622人。彭真作为中国共产党的代表之一出席会议。大会通过了《中国人民政治协商会议共同纲领》《中国人民政治协商会议组织法》《中华人民共和国中央人民政府组织法》,并通过了四项决议:1.中华人民共和国定都于北平,改名为北京;2.中华人民共和国采用公元纪年;3.在中华人民共和国国歌未正式制定前以《义勇军进行曲》为国歌;4.中华人民共和国国旗为五星红旗。大会选举了由56人组成的中央人民政府委员会,毛泽东为主席,朱德、刘少

---

① 《彭真文选》,人民出版社1991年版,第175页。

奇、宋庆龄①、李济深②、张澜③、高岗为副主席,选举了由180人组成的以毛泽东为主席的中国人民政治协商会议全国委员会。大会还决定在首都天安门广场建立"人民英雄纪念碑"。大会最后发表了委托毛泽东起草的题为《中国人民大团结万岁》的政治宣言,概述了这次政治协商会议取得的伟大成果。政治宣言中称,"中国的历史,从此开辟了一个新时代"。

1949年9月30日中国人民政治协商会议第一届全体会议闭幕后,毛泽东率领全体代表和首都各界群众代表3000余人,于下午6时在天安门广场举行了人民英雄纪念碑奠基典礼。彭真参加了典礼。人民英雄纪念碑奠基石上,镌刻着彭真草拟的经毛泽东修改的文字:

> 纪念碑
> 在中国人民解放战争和中国人民革命中牺牲的人民英雄们永垂不朽!
> 中国人民政治协商会议第一届全体会议立
> 一九四九年九月三十日

北平和平解放后,党和人民政府领导全市人民经过艰苦努力,为政协盛会和开国大典创造了稳定的政治经济环境。北平易名北京成为新中国的首都,中华人民共和国将在这里宣告诞生,喜讯极大地鼓舞了全市人民。在彭真和市委直接领导下,全市人民为这一旷古盛事,在会议服务、安全保障、环境卫生、交

---

① 宋庆龄(1893—1981),祖籍海南文昌县,生于上海。1915年10月25日与孙中山在日本东京结婚。中央人民政府副主席、名誉主席,全国妇联名誉主席、中国人民保卫儿童全国委员会主席。一生热心妇女解放事业,是中国妇女界的杰出领袖;长期主持中国救济总会、中国红十字会的工作;毕生致力于少年儿童的文化教育福利事业。1981年5月15日中央政治局决定接受她为中国共产党党员。1981年5月29日,宋庆龄因病在北京寓所逝世。

② 李济深(1885—1959),原名济琛,字任潮。原籍江苏,生于广西苍梧。曾任粤军第一师师长、黄埔军校教练部主任、国民党第二届中央执行委员、黄埔军校副校长。中华人民共和国成立后,曾任中央人民政府副主席、全国人大常委会副委员长、全国政协副主席。

③ 张澜(1872—1955),字表方,四川南充人(今西充县莲池乡人)。1941年参加发起中国民主政团同盟(1944年改为中国民主同盟),曾任民盟中央执行委员会主席、民盟第一届中央委员会主席。新中国成立后,任中华人民共和国副主席、全国人大常委会副委员长、全国政协副主席。

通运输、物资供应等等方面作出了出色成绩, 以实际行动迎接即将到来的具有伟大历史意义的日子。

中共中央于1949年7月初成立开国大典筹备委员会, 周恩来任主任, 彭真、林伯渠、李维汉①任副主任。为了迎接新中国的诞生, 在彭真和中共北平市委、市政府组织领导下, 北平人民为政协盛会和开国大典提供了良好的集会场所和优质服务。改扩建中南海的怀仁堂作为政协开会的会场, 整修天安门广场, 有关专家、技术人员设计、制作国旗, 绘制毛泽东油画肖像, 制作了巨幅标语和开国大典纪念章。北平印刷工人为政协盛会和开国大典仪式做出了自己的贡献, 大量重要文件、宣传品, 开国大典需要的国旗以及绸佩带等等都按时精印出来。

为了迎接新中国的诞生, 把新首都建设为一个文明的清洁的城市, 北平人民在彭真、叶剑英、李葆华等市委、市政府领导带领下, 开展全市大搞环境卫生运动。经过努力, 将明清以来沉积的垃圾全部清除完毕, 使古都面貌焕然一新。

北平的工人、农民、知识分子等各界人民纷纷以恢复和发展生产, 做好各项工作的实际行动, 迎接新中国的诞生。工交战线捷报频传。北平市公共交通工人掀起生产竞赛热潮。各行各业都出现了新的气象。

彭真在工作中坚决贯彻落实毛泽东和中共中央的有关政策和指示。在对北平的接与管中, 从大批干部的选调配备、教育管理, 到接管部署、党政建设、安定秩序、群众生活、发展生产等各个方面, 都凝聚了彭真的大量心血。

彭真在日夜操劳中带领北京人民迎来了新中国的诞生。

十三、兼顾中央和建设新中国首都的领导工作（八大前）

新中国成立后, 彭真担负中央和北京市的繁重领导工作, 辛苦而忙碌。中共八大前, 彭真侧重于北京市的工作。

1949年10月, 彭真出任董必武为主任的政务院政治法律委员会副主任,

① 李维汉（1896—1984）, 化名罗迈, 湖南长沙县人。1922年加入中国共产党。八七会议后, 任中共中央政治局常委。后任中共陕甘省委书记, 中共中央群众工作委员会书记, 中共中央党校校长。中华人民共和国成立后任中共中央统战部长、全国政协副主席、中顾委副主任。

1951年1月任中共政务院政治法律委员会分党组干事会副书记, 1953年3月任书记, 实际主持政治法律委员会的工作, 领导新中国的法律建设。1954年彭真任全国人民代表大会常务委员会副委员长兼秘书长和中国人民政治协商会议全国委员会副主席。彭真在担负繁忙的中央领导工作的同时, 长期兼任中共北京市委书记、北京市长。

作为领导首都社会主义现代化建设的主要奠基者, 在中华人民共和国成立初始, 彭真就明确提出北京的中心任务是发展生产, 建设方针是服务于人民大众, 服务于生产, 服务于中央政府。彭真强调北京的工作要紧紧围绕党的中心任务, 贯彻"三个服务于"的方针, 阐明了北京作为首都所担负的特殊任务, 又充分体现了党的全心全意为人民服务的宗旨。在主持北京市工作的日日夜夜, 彭真精心部署首都的经济建设, 亲自抓城市建设的总体规划, 提出了"城市规划要有长远考虑, 要看到社会主义的远景, 要给后人留下发展余地"。

新中国成立之初, 苏联专家巴兰尼克夫提出要以天安门广场为中心, 在长安街两侧建设新中国首都的行政中心。并提出北京也应该是一个大工业的城市。1950年2月, 时任北京市都市计划委员会副主任的梁思成[1]和北京建设局企划处处长陈占祥[2]草拟《关于中央人民政府行政中心区位置的建议》, 这就是北京规划史上著名的"梁陈方案"。"梁陈方案"建议拓展城外西郊区公主坟以东, 月坛以西的适中地点, 有计划地为政府行政工作开辟政府行政机关所必须足用的地址, 定为首都的行政中心区域。新中国成立之初, 国家经济力量薄弱, 资金、钢材等匮乏, 不宜立即大兴土木兴建新的首都功能区。苏联专家的规划方案得到毛泽东的认可, 毛泽东指示: "照此方针。北京市的规划就这样定下来了, 即以旧城为基础进行扩建。"彭真告诉梁思成, 北京城市建设的方针是"为生产服务, 为劳动人民服务, 为中央服务"。他还对梁思成说, 有一次毛主席在天安门城楼上曾指着广场以南一带说, 以后要在这里望过去到处都是烟囱。可见, 建国初期毛泽东是把发展生产置于第一位的。因此, 北京市的城市建设必须按照毛泽东的思路, 一切为经济发展让路。

---

[1] 梁思成 (1901—1972), 中国著名建筑史学家、建筑师、城市规划师和教育家, 一生致力于保护中国古代建筑和文化遗产。曾任中央研究院院士、中国科学院哲学社会科学学部委员。

[2] 陈占祥 (1916—2001), 原籍浙江宁波奉化, 生于上海。城市规划师, 建筑师。1957年, 被划为右派。1979年平反。任国家城市建设总局城市规划研究所总规划师。《城市规划》(英文版) 主编。

1953年6月，北京市正式开始编制城市建设总体规划，彭真亲自兼任北京市规划委员会主任，组织对北京的实际情况包括人口、城市用地、绿化、动力、河湖水系、供水排水、道路桥梁、交通流量、公共服务设施、学校、工业等，进行系统、周密的调查研究。中共北京市委成立了一个规划小组。该小组在北京动物园畅观楼办公，被称为"畅观楼小组"。苏联专家被聘请到小组中指导工作。梁思成、陈占祥等原都市计划委员会的大多数人不再参与北京市城市建设总体规划的编制。"畅观楼小组"制定《北京城市建设总体规划初步方案》，明确指出北京的性质为"北京不只是我国的政治中心和文化教育中心，而且还应该迅速地把它建设成一个现代的工业基地和科学技术的中心"。由于"三年经济困难时期"的出现及中苏冲突的公开化，该总体规划草案没有得到中央的正式批复。但"文化大革命"前的北京城市建设基本就是照此方针进行的。

早在1950年，彭真在题为《庆祝北京解放一周年》的文章中，就明确提出了北京城市建设的方针是"服务于人民大众，服务于生产，服务于中央政府"。北京解放后的城市建设，是在旧北京城衰败破落的基础上开始的。解放初期的城市建设，一方面以整顿城市环境为重点，着手改善自来水供应，整修地下水道，疏浚河湖水系，清除垃圾粪便，发展城市交通，以改善广大劳动人民群众的居住环境。一方面努力解决中央单位办公用房和人民住房问题，为保证中央领导全国工作、发展首都生产、改善人民生活服务，也为以后城市各方面的建设准备条件。彭真任北京市规划委员会主任后，多次组织应邀来华的苏联专家、国内专家以及各方面人士对北京城市的规划与建设进行探索和研究，提出了许多设想。他强调，建筑的原则应是适用、经济，并在可能条件下注意美观。城市规划要有长远考虑，要看到社会主义的远景，要给后人留下发展的余地，不要只看到眼前。1956年10月，中共北京市委常委会研究北京城市规划，彭真在会议上指出，北京城市建设要考虑到人口近期发展目标是500万、将来要发展到1000万，汽车要发展至百万辆的需要，城市道路不能太窄，最宽的按100米至110米进行规划。要特别重视在城市内和城市郊区造林绿化，不仅要保留和发展已有的公园绿地，而且还要建造新的绿地。几十年后的实践证明，彭真这一决策是非常富有远见的。彭真还对城市交通、城市煤气化、城市用水等一系列城市建设的重大问题提出了精辟的意见，这些意见和设想为以后北京城市规划和建设确定了基本框架。

在彭真领导下，1957年，北京市制定了《北京城市建设总体规划初步方案》，对城市布局，提出了分散集团式的布局形式，明确了以全市的中心区作为中央首脑机关所在地等六条指导原则；对城市规模，提出了控制市区规模、发展远郊卫星城镇的设想；对建设风格、建筑形式，提出了应大胆地吸收中国过去的包括古代的精华，既反对世界主义，也反对狭隘的民族主义，对苏联的建筑、英美的建筑和中国旧的建筑，都要采取批判的态度，吸收精华，去其糟粕。彭真贯彻毛泽东的既定方针，对首都建设进行宏观指导。各单位基本是分散建设，以致城市建设遍地开花，各种基础设施如道路、上下水道、电话电力线路混乱；各种生活服务设施，如商店、中小学、医院、电影院等不能按照比例进行建设；城市建设比较杂乱。以彭真为首的市政府，提出了"由内向外，由近及远，填空补白，紧凑发展"的用地方针。除了国防建设、工业建筑及其他特殊性的建设以外，所有住宅、办公用房、高等学校、科研机构、中小学校、商业服务业设施，都以统一投资为核心，实行统一规划、统一设计、统一建设、统一分配、统一管理，多快好省地进行城市建设，基本上形成了首都城市建设的管理格局。

彭真指出：北京工业要实行精兵主义，坚持质量第一，今后既要抓"高精尖"，又要抓"吃穿用"。提出了关于北京人口、住房、道路、用水、煤电、绿地的发展设想，以及关于工业、农业、商业、科学、教育、文化、卫生等事业发展用地预留的设想，并付诸实施。彭真在抓经济建设的同时，又把发展科学、文化、教育事业置于突出地位，十分重视知识分子和青年学生的工作，关心他们的生活、学习和思想状况，并非常尊重各民主党派和爱国人士提出的建议。

抓好党的建设工作是做好各方面工作的保障，是关系党和国家前途命运的关键。1950年5月18日，彭真在北京市党员大会上提出保证党永不腐化的四个依靠：依靠政治上、组织上和思想上的纯洁；依靠跟群众密切联系和广大群众的监督；依靠批评与自我批评；依靠制度、法律和纪律来监督保证。1954年4月1日，在中共北京市委组织工作会议上，彭真进一步指出：保证党在任何情况下都不发生严重问题，很重要的一条就是坚持集体领导和民主集中制原则。不依靠集体领导是违反辩证唯物主义的。依靠组织把主要干部集合起来反复研究解决矛盾的方法，实行集体领导，是正确处理问题的最根本的方法。这表明，早在新中国成立初期，彭真就把检查作风，检查纪律，反对贪污、腐化，作为党的建设的一个很重要的问题提了出来。

新中国成立伊始，伸张正气是人民政权得以众望所归的重要举措。在1949年11月召开的北京市第二届各界人民代表会议上，全体代表一致通过关于封闭妓院的决议，在广大人民群众中引起强烈反响。决议指出：查妓院乃旧统治者和剥削者摧残妇女精神与肉体、侮辱妇女人格的兽性的野蛮制度的残余，传染梅毒淋病，危害国民健康极大。而妓院老板、领家和高利贷者乃极端野蛮狠毒之封建余孽。兹特根据全市人民之意志，决定立即封闭一切妓院。聂荣臻市长当即下达命令，立即执行。就在决议通过的1949年11月21日当天晚上，北京市公安局出动2400多名公安民警，会同各有关单位人员，组成27个行动小组，投入工作。一夜之间，全市224家妓院全部被封闭，集中审查老板和领家424人，1288名妓女被收容。第二天，北京市第二届各界人民代表会议得知彻底封闭妓院消息后，会场顿时沸腾，掌声经久不息。

这次雷厉风行的行动之所以在十几个小时内取得辉煌成果，得益于行动之前的充分准备。彭真率接管人员进城不久，就指示市公安局调查了解妓院的情况，要求政府制定处理方案。北京市政府成立了"处理妓女委员会"开展工作。11月7日，彭真核发北京市委《关于本市妓女情况及处置方针向中共中央、华北局的报告》，提出根据舆论要求，拟对妓院采用断然禁绝的政策，并提出了具体实施办法。在北京市第二届各界人民代表会议开幕的前几天，11月12日，彭真在市委组织部部长刘仁和市公安局治安处副处长武创辰陪同下，到妓院集中的前门外"八大胡同"和南城一带了解情况。在前门石头胡同一家妓院，彭真问一个13岁的小姑娘"干多长时间了"，小姑娘回答"两年了，12岁开始打茶围，以后就接客了"。并了解到小姑娘已染上轻微梅毒。在"八大胡同"还见到一个15岁的小姑娘，当问她怎么来到妓院时，小姑娘痛哭流涕，哭诉了自己被卖到妓院的经过。彭真问她挣多少钱，她说"四个窝窝头"。钱全被老板扣去了。彭真还向其他妓女直接了解情况。在摸清妓院底细后，彭真进行了周密布置，公安总队、市妇联、市民政局、市卫生局通力合作完成任务。在严格保密的情况下采取突击行动，因此老板、领家一般无逃匿现象。

封闭妓院后，彭真指出，善后问题是改造妓女的思想，安置妓女的生活。北京市建立了妇女生产教养院设立8个教养所，被收容的1200多名妓女在教养所医治性病，改造思想，学习生产生活技能，成为健康的、靠劳动谋生活的新人。

1951年2月26日至28日，北京市第三届第一次各界人民代表会议在中山公园中山堂召开。市委书记彭真致开幕词，他说：本届会议代表的产生办法较上届会议前进了一步，现在北京市要努力完成各项政治和经济任务，深入开展抗美援朝运动；坚决镇压反革命；建设民主政权；按照国内市场需要改组社会经济与本市工业；改进教育质量；确定为中央、为劳动人民、为生产服务的市政建设方针；改革房屋政策；增设诊疗所。副市长吴晗作了《关于北京第三届各界人民代表会议代表选举工作的报告》，对选举工作作了详细的说明，并提出聂荣臻已调任代总参谋长，故另提彭真为市长候选人。通过民主协商，会议选举彭真为市长，张友渔、吴晗为副市长。大会还选举彭真为市协商委员会主席。

北京市的人民代表会议是向人民代表大会的过渡形式。第一、二届人民代表会议代表由于还不具备选举的条件，是由推举产生的。第三届人民代表会议的代表有约三分之一是由选民直接选举产生。彭真强调，党一定要加强对政权的领导。但是，必须正确处理执政党和人民代表会议的关系。彭真认为，党对政权的领导，是政治上的领导。主要的是考虑全局，提出方针、政策、任务，保证方针、政策、任务的正确实现。从组织关系说，政权机关对党委不是组织上的隶属关系。政权机关并没有义务服从党委。相反，对政权机关的决议，所有的人都要服从，共产党员也要服从，党委也不例外。①

1951年3月24日，彭真出席在中山公园音乐堂召开的市、区人民代表扩大联席会议并在会上讲话。会议议题是惩治反革命分子问题。一批罪大恶极的反革命罪犯被押到会场，受害群众当场控诉。市人民广播电台转播了大会实况。这是全市人民声讨反革命的誓师大会。平素不主张杀生的僧人也说："杀一个反革命，救活了很多人，这就是功德。"25日，市公安局根据军管会军法处的判决，分别在天桥、右安门、东郊刑场处决反革命分子199名。声势很大，上万名市民到刑场观看，无不拍手称快。《人民日报》为此发表社论《处决反革命的首恶分子》，掀起了镇压反革命的第一个高潮。在此期间，一些重大反革命首恶分子被缉拿归案，如参与杀害八路军驻西安办事处领导人宣侠父的军统特务、北平警备司令部稽查处代理处长佟荣功被逮捕。

毛泽东主席对北京市的这种做法表示满意，在市委《关于市协商委员会扩大会议讨论镇压反革命问题向中央、华北局的报告》上批示："北京的办法

① 参见《彭真传》第二卷，中央文献出版社2012年版，第646页。

很好。"另一次大张旗鼓地处决反革命罪犯是在5月下旬。这次是先自下而上地分头发动十几万群众对百余名反革命分子进行控诉。通过镇反社会治安情况明显好转，盗匪接近消灭，谣言得到制止。群众反映说现在可以夜不闭户了。北京的镇反运动始终是在中共中央、毛泽东主席的关怀下，在华北局和公安部的领导下进行的。彭真和北京市委对镇反的每一个重要步骤，都及时向中共中央和华北局请示报告。这就保证了北京市的镇反运动的健康发展。毛泽东主席、中共中央和公安部对北京市的镇反运动给予很高的评价，曾多次转发北京市委的工作报告、计划和经验，指示各地"研究仿办""请你们均照这样做""请各地一致仿效"。

1952年10月，彭真作为党组书记，与宋庆龄、郭沫若率领中国代表团出席在北京召开的亚洲及太平洋区域和平会议（亚太和会）。这是新中国成立以来第一次大规模的国际会议。早在1951年2月，世界和平理事会柏林会议就提出亚洲和太平洋区域人民和平会议的建议。同年10月，全印度和平理事会建议这次会议在北京召开。中共中央认为，在北京召开这样一次会议是利国利民的好事，遂决定尽力筹备开好这次会议，并决定由周恩来领导这项工作，由彭真出面主持会议。1952年3月下旬，亚太和会中国筹备委员会成立，推举彭真为主席。亚太和会共有37个国家的353名代表和38名列席代表、23名特邀代表出席会议。中国代表团共40人，成员中包括各民主党派、人民团体的领导人，少数民族代表，以及学术界、工商界的知名人士和宗教界的领导人。在10月12日举行的最后一次全体会议讨论通过决议文件时，彭真担任执行主席。经过反复协商讨论后提交大会的决议文件草案有：告世界人民书，致联合国书，关于日本、朝鲜以及民族独立、文化交流、经济交流、妇女权利与儿童福利问题，缔结五大国和平公约以及关于建立亚太区域和平联络委员会等，共11项。会上，各代表对文件草案提出的意见都得到执行主席彭真的重视和认真对待，能采纳的予以采纳。最后，11项宣言和决议都获得了大会的一致通过，没有反对票或弃权票。绝大多数与会代表反映这次会议开得非常成功。他们认为：一、会议有充分的民主精神，使各种不同意见都能充分发表而且经民主协商后获得恰当的解决。二、各国代表普遍为会议的团结精神所鼓舞，促使各国人民团结起来为和平而奋斗。三、代表们受了一次深刻的教育，他们听了大会的许多发言，对国际形势有了清醒的认识，分清了是非，消除了来华前的种种疑虑。四、会议的宣言和决议给各国和平运动指明了方向和办法，对加强各国人民的团结合作、推动保卫和平的运动更广泛、深入地开展是个很大的推动力。特别是第一次访华的拉美国家代表因为会议作出关于民族独立问题的决议受到极大的鼓舞，使他们了解了民族独立与保卫和平是不可分的。

历时11天的亚太和会取得了巨大成功。绝大多数代表高度评价这次会议，认为会议充分发扬民主精神，各种不同意见充分发表，民主协商，恰当解决。外国代表们说，会议把许多不同政见、不同信仰的人组织起来，经过民主协商解决问题，是中国方面组织和引导这次会议获得了圆满成功。代表们对彭真的领导，特别是对他顺利地主持闭幕大会通过各项决议文件表示很钦佩。苏联代表团团长阿尼西莫夫称赞彭真是"优秀的领导者"、"卓越的政治家"。新西兰代表苏森说："彭真是我一生中所看到的最好的会议主席。"①

彭真十分关心首都的教育、科学、文化、卫生工作。早在1951年8月7日，彭真在北京市中小学教职员大会上对首都的教育工作和教师的学习发表讲话，他说：两年多来，首都的教育工作有了进步。首先是学生的质量提高了。这固然由于有报纸和各种社会活动的影响，但教师的教育是主要的，这些都是我们教师的成绩。10年以后，首都20多万学生将成为我们的得力干部。一切工作都是人做的，而教育的对象就是人。教育就是这种根本的工作，我们的努力将在以后显示出来。教师思想的转变，才能使学生思想转变。首都教师是比别的地方的教师进步快的。关于政治学习，今后的政治学习可以着重历史和当前问题，分门别类地、有系统地来学。马列主义是真理，特别是我们教育工作者，更应该掌握马列主义。关于业务学习，也应该找出目前业务上存在的根本问题，分清轻重缓急，一个个地来解决。要搞好首都教育工作，必须实行"突破一点，取得经验"的办法。我们要善于介绍典型，对于这些典型，不必要求其样样都好，只要有一点好就行了，我们就只介绍他这一点，大家也就只学他这一点。首都教育工作者的责任很重，我们要贡献若干经验给全国。将来，我们还有一个责任，就是供给全国若干干部，把这儿的有经验的教师抽调一部分到其他省份，特别是到边远地区去帮助、推动那边的教育工作。总之，我们有三个责任：首先是办好教育，其次是供给全国若干经验，第三是供给全国大批干部。

彭真提出，北京的中小学教育要站在全国的前列。1954年6月23日，北京市

---

① 《缅怀彭真》，中央文献出版社1998年版，第203页。

委作出了《关于提高北京市中小学教育质量的决定》(简称《五四决定》),明确指出提高教育质量的关键,一是提高教师水平,对于教师的工作进行系统考核,并根据学生成绩的优劣和进步快慢来评定教师的工作成绩;二是实行全市统一考试、严格招生录取工作制度。同时制定了中小学学生成绩考查和操行成绩评定暂行办法。由于采取了这些切实有力的措施,北京市的教育质量逐年提高,学生的学习成绩明显上升。北京解放前夕仅有13所高等学校,少于上海、四川、江苏和广东。解放后,彭真提出既要改造、扩建老学校,又要建设大批新院校。著名的"八大学院"就是在这个时期建设起来的。

到1956年,北京地区的高等学校已发展到31所,在校学生76700人,专任教师11425人,位于全国之首。中小学教育也在迅速恢复与发展的基础上,向着提高教育质量的方向努力。

到1957年,全市有中学生19.7万人,小学生72.9万人,分别为1949年的4.7倍和2.3倍。再加上中等专业教育和成人业余教育的发展,在全市初步形成了一个比较完整的中、初等教育体系。对于在校学习的大中学生,彭真一贯坚持党的重在表现政策。彭真强调,如果不重表现,只讲出身,那就把现在的知识分子中很大一部分推出去了。过去我们提团结百分之九十,现在提团结百分之九十五,就是把地主、富农、资产阶级子弟包括进来,这是个战略方针。有人说,重在表现与阶级观点是矛盾的,其实,重在表现正是阶级观点。人家背叛了原来的阶级,跑到我们阶级一边来了,这不是阶级观点吗?①

对首都科技事业的发展,彭真强调,首都是科学研究的重心。首都高等学校、科学研究机关的建设和发展,对我国经济、文化、建设关系很大,我们必须全力保证它的顺利进行。在北京市的大力协助下,仅实施第一个五年计划期间,中科院所属各学科的研究单位逐步建设和发展起来,并形成了中关村科学城的雏形。许多中央机关在北京建立了直属的研究院、所,成为各行业的全国研究中心。1958年,北京市积极响应中共中央的号召,兴起了一场向科学进军的热潮,促进了北京一些新兴工业的建立和发展。1963年到1965年,在中央有关部委的大力支持下,北京市组织首都科技界的力量,进行了三次工农业的科研生产大会战,取得了良好的效果。

从解放初到1965年的十几年里,首都科技事业发展迅速,为北京后来科学

---

① 龚育之:《彭真同志与北大社教》,《百年潮》2002年第7期。

技术的发展提供了宝贵的经验，奠定了良好的基础。随着经济建设高潮的到来，首都的文化建设也出现了新的高潮。彭真提出，广大文艺工作者首先要用毛泽东思想武装自己，树立正确的人生观、世界观，深入到工农群众中去，全心全意为工农兵服务，为社会主义服务，为共产主义服务。他要求全市各级领导都要尊重老作家，爱护青年业余作家，要给他们创造条件，鼓励他们写出更多更好的作品。他带头和艺术家交朋友，关心戏校的建设，为培养新一代演员创造条件。在他的直接关怀下，不仅老一辈文学家精神振奋，而且涌现出一大批文学新人。对于深受广大群众喜爱的戏曲艺术，彭真指出，戏曲首先是发展新的，其次是改造旧的。要发展话剧、歌咏、歌剧、新秧歌舞，也要改造京剧、评戏和曲艺，并且在改造中逐步提高他们。这样，不仅原有的昆曲、评剧等老剧种获得了新生，还形成了新鲜明快、地方色彩浓郁的北京曲剧。话剧、音乐、舞蹈、曲艺、杂技、美术也逐步兴盛起来。

医疗卫生方面，新中国成立初期，彭真就要求市委市政府抓紧医疗卫生机构的建设，以满足人民群众看病、治病的需要。从1953年到1959年，北京相继扩建新建了友谊、同仁、积水潭、朝阳、宣武、阜外、日坛、儿童、妇产、结核病、第二传染病等综合性医院和专科医院，北京中医医院也于1956年5月正式开诊。同时，还建立了区和区以下街道的医疗卫生分支机构，并将医疗卫生机构逐步向工厂、郊区、农村扩展，建立了基层爱国卫生组织，加上中央和部队的医疗卫生机构，在全市组成了一个前所未有的医疗卫生网络。与此同时，又大力发展卫生学校，培养医护人才。几年间，旧中国留下的一些传染病得到迅速遏制，全市卫生状况有了很大改善，人民群众的身体健康水平有了很大提高。

为了开创北京市人民当家作主新局面，迎接全国第一届人民代表大会召开，1954年8月17日至23日，北京市召开第一届人民代表大会第一次会议。彭真市长在大会上作了《北京市人民政府五年来工作情况和当前工作的报告》。他提出，北京市经过"五反"运动、土改运动及对资改造运动后，面貌已焕然一新。现在，我们为实现过渡时期总任务，打击阶级敌人，应积极开展自我教育运动。同时，他还讲到北京不仅是全国的政治中心，而且还要成为全国的经济中心。因此，我们不但要继续扩大生产，而且还要努力提高产品质量，使北京从消费城市转变为生产城市。会议期间，代表们积极地讨论政府各项工作报告。23日，大会闭幕。彭真作总结发言。他要求市政府加强工作的计划性，改进工作作风，并号召代表及全市人民努力学习总路线及宪法草案，以实际行动迎接全国第一届人民代表大会。此次会议选出毛泽东、刘少奇、周恩来、彭真、梁思成、舒舍予①等28人作为北京市出席全国一届人大会议的代表。大会通过了《关于政府工作报告的决议》《关于代表提案审查意见的决议》及《关于拥护、宣传、讨论中华人民共和国宪法草案的报告》等项决议。由于全国人大即将召开，新宪法将对各级地方政府的人选有新的规定，遵照中共中央的指示，市人民委员会组成人选暂未变。

1954年9月，彭真出席第一届全国人民代表大会第一次会议，当选为第一届全国人大常委会副委员长兼秘书长。9月17日，彭真在大会发言中指出："人人遵守法律，人人在法律上平等，应当是，也必须是全体人民、全体国家工作人员和国家机关实际行动的指针。""不允许有任何超于法律之外的特权分子。"②1954年10月29日，彭真在全国人大常委会机关干部会议上讲话，指出："常委会的一项重要任务是立法，可以分为起草法律、审查修订法律和解释法律三个方面。"他要求工作人员树立严肃的工作作风，指出："我们的工作作风就是要刻苦、耐劳、坚韧、朴素。"③1954年11月21日，彭真在全国检察业务会议上作报告，指出："现在是国家进行有计划的经济建设的第一个五年计划的第二年，宪法已经颁布。在这种情况下，我们的司法工作与以前不同了，不仅要按方针、政策办事，而且要按法律办事。""必须加强法制，完备我们的法律，才能保障社会主义建设的顺利进行。"④此后，彭真以人大常委会副委员长兼秘书长、国务院政治法律委员会副主任和中共党组书记的身份，主持领导社会主义民主法制的建设工作。由于全国人大常委会委员长刘少奇工作重点在中共中央，具体主持全国人大常委会日常工作的担子就落在了作为副委员长兼秘书长的彭真肩上。在中央政治局中，彭真分管全国人大常委会的日常工作，常委会不设党组，由彭真直接对中央负责。彭真副委员长负责全国人大的具体工作，直至"文化大革命"开始的1966年。

根据中华人民共和国的第一部宪法，在此前彭真领导制定多部法律的基础上，又先后制定出《全国人大组织法》《国务院组织法》《人民法院组织法》《人民检察院组织法》《地方各级人大与地方各级人民委员会组织法》《逮捕

---

① 舒舍予，即作家老舍。作品有《骆驼祥子》《四世同堂》等。
② 《彭真文选》，人民出版社1991年版，第260、265页。
③ 《彭真文选》，人民出版社1991年版，第256页。
④ 《彭真文选》，人民出版社1991年版，第266—267页。

拘留条例》《农业生产合作社示范章程》《高级农业生产合作社示范章程》等法律、法令。为了逐步建立起社会主义的法律体系,在彭真的直接领导下,人大常委会依据宪法,结合中国的国情,着手起草刑法、民法、刑事诉讼法和民事诉讼法等基本法律。1957年,刑法草案起草了第22稿,经中央书记处讨论,并提请第一届全国人大四次会议征求代表意见,会议决定授权全国人大常委会审议修改。全国人大常委会还制定了人民警察条例、治安管理处罚条例,批准国务院关于劳动教养问题的决定、国家行政机关工作人员的奖惩暂行规定等。虽然1957年反右派斗争扩大化以后,立法工作在"左"的思潮影响下受到严重干扰,但是,至"文化大革命"开始前,彭真已领导拟出了刑法、刑事诉讼法、民法、民事诉讼法等基本法律的草稿。彭真的社会主义民主法制思想在立法、执法实践中初步形成。

1954年12月,彭真出席中国人民政治协商会议第二届全国委员会第一次会议,当选为全国政协副主席。

农业合作化运动兴起后,彭真十分注意关顾农民利益,并及时予以正确指导。1955年1月,彭真在中共北京市委第二次宣传工作会议上,针对北京郊区办土地不分红的高级社过多、伤害中农利益的问题,重点讲了要正确解决农业合作社土地分红和生产资料折价问题。他例举宣传部简报中反映的情况,一个中农党员,对土地不分红想不通,全社的中农都随着想不通,讨论了三个晚上,做不了结论。彭真指出:这说明土地应该给报酬,因为这里有很大的利害关系。每户劳动力多少不同,强弱不同,算一下账,有的吃亏,有的占便宜。个体经济是私有制,就必然产生私有观念,不能用共产党员的标准来要求农民。党员和积极分子能想通,但是政策不能建筑在少数先锋队的认识水平上。土地无报酬等于国有,怎么会痛快,人的觉悟程度不同。在私有制的基础上,组成农业生产合作社。生产方式改变了,私有观念会慢慢地改变,把农民一步一步地领入社会主义。对牲口、大车入社问题,彭真强调折价不能低了。他引用宣传部的材料,有个党员说入社,将牲口拉回去卖了,有的农民将自己的牛的腿打折卖了。有人说活驴比死驴还便宜,为什么?就是因为入社牲口折价低了。还有一条,折了价五年十年才还,不给利钱。凡是有牲口的入社就倒了霉,这样定政策,岂不天下大乱?只用"资产阶级思想""自私自利""个人主义"三句话来解释一切问题,不行。原来折价低的,就折高一点,原来土地不分红的,就土地分红,原来不给利息的,就给点利息。农民是个体经济,便有私有观念,这是实际, 空想不行, 要自愿, 要互利, 扣帽子解决不了几万万农民的问题。工农联盟是我们国家的基础, 在农村中, 我们的基础是依靠贫农、团结中农。把中农的财产挖块给贫农, 这样中农和贫农能团结? 这牵涉到贫农和中农的联盟问题, 工农联盟问题, 这里有党的路线、理论问题。

1955年春, 彭真针对全国人大机关一些新调入的干部不知工作如何做起的情况, 召集全国人大常委会常务副秘书长张苏和全国人大民族委员会主任委员刘格平等开会, 布置进行调查研究。会上, 彭真根据宪法、全国人大组织法讲了人大的性质、任务和工作, 特别是讲了立法和监督两个方面的工作任务。接着他说, 做好这些工作的基础是调查研究, 毛主席说没有调查就没有发言权, 我们干革命工作, 什么事都要靠调查研究。政策是从情况来的, 先有情况, 后有政策。当天会上就做出决定, 人大民委首先抓调查研究。

根据彭真的意见, 全国人大民委当年就派出分赴云南傣族、景颇族, 四川彝族和新疆维吾尔族地区进行调研的几个调查组。当时一些民族地区面临着如何进行民主改革的问题, 调查组着重在社会经济结构方面做了调查。第一次调查工作进行了几个月, 在调查研究的基础上, 同云南省委共同研究, 提出在保持着领主制 (土司制) 的傣族地区进行和平协商土地改革的意见和具体方案, 并且进行了成功的试点, 得到中央的肯定和批准。对保持着某些原始公社制残余的景颇、佤、傈僳等民族地区, 还提出不把民主改革作为一个阶段, 而是在国家的支持和帮助下大力发展经济文化事业, 通过互助组、合作社, 逐步解决山官、头人某些特权和开始出现的少量剥削, 直接向社会主义过渡。这种做法也得到中央的肯定。

1956年春, 彭真找张苏、刘格平及其他有关负责人传达毛泽东主席指示。他说, 最近在中央一次会议上, 毛主席说, 我国有些少数民族也准备进行民主改革了, 需要把少数民族社会历史情况搞清楚, 以便采取相应的政策。毛主席还说, 现在我国少数民族处于各种不同的社会发展阶段, 有原始社会形态、奴隶制形态、封建制形态及这几种社会的过渡形态。不知道现在世界上, 还有其他哪个国家, 还同时保留着这几种社会形态。我国少数民族地区这几种社会形态都还有, 这是一部活的社会发展史。是研究社会发展和历史唯物主义的活的宝贵的科学资料。少数民族地区在进行民主改革和社会主义改造以后, 社会面貌将会迅速变化。因此, 现在要赶快组织调查, 要 "抢救", 把少数民族地区这些社会历史状况如实记录下来。这些事情, 早做比晚做好。早做能看到本来面目;晚做,有些东西就要没有了,只能靠回忆了。我看,这件事就请彭真同志主持吧,由全国人大民委从全国范围内调集专家、干部进行此事。传达毛泽东的上述指示后,彭真说,这件事是全国性的,就叫全国少数民族社会历史调查吧。西南、西北、中南、东北、内蒙古都要搞。彭真强调,做少数民族社会历史调查一定要深入。

1956年6月,全国人大民族委员会和中央民族事务委员会共同召开了全国少数民族社会历史调查工作会议,请少数民族较多的省、自治区民委主任、中央民族学院和几个地区民族学院的领导人、有关大学和研究机构的专家学者参加,研究全国少数民族社会历史调查的组织、计划和草拟的调查提纲。会议讨论的意见,报告全国人大常委会党组和彭真,得到同意后,开始全国性的调查工作。当时明确了调查工作由全国人大民族委员会主持,成立有全国人大民族委员会主任委员刘格平、中央民族事务委员会副主任刘春和中央民族学院副院长费孝通组成的调查领导小组,在全国人大民委成立调查办公室。当年就组织内蒙古、新疆、西藏、云南、贵州、四川、广西、广东8个调查组,抽调民族学家、社会学家、历史学家、经济学家以及社会科学研究人员、民族工作干部、大专院校师生200多人参加。第一批调查了20个民族,整理出不同民族从原始社会末期到奴隶制社会和封建社会,各个历史发展阶段的第一手资料约1500万字。1958年,全国少数民族社会历史调查工作改由中国科学院哲学社会科学部(即后来的中国社会科学院)民族研究所主持,调查工作继续展开。新增甘肃、青海、宁夏、辽宁、吉林、黑龙江、湖南、福建8个调查组,共16个调查组,调查组人员最多时达到千人以上。到1964年,调查工作基本结束。没有派调查组的省,由省民族事务委员会负责按照调查提纲提供基础资料。调查组前后共写出调查资料340多种,2900多万字;整理档案资料和文献摘录100多种,1500多万字;按民族拍摄了反映少数民族社会经济文化状况和风俗习惯的科学纪录片十几部;并且搜集了一批少数民族的宝贵的历史文物。在调查的基础上,已确认的每一少数民族都写出《简史》《简志》,或者《简史、简志合编》初稿。史志初稿共57本,比较详细、忠实地记录下各民族历史和现状,是非常可贵的第一手材料,为我国少数民族确认提供了科学依据。

十四、兼顾中央和建设新中国首都的领导工作（八大后）

1956年9月15日至27日，中国共产党第八次全国代表大会在北京召开。会前，彭真作为起草小组成员，参加八大政治报告的起草工作。会上当选为第八届中央委员会委员。9月28日，在中共八届一中全会上当选为中央政治局委员、书记处书记。此后，根据中共中央政治局批准的中央书记处成员分工的决定，协助中共中央总书记邓小平在书记处负总责，并分管统战、政法和港澳方面的工作。1958年6月10日，根据中共中央决定，彭真任直属于中央政治局和书记处的中央政法小组组长。

中共八大后，彭真在兼顾中央和北京市的领导工作中，侧重于中央工作。

1956年11月15日至1957年2月1日，彭真率领全国人大代表团访问苏联、捷克斯洛伐克、罗马尼亚、保加利亚、阿尔巴尼亚和南斯拉夫。通过访问加强了与各国议会的交流沟通，增进了中国人民与欧洲社会主义国家人民的友谊。

1956年苏共二十大后，东欧一些社会主义国家弥漫着动荡不安的气氛，帝国主义乘机掀起反苏反共反社会主义的浪潮。总结自己的经验，正确认识和处理中国社会的各种矛盾，成为毛泽东和中共中央面临的重大课题。

1957年2月，毛泽东在最高国务会议上发表《关于正确处理人民内部矛盾的问题》讲话。指出：社会主义社会充满着矛盾，存在着敌我之间和人民内部两类性质根本不同的矛盾，前者需要用强制的、专政的方法去解决，后者只能用民主的、说服教育的方法，即"团结——批评——团结"的方法去解决，决不能用解决敌我矛盾的方法解决人民内部的矛盾。毛泽东的这篇讲话，提出严格区分两类不同性质矛盾、正确处理人民内部矛盾的理论。毛泽东这篇讲话及随后他在全国宣传工作会议上的讲话，为全党整风作了准备。

4月下旬，中共中央发出关于整风运动的指示。随后，各级党政领导机关和高等学校、科学研究机构、文化艺术单位的党组织纷纷召开各种形式的座谈会和小组会，听取党内外群众的意见。在整风运动中，群众提出的意见绝大部分是正确的、有益的，有利于改进党的领导。但是，也有极少数人乘"大鸣"、"大放"之机向党和新生的社会主义制度发动进攻。他们把共产党在国家政治生活中的领导地位，攻击为"党天下"，公然提出共产党退出机关、学校，公方代表退出合营企业，要求"轮流坐庄"，妄图取代共产党的领导；极力抹煞社会主义改造和建设的成绩，根本否定社会主义制度的优越性，把人民民主专政的制度说成是产生官僚主义、宗派主义和主观主义的根源。这种现象引起中共中央的高度警觉。6月8日，中共中央发出组织力量反击右派分子进攻的党内指示，《人民日报》发表《这是为什么？》的社论。大规模的反右派斗争开始进行。由于当时党对阶级斗争的形势作了过于严重的估计和判断，导致反右派斗争严重扩大化，把一批知识分子、爱国人士和党内干部错划为右派分子，造成了不幸的后果。反右派斗争扩大化的严重后果之一，是改变了八大一次会议关于社会主要矛盾的论断和社会阶级关系状况的分析，使党的指导思想开始出现"左"的偏差。邓小平任中共中央反右领导小组组长，彭真任副组长。北京集中了党政军机关、群众团体以及民主党派、工商联、科研机构、高等学校等，一些单位反右斗争扩大化严重。运动后期，甚至将反右派标准简单化，为下级单位指定右派分子的百分比，致使相当数量的人被错划、被冤枉现象发生。

1957年6月14日，彭真在北京高等学校党员负责人座谈会上就反右派问题讲话，强调："我们对于这些右派分子还是按照人民内部矛盾处理，但对他们的思想一定要驳斥得体无完肤。要认识到这是一场残酷的激烈的阶级斗争。当然要说理，不要扣大帽子，不要粗暴。""中间分子的标准是拥护共产党，拥护社会主义，他们提的意见虽然尖锐，但是善意的，傅鹰①就不是右派。梁思成则表现很好。"②7月7日，中共北京市委发出《关于反右派斗争中应注意事项的通知》，并上报中共中央。《通知》指出："一切批判右派分子的会不论是大会小会，都必须是说理的会，一定要有充分准备，要用道理和事实驳倒右派分子。""应当给右派分子发言的机会。"对顽固狡辩的右派分子，群众提出停职反省、撤职、开除、法办等要求，目前一般的不应答应。在斗争中追问右派分子的组织关系或反动小集团，必须慎重。③

11月2日，彭真主持召开各省、市、自治区党委书记电话会议，传达毛泽东关于整风运动转入整改阶段的部署，指出在工厂、农村，鸣放之后需要有个整改阶段，采纳群众的正确意见，以改进工作。

---

① 傅鹰（1902—1979），祖籍福建闽侯县，物理化学家和化学教育家。中国胶体科学的主要奠基人。时任北京大学教授。

② 《彭真年谱》第三卷，中央文献出版社2012年版，第237—238页。

③ 《彭真年谱》第三卷，中央文献出版社2012年版，第245—246页。

彭真在百忙中经常收到党外人士的来信，反映这样那样的问题，要求予以解决。如要求退还被没收的房产、寻找遗失的古玩、邀请名医看病、解决亲友的工作等等。彭真对每一封来信都认真阅读，并作出既符合党的政策又符合客观实际的批示，要求市委统战部认真了解情况，妥善处理，无论办成或办不成都给每一位党外人士恭笔致函，答复工作做得十分周到细致。家住北京市东城区东堂子胡同的中国农工民主党成员郭穆如是一位实行中西医结合医疗的私人医师，不幸身患脑溢血，住进了北京市东单三条医院。郭穆如上有年迈的父母，下有五个年幼的子女。他一病使家中失去了顶梁柱，其女儿在情急之下给彭真写了一封信。彭真接到信后，立即派大夫前往东单三条医院看望，使郭穆如的亲属十分感动。

在反右派运动中，彭真在贯彻落实中共中央有关政策指示的同时，仍坚持保护干部的一贯作风。北京市上下管道工程局局长陈明绍，被错划为右派。彭真知道后，专门派人安慰他说：北京市还要像以往一样用你。后来，在彭真的亲自过问下，安排他到天安门工地下放劳动，当时还特意关照工地领导，陈局长是下放劳动，并不把他当右派分子看待，还安排他向工人传授技术。陈明绍一如既往地工作，在工作中和工人一道搞了革新创造，受到了各级领导的表扬和工人的称赞。劳动不到一年，就给他"摘帽"，并先后调到建工学院、北京工业大学任教，重新安排工作。当时，右派分子是和地、富、反、坏并列的。由于一个人一夜之间社会地位的剧变，家庭和子女都受到连累，并承受巨大的政治压力，不少人选择了离婚，有的子女也被迫同被划为右派的父母"划清界限"。彭真非常体谅这些要同父母划清界限的孩子并非本意。他在人民解放军309医院给干部做报告时，讲了右派问题。他说，凡是干部划为右派后，家属不一定离婚。他的一句话，保持了不少家庭的完整。

彭真带领北京市委一班人，针对不同时期的形势和任务，大力加强党的思想理论建设、组织建设和干部队伍建设，保证了首都的社会主义革命和建设顺利开展。彭真说：领导有政治、政策领导，有组织领导，但最高的领导是思想领导。政治、政策都是用思想来贯串的，它是领导工作中的灵魂，是最根本的东西。紧张繁忙的党政工作中，彭真始终不忘把马克思主义的理论学习置于头等重要的地位。他强调，掌握马克思主义哲学思想是探索社会主义建设规律，提高党的执政水平的关键。1958年，毛泽东提出全国各省、市、自治区党委都要主办一份理论刊物的时候，彭真坚决贯彻毛泽东的指示，紧紧围绕社会主义革命和建设的中心任务, 把创办《前线》纳入了北京市委的工作议程。

在彭真亲自领导和关怀下, 1958年11月25日, 中共北京市委理论刊物《前线》创刊。彭真亲自为《前线》题写刊名, 委派曾任《人民日报》总编辑的北京市委书记处书记邓拓①担任《前线》的主编, 并亲自为《前线》撰写了题为《站在革命和建设最前线》的《发刊词》。在《发刊词》中, 彭真指出, 出版《前线》的目的是"提高我们的理论水平, 提高我们的思想水平"。1958年冬, "大跃进"②正处于高潮, 浮夸风盛行。粮食产量虚高, 动辄亩产数千斤, 有些地方甚至亩产上万斤。大炼钢铁, 损毁大批文物, 有些家户正在使用的器具也被强行收走投入形形色色的炼铁炉。彭真在这篇著名的《发刊词》中, 针对当时存在的一些不正确的倾向性问题, 阐明实事求是思想, 提出"不能感情用事, 不能凭灵机一动的'本能'办事, 不能按照片断的材料和表面现象办事, 更不能像风筝、氢气球一样, 随风飘荡, 即跟着空气办事。总之, 不能违背客观规律, 任意乱干。我们必须, 也只能实事求是地、老老实实地按照客观规律办事, 按照客观规律改造现实。同时, 对于工作中的成绩和缺点, 做得对或者不对, 必须采取马列主义的老实态度, 都当作客观事物对待, 是就是, 非就非, 好就好, 坏就坏, 多就多, 少就少, 该怎样就怎样, 严肃谨慎地对待"③。为了加强思想领导, 彭真指出: 最根本的方法就是学习马克思列宁主义理论, 学习毛泽东思想, 提高理论水平。针对一些人只注重钻研业务而忽视政治的倾向, 他要求在钻研业务的同时, 加强政治、政策、理论学习, 防止在激烈的政治斗争中迷失方向。彭真每年都要为全市领导干部作几次报告, 围绕形势和中心工作, 讲理论政策, 讲思想认识, 对提高干部水平、统一思想, 起到了很好作用。

在彭真的编辑思想的指引下, 《前线》杂志形成了实事求是、理论联系实际的编辑作风和传统。《前线》的发行量高达近20万份, 成为北京市广大党员

---

① 邓拓 (1912—1966), 福建福州人。曾任《晋察冀日报》社社长兼总编辑、《人民日报》社社长兼总编辑、全国新闻工作者协会主席、中共北京市委记处书记、中共中央华北局书记处候补书记等职。

② 1958年5月, 中共八大二次会议正式通过"鼓足干劲、力争上游、多快好省地建设社会主义"的总路线, 发动"大跃进"运动, 在生产发展上追求高速度、高指标。导致瞎指挥盛行, 浮夸风泛滥, 广大群众生活遇到严重困难。

③ 《彭真文选》, 人民出版社1991年版, 第315—317页。

干部和人民群众必读的理论刊物和良师益友。《前线》发表了大量的优秀理论文章和对现实具有指导意义的社论。北京市的主要领导都在《前线》发表过有影响的文章,邓拓、吴晗①、廖沫沙②合开的杂文栏目《三家村札记》,在全国产生了很大的影响。

石景山钢铁公司是北京市的重要工业企业,关系国计民生。1959年5月3日和5日,彭真两次到石景山钢铁公司指导工作。他巡视了三高炉和红旗三号焦炉工地,并对石钢的工作作了一系列指示。关于在三高炉投产前如何深入群众,做好群众思想工作的问题,彭真说:你们应找几个懂技术的老工人、能和工人打成一片的干部,才能发现问题。领导干部要有一个人专门负责,深入到工区去检查。我做过工人的工作,工人和我住一个铺,斗争的事给我讲,厂子的事给我讲,但家务的事不讲。后来我帮助工人背了一袋面,他们才把我当自己人了,无话不说。我本来不喝酒,但是工人爱喝酒,结果我也学会了。你们每个领导干部都要和几个老工人联系、交朋友。过去,工人和资本家作斗争,有很多好方法,但资本家发现不了。现在工人当家作主了,如果你们不能做好思想工作,不深入到群众中去,有些问题就是发现不了。开始办事,工人看我们的脸色行事,所以我们做工人的思想工作要改变作风。知识分子最艰苦的工作是向工人学习,才能为工人阶级服务。做工作、开会,事先要提出问题,事先要了解情况,要想好,准备好,话不能讲长了,要三分钟说清楚,一说就说到家,工人听起来才带劲,认为你懂行。关于三高炉的质量问题,彭真说:既要实事求是,又要鼓足干劲,保守就不是实事求是,也不是鼓足干劲。三高炉在正规生产前,必须做好一切准备,要认真做试验。发现缺陷就狠狠地改。要把发现的问题通通都解决了。质量问题,小问题也要注意,黄河决堤,就是由蚂蚁扒的小洞引起的。

关于一高炉系数问题,彭真说,一高炉系数到1.7,不要急于提高,不要只是

① 吴晗(1909—1969),原名吴春晗,浙江金华义乌人。吴晗先加入民盟,再入中国共产党,曾任云南大学、西南联合大学、清华大学教授,中国科学院哲学社会科学部学部委员、北京市政协副主席、副市长。因为编写历史剧《海瑞罢官》在"文化大革命"期间被批斗,在狱中自杀。

② 廖沫沙(1907—1991),著名作家,杂文家,笔名繁星,湖南长沙人。中共北京市委宣传部副部长、教育部长、统战部部长、市政协副主席。北京市委刊物《前线》曾为他和邓拓、吴晗开《三家村札记》杂文专栏。1966年5月和邓、吴三人被错定为"三家村反党集团",遭到残酷迫害。1979年初平反。

一股劲地上，一会儿这里出事，一会儿那里出事，搞得心惊胆战，到出了事再镇静，那就只是表面的了。要考虑持久，把正常生产的一套工作都做好，稳定一个时期再提高一步。另外要有一部分人，专门研究如何到1.8、1.9，平行作业。要多作假设，分析就是假设，估计也是假设，假设1.8、1.9时会出什么问题，假设三高炉会出什么问题。要解决巩固和持久的事，同时研究提高的事，你们就是巩固和提高两边都抓。系数提高到1.7，稳定一个时期，所有高炉都要赶上，其他落后的设备、工具、技术操作都要赶上。跃了再跃，不断前进，这不叫保守。

关于红旗三号焦炉问题，彭真说：限期把红旗三号焦炉的设备、风机等问题加以解决，要尽一切努力把焦搞上去，焦上不去，铁也上不去。市委要组织一个小组，连洗煤机的问题也在内，把石钢这个红旗三号焦炉搞好。在屋子里设计不可靠，非在实践中多次修改不可，真正的设计师是裁缝，裁缝缝衣是从实际出发的，照安朝俊的身材量的衣服我不能穿，照我的身材量的衣服安朝俊也照样不能穿，裁缝必须因人而异，天天改进。捷克的"拔佳"鞋世界出名，鞋厂主每年都要找欧美各地的人，按他们的脚型做男鞋、女鞋、高跟鞋、平底鞋、夏天的鞋、冬天的鞋等等，所以大受欢迎。资本家还知道从实际出发。我们就更不用说了。集中精力把红旗三号焦炉搞好。先不要吹，搞好了再登报，一切试验好了再宣传。改进之后，定型了，再取个名字，全国推广。

早在1955年7月北京市第一次党代会上，彭真对北京市各方面的工作提出过一个要求，就是要"用可能达到的最高标准要求我们的工作"。他说："有句古话说，取法乎上，仅得其中；取法乎中，仅得其下。这是有道理的。不以可能达到的最高标准而以低标准来要求自己，和落后的攀比，就会弄得没出息。这是自甘落后，妄自菲薄的表现，会使工作缺乏朝气，缺乏创造性，缺乏进取精神。"他对官僚主义作风深恶痛绝，曾给三种官僚主义作风画了相：一是"看洋片"，看了那么多，一个问题也没有解决；二是"打排球"，把应该解决的问题当球打，互相推；三是"山药蛋"，各管各的，互不商议，互不关联。他说，这三个东西害死人。[①]彭真"用可能达到的最高标准要求我们的工作"的提法成为北京市干部群众工作中的行为准则。

20世纪50年代末60年代初，中苏之间在东西方关系、国际共产主义运动重大问题、社会主义建设模式等问题上发生分歧，导致中苏关系破裂。彭真自

---

① 《缅怀彭真》，中央文献出版社1998年版，第225—226页。

始至终坚定不移地执行中共中央和毛泽东制定的方针,参与了同赫鲁晓夫的面对面的斗争。始于1956年苏共二十大的中苏两党积累下来的分歧和矛盾,主要包括意识形态分歧和苏共以"老子党"自居两个方面。1960年6月,赫鲁晓夫利用罗马尼亚工人党第三次代表大会的机会,精心策划了对中国共产党的突然袭击,动员了几十个国家的共产党、工人党的代表围攻彭真率领的中共代表团,对中共的内外政策,对毛泽东进行了激烈攻击。彭真根据中共中央的指示,对赫鲁晓夫的种种指责进行了有力的反驳,谴责了赫鲁晓夫极端粗暴地把自己的意见强加于人的行为。对于参加会议的其他党的代表,彭真则采取了申明真相,说清是非,坚持团结的做法,赢得了许多与会者的同情和支持。赫鲁晓夫企图通过国际会议谴责中共,树立老子党地位的目的没有达到。会后,赫鲁晓夫采取了一系列严重破坏中苏关系的手段。1960年11月5日至12月8日,彭真作为刘少奇率领的中国党政代表团成员,参加苏联十月革命43周年庆祝典礼并参加在莫斯科举行的81国共产党和工人党会议。1963年7月5日至20日,彭真又参加邓小平任团长的中共代表团,任副团长,在莫斯科同苏共代表团会谈。有次,赫鲁晓夫在彭真面前挑衅地说:列宁如果活着,非要揪住耳朵骂你们不可。彭真说:列宁要是活着,想揪住耳朵骂你们也揪不着了(意即赫鲁晓夫背离列宁太远了)。

1959年,新中国迎来10年华诞。这一年的口号是"继续跃进"、"实现更大、更好、更全面的跃进"。然而,历时3年的困难岁月在1959年初就已经开始显现了。有些地方开始出现严重粮荒,甚至出现饿死人现象。要走出如此严峻的困境,急需解决两个突出问题:一是压缩指标,一是调整公社体制。2月27日,彭真到郑州参加毛泽东主持召开的政治局扩大会议。会议确定,生产队是人民公社的基本核算单位,要纠正"共产风",退赔平调的资金物资。提出"统一领导,队为基础"、"分级管理,权力下放"、"三级核算,各计盈亏"等整顿和建设人民公社的方针。3月8日至17日,北京市委召开从市级到生产队五级干部会议,传达上述会议精神。会上,彭真指出,因为我们对人民公社所有制没有搞清楚,出了不少问题。实行公社所有制,劳动力、粮食、蔬菜等说调走就调走,不记账、不给钱。如果5亿农民心情不舒畅,我们是可能翻船的。彭真对北京市农村人民公社整顿调整工作作了部署,从人民公社体制、工资制和供给制、积累和分配、干部作风几个方面提出具体要求。

1959年6月5日,邓小平意外摔伤,入院治疗。毛泽东指示,邓小平疗伤期间, 中央书记处工作由彭真主持。

1959年庐山会议对彭德怀所谓"右倾"的错误批判, 导致整顿调整工作受阻。庐山会议后, 全国掀起大规模"反右倾"运动, 机关、学校、工厂、农村, 一大批干部、党员受到错误批判, 不少人被戴上"右倾机会主义分子"帽子, 受到处分。庐山会议错误地决定"反右倾", 造成严重后果。政治上, 阶级斗争扩大化进一步升级, 经济上打断了纠"左"的进程, "左"倾错误持续更长时间, 扭转经济困难受到严重影响。人民生活越来越困难的状况延续到1961年。

1961年2月18日, 彭真驱车50余里到京西门头沟煤矿, 深入生产第一线进行调查研究。座谈中, 他详细询问煤炭生产和煤矿工人生活中的具体问题。第二天, 他又到几百米深的矿井下看望工人。他特意一再关照矿领导, 要想办法安排好井下工人的吃饭和饮水问题。2月21日和3月30日, 中共中央书记处召开了两次全国煤矿电话会议。会上, 彭真就煤矿的生产和矿工的生活等问题提出了具体要求。在彭真的指示下, 煤炭工业部和有关部门作出了一系列有关提高煤矿工人生活待遇的决定。京西煤矿除按规定补助矿工粮、肉、油外, 还建立了一套为井下工人送热饭开水的制度。若干年后, 老工人们谈起在井下能够吃热饭、喝开水时, 还高兴地说: "这是彭真同志给我们解决的。"

为了纠正前几年盲目蛮干的错误, 从实际出发做好农村工作, 从1961年上半年开始, 彭真根据中共中央部署, 领导了北京市的调查研究工作。1961年1月, 毛泽东主席在中央工作会议和中共八届九中全会上的讲话中, 要求全党恢复党的实事求是传统, 加强调查研究, 搞一个实事求是年、调查研究年。随即中共北京市委进行传达贯彻。市委几次组织郊区县区委书记开会, 联系总结工作, 学习讨论毛泽东的指示。市委在作检查中认为, 这几年来的工作"严重脱离实际"、"严重忽视调查研究", 对农村的情况不清、不明, 想多干点社会主义建设, 但没有从实际出发, 违反了马克思主义。挨饿就是对我们的惩罚。教训要好好总结, 责任在市委。在市委的具体帮助下, 各县区委和参加农村整社的市局、大专院校的领导干部便围绕农村人民公社的体制、生产经营和分配等问题, 开展调查研究。1961年四五月间, 彭真与邓小平一起组织了五个调查组, 到北京市顺义、怀柔等县进行调查研究。4月7日至21日, 邓小平、彭真领导调查组先后抵达顺义、怀柔县。彭真在半个多月的调查中, "轻车简从讲实效, 座谈讨论说实话, 走村串户摸实情, 访贫问苦办实事"。

1961年4月中旬到5月中旬, 彭真先后四次到怀柔, 深入农村并主持听取调查组汇报工作。20世纪60年代初期，"一大二公"、"共产风"、生产资料公有，农村食堂化，严重地打击了人民群众的生产积极性。再加上自然灾害的影响，致使农业生产严重下滑。怀柔县年人均口粮最低的仅180斤。人民的生产生活处在极度困难之中。物资供应严重不足，食品、布匹、鞋子、工业品凭票证供应，吃穿用度严重匮乏。4月17日彭真到怀柔后，听取了3月初到怀柔的调查组汇报。彭真针对汇报所反映的问题，重点讲了这次调查的指导思想和目的要求。他说，现在的调查就是了解放生产力，最根本的是解放劳动力。人的积极性是最根本的问题，要使农民像经营自留地那样来搞集体经济。没有社员群众的积极性，就什么也干不了。汇报会上，当分析农民特点时，彭真说：农民是我们的朋友，他们既是劳动者、革命者，又是私有者，具有自私性。因此，对他们必须兼顾政治和物质利益两方面的工作，实行多劳多得。为了很好地调动农民的积极性，必须要严格地按经济规律办事，说话要使农民相信，说到哪办到哪，把情况摸清，把政策搞对，把干部的作风搞好。彭真从公社、大队、生产队的所有制关系、分配关系、劳动过程中人与人之间的关系、交换流通关系等几个方面提出了具体的调查内容。彭真对调查组谈调查分配关系时指出：分配上根本问题是要把"三包一奖"、评工记分、供给制度等问题解决，多劳不多得，搞平均主义，吃饭不要钱，社员的积极性就无法调动起来。

4月20日，彭真第二次到怀柔，听取怀柔3个调查点（北房、梭草、骑马庄3个大队）的调查汇报，县委书记谈到西三村大队只有54户，下边又分3个生产组实行包产，生产搞得好，社员情绪高。彭真对此极为重视，第二天就去了西三村大队。彭真首先察看了村食堂的伙食，询问社员对吃食堂的意见。为了更详细了解情况，彭真还到大队书记贺福元家边吃饭边询问集体生产、社员生活情况，询问核算单位是大点好还是小点好，并鼓励贺福元要敢于说真话，敢于向市委提意见。贺福元说西三村去年粮食产量9.5万斤，如果分3个小生产队，搞包产，准能达到12.5万斤。彭真说：我国的农业机械化水平很低，人们的积极性有更重要的作用，社队规模大了不适应我们的生产力水平，像西三村这样，农民看得见、抓得住、信得过，积极性就起来了。关于吃食堂①问题，彭真说：办

① 1958年，全国农村开展了人民公社化运动，"大跃进"成了主旋律。在公社化运动中，各村生产队都成立了公共食堂，吃饭不花钱，吃饭不定量。在发生严重饥荒后，1961年6月，中共中央作出决定，办不办食堂由农民自由决定。各地闻讯而动，食堂一哄而散。

食堂要从便利群众、节省人力出发，要群众自愿参加，搞好民主管理。食堂搞得那么大，群众吃饭排长队，还说有优越性，这不是实事求是。彭真对贺福元的看法和西三村的经验非常重视，多次在会上进行介绍。4月24日和28日，彭真又两次来到怀柔，分别到一渡河和梭草大队调查，并召开了有一渡河、西三村、西茶坞、马家坟、长园等大队干部参加的座谈会。

5月20日，邓小平、彭真、刘仁到密云县，与密云县党政负责人在密云水库进行了座谈。座谈的内容从粮食生产、水库养鱼，到养猪、养羊，发展手工业，开展集市贸易等。谈得最多的是绿化荒山、多栽果树和荒山产权问题。彭真问：现在社里产的栗子给老百姓留点没有？答：都留二三斤。彭真说：应该留一点，怀柔县社员反映，种核桃树的吃不上核桃，种栗子树的吃不上栗子，妨碍社员种树积极性。邓小平说：果产品不要都收购上来，管理也不要都收上来。哪些归小队、大队，哪些归县管，也归社员一些。四级所有怎么样？彭真说：他这里还有原始森林。邓小平详细询问了原始森林的情况后说：为调动积极性，可以四级所有。国家、大队、生产队，个人也给一片，永远归私人所有，永远不变。让社员栽树，摘自留山。社员有自留地，也有自留山。搞好国家所有、大队所有、生产队所有、个人所有这四个方面的关系。公社不要留了。彭真说：搞自留树，也可以有技术的和无技术的互助，个人所有共同管理。山上栽树要搞栽果树和用材林两条腿走路，栽什么树？如何管？都要有一套政策。邓小平概括为：搞规划，分级管理，搞检查。

两个县的调查结束后，邓小平、彭真联名致信毛泽东，报告调查情况，提出要进一步调动农民的生产积极性。对于粮食征购、余粮分配、"三包一奖"、评工计分、食堂化、所有制等，提出有些政策需要加以改进。毛泽东重视并肯定了邓小平、彭真的意见，批示各中央局和各省、市、自治区党委参考。这次调查研究的问题集中、明确，都是围绕人民公社的基本核算单位、劳动管理制度，农村商业、手工业和家庭副业，人民公社分配上的供给制和农村食堂等问题，即当时政策不明确、各方认识不一致、农民反映很大的问题。在邓小平、彭真示范下，调查研究都是领导干部亲自动手，住在村子里几十天，做系统调查，了解每件事情的发展过程，召开各种类型的座谈会，或到户访问直接听取群众意见，启发群众说实话。在广泛调查的基础上，经过认真研究，按问题写出调查报告。之后，北京市委汇总各个调查组的典型调查报告，向中共中央华北局写出专题报告，每个专题报告并附一些典型调查。

从1961年5月至1962年1月，中共北京市委向中共中央、华北局报送9个专题调查报告，共附送了32个典型调查材料。对改变农村供给制、人民公社管理、超产粮的征购和余粮分配问题，耕畜、农具等所有制问题，以及发展农村手工业和恢复农村供销社、农村食堂问题，农村基本核算单位问题，发展农村畜牧业问题等重大政策问题，提出了有情况、有分析、有决策建议的报告。彭真参加领导的这次调查，对中共中央及时调整有关政策，提高各级领导水平、改进作风，推动农村工作以及改善干群、党群关系，都起了很大作用。

邓小平和彭真在密云县调查时提出的给社员留自留山的主张，在1962年写入党的八届十中全会通过的《农村人民公社工作条例(修正草案)》(即《农业六十条》)的第40条："有柴山和荒坡的地方，还可以根据群众需要和原有习惯，分配给社员适当数量的自留山，由社员经营。划定后也长期不变。"

为了切实做好国民经济的"调整、巩固、充实、提高"①的工作，总结经验，统一认识，加强团结，加强民主和法制，1962年1月11日至2月7日，中共中央在北京召开扩大的工作会议。出席会议的有中央、中央局、省、地、县(包括重要厂矿)级领导干部，共7118人。人们习惯地称这次会议为"七千人大会"。这是中国共产党召开的一次空前规模的总结经验大会。会上，发扬了民主，开展了批评与自我批评，初步总结了1958年"大跃进"以来的经验教训。刘少奇代表中共中央作书面报告和讲话，初步总结了1958年以来社会主义建设的基本经验教训，分析了几年来工作中的主要缺点错误。

彭真在1月18日的会上发言说：我们的错误，首先是中央书记处负责，包括不包括主席、少奇和中央常委的同志？该包括就包括，有多少错误就是多少错误。毛主席也不是什么错误都没有。三五年过渡问题和办食堂，都是毛主席批的。彭真还说：毛主席的威信不是珠穆朗玛峰，也是泰山，拿走几吨土，还是那么高；是东海的水(拉走几车，还有那么多)。如果毛主席的百分之一、千分之一的错误不检讨，将给我们党留下恶劣影响。在个人崇拜日益浓厚的气氛中，虽然彭真把毛泽东的错误说得很轻，但在1月19日会议一开始，陈伯达就抢先发言，称彭真关于毛主席的话值得研究，我们做了许多乱七八糟的事情，是

---

① 1961年1月14日中共八届九中全会召开，全会决定："从1961年起，在两三年内实行调整、巩固、充实、提高的方针，即调整各个部门之间已经变化了的相互关系，巩固生产力和生产关系在发展和变革中获得的硕大成果，充实新发展起来的一些事业的内容，提高那些需要进一步改善的新事物的质量。"这就是著名的"八字方针"。

不是要毛主席负责？是不是要检查毛主席的工作？毛泽东在会上对于1958年以来所犯的错误作了自我批评。他说，他的错误也不能隐瞒，凡是中央犯的错误，直接的归他负责，间接的他也有份，因为他是中央主席。①

1962年5月28日，彭真在全国民族工作会议上讲话。指出："一切爱祖国、拥护共产党领导的人都要团结起来，共同搞社会主义。各民族的干部都要做团结工作。""各民族干部之间要团结。""这种团结不是无原则的团结，而是为了共同建设社会主义，在党和国家方针、政策基础上的团结，是在宪法和法律基础上的团结。""不要搞大民族主义，也不要搞地方民族主义，这两种民族主义都是违反马列主义的，都是破坏团结、违反各民族共同利益的。"②

1962年11月19日至12月13日，全国总工会召开八届四次执委会议，着重讨论当时的工会工作的任务。接着又开了几天省、市、自治区工会主席扩大会议，对改进领导作风和若干具体问题交换了意见。会议结束前，中共中央政治局委员、书记处书记彭真到会讲话。彭真指出，工会工作很重要，我们的国家是工人阶级领导的，工人阶级要站在斗争的最前线，站在生产的最前线，站在一切工作的最前线，社会主义事业要由工人阶级来领导。工会就是党和工人群众之间的纽带、人民民主专政国家的支柱、工人阶级学习领导和管理国家的学校。彭真在讲话中着重谈了工会工作的任务问题。他指出：工会工作第一是生产，这是中心、是基础。第二是生活。工会要全面注意工人的生活，物质生活、精神生活、文化娱乐，工会都应该管。对工人的教育，也就是组织工人群众的学习，是工会的一项重要工作。不能光搞生产，光搞生活，不能只搞物质刺激不搞思想教育。要扎扎实实地做好这些经常工作，工会干部要深入群众，跟工人打成一片。有了官气，就有了阔气，就有了骄气，就有了暮气，弄不好歪风邪气都来了。有了政权是好事，但危险也在这里。官气越多，离群众就越远，在群众中的威信就越低；官气越少，跟群众就越近，威信就越高。当然第一条还要看你的主张是正确的还是错误的。政治路线正确，方针、政策正确，还要加上一条，没有官气。要从典型摸起，调查研究、总结经验。

---

① 《关于建国以来党的若干历史问题的决议》指出："1962年1月召开的有七千人参加的扩大的中央工作会议，初步总结了'大跃进'中的经验教训，开展了批评和自我批评。"这次会议对于治理实际工作中"左"的错误，进一步贯彻"八字方针"，促进国民经济好转；对于发扬党内民主，克服不良作风等都起到了积极的推动作用。

② 《彭真文选》，人民出版社1991年版，第325—327页。

1963年夏，彭真到河北、江西、湖南、广西、云南、贵州、四川、陕西等地视察，强调要搞好社会主义教育运动，要正确处理人民内部矛盾，要建立独立自主的现代化经济体系。1964年春，彭真到山西晋南地区视察，中共晋南地委汇报了闻喜县一位农民种棉花的先进经验。彭真表示一定要见见这位农民。见到种棉能手吴吉昌后，彭真详细询问了"芽苗移栽"新技术，并按吴吉昌的示范，亲手栽植了16棵芽苗。彭真当场表示，一位勤劳朴实的农民凭着自己的刻苦钻研，创造出如此先进的植棉技术，实属难能可贵。他的事迹应当广为宣传，他的新技术应当大力推广。彭真还特意打电话给《人民日报》社，让派记者详细采访报道吴吉昌。吴吉昌的事迹在《人民日报》登载后，在全国反响很大，并得到毛泽东主席、周恩来总理的高度重视。此后，彭真与吴吉昌这位勤劳朴实的农民交了朋友，多次高兴地接见他，并指示有关部门要多支持他。

彭真直接领导北京市开展"四清"和"五反"运动。在1963年2月的中央工作会议上，毛泽东总结湖南、河北等地的经验，提出在农村和城市分别进行以"四清"①和"五反"②为主要内容的社会主义教育运动。1963年3月1日，中共中央发出《关于厉行增产节约和反对贪污盗窃、反对投机倒把、反对铺张浪费、反对分散主义、反对官僚主义的指示》。彭真对有关政策严格把关，正确领导了北京市的这场运动。中共北京市委成立北京市"五反"领导小组，讨论并通过《关于厉行增产节约和五反运动的部署》，决定5至6月开展反铺张浪费和整顿制度，这个阶段结束后转入反贪污盗窃、投机倒把阶段。市委提出要放手发动群众，将运动搞深搞透。随着运动的深入，市委对于一些重大的贪污盗窃案不断发出通报，同时对于运动中一些偏"左"现象也提出了纠正的措施。在城市大搞"五反"运动的同时，京郊农村也开始了"四清"运动。从1963年8月开始抽调大批干部到农村蹲点搞"四清"。1964年下半年，根据中共中央、华北局关于集中力量对"四清"运动打歼灭战的指示，市委决定抽调大批力量集中于通县进行"四清"运动会战。会战于1964年10月开始，至1965年8月结束。由于在新中国成立后几次运动中错误地伤害一些人，造成损失。因此，在城市"五反"、农村"四清"运动中，北京市委要求干部在具体工作中严格按

---

① 四清运动的内容，一开始在农村中是"清工分，清账目，清仓库和清财物"，后期在城乡中表现为"清思想，清政治，清组织和清经济"。

② "五反"：反对贪污盗窃、反对投机倒把、反对铺张浪费、反对分散主义、反对官僚主义。

照党的政策办事。在通县会战期间,市委第一书记彭真反复讲搞好生产的问题以及干部问题。他指出:革命干什么,无非是解放生产力。"四清"搞得很漂亮,结果生产掉下来了,革命表现在哪里?搞"四清"是治病救人,批评错了,斗争错了,赶快认错平反。彭真既批评干部中的缺点错误,又教育干部提高认识,分清是非,改进作风和工作。

在中共中央和以彭真为首的北京市委、市政府领导下,在全市人民的努力下,北京市"文化大革命"前17年的社会主义改造和经济建设取得了显著成绩。1965年,北京工业总产值比1949年增加了36.6倍,年均增长26.2%;全市发电机装机容量、煤炭、生铁和棉布产量分别为1949年的12.6倍、4.75倍、44.5倍和14.6倍。初步建立了从矿山到轧钢的钢铁工业、电子工业、汽车制造工业、重型及精密机械工业、棉毛麻丝纺织工业等,使北京市成为一个门类比较齐全,具有相当技术水平的城市,为北京以后的发展奠定了较为雄厚的物质基础,保证了首都政治、文化中心功能的充分发挥。

1962年到1965年间,彭真在繁重的中央和北京市的领导工作中,还曾率领全国人大常委会代表团访问了朝鲜、越南、印度尼西亚等国。

十五、坚持在真理面前人人平等

彭真作为1964年成立的中共中央"文化革命五人小组"组长,两年之后成为"文化大革命"第一个被打倒并监禁的党和国家领导人。"文化大革命"引发的动乱也由此而始。

1964年7月7日,中共中央书记处根据毛泽东的提名,决定成立以彭真为组长的五人小组,负责领导各有关方面贯彻执行中共中央和毛泽东关于文学艺术和哲学社会科学问题的指示。1965年9月23日,彭真在全国文化厅局长会议上讲话。在文化领域中"左"的错误已经相当严重的形势下,彭真指出:要区别政治问题和学术、艺术问题,"不是政治问题的,就不要轻率地把它同政治上的大是大非,特别是同敌我问题混淆起来,也不要轻率地下结论"。彭真在讲话中,响亮地提出了"在真理面前人人平等"的口号,并指出"真理要受实践检验"。他说:"必须实事求是,不能自以为是。""党内也好,人民内部也好,不论你是党和国家的领导人,还是文艺工作者、普通老百姓,在真理面前人人平等,这个地方只能服从真理。""真理要受实践检验,自以为是真理,不一定是真理。一切人，不管是谁，都应该坚持真理，随时修改错误，在真理面前人人平等。"①1965年12月10日，彭真在全国青年业余创作积极分子大会上讲话，指出："群众的实践是文学艺术的源泉。""要爱护青年作家，不要把他们从生长、发育的土壤里面拔出来。"②

1966年，毛泽东发动"文化大革命"。"文化大革命"的发动经历了一个舆论准备过程。1965年11月10日，上海《文汇报》发表了姚文元的文章：《评新编历史剧〈海瑞罢官〉》。11月12日《解放日报》转载。在文章发表的第三天，中共北京市委宣传部给上海市委宣传部发电询问文章的背景。上海方面没有正面回答，所以北京也就不对上海的文章作回应。《新华日报》《福建日报》《浙江日报》《大众日报》《安徽日报》《江西日报》等七省区报纸，在24日至26日相继转载。彭真得知姚文元发表的文章，气愤地拍着桌子说：批判北京的一个副市长，竟然不和北京市委打个招呼，真是岂有此理，这不是对同志搞突然袭击吗！《北京日报》总编辑范瑾打电话给市委第二书记刘仁，请示要不要转载姚文元的文章。彭真当即告诉刘仁：不行！你通知北京各报，一律不准转载姚文元的文章。凡是有关点名批判的新闻报道，要向市委请示，让他们拿出党性来，我们要坚持真理！11月27日，周恩来由上海回到北京。28日，周恩来在有彭真、北京市委其他领导和中央宣传部副部长周扬、许立群、姚溱以及一些报刊的负责人参加的会议上说：根据中央指示，明天各报刊都要转载姚文元同志的文章。彭真把《北京日报》和《前线》杂志社的负责人叫到身边，郑重地说：你们必须赶写几句按语，要写出水平来。你们一定要在历史唯物史观上下工夫。凡点到吴晗名字的时候，一律在后面加上"同志"，这是分清敌我的大事。

姚文元的文章发表后，在北京和上海的学术界、文化界都引起很大的震动。姚文元在他文章的最后一节将"退田"与"单干风"联系起来，结合现实政治批吴晗的《海瑞罢官》。吴晗看了姚文元的文章后，一方面很紧张，一方面对姚文元联系现实政治所做的批判不服，认为《海瑞罢官》是1960年写的，而鼓吹包产到户的"单干风"是1962年出现的，他无法在1960年预见1962年出现的事。毛泽东在1965年12月下旬说过，姚文元的《评新编历史剧〈海瑞罢官〉》没

---

① 《彭真文选》，人民出版社1991年版，第354—356页。
② 《彭真文选》，人民出版社1991年版，第363页。

有打中要害。要害问题是罢官。嘉靖皇帝罢了海瑞的官, 1959年我们罢了彭德怀的官, 彭德怀也是"海瑞"。毛泽东在1967年2月8日对阿尔巴尼亚劳动党中央政治局委员卡博和巴卢库说: 姚文元的文章《评新编历史剧〈海瑞罢官〉》发表以后, 各省都转载, 北京不转载。我那个时候在上海, 后来, 我说印小册子, 各省都答应发行, 就是北京的发行机关不答应。因为有些人靠不住, 北京市委就是针插不进、水泼不进的市委。

在姚文元的《评新编历史剧〈海瑞罢官〉》发表后的争论声中, 1966年2月3日, 中共中央文化革命五人小组组长彭真 (成员陆定一、康生、周扬、吴冷西) 召开中共中央五人小组扩大会议, 主持起草《关于当前学术讨论的汇报提纲》 (即《二月提纲》)。5日, 彭真参加刘少奇主持的中共中央政治局常委会议, 会议讨论通过了"汇报提纲"。8日, 彭真到武昌向毛泽东汇报这个提纲。12日, 中共中央批转了这个提纲。《二月提纲》是以1965年9月23日彭真在全国文化厅局长会议上的讲话中阐明的思想为基础形成的。《二月提纲》提出, 学术讨论中要坚持实事求是, 在真理面前人人平等的原则。要以理服人, 不要像学阀一样武断和以势压人。要提倡坚持真理, 随时修正错误, 并要准许和欢迎犯错误的人和学术观点反动的人自己改正错误。《二月提纲》还提出在报刊上公开点名、作重点批判要慎重。中央批语说: 中央同意文化大革命五人小组关于当前学术讨论的汇报提纲。现将这个提纲发给你们, 望照此执行。《二月提纲》试图对学术批判中已经出现的"左"的倾向加以适当约束。

与批判《海瑞罢官》大体同时, 中央书记处候补书记、中央办公厅主任杨尚昆遭到诬陷, 被免去中央办公厅主任职务; 中央书记处书记、国务院副总理、解放军总参谋长罗瑞卿被加以"篡军反党"等罪名, 遭到软禁。1966年3月底, 中央宣传部和北京市委被指责为包庇坏人, 压制左派。于是, 彭真和中宣部部长陆定一被停止工作。

十六、逆境中的不懈奋斗

彭真在"文化大革命"中遭受冲击以至被投入监狱, 与他求真务实的一贯思想和作风不无关系。

1966年5月4日至26日, 中共中央召开政治局扩大会议。会上, 批判彭真、罗瑞卿、陆定一、杨尚昆, 决定停止他们中共中央书记处书记、候补书记的职务;

撤销彭真中共北京市委第一书记和北京市长职务。会议通过毛泽东主持制定的《中国共产党中央委员会通知》（即"五一六通知"），决定撤销1966年2月12日批转的文化革命五人小组《关于当前学术讨论的汇报提纲》；撤销以彭真为首的"文化革命五人小组"及其办事机构，重新设立中央文化革命小组，隶属于政治局常委会。彭真受到错误的批判。5月24日，中共中央政治局常委会议决定成立专门审查所谓"彭真、罗瑞卿、陆定一、杨尚昆反党集团"问题的专案审查委员会。此后，彭真在更大的范围内受到错误的批判，并遭受公开批斗迫害。

"文化大革命"中，彭真首先蒙难，成为党和国家领导人中第一个被"打倒"的对象。"文化大革命"初期，彭真等北京市主要领导人多次被拉到大会上"批斗"。彭真对"造反派"强加在他头上的种种诬蔑不实之词始终不予承认。面对"造反派"的恶意体罚，彭真当场表示这不符合党的一贯政策。"真理面前人人平等"这个观点也"惹了大祸"，"文化大革命"中成了彭真的一大"罪状"。但是，他始终认为这个观点是符合毛泽东思想的，因而坚信不疑，坚定不移。面对林彪、江青、康生等的诬陷，彭真坚持为罗瑞卿、吴晗等进行实事求是的辩解，尽最大努力保护更多的干部和知识分子。

1966年12月4日，彭真被监禁。

身处逆境，彭真心境坦然。失去人身自由后，他边思考问题，边从事理论学习，同时以可能的方式锻炼身体。入狱前，他不顾个人安危，坚持为无端遭受迫害的干部进行实事求是的辩解；入狱后，仍同林彪、江青、康生等进行不屈不挠的斗争，保护了一大批干部。彭真在狱中写下的六份所谓"供词"，对林彪、"四人帮"强加给北京市公安局所谓"里通外国出卖情报"的"罪状"再三申明都是工作问题，凡是由他批准的，他都"应负责任"。市公安局原领导人后来看到这些"供词"，感动得热泪满面，泣不成声。[①]作为中共中央政治局委员、中央书记处书记、全国人大常委会副委员长，面对莫大的冤屈，彭真不是愤、不是怨，而是始终坚信真理一定会胜利，坚信党，坚信人民。1972年他的女儿傅彦去探监，他对女儿说：战争年代和解放后工作忙，现在有时间可以静下来多读些马列，多思考些问题了。后来他又告诉女儿：第一次真正系统学习马列、研究各种思想门派，是在国民党监狱；这是第二次难得的学习机会。读

---

① 《缅怀彭真》，中央文献出版社1998年版，第258页。

书时没有用于勾勾画画的笔,他用牙粉纸袋和女儿送去的画报撕成细小的纸条,用悄悄留下的米饭嚼烂当浆糊,把小纸条贴在书中要画出的重点位置。几年间,彭真保留的贴有这种纸条的书竟有30余本。彭真边进行理论研究,边思考着党和国家的命运,思考着民主与法制建设,思考着如何防止这不该发生的一切。彭真贴过小纸条的那些书,是他在身处逆境时留给后人的宝贵的精神财富。

1975年5月,彭真与夫人张洁清及女儿傅彦被分隔9年后,陆续被送到陕西商洛山中。彭真的人身自由虽仍受限制,却一如既往坚持理论学习,用钢笔在自制的小本子上以工整的小字写下了密密麻麻整整齐齐的读书笔记,成为他历经磨难坚持信念的见证。在商洛,女儿到县里上班,彭真夫妇料理家务。这是这个家庭20多年来第一次过上虽苦犹甜的普通人的生活。彭真亲手种菜,与家人共享天伦之乐。彭真和不少当地农民、干部成了知心朋友,他们高兴不高兴的事,家中的矛盾,都愿意向这位和善的老人倾诉,还请老人到家中做客。

1978年,张洁清恢复工作,安排作商洛地区副专员。彭真帮助张洁清起草文件或讲话稿,当起了"秘书"。

1978年12月18日至22日,中共十一届三中全会在北京举行。会前,中共中央于11月10日至12月15日召开为期36天的工作会议,为全会作了充分准备。在分组讨论中,陈云率先提出,为实现党内的安定团结,需要由中央考虑和决定,解决一些"文化大革命"遗留的和历史遗留的问题,平反一批重大冤假错案。12月13日,中共中央主席华国锋在会上讲话,就提出"两个凡是"的问题作了自我批评。邓小平作题为《解放思想,实事求是,团结一致向前看》的讲话,主要内容是:一、解放思想是当前的一个重大政治问题;二、民主是解放思想的重要条件;三、处理遗留问题为的是向前看;四、研究新情况,解决新问题。这篇讲话实际上成为十一届三中全会的主题报告。十一届三中全会根据中央工作会议的讨论,在做出一系列改革开放的重大决策的同时,提出:要在解放思想、实事求是、有错必纠的方针指导下,审查和解决历史上遗留的重大问题和一些重要领导人的功过是非问题。经过这次全会,邓小平实际上成为中央领导集体的核心。

中共十一届三中全会前后,中共中央已经开始为一些重大冤假错案平反。

1978年12月28日,彭真一家被通知返回北京。当时尚不知前面等待的将会是什么。飞机降落后,机下拥来300余名欢迎的人群。一位机场女服务员说:"彭市长,我们盼了您多少年,您终于回来了。"这话引起在场几百人一片哭声。

十七、集中力量率先抓好七部法律的起草修订

1979年1月27日,彭真在人民大会堂首都党政军民春节联欢晚会上公开露面。回京后,闻讯赶来探望的老同事、老战友、老部下以及亲朋好友络绎不绝。许多在"文化大革命"中受到迫害和冤屈的干部见到老领导,总算有了主心骨,纷纷倾诉自己的苦难遭遇和怨愤心情。彭真对这些无端遭受苦难折磨的干部深表同情与理解。但对自己遭受的更为深重的苦难与折磨,他却出人意料地表现出平静与豁达,一如既往,大度乐观。众所周知,"文化大革命"中,彭真多次遭受过红卫兵的揪斗殴打。当年那些年轻人已步入成年。当他们心怀愧疚登门道歉时,彭真从未责怪他们。他曾说过:小孩子懂什么?他们当初揪斗我,把我弄到东郊体育场,12月的天气,我连袜子都没穿上。他们登门道歉,我说责任不在他们。我这个人没有亲吻的习惯,但我还是一个一个地亲了他们。①

对在"文化大革命"中被迫害致死的原北京市委领导集体成员的亲属,包括原北京市委第二书记刘仁夫人甘英、原北京市委书记处书记邓拓夫人丁一岚,原北京市委常委、宣传部长李琪夫人李莉,彭真都逐一看望。对被打成"彭真的爪牙"迫害致死的原北京市劳动模范徐庆文,彭真也特别安排对其家属予以关照。多年跟随彭真做警卫工作的李志玉,"文化大革命"中曾被关押,胃病加重,做了胃切除手术。其妻袁力荣也被开除党籍,一家人艰难度日。彭真心情沉重地对袁力荣说,都是我连累了你们一家。彭真的女儿傅彦硬是塞给袁力荣500元钱,对她说,爸爸说了,别人家的孩子管不过来,你们家的孩子一定要管。②

"文化大革命"结束后,社会上刮起一股怀疑四项基本原则、全盘否定毛泽东思想之风。在对待毛泽东和毛泽东思想的问题上,"文化大革命"中第一个被打倒的党和国家领导人彭真却从不以个人的遭遇作为判断是非的准则。他在回京后不久接受记者采访时明确表示:"没有毛主席,我们不可能在

---

① 参见《彭真传》,中央文献出版社2012年版,第1286页。

② 参见《彭真传》,中央文献出版社2012年版,第1289页。

1949年就建立中华人民共和国。毛泽东同志是我们的领袖，对毛泽东同志必须全面看。"他还说过："高举毛泽东思想的旗帜与对毛主席的个人崇拜，是两码事。旗帜就是方向，一定要高举。丢掉这面旗帜，就会迷失方向，党心民心会乱，那还得了？个人崇拜不是好事，不光误党误国，还可能把被崇拜的对象推向反面。"①

1979年4月5日至28日，彭真出席在京西宾馆召开的中央工作会议。这是彭真回京后第一次出席中央的会议。会上，有人认为彭真会讲毛泽东在"文化大革命"中的错误。彭真明确表示，必须高举毛泽东思想的伟大旗帜，并认为邓小平在会上所作的《坚持四项基本原则》的报告透彻地解决了当前思想政治战线的关键问题。彭真还认为，只有毛泽东思想这面旗帜能够凝聚全党和全国人民。②

彭真复出后，中央决定由他主持法制建设工作。从新中国成立之初，彭真长期具体主持立法工作，积累了丰富的立法经验。经过10年动乱，彭真更深刻地认识到，加强社会主义民主法制建设是一项刻不容缓的重大战略任务。中央的决定与他对党和国家前途命运的思考不谋而合。彭真以耄耋高龄又在工作岗位上忙碌了起来。他领导全国人民代表大会常务委员会完成的一项重要任务是法律法规的拨乱反正，修订和制定了包括宪法在内的多项法律，使依法治国逐步成为现实。

1979年2月17日，中共中央发出《关于为彭真同志平反的通知》，宣布"文化大革命"中"强加给彭真同志的种种罪名和一切诬蔑不实之词，均应予以推倒"。

1979年2月17日至23日，第五届全国人大常委会第六次会议在北京举行。彭真出席会议。会议决定设立人大常委会法制委员会，并通过了以彭真为主任的法制委员会组成人选。早在1949年10月19日，彭真已担任政务院政治法律委员会副主任，后任中共政务院政治法律委员会党组书记。1956年10月，在书记处协助邓小平负总责，并分管政法等方面的工作。1958年6月10日，根据中共中央决定，任直属于中央政治局和书记处的中央政法小组组长。彭真是新中国成立后中共中央领导政法工作的主要负责人。作为"文化大革命"前的原中共中

---

① 参见《彭真传》，中央文献出版社2012年版，第1289—1290页。
② 参见《彭真传》，中央文献出版社2012年版，第1291—1294页。

央政治局委员、书记处书记、全国人大常委会副委员长, 不少人在彭真被任命为全国人大法制委员会主任后说,"这个安排低了"。对此, 彭真却说:"能工作就行!"他立即把"文化大革命"前长期在其直接领导下工作的王汉斌、项淳一、顾昂然调到全国人大法制委员会, 按照彭真所倡导的"苦力"精神, 组建了一个从事立法研究和服务工作的所谓"苦力班子"。

在彭真以身作则不辞辛苦带领下, 被称为"苦力"的全国人大常委会法制委员会全体成员夜以继日投入各项立法工作。中国的法制建设在中断多年后在彭真直接领导下开始恢复和发展。

1979年3月8日, 华国锋①、叶剑英②同彭真谈话, 商议拟于5月召开的全国人大第二次会议议程, 中心是商量这次会议要通过哪些法律。在多项法律急需制定和修改的情况下, 最后决定先集中力量抓7部法律。其中, 全国人大和地方各级人大选举法、地方各级人大和地方各级政府组织法、法院组织法、检察院组织法都是1953年至1954年制定的, 有一定基础, 是修改完善的问题。刑法在1963年已起草出33稿, 刑事诉讼法也在1963年形成草案初稿, 需要创制起草的是中外合资经营企业法。起草修订7部法律, 3月开始工作, 5月上会, 时间紧迫。为了提高效率, 决定全国人大和地方各级人大选举法、地方各级人大和地方各级政府组织法、法院组织法、检察院组织法分别由民政部、全国人大常委会办公厅、最高人民法院和最高人民检察院负责; 中外合资经营企业法由国家计委副主任顾明主持, 有关部门参与研究起草。这些部门拿出初稿后, 交由法制委员会统改。刑法和刑事诉讼法由法制委员会直接起草。

彭真带领有关人员立即夜以继日投入紧张工作。每天夜里12点后, 彭真审阅送到他手里的稿件, 经过仔细审改, 第二天清晨退回。有时彭真在人民大会堂经过十几个小时劳作, 午夜步行回家, 借以放松劳累身心。

3月31日, 彭真召集王汉斌③、项淳一④、顾昂然⑤等人谈话: 地方组织法有

---

① 华国锋, 时任中共中央主席、国务院总理、中共中央军委主席。

② 叶剑英, 时任中共中央副主席、全国人大常委会委员长、中共中央军委副主席。

③ 王汉斌, 时任全国人大常委会法制委员会副秘书长兼办公室主任, 后任全国人大常委会副委员长、秘书长。

④ 项淳一, 时任全国人大常委会法制委员会副秘书长。

⑤ 顾昂然,"文化大革命"前曾任彭真秘书, 1979年春从教育部调全国人大常委会法制委员会工作。

三个问题要研究,一是要改"革命委员会",二是地方要有立法权,三是要考虑地方人大要不要常设机关。彭真提出要多方听取意见。"革命委员会"是"文化大革命"的产物。"文化大革命"开始不久,各地各级政府相继被"造反派"夺权,毛泽东为临时权力机构命名,叫"革命委员会"好。地方"革命委员会"普遍建立。"革命委员会"集党政军、公检法等各项权力于一身,把集权政治推向极端,是社会主义民主政治的大倒退。取消"革命委员会",恢复和推进我国政权的民主建设是人心所向。5月17日,彭真就取消"革命委员会"和县级以上地方各级人民代表大会设立常务委员会问题向中共中央提出报告。按邓小平批示意见,县级以上地方各级人民代表大会设立常务委员会,并恢复人民委员会。

选举法修改中,彭真直接领导,民政部成立修改选举法办公室承担具体工作。彭真与民政部部长程子华多次交换意见。关于直接选举问题,彭真综合各方面意见,主张把直接选举扩大到县级。关于差额选举,彭真认为,"要坚持不等额选举。候选人多于应选人的不等额选举是搞好选举的关键之一"①。

关于人民法院组织法的修改,彭真于6月12日向中央的报告中说:"1954年的法院组织法比较成熟,这次没有作什么原则修改,但在任务、辩护制度、人民陪审和对已发生法律效力的错判案纠正等问题上,也作了若干补充。"②

在最高人民检察院组织法修订中,彭真提出有两个问题需要集中研究。一是检察机关应当确立什么样的领导体制?二是检察机关行使法律监督权的范围如何界定?关于检察院的领导体制,5月21日的修改稿在前修改稿有关检察机关由同级国家权力机关产生的基础上,进一步规定:县、市、市辖区人民检察院检察长由本级人大选举后,须报省级人民检察院检察长提请本级人大常委会批准任命;省、自治区、直辖市人民检察院检察长由本级人大选举后,须报最高人民检察院检察长提请全国人大常委会批准任命。新的修改稿还明确规定,检察机关独立行使职权,不受其他行政机关、社会团体和个人的干涉。修订中还把检察院上下级监督关系改为由同级党委和上级检察院双重领导,检察院对于国家机关和国家工作人员的监督,只管需要追究刑事责任的案

---

① 参见《彭真传》,中央文献出版社2012年版,第1313页。

② 参见《彭真传》,中央文献出版社2012年版,第1317页。

件, 一般违纪案件由纪检监察部门处理。

上述四个关于国家机构的法律修改草案的形成, 涉及修改1978年宪法中一些条款的规定。彭真提出意见并采纳专家学者意见后, 由人大常委会提出了修改《中华人民共和国宪法》若干规定的议案, 提请大会审议。

七部法律中, 中外合资经营法是唯一一部没有基础和经验的新法律。面临的困难主要来自两个方面: 一是传统思想观念。为了防止帝国主义以资本输出为经济侵略手段, 新中国成立后, 从不允许西方国家在中国投资办厂。二是兴办合资企业没有实践经验和立法经验。彭真提出这个法律的立法思路是: 先由这次代表大会通过一个简要法律, 有了实践经验之后, 再制定相关的实施条例。彭真指定顾明负责这项法律的起草工作。在法律草案中, 规定外资投资上限49%, 下限为25%。荣毅仁提出不同意见后, 经过协商, 邓小平拍板, 中央政治局常委同意, 取消49%的上限, 25%的下限则予以保留。彭真还安排顾明到北京、上海代表团驻地, 说明不作49%上限规定的理由。

七部法律中, 刑法和刑事诉讼法内容丰富, 涉及面广, 条文多。彭真投入精力也最多。

关于刑法的制定, 彭真亲笔在刑法草案第一条中写道: 刑法"以宪法为根据","结合我国各族人民在实行无产阶级领导、工农联盟为基础的人民民主专政即无产阶级专政和社会主义革命、社会主义建设的具体经验和实际需要制定"[①]。关于刑法的任务, 彭真认为, 总结"文化大革命"的教训, 刑法要有针对性地强调对公民私有合法财产的保护, 强调对公民民主权利的保护, 还要强调对生产、工作、教学科研秩序和人民群众生活秩序的保护。关于死刑, 彭真历来主张死刑越少越好。对"反革命罪", 主张只对个别"不杀不足以平民愤"者判处死刑。对原稿中"侵犯人身权利罪"一章的章名, 彭真改为"侵犯人身权利、民主权利罪", 并亲自增写了"保护公民的人身权利、民主权利和其他权利, 不受任何人、任何机关非法侵犯","严禁刑讯逼供","严禁'打砸抢'","严禁诬陷迫害干部群众"等条文。彭真还一度主张在刑法上写入"诬告反坐"的内容。"文化大革命"中, 许多干部因为一些人的恶意诬陷而遭受严重迫害。"诬告反坐"意在防止这种现象的发生。很多人支持这一做法, 也有人持不同意见。在反复酝酿慎重思考后, 彭真提议作修改。"依反坐

---

① 参见《彭真传》, 中央文献出版社 2012 年版, 第 1336 页。

原则论处"遂改为"参照所诬陷的罪行的性质、情节、后果和量刑标准给予刑事处分"。

刑事诉讼法的起草和修改与刑法同步进行。刑事诉讼法要解决的问题是通过什么样的方式、程序、时限查清犯罪事实和判处刑罚的问题。根据彭真意见,刑事诉讼法强调了保护人民的一面。彭真一贯主张"在法律面前人人平等"。在他支持下,刑事诉讼法(草案)中明确规定:"对于一切公民,在适用法律上一律平等。在法律面前,不允许有任何特权。"①关于羁押期限问题,彭真认为原规定的11个月时间过长。经反复研究协商,最后,侦察、起诉、一审、二审的期限都有了明确规定,并较大幅度地缩短了,总的羁押期限从原来的最长11个月缩短为最长4个月到6个月。

在短短三个月内,彭真主持制定了我国第一部《刑法》以及《刑事诉讼法》《中外合资经营企业法》等七部重要法律。《中外合资经营企业法》制定时,全中国还只有一家中外合资企业。这一立法为即将飞速发展的中外合资企业铺设了宽广的法律轨道。三个月内主持制定多项法律,得益于彭真在"文化大革命"中七年牢狱生活条件下的潜心研究,充分反映了彭真在身陷囹圄时胸中有国家、有人民、有未来。他曾说过:中国一定要走上社会主义民主和法制的道路。他决心以民主和法制来保障我国社会主义经济建设的腾飞。在短短三个月内主持修订和起草七部重要法律的高强度劳作情况下,很少生病的彭真病倒了。当中共中央准备开会讨论这七部法律时,彭真高烧不退住进了医院。但彭真坚持按时出席了这次会议。他是要求医生给他打了退烧针之后赶赴中南海的。

1979年4月5日至28日,彭真出席中共中央召开的工作会议。4月22日,彭真在东北组发言中,强调必须坚持高举马列主义、毛泽东思想的旗帜,否则必然造成全党全军全国各族人民的思想和整个革命阵线的混乱。强调扩大党内民主和人民民主,坚持解放思想、实事求是的正确思想路线。彭真失去工作以至失去自由12年再度复出后,也谈"文化大革命"错误的严重性,但只要说到毛泽东,他总是非常肯定地说:"中国革命没有毛主席不行。没有毛主席,不可能在1949年就推倒三座大山取得中国革命的胜利。"②在"文化大革命"中,

① 参见《彭真传》,中央文献出版社2012年版,第1355页。
② 参见《缅怀彭真》,中央文献出版社1998年版,第477—478页。

彭真的母亲、弟弟、侄子被迫害致死，彭真被关押九年，夫人张洁清被关押八年，小儿子被关押四年。彭真复出后，始终闭口不谈"文化大革命"给个人造成的伤害与痛苦。他在对"文化大革命"的评论中，一贯对动乱给党和国家带来的灾难惋惜不止。

1979年6月17日，彭真出席五届人大第二次会议预备会议，当选为主席团成员。会议通过法案委员会组成人员名单，彭真为主任委员。6月18日至7月1日，第五届全国人大二次会议在北京召开。大会审议并通过了《中华人民共和国地方各级人民代表大会和地方各级人民政府组织法》《中华人民共和国全国人民代表大会和地方各级人民代表大会选举法》《中华人民共和国人民法院组织法》《中华人民共和国人民检察院组织法》《中华人民共和国刑法》《中华人民共和国刑事诉讼法》《中华人民共和国中外合资经营企业法》七部法律。彭真就七部法律草案作了说明。他说：这些法律的通过，迈出了加强和健全我国社会主义法制的一大步。今后，随着经济建设的发展，我们还要经过系统的调查研究，陆续制定各种经济法和其他法律，使社会主义法制逐步完备起来。彭真特别重申了15年前他在第一次全国人大会议上提出的"法律面前人人平等"的主张。他说："在法律面前人人平等，是我们全体人民、全体共产党员和革命干部的口号，是反对任何人搞特权的思想武器。共产党员和革命干部，在法律面前只有带头、模范地遵守法律的义务，决没有可以不守法的特权。对于违法犯罪的人，不管他资格多老，地位多高，功劳多大，都不能加以纵容和包庇，都应该依法制裁。"①

7月1日，大会举行全体会议。七部法律被审议通过，迈出了社会主义法制建设的关键一步。邓小平的评价最具代表性，他说：由此，"全国人民都看到了严格实行社会主义法制的希望。这不是一件小事情啊！"大会补选彭真为人大常委会副委员长。

这次大会以七部法律的出台，标志着中国进入了社会主义民主法制建设的新时期。

9月9日，中共中央发出《关于坚决保证刑法、刑事诉讼法切实实施的指示》，要求各级党组织、领导干部和全体党员带头遵守法律。

---

① 参见《彭真传》，中央文献出版社2012年版，第1366页。

十八、领导"两案"审判

　　1979年9月25日至28日，中共十一届四中全会召开。彭真出席会议，被增补为中共中央委员，当选为中央政治局委员。1980年1月24日，彭真任中共中央政法委员会书记。叶剑英委员长由于健康原因，委托彭真主持全国人大常委会日常工作。

　　"两案"是林彪、江青①两个反革命集团案的简称。林彪集团和江青集团分别在1971年9月和1976年10月被粉碎。1978年党的十一届三中全会后，"两案"审查工作由中央纪律检查委员会承担。中央成立"两案"审理领导小组，时任中央秘书长、中宣部部长、中纪委第三书记的胡耀邦②任组长，宋任穷③、王鹤寿④、黄克诚⑤等为副组长，成立"中纪委第二办公室"负责日常工作。1979年9月3日，中央政治局召开会议，胡耀邦汇报"两案"审理工作。中央副主席邓小平听取汇报后提出："两案"判刑的范围要尽可能窄一点，应该判刑的人，判刑轻重要根据罪行。黄、吴、李、邱⑥、陈伯达⑦，可以作为一案，王、张、江、姚⑧，包括毛远新⑨，作为一案，作为篡党夺权、阴谋政变的集团来处理，要把他们的主要罪行写出来。邓小平的这番讲话，实际上明确了林彪、"四人帮"集团的反革命性质，初步提出了"两案"审理的基本原则。

---

①　毛泽东夫人，原中共中央政治局委员，中央文化革命小组副组长。"四人帮"成员。

②　胡耀邦，后任中共中央总书记。

③　宋任穷，时任中共中央组织部部长、全国政协副主席。

④　王鹤寿，时任中共中央纪律检查委员会副书记。

⑤　黄克诚，中国人民解放军开国大将，时任中共中央纪律检查委员会常务书记、中央军委顾问。

⑥　黄，指黄永胜，原中共中央政治局委员、解放军总参谋长，林彪集团成员。吴，指吴法宪，原中共中央政治局委员、解放军空军司令员。林彪集团成员。李，指李作鹏，原中共中央政治局委员、解放军海军政治委员。林彪集团成员。邱，指邱会作，原中共中央政治局委员、解放军总后勤部部长。林彪集团成员。

⑦　陈伯达，原毛泽东秘书，曾任中共中央政治局常委、中央文化革命小组组长。

⑧　王，指王洪文，原中共中央副主席。"四人帮"成员。张，指张春桥，原中共中央政治局委员、解放军总政治部主任。"四人帮"成员。江，指江青，"四人帮"成员。姚，指姚文元，原中共中央政治局委员。"四人帮"成员。

⑨　毛远新，毛泽东二弟毛泽民之子，曾任毛泽东联络员。

　　1979年10月，中纪委正式将"两案"移交司法机关依法处理。中央"两案"领导小组决定，由中纪委第二办公室着手起草对林彪、"四人帮"两个集团的起诉书，同时广泛收集资料。

　　"两案"是新中国成立以来前所未有的大案。16个主犯中，13个是原中央政治局委员，5个是原中央政治局常委，3个是原中央副主席。事情错综复杂，政治性、政策性很强，审判必须在党中央的指导下进行。中共中央需要建立一个有权威的审判指导机构。负责人应当熟悉法律和政策，又有很高威望。

　　1980年3月17日，新任中共中央总书记胡耀邦主持召开书记处会议，讨论"两案"审判问题。根据中央"两案"审理领导小组的建议，决定由彭真、彭冲①、杨得志②、王鹤寿、江华③、黄火青④、赵苍璧⑤组成"两案"审判指导委员会，彭真任主任，彭冲任副主任，统一领导审判林彪、江青两个集团的工作。

　　承担这项艰巨而复杂的任务，彭真完全没有思想准备。他思考最多的是两件事：一是"两案"历时10年，危害深重，党的错误和案犯的罪行交织在一起，很难分清。二是林彪、"四人帮"两个集团骨干人数多，案情复杂，处理起来，涉及上下、前后、左右的问题。需要分清是非，分清错误与犯罪。彭真也很清楚，林彪的问题，江青的问题，都很难与毛泽东的错误截然分开。在华国锋、叶剑英、邓小平和胡耀邦的一致支持下，彭真接受了这项重大任务。

　　1980年3月24日，彭真参加胡耀邦主持的"两案"工作会议。会议决定：第一，中央"两案"审理领导小组对"两案"要继续抓，一抓到底。第二，中央政法委员会负责司法程序方面的工作，公安部抓预审，检察院抓起诉，法院抓审判。全面工作由彭真、彭冲挂帅。第三，抓紧组建审判班子。第四，预审队伍中要确定一批同志到中央有关机关去看原始材料，为起诉和审判做好准备。⑥

　　接受任务后，彭真作为许多重大历史事件的直接参与者和领导者之一，就如何正确地指导"两案"审判工作，在数米厚的资料前思考了很久。深思熟虑之后，彭真理清了思路：把刑法作为"两案"审判的依据，确定了"严格地把党

---

① 彭冲，时任中共中央政治局委员、中央书记处书记、全国政协副主席。
② 杨得志，中共中央书记处书记、中央军委常委、中央军委副秘书长、解放军总参谋长。
③ 江华，时任最高人民法院院长。
④ 黄火青，时任最高人民检察院检察长。
⑤ 赵苍璧，时任公安部部长。
⑥ 参见《彭真传》，中央文献出版社2012年版，第1370—1371页。

内、人民内部的错误与反革命暴行分开"的根本原则，坚持以事实为根据，以法律为准绳，严格依法办事。①

"两案"审判指导委员会下设审判工作小组，由刘复之②、凌云③、洪沛霖④为召集人。工作小组下设两个办公室。负责审判江青集团的办公室由凌云兼主任，负责审判林彪集团的办公室由解放军军事法院院长郝苏任主任。

第一步工作是预审。熟悉案情，掌握证据，是预审的首要任务，也是审判的基础。彭真强调：办案一定要重视证据，要通过预审先核对事实，离开事实，谁讲也不算数。⑤彭真在要求办案人员全面仔细看材料的同时，自己也仔细翻阅了大量原始材料和录像。为了熟悉案情，统一认识，从4月24日开始，彭真连续6次召开"两案"审判工作汇报会。一边汇报交流情况，一边提出问题，讨论问题，解决问题。

5月初的北京，春风送暖，百花争艳。经过一个多月的辛苦摸底，精心准备，彭真关于审判"两案"的指导思想逐渐形成。关键是两点：一是把林彪、江青的罪行与党和毛泽东的错误区分开。二是要查清林彪、"四人帮"歪曲篡改党中央、毛泽东的指示和背着党中央、毛泽东所犯的罪行。

1980年5月13日，彭真给中央政治局常委写了一封信，并附上他准备在"两案"审判工作汇报会上的讲话要点。讲话要点提出：第一，"两案"两伙人是相互勾结、相互利用的一个反革命阴谋集团。不把"两案"合在一起搞，难于搞清其罪行。第二，要把林彪、"四人帮"的罪行和党在工作中的错误严格分开。第三，审判必须以事实为依据，不是靠想象和推理。第四，"两头抓麻杆"，亦即要抓住两个头绪的问题，一是他们歪曲篡改党中央、毛主席指示的情况下所犯的罪行，二是他们背着党中央、毛主席所犯的罪行。

对彭真的讲话要点，中央政治局常委华国锋、叶剑英、邓小平、李先念⑥、胡耀邦、赵紫阳都圈阅同意。

---

① 参见《缅怀彭真》，中央文献出版社1998年版，第385页。

② 刘复之，曾任文化部副部长，全国人大法制委员会第一副秘书长，公安部副部长，中共中央委员，公安部部长。

③ 凌云，时任公安部副部长。

④ 洪沛霖，时任江苏省副省长兼公安厅厅长。

⑤ 参见《彭真传》，中央文献出版社2012年版，第1373页。

⑥ 李先念，1983年6月当选为中华人民共和国主席，是继毛泽东、刘少奇之后，中华人民共和国第三任国家主席。

国家主席刘少奇被迫害致死，是共和国历史上的最大冤案。彭真逐件看完全部材料，理清了来龙去脉。最初策划打倒刘少奇的是林彪。后来，江青直接指挥控制"刘少奇、王光美①专案组"，滥捕无辜，刑讯逼供，制造伪证。彭真说，事实证明了林彪、江青相互勾结的性质，也提供了他们诬蔑、迫害刘少奇的铁证。

彭真认为，选准突破点是启动预审的关键。预审班子倾向于直奔要害，从审讯他们诬蔑刘少奇主席开始，进而审讯他们诬蔑周恩来、邓小平等问题。这样做，既抓住要害，又借助有利形势。中央刚为刘少奇主席平反，开过追悼大会。江青看过报道后失眠，要了安眠药，夜间还尿了床。她应当知道自己的一些阴谋手段已经暴露。应当抓住有利时机打好初战。彭真肯定预审组提出的这个突破点选得好。他认为，他们阴谋篡党夺权的关键是诬蔑打倒党和国家的重要领导人。他们诬蔑的刘少奇、朱德、周恩来、邓小平，包括国家主席、委员长和总理，三个党的副主席，一个党的总书记。打倒这些人就是篡夺党和国家最高领导权。这是带有全局性的问题，打胜了，就奠定了预审工作的胜利基础。②

关于审讯方法，彭真指出：可以向他们讲，现在中央决定要处理他们的问题，他们应老老实实地把问题讲清。告诉他们，处理的原则是实事求是，我们也有能力实事求是。事实为根据，法律为准绳。处理得轻重，要看罪行和现在的表现，看悔改的程度。先不用公检法的名义，以后选适当时机向他们宣布交付公安部预审。

1980年5月下旬，对"两案"10名主犯的预审开始。对"四人帮"的预审在秦城监狱进行。对黄永胜、吴法宪、李作鹏、邱会作的预审在总政看守所进行。预审工作难度很大。江青气焰嚣张，说审判她就是"反对毛主席"。张春桥、姚文元拒不认罪。

彭真始终牵挂着预审的进展情况。在烈日炎炎中，从市区到秦城，常有一辆挂着"辰午10614"牌号的"红旗"轿车朝发夕归，来来往往。彭真经常通过闭路电视察看预审情况，现场指导预审工作。彭真强调最多的是办案证据。他反复指出，要依法办案，以事实为依据，以法律为准绳。要把预审与调查取证结合起来。对起诉意见书作为证据的2136件原始书证、物证和证人证言材料，

---

① 王光美，刘少奇夫人，曾任全国政协常委。

② 参见《彭真传》，中央文献出版社2012年版，第1380—1381页。

彭真一概亲自过目。其中，凡是案犯与证人说法不一致的，又没有确凿证据判明真伪的，均不予采用。

写好起诉书是一件大事。认真细致的预审工作，为起草起诉书打下坚实基础。彭真仔细看了中纪委起草的经过讨论修改的起诉书，对中纪委所做的工作予以充分肯定。

经过多次讨论修改，到8月底，起诉意见书基本定稿。邓小平听了彭真汇报后说，这个起诉书可以用。彭真考虑到"两案"审判准备工作已基本就绪，便向政治局常委会议提出"卸任"请求，意在让司法机关依照法律独立运作。邓小平说，这个案子"投鼠忌器"，务必抓紧抓好。还是请彭真同志一抓到底吧！

9月29日，第五届全国人大常委会第十六次会议决定成立最高人民检察院特别检察厅和最高人民法院特别法庭，负责审判林彪、江青集团案。任命最高人民检察院检察长黄火青任特别检察厅厅长，喻屏①、史进前②为副厅长。任命最高人民法院院长江华兼任特别法庭庭长，伍修权③、曾汉周④、黄玉昆⑤为副庭长，曾汉周为第一审判庭审判长，伍修权为第二审判庭审判长。同时决定，特别法庭的判决为终审判决。

11月17日，彭真在对审判林彪、江青集团特别法庭旁听人员讲话中再次指出："这次审判，首先必须实事求是地区分好人犯错误与坏人做坏事，区分领导上所犯的错误与林、江反革命集团所犯的罪行，这是一条根本的原则。特别法庭只审判林、江集团的罪行，不审理党内、人民内部的错误，包括路线错误，不解决党纪、军纪、政纪的问题。后者不是法庭职权范围的问题，而是需要另行处理的问题。"⑥

在中共中央和以彭真为主任的"两案"审判指导委员会的正确指导下，"两案"审判获得巨大成功。1980年11月20日至翌年1月25日，最高人民法院特别法庭开庭公审林彪、江青两个集团的10名主犯。判处江青、张春桥死刑，缓期2年执行，剥夺政治权利终身；判处王洪文无期徒刑，剥夺政治权利终身；判处其

---

① 喻屏，时任最高人民检察院副检察长。
② 史进前，时任解放军总政治部副主任。
③ 伍修权，时任解放军副总参谋长。
④ 曾汉周，时任最高人民检察院副检察长。
⑤ 黄玉昆，时任解放军总政治部副主任。
⑥ 《彭真文选》，人民出版社1991年版，第392页。

他7名罪犯有期徒刑，分别为姚文元20年，陈伯达18年，黄永胜18年，吴法宪17年，李作鹏17年，邱会作16年，江腾蛟①18年，均剥夺政治权利5年。这次审判体现了社会主义法制的尊严，伸张了正义，表达了人民的意志，是一次很好的司法实践。

十九、领导建立良好的社会治安秩序

政法工作是彭真的老本行。"文化大革命"前他分管政法，1979年9月中央政治局分工他联系公安部、民政部、司法部、最高人民法院、最高人民检察院党组。领导政法工作对彭真而言既是一副重担，又属于轻车熟路。

1980年1月24日，中共中央决定，撤销中央政法小组，成立中央政法委员会，彭真任书记。中央政法委员会的成立，对于全国政法系统统一指挥、统一行动、相互配合、协同作战有了重要的组织保证。2月6日，彭真主持召开中央政法委员会第一次会议。他指出：中央政法委员会做什么？第一，给中央当参谋，调查研究提出意见，提出工作计划。第二，做组织工作。中央决定方针、任务后，我们要组织政府各部门去执行，统一认识，统一行动，互相配合，协同作战。第三，给中央做秘书工作，承办中央交办的事情。怎样才能完成任务？要沟通，不要封锁。要多谋善断。要知人善任。要充分发扬民主。②

十年动乱结束后，社会治安混乱状况严重。仅1979年9月至11月，一些大城市就连续发生恶性案件。9月9日，上海一伙歹徒寻衅闹事，围攻打伤民警，抢警具，砸汽车，劫持侮辱摧残过路女青年。9月11日，天津40多个歹徒封锁道路，拦截抢劫，殴打行人，一个多小时打伤、砍伤群众14人。9月22日夜，太原5名歹徒在市区拦路抢劫9次，一女青年被轮奸，另一人被刺伤。10月16日晚，南京一歹徒袭击一对男女青年，将男青年推下15米高的城墙摔残，将女青年砸昏抢劫强奸后扔下城墙。北京、广州等地也发生类似恶性案件。

1979年11月12日，彭真致信华国锋、叶剑英、邓小平、李先念、胡耀邦，说：从调查的情况可以看出坏人如何严重破坏社会秩序，破坏安定团结局面的情

---

① 江腾蛟，曾任解放军广州军区防空军政治委员，空军军政治委员，1955年被授予少将军衔。"文化大革命"中参与林彪篡夺党和国家最高领导权的阴谋活动，1973年被开除党籍，撤销党内外一切职务。

② 参见《彭真传》，中央文献出版社2012年版，第1406页。

况。这个问题必须各方面齐心协力才能彻底解决。17日，中央政治局会议确定大力整顿社会治安，由彭真抓这项工作。11月19日，彭真主持召开中央政法机关第五次联席会议，传达中央政治局会议关于整顿社会治安的指示精神。

为了贯彻落实中央指示精神，维护社会治安，保护人民群众生命财产安全，彭真于11月22日至28日主持召开全国城市治安会议。彭真在报告中指出："要坚决打击大中城市中严重破坏社会秩序、危害人民安全的犯罪活动，迅速把社会秩序整顿好。""这次要集中力量打击最近期间作案的杀人犯、抢劫犯、强奸犯、放火犯和其他严重破坏社会秩序的犯罪分子。"要打得准，打得狠。会后，打击严重犯罪活动在全国展开。彭真到上海、广东调研，强调既要从重从快，又要搞准，要依法。以后又多次阐述"依法从重从快"的方针，强调：依法，就是以事实为依据，以法律为准绳；从重，是法律量刑范围内的从重；从快，是按照司法程序的从快。彭真还指出，我们判刑手要狠一点，对凶杀犯宽，就是对人民残忍。①

整顿社会治安过程中，有些地方仍在发生恶性案件。1981年4月2日，北京一名劳教外逃人员和两名无业青年尾随调戏三名女中学生后，又对他们进行猥亵强奸，被依法重判。彭真十分关注这一案件，告诫大家要充分认识形势的严峻。

1981年5月11日至22日，中央政法委员会在北京召开北京、天津、上海、广州、武汉五大城市治安座谈会。彭真指出，当前治安形势还没有根本好转，存在的问题还相当严重，群众很不满意，离保障安定团结、保障经济调整顺利进行的要求还差得远。

在推动整顿城市社会治安工作的同时，彭真提出要研究解决农村治安问题。1981年11月5日，彭真在《公安部情况反映》上看到河北、河南、黑龙江等地农村哄抢案件增多，立即将此件批送邓小平、胡耀邦、赵紫阳阅，并注明，农村治安问题迫切需要全面研究处理，已告苍璧等同志注意准备。11月10日，彭真同公安部副部长于桑、凌云及办公厅主任姚良谈话，要求他们对农村治安情况进行调查研究，准备材料。1982年5月下旬至6月上旬，彭真到四川视察时强调，农村治安需要抓一下。并指出：我国农村有八亿人口，八亿人的问题不解决，国家休想搞好。农村治安不搞好，就谈不上社会安定。

---

① 参见《彭真传》，中央文献出版社2012年版，第1413页。

1982年7月22日，全国政法工作会议在北京召开。社会治安问题成为会议热议的话题。彭真指出，近两年，社会治安有显著好转。但是，还有起伏，问题还不少。因而决不能放松。要搞好社会治安，需要城市、乡村全面抓紧。专门机关要与人民群众相结合。

从1979年底到1982年底，全国治安整顿工作进行了3年。如彭真所说，"有显著好转"，但"还有起伏，问题还不少"。1983年上半年，治安形势又显严峻。各地连续发生多起影响极坏的恶性案件。家住沈阳的王宗玮兄弟2人从2月12日开始，抢劫枪支，开枪打死4人、打伤3人后向南逃窜几个省，沿途又打死5人，打伤6人，直到9月8日被民警包围击毙。同年5月5日，卓长仁等6名劫机犯将从沈阳飞往上海的民航班机劫持到韩国，卓长仁等人又从韩国到了台湾。1983年1—5月，全国共发生重大刑事案件2.5万起，北京、天津、上海等18个大城市发案率又呈上升趋势。

1983年5月21日，中央同意彭真辞去中央政法委员会书记职务，由副书记陈丕显①接任。彭真一如既往关注政法工作。

1983年7月19日，邓小平和彭真在北戴河同刘复之②谈严厉打击刑事犯罪活动问题。邓小平指出：刑事案件、恶性案件大幅度增加，这种情况很不得人心。主要原因是对犯罪分子打击不严、不快，判得很轻。现在是非常状态，必须从重从快集中打击，严才能治住。彭真说，小平同志这个决心下得好，全党下决心，坚决贯彻这个决策，问题就好解决了。刘复之立即进行传达。7月29日至8月3日，中央政法委员会召开全国政法工作会议，贯彻邓小平、彭真同刘复之谈话精神，部署在全国范围内开展严厉打击严重刑事犯罪的斗争。8月25日，中共中央通过了《关于严厉打击刑事犯罪的决定》，要求以三年为期，组织三次战役，从重从快，坚决打击刑事犯罪。公安司法机关在党的领导下，从1983年8月到1987年初，持续进行了三个战役的"严打"，严厉打击、震慑了犯罪分子。全国治安状况明显好转。改革开放和社会主义现代化建设有了安全保障。1987年3月20日至4月2日，中央政法委员会召开全国政法工作座谈会。3月31日，彭真到会讲话，肯定了"这几年打击严重危害治安的犯罪和严重破坏经济的

---

① 陈丕显（1916—1995），中国共产党第十二届中央委员会书记处书记，第六届全国人大常委会副委员长，中顾委常委。

② 刘复之时任中共中央委员、公安部部长。

犯罪，大有成绩"。强调今后工作要从实际出发，一切行之有效的专政手段和方法都不可丢掉。①

二十、主持起草 1982 年宪法

主持全面修改1978年宪法，是彭真接手的又一件大事。

新中国成立后，先后出台了三部宪法。1954年制定的第一部宪法，是一部比较好的宪法。1975年又制定了第二部宪法，这是"文化大革命"的产物，存在严重问题。粉碎"四人帮"以后，很快又制定了1978年宪法。两年后，这部宪法已不能适应党的十一届三中全会后新时期的需要。1978年宪法继续肯定"文化大革命"，坚持以"无产阶级专政下继续革命"的理论为指导。这些问题与新时期客观实际很不适应，对党的新时期方针、政策的贯彻执行形成阻碍。

1980年8月18日，中央政治局召开扩大会议。邓小平在会上发表题为《党和国家领导制度的改革》的重要讲话，表明中央正在考虑进行的重大改革的第一项就是将向全国人大提出修改宪法的建议，同时阐明了修改宪法的必要性。根据邓小平的提议，这次会议做出决定，向即将召开的第五届全国人大第三次会议提出修改宪法的建议。

1980年8月30日至9月10日，第五届全国人大第三次会议在北京召开。中共中央向大会建议"对宪法作比较系统的修改"，并提出宪法修改委员会名单。会议决定成立宪法修改委员会，叶剑英任主任委员，宋庆龄、彭真任副主任委员，主持宪法修改工作。宪法修改委员会设秘书处，胡乔木任秘书长，吴冷西②、胡绳③、甘祠森④、张友渔⑤、叶笃义⑥、邢亦民任副秘书长。

---

① 《彭真年谱》第五卷，中央文献出版社 2012 年版，第398—399 页。
② 吴冷西，时任新华社社长。
③ 胡绳，时任中共中央党史研究室副主任，中央文献研究室副主任。
④ 甘祠森（1914—1982），曾任中国国民党中央委员会中央副主席兼秘书长，第五届全国政协常委兼副秘书长。逝世后，中共中央根据其生前志愿，追认他为中国共产党党员。
⑤ 张友渔，曾任中共北京市委副书记、常务副市长，中国科学院哲学社会科学部副主任兼法学研究所所长，中国社会科学院副院长，全国人大常委会法制委员会副主任、法律委员会副主任，宪法修改委员会副秘书长。
⑥ 叶笃义（1912—2004），安徽安庆人。1944 年 9 月加入中国民主同盟，曾任全国政协副秘书长，全国人大常委会法制委员会委员，民盟中央副主席兼秘书长。

这次宪法修改历时两年零三个月，大体可以分为三个阶段。一是提出修改草案，二是全民讨论，三是全国人民代表大会审议。提出修改草案花费时间较长，从1980年9月至1982年2月。这期间彭真正忙于"两案"审判工作和主持中央政法委工作。修宪的起草工作是由胡乔木具体负责的。彭真布置身边工作人员关注修宪工作的进展和动态，随时向他报告有关情况，并多次听取汇报。1981年5月3日，彭真在人民大会堂召集有关人员研究宪法修改问题，提出几个需要讨论的主要问题：一、国家体制本身，一院制还是两院制；检察院要还是不要；法院独立审判问题；中央与地方分权问题。二、民族区域自治方面的问题。三、政社分开还是合一。四、专门委员会设置问题。五、社会主义是否不如资本主义、修正主义的问题。彭真提出，对这些问题要分工进行研究。这期间，中共中央正在起草和讨论《关于建国以来若干历史问题的决议》。彭真十分关注并参与了《决议》的研究讨论。党的十一届六中全会通过历史问题决议之后，主持起草决议的胡乔木病倒休养，邓小平委托彭真主持宪法修改起草工作。

经过长时间广泛收集听取各方面的意见，彭真亲自主持逐条研究起草宪法的条文，明确提出这次修改宪法以1954年宪法为基础，而不以1978年宪法为基础，以利于彻底摆脱"文化大革命""左"的影响，避免不必要的争论。

1981年7月11日，彭真到北戴河休养。7月的北戴河，海水蔚蓝，空气清新。彭真名义上是来休息，而实际上却一直在为修改起草宪法忙碌。他连续听取宪法修改秘书处的汇报。汇报中谈到宪法中要不要写序言、人大代表人数、专门委员会设置、总纲、国家机构等各方面问题。汇报后，王汉斌对前段起草工作概括了三句话：总纲中的问题难写，权力义务分歧最小，国家机构争论较大。听完汇报，彭真就起草工作简要地讲了几点意见：一、你们脑子中要有点问题，首先把问题搞清楚，再研究怎么解决。二、"序言"还是要，不然历史任务、党的领导、指导思想不好写。三、起草时先主要搞"序言"、"总纲"。四、"序言"、"总纲"搞好了，给中央写个简要报告，再搞国家机构、权力义务。

8月13日，彭真从北戴河回到北京。由于过度劳累，患急性肺炎，高烧不退，于次日住进北京医院。8月20日，彭真在北京医院约胡绳、王汉斌谈宪法起草的组织工作，提出：秘书处要有一个班子，做"苦力"，研究中国的实际问题，人多了是搞不成的。在彭真提议下，组成了由胡绳负责，成员有王汉斌、顾明、项淳一、逄先知、顾昂然等人的工作班子。8月28日，彭真被转到三〇五医院治疗、恢复。在北京医院、三〇五医院治疗和恢复期间，从8月24日至9月28日，彭真先后八次同修宪工作组的有关人员研究修改宪法问题，并于9月3日至10日出席了第五届全国人大常委会第二十次会议。

为了排除一切干扰，集中精力修改宪法，彭真提出国庆节后宪法起草班子集中到玉泉山工作。10月3日，还在国庆节放假期间，彭真在人民大会堂召开秘书处工作组会议。彭真征得胡耀邦同意，把参加建国以来若干历史问题决议起草工作的龚育之、郑惠、有林、卢之超找来参加修改宪法。由于宪法要体现历史问题决议的精神，调这些人参加有利于工作。会上，彭真对修宪工作谈了几个大的原则问题：

一是，要从中国的实际出发。实际包括两个方面，一是现实的实际，一是历史的实际。讲历史，从本世纪以来，我国至少有四件大事是划时代的：孙中山领导的辛亥革命推翻帝制；共产党、毛泽东领导推翻三大敌人、建立新中国；废除了几千年的剥削制度；建立了独立的比较完整的工业体系。这四件大事要在宪法中表现和反映。

二是，宪法只能写现在能够定下来的、最根本的、最需要的东西。能定下来的有两类，一类是实践已经检验过了的，一类是有可能和必须实现的方面。

三是，宪法本身，先考虑内容，搞清实际，研究提出意见。内容定了，再仔细斟酌文字。意要称实，文要逮意，提出几个问题，请大家考虑：

第一，以1954年宪法为基础，包括一院制①、国家主席等问题。这个问题定下来，再具体进行工作。

第二，"四个坚持"，是宪法的指导思想，要理直气壮地坚持四项基本原则。这是个关键问题，在宪法中怎样表达？

第三，高度民主，高度文明，这是若干历史问题决议写了的，怎样表达，怎样条文化。

第四，基层政权。基层很重要。政社恐怕要分离。基层政权是议行合一，还是怎么搞，一套还是两套，下边设什么委员会，要考虑。

第五，全国人大常委会多数脱产即专职问题。

第六，全国人大设多少专门委员会。

第七，民族地方区域自治和全国团结统一问题。

彭真还谈了在修改宪法中发扬民主的问题。强调：不管谁说的话，不对的

---

① 一院制是针对国外议会上、下或参、众两院制而言的。

不算数，大家不同意的不算数。全国人大会议通过才算数。在讨论中，要畅所欲言，知无不言。这样，才能有一个真正广泛的民主的基础，和在民主基础上较为正确的集中。①

10月5日，彭真带领修改宪法的工作班子一起进驻玉泉山8号楼。

在开始修改宪法时，邓小平明确提出，必须把四项基本原则②写进宪法。在起草过程中，对是否要在宪法的条文中对此做出规定有不同意见。彭真经过反复考虑后提出，四项基本原则以在序言中加以阐述较为顺理成章。当时，的确有相当一部分人不赞成把党的领导写入宪法条文。有人提出，领导权的最终实现不能靠法律来规定，而是要靠党的正确政策和党员的模范带头作用。彭真主张把党的领导写入"序言"，而不在条文中做强制性规定。③

彭真亲自起草了宪法的"序言"。经过中共中央和宪法修改委员会多次讨论后，全国人大常委会将宪法草案公布，交付全国各族人民讨论了4个月。最后，又经宪法修改委员逐条讨论修改通过，提请第五届全国人大第五次会议审议通过。新宪法规定了今后国家的根本任务是集中力量进行社会主义现代化建设，确定了四项基本原则和改革开放的基本方针，体现了党在社会主义初级阶段的基本路线；对国家的政治体制、经济制度和改革开放作出了一系列重要规定，并对"一国两制"的战略构想作了原则规定，为设立特别行政区提供了法律依据。还规定了宪法具有最高的法律效力。

宪法的制定、修改既要从中国的实际出发，也要借鉴外国宪法的经验教训。彭真认为：宪法的制定一定要从中国的实际出发。实际包括两方面，一个是现实的实际，这是根本的，制定宪法要从这点出发；一个是历史的实际，主要是经验教训。彭真在五届全国人大五次会议召开前在同人民日报社负责同志的谈话中明确指出：这部宪法完全是从中国实际出发的，积30多年的经验，没有"文化大革命"写不出来。宪法中保护公民人身自由的规定"禁止非法剥夺或者限制公民的人身自由"，就是针对"文化大革命"中动不动就办"学习班"，不许回家的实际现象而定的。"公民的人格尊严不受侵犯。禁止用任何方法对公民进行侮辱、诽谤和诬告陷害"，是针对"文化大革命"中那种戴高帽、

---

① 参见《彭真传》，中央文献出版社2012年版，第1445页。

② 四项基本原则：坚持社会主义道路，坚持人民民主专政，坚持共产党的领导，坚持马列主义、毛泽东思想。这是1979年3月30日邓小平在理论务虚会上的讲话中提出的。

③ 参见《彭真传》，中央文献出版社2012年版，第1449—1451页。

挂黑牌、剃阴阳头、用"大字报"胡编别人隐私进行人身攻击等行为而作的规定。彭真也非常重视借鉴外国宪法的经验教训。他指出：要研究外国的经验教训，吸取其中精华、好的对我们有用的东西，不能"吸毒"，也不要吸取糟粕。在宪法修改过程中，彭真指示宪法修改委员会秘书处收集各国全套法典。秘书处共收集了35个国家的宪法文本和大量其他有关资料。①

1981年12月19日，彭真向邓小平、胡耀邦并中央写了《关于宪法修改草案几个问题的报告》。23日，又对这个报告做了修改补充后正式报送中央。报告对"四个坚持"是宪法总的指导思想、国体政体、国家主席问题、民族区域自治问题、城乡基层政权问题等16个问题做了说明。

至1982年2月下旬，经过一年零四个月的努力，形成了宪法修改草案的讨论稿。

从1982年3月9日开始，宪法修改委员会分组讨论宪法修改草案讨论稿。委员们和列席人员对讨论稿总体内容和结构基本肯定。不同意见和修改意见有上百条，主要是：

一是关于知识分子问题。有人主张把总纲中关于国体"以工农联盟为基础"改为"以工人、农民和知识分子为基础的联盟"，认为30年来，绝大多数知识分子已经站在工人阶级一边。

二是关于宗教信仰自由的规定。宗教界人士提出把讨论稿中"保护正常的宗教活动和宗教仪式"中的"仪式"改为"场所"。认为宗教活动已经包括宗教仪式，而宗教场所受侵占的情况大量存在。

三是关于国家领导人的任期。讨论稿规定国家主席、委员长任期为两届，总理为三届。认为应当统一规定为不超过两届。

四是关于"国家主席统帅武装力量"的规定，仅此一句话，没有下文。建议党的中央军事委员会改为国家机构，国家主席兼任军委主席通过军委去统帅。

根据各方面的意见，彭真在玉泉山坐镇指导和处理对宪法讨论稿的修改。大小问题的修改有83处。较大的修改是：关于宗教信仰自由，规定了公民信教和不信教的自由等内容。关于国务院组成和领导体制，规定国务院总理任期不得超过两届。增加"中央军事委员会"一条，使中央军委成为国家体制的

---

① 中共北京市委党史研究室编：《彭真在北京》，中央文献出版社2002年版，第418页。

一部分。关于知识分子，由于知识分子不是一个阶级，不宜与工农并列。①

讨论稿中关于"反对大民族主义和地方民族主义"的提法，常委会有些少数民族成员提出不同意见。提到过去有人被错误地戴上"地方民族主义"的帽子，虽然平反了，但伤了感情。彭真十分重视他们的意见，修改中删去了"反对大民族主义和地方民族主义"这句话，并增写了"在维护民族团结的斗争中，要反对大民族主义，主要是大汉族主义，也要反对地方民族主义。国家尽一切努力，促进全国各民族的共同繁荣"②。

1982年5月4日，彭真在人民大会堂主持召开省、自治区、直辖市人大常委会负责人座谈会，部署全民讨论宪法修改草案的组织工作。全国有几亿人参加了宪法修改草案的讨论。彭真指示宪法修改委员会秘书处把全民讨论的意见汇编成5大册，供修改时参考。彭真仔细看了这些材料，专门听取了全民讨论情况的汇报。在彭真主持下，对若干重大问题进行了仔细研究，提出了方案和处理意见。

胡乔木提出，建议取消检察院，检察院并入司法部。因为其职能同属司法，应予精简。彭真对此十分重视，立即布置予以研究，提出意见。1982年10月25日，邓小平约赵紫阳、彭真、胡乔木、杨尚昆、陈丕显、万里③开会，讨论检察机构设置和有关问题。多数人对胡乔木意见持保留态度。邓小平明确表示，"检察院仍维持现状，不与司法部合并"。胡乔木放弃个人意见。④

1982年11月25日，第五届全国人民代表大会第五次会议在人民大会堂开幕。宪法修改委员会副主任彭真受叶剑英主任委托，代表宪法修改委员会向大会作《关于中华人民共和国宪法修改草案的报告》。从11月27日开始，大会分团审议宪法修改草案。12月4日，大会全体会议3040人以仅有3张弃权票，没有反对票的投票结果，通过了《中华人民共和国宪法》。

这部宪法是新时期治国安邦的总章程，是合乎国情、符合全国各族人民的共同意志和根本利益的根本大法。实践证明，从总体上看，这是一部具有中国特色的、适应改革开放和社会主义现代化建设需要的、长期稳定的宪法。

---

① 参见《彭真传》，中央文献出版社2012年版，第1463—1464页。
② 参见《彭真传》，中央文献出版社2012年版，第1465—1466页。
③ 万里，曾任国务院副总理，中央政治局委员，中央书记处书记，后任全国人大常委会委员长。
④ 参见《彭真传》，中央文献出版社2012年版，第1476—1477页。

二十一、为民作主的委员长

1983年6月6日至21日，第六届全国人大第一次会议在北京人民大会堂举行。这是依据1982年宪法和修改后的选举法选举产生的代表举行的首届全国人民代表大会。大会选举产生了新一届国家领导人，彭真当选为全国人大常委会委员长。

在6月21日大会闭幕会上的讲话中，彭真提出，要动员一切力量，从各方面保证宪法的实施；要按照宪法的规定，加强社会主义民主和法制建设；工人、农民、知识分子团结起来，集中力量进行社会主义现代化建设。

彭真继续为健全法制不遗余力地工作。他思考着怎样从全局上认识整个国家的发展历程和现实发展阶段，以及全国人大常委会的工作如何适应这个发展大局的问题。20世纪80年代中期，中国处于大变革时代。用立法保障改革开放成为立法工作面临的首要任务。为此，彭真曾进行了两个月的深思熟虑。提出的办法是授权国务院在经济体制改革和对外开放方面可以制定暂行的规章和条例。全国人大常委会就此做出正式决定。政府认为哪些方面的改革应以法律来保障，就可以酌情制定有关政策法规，在适当时机再由全国人大制定成法律，以免由于立法程序滞后影响改革开放的进程。1984年，彭真为草拟国营企业法奔赴各地进行调查研究长达两个半月。据统计，第六届全国人大及其常委会制定法律、条例以及有关法律的决议、决定共63件。全国人民代表大会制度的大踏步迈进始自第六届，始自20世纪80年代中期。彭真对地方性法规的制定也极为重视。自1979年后的10年间，各地制定的地方性法规达6000余件。地方性法规是国家法律的重要补充，在法律建设中起了重要作用。

20世纪80年代初，在中国农村新旧体制转换时期，彭真提出健全村委会的思想。当时，全国村级组织涣散面达30%以上，个别地区高达70%，干群关系不融洽。有人用四句话来形容农民对村干部的态度："不批不斗不怕你，有吃有穿不求你，有了问题就找你，解决不好就骂你。"针对农村基层屡有发生的干部欺压群众或群众殴打谩骂干部的现象，彭真认为必须在基层实行群众自治，没有基层直接民主，社会主义民主就缺乏全面的巩固的群众基础。

党的十一届三中全会后，家庭联产承包责任制在全国农村逐步推行。在一些农村，生产大队、生产队出现瘫痪、半瘫痪局面。土地承包到户后，小学校、五保户、修路、办水利、农村林业、农户用水、宅基地使用等方方面面的问题都有赖于一种新的组织形式。这种新的农村基层组织形式率先在广西河池地区出现。河池地区的宜山县和罗城县农村，在生产大队、生产队失去作用的情况下，一些村民便自己组织起来，选出村民委员会，为全村办事，颇有权威。彭真指示全国人大法制委员会和民政部前往调查。经过调查研究，彭真亲自提出并最终修改定稿的《中华人民共和国宪法》第111条规定："城市和农村按居民居住地区设立的居民委员会或者村民委员会是基层群众性自治组织。居民委员会、村民委员会的主任、副主任和委员由居民选举。"从此，村民委员会和居民委员会这两个基层群众自治组织有了宪法地位。①

　　宪法通过后，彭真又几次提出，为了实行好基层自治，还需要像当年对居民委员会那样，为村民委员会制定一个单行法。1983年到1986年，民政部相关人员进行了大量调查研究工作，起草了村民委员会组织条例(草案)。全国人大常委会会议在对草案的审议中，对草案说明中"村民委员会是基层群众性自治组织"，"乡、镇政府与它的关系不是领导关系，而是指导关系"持不同意见。发生了自治组织与政权组织、指导关系与领导关系之争。彭真提出，村民委员会涉及8亿农民的切身利益，应提到代表大会上审议通过。1987年3月25日，第六届全国人大第五次会议开幕。代表们在审议村民委员会组织条例(草案)中气氛热烈，争论很大。焦点集中在"指导关系"的规定。反对者担心乡镇政府政令如何贯彻到底，支持者强调真正体现符合宪法精神的民主自治。4月11日，大会原则通过《中华人民共和国村民委员会组织法(草案)》，全国人大常委会审议修改后颁布试行。广泛征求意见后，1987年11月23日，彭真在全国人大常委会第23次会议上讲话。这次讲话有两个新论点。一是把村民自治与人民代表大会并列，称为人民当家作主的两个基本方面，并且把村民自治视为整个社会主义民主的全面的巩固的群众基础。二是把村民自治、实行直接民主，视为8亿农民的"民主训练班"，使之在民主的实践中学会如何实行民主，并且在这个基础上扩大民主的范围，真正体现出人民当家作主。②1987年11月24日，全国人大常委会第三次会议通过了《中华人民共和国

---

① 参见《彭真传》，中央文献出版社2012年版，第1514—1515页。
② 参见《彭真传》，中央文献出版社2012年版，第1533—1535页。

村民委员会组织法 (试行) 》。作为村民自治组织、与乡镇政府属于指导关系的村民委员会有了单行法予以保障。办好村民委员会、居民委员会是国家政治体制的一项重要改革。

在完备村民自治法律的同时, 彭真又致力于中国 "民告官制度" 的建立。1982年, 在民事诉讼法起草修订过程中, 有人向彭真汇报, 老百姓说, 官告民一告一个准儿, 民告官欲告没有门儿。这种说法使20世纪50年代曾在莱场听市民骂街的老北京市长坐卧不安, 彭真决意从法律上解决这个问题。

从1979年开始, 彭真直接领导和主持了民事诉讼法的制定。民事诉讼法属于民事程序方面的基本法。现实生活中发生的许多问题和纠纷需要靠民事诉讼法规定的程序解决。法制委员会成立由高克林领导的民事诉讼法起草小组, 从1979年9月开始工作。至1980年底, 起草小组拿出了民事诉讼法草案第三稿, 由县以上有关业务干部进行讨论。起草小组遇到的种种问题, 随时向彭真汇报解决。如何在民事诉讼法中确立调解委员会的作用, 是彭真十分关注的问题。他指出, 民事纠纷一般通过调解委员会解决, 这是我国很重要的经验和制度。调解委员会解决大量的问题, 便利群众, 有利生产, 有利团结, 不花钱, 不费事。在民事诉讼法中, 要给调解委员会以法律地位, 把调解委员会的制度定下来, 法律化, 制度化。根据彭真建议, 民事诉讼法起草小组最后决定在 "总则" 第一章加写一条, 明确 "人民调解委员会是在基层人民政府和基层人民法院指导下, 调节民间纠纷的群众性组织。" 并就说服教育、执行协议、调节不成向人民法院起诉等问题做了明确规定。彭真强调: 民事诉讼法要有两个便利。一个是要便利司法机关办案, 有章可循; 一个是要千方百计便利老百姓打官司。①

民事诉讼法在起草过程中, 建立 "民告官" 的行政诉讼制度的条件还不成熟。彭真提出用民事诉讼的程序解决行政诉讼的问题。最后通过的民事诉讼法规定: 人民法院受理法律规定可以起诉的行政诉讼案件。这个规定意在解决行政诉讼法正式出台以前的 "民告官" 问题。1988年, 中国的 "民告官法" ——行政诉讼法颁布时, 彭真已经卸任。但这部法律是在彭真任委员长期间基本完成起草的, 中国的行政诉讼制度也是从民事诉讼法颁布之时开始建立的。

---

① 参见《彭真传》, 中央文献出版社 2012 年版, 第1564页。

彭真思考已久的一个重要问题，是他的"大转变"思想。这个思想的中心内容是，新的国家政权成立之后，中国共产党的历史地位发生了根本性的变化，作为执政党，必须改变在革命战争时期实行直接领导和只能依靠政策来领导的方式。党不是国家政权机关，不能向人民发号施令。凡是关系国家和人民的大事，不能只是党内作决定，而要同人民商量，经过国家的形式把党的政策转化为国家的政策。彭真认为，这个过渡和转变带有根本的性质。在"大转变"中推进人大工作，是复出后的彭真主持全国人大常委会工作的基本思路。①

彭真担任全国人大常委会委员长后，第一个难度大的立法项目是专利法。在邓小平、彭真指导下，立法工作机构对专利法进行了深入研究，经过两次常委会会议审议，不仅对草案的一些实质内容做了重要修改，而且对草案的结构动了大手术。使最后出台的专利法脉络清晰，通俗易懂，便于操作。

彭真在长期领导立法工作中，不断总结经验，提出了与国情相适应的立法工作指导思想和基本原则。其要点是：法是上层建筑，是由经济基础决定的，又反过来为经济基础服务，立法要保障和促进社会主义现代化建设的顺利进行，保障和促进生产力的发展；立法必须根据党的方针政策，把成熟的政策用法律形式固定下来；立法必须以马克思主义为指导，必须加强法学理论研究；立法要研究、借鉴古今中外的经验，吸收其中有益的东西为我所用；立法要以最大多数人的最大利益为根据，要面向广大工农群众，为他们而立法；立法要从中国的实际出发，解决实际问题，有自己的体系，又要经受社会实践的检验。彭真十分重视在立法工作中深入进行调查研究。为了领导制定全民所有制企业法，他亲自到浙江、上海、江苏和东北三省进行实地调查研究。调查研究中，他指出，看问题，第一要客观，不要主观；第二要全面，不要片面；第三要看本质，不要只看现象。

彭真从我国实际情况和需要出发，总结历史的经验教训，提出了一系列改革和完善立法体制的措施，通过修改宪法和制定有关法律把它确立下来。第一，明确规定了法律的不同层次、地位和效力：即由全国人大及其常委会制定法律，国务院制定行政法规，省级人大及其常委会制定地方性法规，国务院各部委和省级政府制定规章。第二，扩大全国人大常委会的立法权。全国人

---

① 参见《彭真传》，中央文献出版社 2012 年版，第 1570—1573 页。

大制定刑事、民事、国家机构和其他的基本法律；全国人大常委会制定和修改除应当由全国人大制定的基本法律以外的其他法律，并可对全国人大制定的法律进行部分补充和修改。第三，赋予省、自治区、直辖市人大及其常委会制定地方性法规的权力。第四，规定国务院可以制定行政法规，并授权它可以在经济体制改革和对外开放方面制定暂行的规定或条例。第五，对全国人大和全国人大常委会制定的法律，国务院和省级人大及其常委会还可以或者还需要制定实施细则或实施办法。第六，规范全国人大常委会审议法律的程序。

彭真认为，中国的法制建设不是一朝一夕的事情，主张把法律交给老百姓。他特别强调"法律要备而不繁，简明扼要，便于群众掌握"，"要便利老百姓打官司"，"法律为人民所掌握就会变成维护社会主义民主和法制的强大力量"。①

1985年到1986年，第六届全国人大常委会立法工作进入高峰期。一些问题复杂、难于处理的法律案相继提出，彭真连续直接出面解决了民法通则、破产资源法、破产法等重大立法难题。其中，民法通则是仅次于宪法的基本法。

民法起草小组是在1979年11月3日成立的。对民法的起草，彭真主张与民事单行法同时并进，两条腿走路。至1982年5月，民法起草小组已经提出了第四稿民法草案。由于承担起草工作的负责人的人事变动，民法起草小组一度解散。至1983年，彭真再度提出要尽快制定统一的民法。邓小平也表示同意。相关部门为起草民法进行大量准备工作。1984年10月9日，彭真再次提出，现在我们要制定的民法可以叫民法总则。强调：起草民法总则，要把握三条原则，一要从实际出发，二要充分发扬民主，三要注意经得起实践检验。彭真还提出，到1985年秋天，要争取把民法总则的草案拿出来。②在彭真亲自指导和关注下，由全国人大法工委主持，民法总则起草工作正式开始。由于民事权利问题比较复杂，民法总则难以概括，彭真遂提议将民法总则改为民法通则。到1985年10月，民法通则（草案）已经基本成熟。10月25日，彭真主持委员长会议，决定将民法通则（草案）提请第六届全国人大常委会第十三次会议审议。在全国

---

① 《缅怀彭真》，中央文献出版社1998年版，第385—386页。

② 参见《彭真传》，中央文献出版社2012年版，第1546—1547页。

人大联组会议讨论民法通则(草案)时,与会人员普遍认为,制定民法通则十分必要,并提出意见和建议。经彭真提议,全国人大法律委员会和全国人大常委会法工委于12月4日在北京联合召开民法通则(草案)座谈会,逐条讨论,发扬民主,集思广益。会后根据所提意见和建议对草案进行了较大增删修改。为了处理好民法通则与经济法的关系,按照彭真要求,全国人大常委会法工委于1986年1月21日至30日连续召开专家座谈会。经过会上和会后讨论研究,对经济学界的意见做了澄清,总体上划清了民法与经济法的界线,为民法和经济法的立法理出了思路。制定民法通则在争论中尘埃落定。1986年4月12日,第六届全国人大第四次会议通过《中华人民共和国民法通则》,并定于1987年1月1日起正式实施。

彭真就任委员长后,最为关注的问题之一是如何保障和监督宪法的实施。他首先要求全国人大常委会自己要严格按照宪法办事。其次,要求各个国家机关检查是否存在不符合宪法的问题。再次,全国人大常委会对出现的不符合宪法和法律的事情,从开始"提醒注意"、"进行批评",到抓住典型,采取措施,加以纠正。

加强青少年教育是放眼长远利国利民的大事。1986年1月举行的第六届全国人大常委会第十四次会议上,57名委员提出国家财政增拨15亿元用于中小学教育,以支撑义务教育法实施的议案。第六届全国人大四次会议又有47名代表提出增拨教育经费的意见和建议。彭真认为这是一件该办的大事。国务院答复,国家财政比较困难,增拨15亿元不现实。"七五"计划预算已定,难以拿出这一大笔钱。在有人提出压缩基建投资、削减高教经费、缓建全国人大常委会办公楼等建议后,彭真派人与国务院协商,并得到胡耀邦总书记支持,问题得到解决。国家先行拨付6.5亿元教育经费,后又决定"七五"期间由中央财政安排补贴地方发展师范教育、义务教育专款6.5亿元,合计增拨13亿元。至此,在彭真和全国人大常委会的坚持和协调下,增拨教育经费问题终于有了着落。

彭真在致力于领导制定法律、普及法律、监督执法等法制建设工作的同时,也十分重视全国人大自身的建设。作为第四任全国人大委员长,他指出:人大常委会的工作,要不越权又不失职,人大和它的常委会对政府工作该管就管,少一事不如多一事;日常工作问题,多一事不如少一事;不要代替政府工作,不要不恰当地干扰政府工作。方针不是"唱对台戏",也不是不问是非的

"橡皮图章"，要通过法律确定的国家制度，使人民把国家的命运掌握在自己手里。第六届全国人大及其常委会本着这一原则，在20世纪80年代中国大变革的时期强化了全国人民代表大会这一中国的根本政治制度。5年间，中国县以上行政区域内普遍设立了人大常委会。人大制度的完善一方面强化了中国的民主与法制建设，一方面实实在在地推进了中国政治体制的改革。

1986年5月，84岁高龄的彭真委员长回到故乡。彭真冤案于几年前被平反后，垤上村一些人十分担心因自身的过错而受到打击报复。尤其是"文化大革命"中把彭真的家庭成分毫无道理地由下中农改为地主和与迫害其母亲、弟弟、侄子有牵连的人，更不免心中惴惴不安。尽管彭真对含辛茹苦抚养自己长大成人的母亲深怀思念之情，对在"文化大革命"中自己的亲属遭受的不幸深感悲痛，但他在同垤上村的干部、群众座谈时，却明确要求乡亲们不算"文化大革命"时的旧账，把那些旧仇宿怨统统扔掉，团结起来，干社会主义，搞物质文明、精神文明。彭真以身作则，不计前嫌，引导亲属和群众向前看，一席话给垤上村带来了安定祥和。反映了他不计个人恩怨，始终以国家和人民利益为重的广阔胸怀。

彭真在担任全国人大委员长的5年间，共视察了全国20个省、自治区和直辖市。并曾率团出访朝鲜和日本。此时，彭真已年过八旬。

早在1983年1月24日，彭真回忆了他在太原接受马克思主义和入团入党的过程。他在给《山西青年》杂志的亲笔信中写道："(一) 粗浅的唯物史观知识，使我确信：人类历史发展的必然性是最后进入共产主义社会。这是历史自己的道路，也是中国唯一的出路。自己决心走这条路。(二) 要走这条路，必须接受无产阶级先锋队——共产党的领导，服从党的纪律，为党为革命牺牲个人的一切。自己决定这样做。(三) 这就必须用无产阶级思想与马列主义不断改造自己，清除各种非无产阶级思想，必须深入群众。当时，实际是深入工人中去，锻炼改造。"[1]

彭真所写的这一段文字看似简单，实际上是他70多年奋斗历程的真实写照。

---

[1] 原件存《山西青年》杂志社。

二十二、卸下委员长重任之后

从党和国家领导人的工作岗位上退下来之后，彭真依然在忙碌着、工作着。

1987年10月25日至11月1日，彭真出席中共十三大，任大会主席团常务委员。大会批准一批年事已高的领导人退出中共中央领导机构。彭真退出中共中央委员会和中央政治局。1988年三四月间，第七届全国人大由万里接任委员长。

彭真卸下委员长重任之后，一如既往关心国家大事，为国家的长治久安操心出力做贡献。

1990年11月24日，彭真致信乔石并抄送江泽民，就公安体制改革问题提出6条意见。（一）要强调严格区别和正确处理两类矛盾。除对危害社会治安的违法犯罪、违警案件外，不要动用警察手段。（二）要在公安干警中继续发扬人民警察爱人民的传统，进一步密切警民关系。（三）整顿治安要两手。一手是对严重危害社会治安的犯罪分子要依法"严打"，另一手是切实深入发动依靠群众自我教育。教育人改造人。（四）公安、安全部门密切协作。（五）建立国家统一的警察体制，提高公安干警的素质能力。（六）各级公安机关党组织尤其需要紧紧依靠各级党委的领导，重大问题及时报告请示，以取得党委的领导和支持。①

1991年6月17日，彭真致信邓小平，信中说，提出下列意见供参考：（一）把经济搞上去，现在关键是国营大中型企业要搞活，要发展。根本问题是要把供给制影响下束缚下的产品生产转变为社会主义计划指导下的商品生产。重要的基础技术、设备制造业，要集中力量，有组织、有计划地攻关。（二）按价值规律调整价格，取消"双轨制"。取消妨碍商品流通的环节、关卡、苛杂。（三）制定统一的税法。邓小平回复：意见很好。已转江泽民、李鹏、朱镕基参考。②

中共十一届三中全会后，中共中央先后批准出版包括彭真在内的9位领导人的文选。彭真对身边工作人员特别提示："整理我的东西，你们不能随便

---

① 《彭真年谱》第五卷，中央文献出版社2012年版，第469—470页。
② 参见《彭真传》，中央文献出版社2012年版，第1661页。

改。不能用现在的看法改当时的思想。这就是历史。"①45万字的《彭真文选》收集了彭真1941年至1990年的重要文章、电报、讲话共90篇。彭真将这些文章一一反复看过,少则三遍,多则七八遍,一个字一个字地看,标点符号也不放过。1991年5月30日,《人民日报》发表"《彭真文选》介绍"一文。1989年1月出版了《论新时期的社会主义民主与法制建设》,该书共收录了彭真1979年至1988年的重要讲话共44篇。1992年1月,《站在革命和建设的最前线》(彭真同志关于北京工作的言论选编)出版,该书收录了彭真1948年到1965年的讲话、文章共48篇。1992年3月,出版了《论新中国的政法工作》,该书收录了彭真1948年至1990年的重要讲话、报告共71篇。

从《彭真文选》和上述三本专集中可以看出,反映彭真的革命实践活动的全部讲话和文章,一以贯之的一个基本指导思想,就是实事求是。彭真的理论素养具有鲜明的实践特色,是从具体实践中总结出规律,又让它指导具体实践的。1991年初,在《彭真文选》定稿时,彭真对工作人员说:"我是做实际工作的,不是理论家。人们常说理论联系实际,我是实际联系理论。在实际工作中遇到问题,就用马克思主义的立场、观点、方法去分析它、解决它。处理完一件事,再去处理另一件事,几十年就是这样过来的。""理论是从实际中来的。新的实际产生新的理论,并且根据新的情况发展理论、修正理论。历来如此。"②

彭真从党和国家领导人的工作岗位上退下来之后,仍然经常坚持看书学习,并与工作人员边谈边议。在读列宁的《共产主义运动中的"左派"幼稚病》时,他说:不论做什么工作,都必须为了群众,相信群众,依靠群众。坚持群众路线同坚持实事求是的思想路线是一致的。人民是历史的创造者,社会实践是群众的实践。凡属正确的领导,必须是从群众中来,到群众中去,集中起来,坚持下去。然后,再从群众中集中起来,再到群众中坚持下去,如此无限循环,认识一次比一次更正确、更生动、更丰富。忘记了全心全意为人民服务的宗旨,背离了群众路线,党和国家就会变质。这是全世界的共产党、特别是有了政权的共产党面临的一个共同的、根本性的关键问题。在这个关系党和国家兴衰成败的问题上,我们应该战战兢兢,如临深渊,如履薄冰,一点大

---

① 《缅怀彭真》,中央文献出版社1998年版,第388页。

② 《缅怀彭真》,中央文献出版社1998年版,第220页。

意不得。①他还多次对身边工作人员说：世界变化很快，国家变化很快，社会变化很快，思想不能僵化啊！僵化的标志就是固执，听不进不同意见，不能根据不断变化的实际情况不断修正自己的意见。人到老年，容易固执，思想僵化了，还自以为是。我已经八九十岁了，总有一天也可能因为对实际情况难以全部掌握而固执已见的。到那时候，只要你们一旦发现这种情形，就请你们拉住我，不要叫我讲话、做事，不然的话，对党不利，对人民不利。今天就算拜托诸位了。②

1991年1月至4月，彭真先后到浙江、上海、山东考察。3月18日，在从杭州至上海途中，专程到嘉兴南湖，登上中共一大纪念船，欣然写下了"世世代代高举马列主义毛泽东思想旗帜，为共产主义事业英勇奋斗"的题词。反映了他始终以国家和人民利益为重的广阔胸怀。

彭真的开明豁达、深谋远虑，不仅体现在对待党的工作和国家大事上，也体现在家庭生活中。他的子女有条件在"温室"中长大。但是他从不给子女以任何特殊化的待遇。独生女儿傅彦，自幼深得父母钟爱。为了利于女儿的成长，彭真把女儿从中直育英小学转到普通群众孩子较多的小学，也不许她报考云集了不少干部子女的中学。1962年困难时期，傅彦本来在家吃饭，彭真却安排她去学校吃饭，说"应该和大家在一起"。女儿放暑假期间，彭真到北戴河开会，傅彦本想借机与父亲一道去北戴河游玩，彭真却把女儿留在北京红星农场劳动锻炼。整个假期，傅彦都在红星农场养鸭子。女儿大学期间彭真又送她到北京顺义县参加"四清"，直到"文化大革命"开始。彭真也很少专为女儿添置衣服，而是捡妈妈、哥哥的衣服穿。大约是因为家教太严，女儿曾委屈、抱怨，甚至怀疑自己是不是捡来的。彭真笑笑对女儿说，你看看你自己，不高兴了是不是像我，高兴了是不是像你妈？静下来想一想，女儿毕竟也能理解父亲的心意。彭真的苦心安排，培养了女儿安心做一个普通人、淡泊名利的性格。"文化大革命"中，父母被投入监狱，一家人天各一方，傅彦也无辜地被"批斗"，后来被送到农场，又去插队，经历了从未受过的屈辱、歧视和磨难。彭真多年的良苦用心，培养了女儿能吃苦和对困难、逆境的承受能力。逆境中，傅彦不仅挺了过来，而且曾为解决父亲的冤案而多方奔走。

---

① 《缅怀彭真》，中央文献出版社1998年版，第223页。
② 《缅怀彭真》，中央文献出版社1998年版，第224页。

彭真病重期间曾对家人讲："我一生无憾,我们要愉快地告别,你们要继续奋斗。"直到病危,彭真还断断续续地说:"中国革命……马列主义……"①

1997年4月26日,彭真在北京逝世,享年95岁。

彭真逝世后,家里摆满了鲜花扎成的花圈,挤满了自发前来吊唁的人群。5月5日,人们涌上十里长街,为彭真送行。两万多人在八宝山向彭真作最后的告别。北京市的广大人民群众,对这位农民出身的老市长、共和国第四任全国人大常委会委员长,怀有依依惜别的深情。

赵 晋

---

① 《缅怀彭真》,中央文献出版社 1998 年版,第 481 页。

赛福鼎·艾则孜

赛福鼎·艾则孜，维吾尔族，1915年3月12日出生于新疆阿图什，是新疆少数民族代表人物。1944年参加新疆三区革命。1949年10月经毛泽东主席批准，12月加入中国共产党。他曾长期在新疆工作，担任过新疆省人民政府副主席、新疆人民民主同盟总委员会主席兼执行委员会主席、新疆省各族各界人民代表会议协商委员会副主席、中共中央新疆分局委员、政协新疆省委员会主席、中共中央新疆分局第四书记、新疆维吾尔自治区人民委员会主席、新疆维吾尔自治区文学艺术界联合会主席、新疆维吾尔自治区党委第三书记、新疆维吾尔自治区党委书记、新疆维吾尔自治区革命委员会副主任、新疆维吾尔自治区党委第二书记、新疆维吾尔自治区党委第一书记、新疆维吾尔自治区革命委员会主任等新疆党、政主要领导职务。还担任过新疆军区副司令员、新疆军区党委第三书记、新疆军区党委第二书记、新疆军区党委第一书记、新疆军区第一政治委员等军队领导职务。1955年被授予中国人民解放军中将军衔,为新疆的革命和建设事业以及军队工作作出了突出贡献。他是党和国家民族工作的卓越领导人、杰出的社会政治活动家,曾任中央人民政府委员,中央民族事务委员会副主任、西北行政委员会副主席、中国文学艺术界联合会副主席;中华人民共和国第一至三届国防委员会委员、中华人民共和国宪法修改委员会委员;第一至七届全国人大常委会副委员长,中国共产党第八届中央候补委员,第九至十三届中央委员,第十、第十一届中共中央政治局候补委员,第八届全国政协副主席等党和国家重要领导职务,参与了我国民族工作大政方针的研究和制定,在维护国家统一、民族团结和边疆稳定的工作中发挥了十分重要的作用。

一、青少年时代

1915年3月12日，赛福鼎·艾则孜出生在新疆阿图什县瓦克瓦克村一个维吾尔族地主兼商人家庭里。阿图什，是"丝绸之路"上一座古老的城市。这里盛产无花果，有着"无花果之乡"的美称。它位于新疆境内的天山南麓、塔里木盆地西缘，处在新疆前往中亚各国的交通要冲。这里人口稠密、商贾云集，是新疆乃至中亚一个十分重要的贸易集散中心。生活在这里的维吾尔族不仅擅长经商，还十分重视教育，乐于捐资助学，对于新疆少数民族教育产生过十分重要的影响；这里是伊斯兰教传入我国最早的地方，宗教氛围浓厚，伊斯兰教对当地维吾尔族的生产生活和风俗习惯产生了很深的影响。

赛福鼎·艾则孜的父亲叫塔西阿洪·艾则孜，善于经营。家里除五六百亩耕地外，还拥有大片荒地和旱地，靠雇工耕种。塔西阿洪·艾则孜把自己的时间和精力主要放在经商和办实业上，曾先后到俄国和芬兰经商，还开办过火柴厂和印染厂。塔西阿洪·艾则孜娶有四房妻室，赛福鼎·艾则孜是塔西阿洪·艾则孜和第二房妻子萨里汗所生。赛福鼎·艾则孜的母亲萨里汗出生在当地一个医生家里，她有文化，还懂医术。

赛福鼎·艾则孜的父亲见多识广，母亲知书达理，这给幼年的赛福鼎·艾则孜留下了难忘的印象，对他性格和修养的形成起了很重要的熏陶作用。同时, 这个地主兼商人家庭的经济活动, 一方面让他有条件在少年时代受到良好教育; 另一方面又让他看到了阶级剥削和阶级压迫的现象。

赛福鼎·艾则孜七岁开始上学, 在家乡的几所伊斯兰教经文学校学习了七年, 之后又在新式学校学习了两年。他系统地学习了宗教课程和《古兰经》, 还读了大量文学书籍。这给赛福鼎·艾则孜的人生打下了很深的烙印。

赛福鼎·艾则孜15岁那年, 父亲经商和办厂失败, 靠变卖土地和家产来还债, 因资不抵债, 被迫逃离家乡, 一年后病死他乡。早些年去苏联的哥哥们又音信全无。他被迫辍学, 挑起养家糊口的生活重担。赛福鼎·艾则孜和别人合伙种过地, 贩卖过粮食, 也做过花布生意, 结果都失败了。最后只得去做裁缝, 靠每星期缝制四五件 "且克曼布"(一种土布)"袷袢"(长袍)拿到 "巴扎"(集市)卖, 赚得的微薄收入勉强维持一家十来口人的生活。这使赛福鼎·艾则孜对现实社会有了切身体验, 萌生了改造现实社会的想法。

1931年, 哈密地区农民暴动, 南疆各地闻风响应。1933年2月, 新疆边防督办金树仁命喀什区行政长马绍武镇压喀什、和田两地暴动。18岁的赛福鼎·艾则孜不顾母亲的反对, 同本村的几位年轻人投奔了乌斯满·阿里率领的一支暴动队伍, 成为一名骑兵战士。入伍后, 赛福鼎·艾则孜刻苦训练, 很快学会了步兵操练的基本规范动作, 还进行了系统的骑兵操练。他随所在队伍先后参加了一系列战斗, 其中在攻打疏附县城的战斗中因作战勇敢受到嘉奖。

喀什、和田两地的暴动武装联手攻下疏附、疏勒两县城后, 掌握了一部分暴动武装领导权的民族分裂分子, 出于个人的政治目的搞起民族仇杀, 上演了所谓的 "独立" 闹剧。其中赛福鼎·艾则孜的长官乌斯满·阿里自封 "帕夏"(国王), 乌斯满·阿里投靠了英帝国主义, 不仅抢劫和杀害汉人, 就连维吾尔族的普通民众亦难幸免。其本人大肆抢劫财物和妇女, 娶妾达30余人, 一时间老百姓怨声载道。① 轰轰烈烈的农民暴动最后以失败而告终。对农民暴动变质和失败而深感失望的赛福鼎·艾则孜回到自己家乡阿图什当起教师, 全身心地投入到家乡正在蓬勃兴起的现代新农式教育运动中。

农民暴动的变质和失败给赛福鼎·艾则孜上了极其深刻的一课, 也对他的人生道路产生了重要影响。他在后来的回忆录中写道: "泛突厥主义分子、

---

① 新疆社会科学院历史研究所编:《新疆简史》(第三册), 新疆人民出版社1987年版, 第195—202页。

泛伊斯兰主义分子正是利用了暴动队伍中的宗教意识，从这方面打开缺口，使泛突厥主义与泛伊斯兰主义似瘟疫般在暴动队伍中四处蔓延，腐蚀了暴动者的思想，使他们无力铲除'东突厥斯坦伊斯兰共和国'和'和田政府'这两个处于萌芽状态的毒瘤，在自己的斗争史上留下了一个令人遗憾的污点。""反动透顶的金树仁独裁政权被推翻，他们代之以封建地主式的统治，在大规模占有土地进行残酷剥削方面稍有收敛，本质上却没有丝毫改变，只不过是换汤不换药而已。暴动领导者以'团长'、'师长'、'宗教法庭'的合法名义向群众摊派着有金树仁政权烙印的各种徭役赋税，人民群众依然生活在封建制度的剥削压迫之中。"①

二、留学归来

1933年4月12日，新疆一批进步知识分子通过政变手段，一举推翻了金树仁岌岌可危的统治，推举盛世才为新疆边防督办。

盛世才上台后，为了巩固自己在新疆的统治，利用新疆与世界上第一个社会主义国家苏联中亚地区接壤的地利之便，同苏联结盟，接受苏联在军事、经济、政治等方面给予的各种援助。1934年，盛世才开始选派留学生赴苏学习。1935年，又安排了第二批留苏学生的选派。经层层考试和挑选，有汉、维吾尔、回、锡伯、哈萨克、蒙古、满7个民族的90名青年入选，在家乡当教师的赛福鼎·艾则孜幸运地成为了第二批留苏学生中的一员。

1935年11月，赛福鼎·艾则孜等人从喀什出发去苏联，先乘汽车，后坐火车，经安集延中转，来到苏联乌兹别克斯坦加盟共和国首都塔什干，开始了留学生活。

赛福鼎·艾则孜在中亚大学行政法律系二班学习。每天上八节课，学习时间长，内容多，他十分不适应。开学才一个月，就病倒了，被送进医院，住了一个月院才康复，结果落下了不少课，期末考试成绩不理想，赛福鼎·艾则孜为此大哭了一场。在寒假里，他废寝忘食地补习功课，晚上熄灯后仍点着蜡烛苦读。有一次，因实在太困，趴在桌上睡着了，不慎将蜡烛碰倒，烧焦了头发，险些酿成火灾。第二学期开学后，他起早贪黑，既学习新课，又温习旧课，学习成

---

① 赛福鼎·艾则孜：《赛福鼎回忆录》，华夏出版社1993年版，第179、180页。

绩提高得很快。1937年夏,在毕业考试中,他以17门考试科目全部满分、名列第一的优异成绩顺利毕业,为自己的留学生活画上了一个圆满的句号。

在留学苏联的日子里,赛福鼎·艾则孜对于学校组织的射击、驾驶、摄影、音乐、舞蹈、戏剧等各种课外活动,始终积极参加。他对音乐、汽车驾驶、戏剧更是有着浓厚兴趣,通过学习音乐理论和各种乐器的演奏方法,学会了欣赏音乐和弹奏乐器。经过三个月的培训,学会了开汽车。在话剧班里,除了学习理论知识,还参加话剧剧本的创作和排练,由他出演主角的话剧轰动了整个校园。他热心学校的公益活动,积极参加社团组织,被推选为校学生会主席。在校期间,赛福鼎·艾则孜有机会阅读到了一些有关马列主义的书籍,对马列主义有了一些了解和认识。通过到莫斯科、列宁格勒(今俄罗斯圣彼得堡市)等地参观和参加十月革命节及"五一"庆祝活动,进一步了解了十月革命以及它对苏联产生的重要影响。学校组织的到集体农庄、工厂、医院、学校、科研机构去实习的活动和参观博物馆、展览馆以及每周看一次反映苏联各方面情况、成就的电影,使他耳闻目睹了苏联社会主义建设的伟大成就。

留学苏联的这段经历不仅酿就了他浓厚的亲苏亲共情结,而且也让他产生了向苏联学习、用民族自决和苏联加盟共和国的方式来解决中国和新疆民族问题的思想。赛福鼎·艾则孜后来回忆:"由于接受了一些科学知识,从前的宗教信仰动摇了,得到社会主义与共产主义的初步认识。苏联人民的实际生活对我的影响很深,尤其在第二学年游历到莫斯科、列宁格勒,参观了许许多多的地方,见到了许许多多的东西以后,在我的思想意识上起了一个决断的转变。我又认识到世界上还有反动的思想观点存在,并且滋长了反对它们的思想意识。毕业后,我已变成了社会主义和共产主义的同情者。"①

1937年夏秋之交,赛福鼎·艾则孜从苏联回国,回到了他日夜思念、魂牵梦绕的家乡新疆。此时,正逢日本帝国主义开始全面侵华,抗日战争全面爆发不久,盛世才又同中国共产党建立了抗日民族统一战线,从延安邀请一大批中共党员来新疆帮助工作。在苏联和中国共产党的支持、帮助下,盛世才执行亲苏亲共路线,大力推行具有进步性质的六大政策(反帝、和平、建设、清廉、亲苏、民平〈民族平等〉),新疆的经济、文化、教育等各方面都在发生着显著变化,赛福鼎·艾则孜为此深感鼓舞和振奋,高兴地接受派遣,来到《塔城报》

---

① 见赛福鼎·艾则孜同志档案,新疆维吾尔自治区党委组织部档案室藏。

报社工作。

赛福鼎·艾则孜在塔城工作期间，在报纸上大量撰文，热情地向塔城各族民众宣传马列主义和抗日爱国思想，详尽地介绍苏联社会主义建设成就，全国人民的抗日斗争和中国共产党领导下的敌后抗日根据地等各方面的情况。办报之余，他还在塔城师范学校和当地中学兼职，先后教过政治、历史和文学等课程，并不时地举办时事讲座。在三尺讲台上，他讲国际形势、讲国内抗日战争进展情况、讲六大政策在新疆的贯彻执行，用抗日爱国思想滋润着学生们的心灵，陶冶着学生们的人格与情操。同时，酷爱文学的他还拿起笔，写诗、写小说、写剧本，不遗余力地宣传六大政策在新疆的贯彻执行，宣传中国共产党的抗日民族统一战线政策。塔城文工团把他创作的《九·一八》《血迹》《光辉的胜利》《给不速之客的礼物》等一批反映抗日爱国思想的剧目搬上舞台，受到了社会各界的一致好评和热烈欢迎，在一定程度上唤醒了塔城各族民众的爱国觉悟。①

1941年，苏德战争爆发，德国法西斯大举入侵苏联。同时，日本帝国主义加紧"扫荡"中国共产党领导下的敌后抗日根据地，苏联和中国共产党都处在极端困难之中。盛世才错误地估计了形势，于1942年夏公开走上反苏反共道路，撕毁与苏联签订的协议，逼苏联撤走了驻哈密的红八团和在新疆的人员，下令逮捕在新疆工作的中共党员及其家属，并在全疆范围内开始清洗有亲苏亲共思想的进步人士，以此向蒋介石和国民党政府表忠心。赛福鼎·艾则孜被盛世才当局列入了黑名单。1943年元旦清晨，《塔城报》总编辑杨河林把赛福鼎·艾则孜叫到了自己的办公室，心情沉重地告诉他："昨天我一连收到三次电报、电话通知，都是省里来的，命令开除你的公职。对此我只能执行，我舍不得放你走，但实在无能为力。"②继开除公职后，盛世才当局又严令赛福鼎·艾则孜不准离开塔城半步。为了养家糊口，赛福鼎·艾则孜先后干过会计、裁缝、勤杂工和售货员。塔城警察局还常以谈话为名传讯他，最后竟在塔城各界庆祝"五一"国际劳动节的大会上逮捕了他，将他投入监狱，要他交代与苏联驻塔城领事馆的关系，交代去苏联留学和写"吹捧"列宁文章的动机。

在塔城各界知名人士的奔走营救下，盛世才当局被迫将赛福鼎·艾则孜释

---

① 赛福鼎·艾则孜：《赛福鼎回忆录》，华夏出版社1993年版，第259页。
② 赛福鼎·艾则孜：《赛福鼎回忆录》，华夏出版社1993年版，第267页。

放。这年夏天，盛世才当局批准赛福鼎·艾则孜要求离开塔城去伊犁投奔亲戚的申请。历经磨难的赛福鼎·艾则孜和家人，匆匆告别塔城，奔向伊犁。

三、参加三区革命

1944年夏秋之交，新疆省伊犁、塔城、阿山 (今新疆阿勒泰地区) 三个地区的维吾尔、哈萨克等少数民族群众，因不堪忍受盛世才当局的民族压迫和残暴统治，在苏联的支持和援助下，发动了一场有组织的大规模的争取民族解放和民主政治的武装斗争，史称"三区革命"。

赛福鼎·艾则孜由塔城来伊犁之时，正是"三区革命"爆发的前夜。他来伊犁后不久，在地下组织"伊宁解放组织"重要领导成员阿不都克里木·阿巴索夫的带领下，积极参加了该组织开展的各种地下活动。

8月，伊犁地区巩哈县 (今新疆尼勒克县) 农牧民在帕提赫、艾克拜尔、艾尼等人带领下，以"反献马"为名，揭竿而起，成立了游击队，发动武装斗争。巩哈暴动消息传开后，伊犁各地纷纷响应，武装斗争烈火越烧越旺。11月7日，巩哈游击队分3路攻打伊宁，"伊宁解放组织"在城内发动武装暴动进行配合。12日，游击队一举占领了伊宁全城。当天，暴动群众和游击队在艾力汗·吐烈等民族分裂分子和封建宗教上层的蛊惑和蒙蔽下，错误地宣布成立"东突厥斯坦共和国临时政府"（简称"临时政府"），并推举艾力汗·吐烈为主席。不久，游击队和暴动武装先后攻占伊犁各县。1945年4月，临时政府将游击队和暴动武装整编为民族军。①8月，又相继占领塔城专区和阿山专区。至此，伊犁、塔城、阿山三个地区完全摆脱了国民党政府的统治。

当时，赛福鼎·艾则孜被任命为"临时政府"教育厅副厅长，不久又接替病故的海比甫·尤尼切夫，出任教育厅厅长。在他的主持下，上至教育厅、下至三区及所属各县教育局很快就组建了起来。还迅速制定了新的教学大纲，并将原来的学校及教职员工分门别类造册登记，然后动员和安排教师尽快归队，从而使三区的中小学校不仅很快恢复了正常的教学，而且能够开始按新制定的教学大纲上课。此外，还根据实际需要建立了一批新学校，充分满足了

---

① 民族军：三区革命爆发后，三区政府组建的正规部队。因成员是少数民族，故称民族军。下属各团、营的名称多以组建地点和民族成分命名。

三区学龄儿童上学的需要。尽管三区的财政收支十分紧张，但在他的努力下，学校的各项费用及教职员工的工资都得到优先保证。对学龄青少年实行免费义务教育。为了解决缺乏教师的难题，他通过"临时政府"下令各单位把在本单位工作的教师退回教育厅。同时，开办各类教师培训班，培养了一批教师，并及时地充实到了各个学校。1945年8月2日，"临时政府"委员会在听取了赛福鼎·艾则孜的工作汇报后，通过第78号决议。决议指出："政府成立后，组建了教育厅，经过努力，在培养科学技术人才和学校的建设方面取得了显著成绩。"①11月14日，"临时政府"委员会又通过第132号决议，决定嘉奖赛福鼎·艾则孜，颁发奖金15万元（三区币）。②

此时，正是三区政权在国家和民族问题上犯重大错误的时候。暴动初期，领导权掌握在艾力汗·吐烈等民族分裂分子手里，他们肆意歪曲、篡改祖国和新疆的历史，疯狂地反汉排汉，进行泛伊斯兰主义和泛突厥主义的宣传，公开打出"东突厥斯坦共和国"的旗号，宣布"独立"，分裂祖国统一，从而导致参加暴动的少数民族群众思想混乱，一时分不清汉族中反动统治阶级和被压迫人民的界线，使许多汉族群众的生命财产遭到严重损害。当时，以阿不都克里木·阿巴索夫为首的进步力量虽没掌握领导权，势单力薄，难以发挥重大作用，但仍鼓起勇气，同以艾力汗·吐烈为首的民族分裂势力进行斗争。在这场斗争中，赛福鼎·艾则孜坚定地站在了阿不都克里木·阿巴索夫一边。

赛福鼎·艾则孜随同阿不都克里木·阿巴索夫耐心地向各族群众进行反对民族仇杀的宣传教育，一再说明汉族中反动统治者和汉族人民是两个完全不同的概念，一个是我们的敌人，一个是我们的朋友，历史上的民族压迫和民族仇杀的罪魁祸首是反动统治者，汉族人民同样是被压迫者。同时，还在自己的职权范围内力所能及地采取了一些措施来保护汉族群众，以防止杀害无辜汉族群众、损害汉族群众利益的事情发生。赛福鼎·艾则孜针对当时三区各地汉族学校已停办、汉族孤儿无人过问，汉族教师管理混乱等问题，责成教育厅出面成立了专门收养汉族孤儿的孤儿院，孤儿院的费用纳入教育厅开支预算。流散到民间的汉族教师和知识分子也被他集中到了教育厅，加以

---

① 参见中共伊犁哈萨克自治州委员会《新疆三区革命史》编写组：《"三区政府"决议选编》（初编稿），第98页，新疆维吾尔自治区党委党史研究室藏。
② 参见中共伊犁哈萨克自治州委员会《新疆三区革命史》编写组：《"三区政府"决议选编》（初编稿），第116页，新疆维吾尔自治区党委党史研究室藏。

统一管理和安置。三区各地已停办的不信仰伊斯兰教各民族的学校开始得到恢复，尤其是专门为汉族孩子开办了学校。正是在他们的努力推动下，"临时政府"委员会通过第24号决议，严惩乱闯汉族民宅进行抢劫、强奸的犯罪行为，并对犯罪分子予以惩处。不久，又作出保护汉族居民生命、财产的决定。①从此三区各地公开残害和歧视汉族百姓的事情开始减少，社会秩序有了好转。

1945年9月，世界反法西斯战争和中国人民的抗日战争取得完全胜利，无论是国际还是国内的形势都发生了重大变化，和平、民主成为不可抗拒的时代主流。苏联开始调整政策，对过去支持三区独立到转而支持三区同新疆七区（指在国民党统治下的新疆迪化、阿克苏、喀什、和田、焉耆、哈密、莎车七个专区）实现和平与统一。蒋介石对三区也由镇压改为和谈。

在苏联的安排下，阿合买提江·哈斯木这时进入了三区领导核心，他带领进步力量同以艾力汗·吐烈为首的反对和谈、坚持"独立"、不愿取消"东突厥斯坦共和国"旗号的民族分裂势力进行了坚决斗争。在这场斗争中，赛福鼎·艾则孜作出了自己的选择，站在了阿合买提江·哈斯木一边。通过斗争，以阿合买提江·哈斯木为首的进步力量不仅掌握了三区同国民党中央政府进行和谈的主导权；而且逐步掌握了三区的领导权。经过苏联的积极斡旋，三区与国民党中央政府的和平谈判最终取得成功，签署了《和平条款》。和平谈判的成功，一方面使三区政权和三区民族军取得合法地位，为三区各族人民赢得了一定的民主权利；另一方面也使带有分裂祖国性质的"东突厥斯坦共和国"政府被宣布解散，伊、塔、阿三个专区重归新疆省政府领导和管理，从而初步纠正了暴动初期的重大错误，维护了祖国统一。

1946年6月18日，国民党中央政府发布政令，宣布改组新疆省政府，同时公布新疆省联合政府委员及其兼职名单。阿合买提江·哈斯木出任省联合政府委员兼副主席，三区进步力量的领导骨干进入省联合政府，担任重要领导职务，其中赛福鼎·艾则孜出任省联合政府委员兼教育厅厅长，随阿合买提江·哈斯木等人由伊宁来到了迪化（今新疆乌鲁木齐市）。

省联合政府成立后，赛福鼎·艾则孜花费时间和精力干的第一件事就是参

---

① 新疆三区革命史编纂委员会：《新疆三区革命大事记》，新疆人民出版社1994年版，第78页。

加省联合政府《施政纲领》的草拟和审议。《施政纲领》分9章85条。其中第7章为教育，共12条，主要内容为"培养具有国家观念、民族意识、人格健全之国民"，"实行国民强迫教育，以期教育普及"，"设立省立大学"、"设立各种专科学校或职业学校"、"增设师范学校"、"推行成年补习教育"以及"分期选送学生赴内地及国外求学"等。这些内容能被载入《施政纲领》，无不凝结着他的心血。

在省联合政府的领导下，赛福鼎·艾则孜狠抓《和平条款》和《施政纲领》在教育系统的贯彻实施，使教育工作克服了资金、师资、校舍、教学设施等方面存在的各种困难，有了很大起色。其中小学与中学开始用本民族文字施教，但中学以国文为必修课；大学则依照教学需要，并用国文和本民族文字。成立教科图书编审委员会。专门设立迪化编译馆，出版了维、汉两种文字的《天山画报》和以维吾尔族青少年为对象的《文摘》《少年知识》《天山文艺小丛书》等。在迪化建立了一个中型的维吾尔、哈萨克文印刷厂。组织了巡回文化工作队，携带影片、图片和汉维文书报杂志到各地放映、展览和进行口头宣传。

成立省、县参议会，选举省、县参议员和县长，这是三区进步力量为新疆各族人民赢得的宝贵民主权利，被正式载入了《和平条款》。

受省联合政府派遣，赛福鼎·艾则孜率第三监选小组赴南疆重镇喀什监选。他到达喀什后，发现驻喀什的国民党第四十二军军长杨德亮以保护人身安全和维持社会治安为名，四处插手和干涉当地选举，为当地亲国民党势力撑腰助选，企图使选举结果有利于亲国民党势力。

为了搬掉这只拦路虎，赛福鼎·艾则孜多次致电西北行辕主任兼新疆省联合政府主席张治中，控告杨德亮干涉选举，坚决要求将他调离，并以此作为自己在喀什开展监选工作的前提条件。在他的坚持下，张治中只得让步，将杨德亮调走。之后，赛福鼎·艾则孜不仅迅速派人分赴喀什区各县，认真挑选省、县参议员和县长候选人，而且还亲自到各县主持选举工作，举行各种大会，到处演讲，广泛深入地宣传《和平条款》和三区方面对这次选举的主张，动员各族群众投亲三区方面候选人的票，加之喀什专员阿不都克日木汗·买合苏木不仅拥护《和平条款》，而且同情三区方面，从而使亲三区方面的候选人在选举中赢得了广泛支持，结果喀什区当选的各县县长和省、县参议员中亲三区方面的人占了绝大多数。

亲三区力量在喀什区选举中大获全胜和迪化"二·二五"事件①的发生，标志着三区方面和国民党政府的政治斗争发展到公开化与白热化。国民党政府对待三区方面的态度开始强硬，任命坚决反对三区方面的麦斯武德为省联合政府主席，在军事上支持乌斯满等武装进攻三区，还动用武力镇压了受三区方面支持的吐（鲁番）、鄯（善）、托（克逊）暴动。省联合政府遂破裂，阿合买提江·哈斯木、阿不都克里木·阿巴索夫和赛福鼎·艾则孜等人被迫从迪化回到伊宁。

回到伊宁后，为更好地开展三区各项工作，阿合买提江·哈斯木决定自己负责全盘工作，具体抓经济工作；阿不都克里木·阿巴索夫和赛福鼎·艾则孜负责宣传、思想教育和文教工作；伊斯哈克伯克·穆努诺夫负责军事工作。赛福鼎·艾则孜从此进入三区领导核心，成为以阿合买提江·哈斯木为首的三区新的领导集体的重要成员。

针对三区文教事业较为落后的现状及存在的问题，赛福鼎·艾则孜多方筹措经费来保障教育事业的正常开支，尽力保证学校设备的供应和教职员工工资及学生补贴的正常发放。同时规定每年8月举办教师培训班，以提高教学水平；限制教师调离学校，以稳定教师队伍；除将伊犁中学改建成中等专科学校外，还增办了一批学校，从而使三区教育事业又有了新的发展。到1949年，三区有中小学545所，在校学生56982名，并有专科学校1所。各民族学校都使用本民族语言文字教学，学生用的课本用各民族文字印刷。同时，群众扫盲工作也取得了较好的成绩。仅伊犁专区就办有扫盲班39个，参加扫盲人数达10353名。到1949年，三区识字人数达到了总人口的70%。群众性的文化体育活动也很活跃，经常举行各种比赛。还组建了一个文工团，经常到三区各地巡回演出。此外，在专区、县、乡筹建了各级图书阅览室，大大丰富了人民的文化生活。

步入1948年，中国共产党领导的人民解放战争进入夺取全面胜利的决定性阶段。这一国内形势的重大变化，使阿合买提江·哈斯木、阿不都克里木·阿巴索夫和赛福鼎·艾则孜等人感到，由于三区没有一个严密的政治组织来领导，更没有一个正确的政治路线和纲领，在方针、政策、组织、政权等各方面显得很幼稚，导致发生了许多错误。因而，迫切需要建立一个严密的政治组织，制

---

① 迪化"二·二五"事件：指1947年2月25日在省会迪化因亲三区和亲国民党势力的数万群众进行针锋相对的集会游行引发激烈冲突，并导致人员伤亡的流血事件。

定正确的纲领，来进一步纠正三区在国家和民族关系问题上犯的重大错误，使三区革命能够沿着正确的方向前进。

1948年8月1日至3日，新疆保卫和平民主同盟（简称"新盟"）成立大会在伊宁召开。大会选举产生了"新盟"中央委员会，同时选举产生了负责"新盟"中央日常工作的领导机构——"新盟"中央组织委员会，推选阿合买提江·哈斯木为新盟中央委员会主席兼中央组织委员会主席，由赛福鼎·艾则孜等11人组成"新盟"中央组织委员会，赛福鼎·艾则孜还兼任"新盟"中央机关报《前进报》主编。

"新盟"成立后，开始尝试着把维护祖国统一和民族团结作为自己的一项重要任务。在确定组织名称时摒弃了"东突厥斯坦"这一有分裂祖国含义的名称，采用了"新疆"这一名称，并在《告全省人民书》中第一次公开把汉族人民作为革命的动力，并吸纳了一名汉族同志为中央候补委员。为了反省和纠正三区革命在国家和民族问题上的重大错误，力图用比较正确的国家观和民族观来教育三区各族干部群众。1949年5月，"新盟"中央专门召开了"新盟"积极分子代表会议，阿合买提江·哈斯木在会上作了题为《我们在民族问题上的一些错误》的讲话，号召三区的干部群众要明确认清当前的任务是："急速纠正在我们民族解放运动第一阶段所犯的那些错误，建立一个不分民族，没有国民党统治和没有帝国主义势力影响的，各民族一律平等基础上的新民主的新省份。"①阿不都克里木·阿巴索夫作了题为《目前的政治形势和我们的任务》的报告。报告不仅指出了三区过去所犯的错误，而且着重阐述了三区革命与中国革命的关系，强调："新疆的本地民族只有在中国人民革命的帮助下，才能很快地达到自己的目的。毫无疑问，只有在中国人民取得胜利的情况下，新疆人民才能得到解放，新疆的民族问题，才能够得到彻底和正确的解决，新疆人民的前途才是光明的。"②

作为以阿合买提江·哈斯木为核心的三区领导集体的重要成员，赛福鼎·艾则孜不仅自始至终参与了这一事关三区革命前进方向的重大决策，而且对于这一重大决策的贯彻落实给予了十分坚决的支持。他组织了一批力图

---

① 参见中共伊犁哈萨克自治州委员会《新疆三区革命史》编写组：《新疆三区革命领导人言论选集》（初编稿），第31页，新疆维吾尔自治区党委党史研究室藏。

② 新疆三区革命史编纂委员会：《新疆三区革命领导人向中共中央的报告及文选》，新疆人民出版社1995年版，第143、144页。

正确宣传国家观、民族观的文章，及时发表在由自己任主编的"新盟"中央机关报《前进报》上，向三区各族干部群众广泛宣传"新盟"中央的这一重大决策，努力用比较正确的观点教育和引导三区各族干部群众。同时，把办好汉、蒙古、锡伯等不信仰伊斯兰教民族的文教事业作为在三区文教工作领域搞好思想整顿，纠正在国家和民族问题上所犯错误的突破口。在他的主持下，1949年仅在伊犁专区就开办了10所蒙古族学校，其中在精河、博乐、温泉、尤鲁都斯（今新疆和静县巴音布鲁克镇，当时为三区设立的尤鲁都斯政府所在地）、伊宁五地建立了寄宿制蒙古族中心学校。在伊宁、察布查尔、霍城等地开办了12所锡伯族学校，在绥定（今新疆霍城县人民政府所在地永定镇，当时为绥定县政府所在地）、芦草沟、惠远、伊宁等地开办了5所汉族学校。并举办了蒙古、锡伯、汉等民族教师培训班，印刷了蒙古、锡伯、汉等文字课本。为了用比较正确的国家观和民族观来教育各族师生，在赛福鼎·艾则孜的领导下，三区教育部门有组织、有计划、有针对性地采取了一系列措施，其中一个重要的举措就是邀请三区领导人给各族师生作了多场专题报告，来澄清是非、统一思想认识。其中阿合买提江·哈斯木的报告对各族师生触动最大，由此改变和影响了不少人。1949年1月13日，在赛福鼎·艾则孜的组织和安排下，伊宁各学校的全体师生齐聚"维哈柯俱乐部"，听取了阿合买提江·哈斯木的专题报告。阿合买提江·哈斯木在报告中指出："自《和平条款》签订后，我们的革命目标和方向都发生了根本的变化。可我们的青少年，甚至相当多的教师一直不理解这个问题，总是把'自由'、'解放'的词句与'独立'这个词联系起来，认为有'独立'的地方才有自由，没有'独立'的地方就没有自由。"从而批判了把"自由"与"独立"画等号的错误认识。阿合买提江·哈斯木进一步强调："我们如果用狭隘的民族主义思想来教育我们的青少年，那么，他们就会只考虑一个民族的利益，而把别的民族不当人看待。""假若我们要真正进行民族解放斗争，就应根除这种思想，把我省人民斗争统一起来。"①

正是在进步力量的积极推动下，三区思想整顿工作逐步深入，在一定范围内、一定程度上纠正了在国家和民族问题上所犯的重大错误，为三区政治、经济等各项事业的发展创造了良好条件，也为三区革命最终汇入全中国人民民主革命的洪流，打下了较好的政治和思想基础。

---

① 参见《同盟》杂志 1949 年第 4 期，伊犁哈萨克自治州档案馆藏。

四、投入党的怀抱

三区革命爆发后,阿不都克里木·阿巴索夫在斗争中逐步认识到新疆的少数民族人民只有在中国共产党领导下才能推翻民族压迫制度,获得彻底解放;三区革命只有接受中国共产党领导,才能彻底克服自身的缺点与错误,战胜内部的民族分裂思潮与势力,朝着正确的方向前进。对于阿不都克里木·阿巴索夫的这一认识和看法,赛福鼎·艾则孜深有同感,是十分赞同和支持的。为此,他们开始寻求中国共产党的直接领导。

1946年5月,当阿不都克里木·阿巴索夫以中国共产党纲领、章程为蓝本,在伊宁秘密成立地下组织——人民革命党时,赛福鼎·艾则孜毫不犹豫地加入了这个组织,成为七人中央委员会成员,并兼任宣传部部长。该组织后又同迪化地下组织"新疆共产主义者同盟"建立了亲密的合作关系。

这年11月底,"国民大会"要在南京召开,省联合政府决定派代表出席,其中就有阿不都克里木·阿巴索夫。消息传出,赛福鼎·艾则孜为阿不都克里木·阿巴索夫能有机会与中国共产党驻南京代表团取得联系而感到振奋和高兴,积极参与研究制定了该组织接受中国共产党领导的秘密计划。①

12月5日,肩负重托的阿不都克里木·阿巴索夫趁在南京开会期间,秘密前往梅园新村,受到了中国共产党驻南京代表团负责人董必武的亲切接见。阿不都克里木·阿巴索夫向董必武介绍了新疆的概况,详细汇报了几年来在新疆进行斗争的曲折经历,请求中国共产党吸收人民革命党和新疆共产主义者同盟两个组织的中央委员为中共党员,并派干部去新疆领导斗争和建立同中共中央的电台联系。

当天夜里,董必武将这件事电告党中央。党中央当日复电,要求董必武向阿不都克里木·阿巴索夫声明下列各点:

(一) 中共愿与该组织第一步建立友谊关系;

(二) 派去之代表,其任务只是联络与观察;

(三) 该组织领导11人入党事原则上欢迎;

---

① 《赛福鼎·艾则孜同志生平》,《人民日报》第四版,2003 年 11 月 27 日。

(四) 派工作人员须视今后新疆政治情况及交通条件如何再定。①

11日晚, 阿不都克里木·阿巴索夫又一次秘密来到梅园新村。董必武向他传达了党中央的这一指示。

1947年1月14日, 阿不都克里木·阿巴索夫回到迪化。不几日, 就向赛福鼎·艾则孜等人作了详细传达, 并组织大家学习带回来的中国共产党党章, 毛泽东、朱德的著作及中央有关文件。2月3日, 人民革命党中央委员会与新疆共产主义者同盟在迪化秘密举行联席会议, 宣布成立新疆民主革命党, 参照中国共产党七大通过的党章制定了章程, 推选阿不都克里木·阿巴索夫为主席, 赛福鼎·艾则孜等人为中央委员。

8月, 因省联合政府破裂, 赛福鼎·艾则孜随阿合买提江·哈斯木等人由迪化返回伊宁。为了向三区各族人民宣传中国共产党的主张和人民解放战争的形势, 做好迎接全国解放早日到来的舆论与思想准备, 赛福鼎·艾则孜在担任《前进报》主编期间, 不断在《前进报》上刊登有关中国人民解放战争胜利进展的消息, 介绍解放区情况、中国共产党的主张及领导人的著作等新闻报道、文章和社论。

为建立与三区的联系, 加快解放新疆的步伐, 1949年8月14日深夜, 中共中央派邓力群以联络员身份取道苏联抵达伊宁, 建立了"力群电台"。17日, 邓力群同三区领导人阿合买提江·哈斯木等见面, 说明了自己此行的任务并根据党中央电示精神邀请三区派代表出席即将在北平召开的中国人民政治协商会议第一届全体会议。②阿合买提江·哈斯木等当即表示, 能有此机会向毛泽东主席和中共中央请示一切, 感到非常满意和高兴。18日, 毛泽东主席向阿合买提江·哈斯木发出参加中国人民政治协商会议第一届全体会议的正式邀请。信中称: "你们多年来的奋斗, 是我全中国人民民主革命运动的一部分, 随着西北人民解放战争的胜利发展, 新疆的全部解放已为期不远, 你们的胜利即将获得最后的成功。"③

---

① 参见周恩来为中共中央起草并由刘少奇签发给董必武关于答复阿巴索夫的电报手稿, 中央档案馆藏。

② 《中共中央关于邀请伊犁负责人出席新政协致邓力群电》, 见中共新疆维吾尔自治区委员会党史工作委员会、中国人民解放军新疆军区政治部:《新疆和平解放》, 新疆人民出版社1990年版, 第48页。

③ 《毛泽东给阿哈买提江的电报》, 刘先照:《中国共产党主要领导人论民族问题》, 民族出版社1994年版, 第35、36页。

邓力群的到来，毛泽东的邀请，犹如春风温暖着阿合买提江·哈斯木等人。为了共商大计，为了让赛福鼎·艾则孜能尽快分享这一喜悦，阿合买提江·哈斯木急派人带着自己的亲笔信，赶往空气新鲜、景色迷人的果子沟，要正在这里休养的赛福鼎·艾则孜火速返回伊宁。当天，赛福鼎·艾则孜匆匆乘车返回。回到伊宁时正是夜晚，赛福鼎·艾则孜直奔阿合买提江·哈斯木家。进门一看，伊斯哈克伯克·穆努诺夫、阿不都克里木·阿巴索夫等人已在这里。阿合买提江·哈斯木兴奋地对赛福鼎·艾则孜说："你来得正好，告诉你一个特大喜讯，中共中央派出的联络员邓力群同志已经到达伊宁。"接着将毛主席的信递给他说："请看看，毛主席对于我们的革命事业给予了何等的评价！"赛福鼎·艾则孜双手接过信，边读边流下了激动的泪水。这一夜，赛福鼎·艾则孜和他的战友们兴奋得像失散的孩子又找到了母亲一样，沉浸在巨大的幸福和喜悦中。也就在当天夜里，大家你一言我一语，连夜以阿合买提江·哈斯木的名义拟好了给毛主席的复电，表示同意派代表参加中国人民政治协商会议第一届全体会议。接着，又研究了代表人选和去北平的路线以及起草向中共中央汇报三区情况报告的有关问题。

8月23日晚，阿合买提江·哈斯木率代表团在浓浓的夜色中乘坐汽车，以去阿山视察为名，踏上了取道苏联前往北平的旅程。出发的前一天晚上，阿合买提江·哈斯木召集赛福鼎·艾则孜等人开会，研究安排了今后工作，并向三区发布75号通告："一、我于8月20日起出差；二、在我出差期间，'新盟'中央组织委员会主席一职，任命'新盟'中央组织委员会委员赛福鼎·艾则孜担任；三、从8月20日起到我回来止，赛福鼎·艾则孜负责主持'新盟'中央组织委员会一切政治和文化教育工作；四、在我回来之前，赛福鼎·艾则孜负责主持'新盟'中央组织委员会的经济工作，负责财政安排和银行批款；五、'新盟'中央组织委员会各部和各级组织从8月20日起，到我回来时为止，一定要服从赛福鼎·艾则孜先生的领导。"①

代表团离开后，千头万绪的工作压得赛福鼎·艾则孜喘不过气来。他一边忙碌地处理着公务，一边不断地向苏联驻伊宁领事馆打听着代表团的行踪，急切地盼望着代表团平安抵达北平的好消息。

---

① 中共伊犁哈萨克自治州委员会《新疆三区革命史》编辑组：《新疆三区革命领导人言论选集》（初编稿），346页，新疆维吾尔自治区党委党史研究室藏。

9月3日中午，赛福鼎·艾则孜正在办公室审阅《前进报》的一篇社论时，突然接到苏联驻伊宁领事馆打来的电话，请他立即去一趟，说有要事相商。赛福鼎·艾则孜马上驱车赶到了领事馆。在客厅里，苏联驻伊宁领事阿里斯托夫表情严肃地拿着一封电报，沉痛地对赛福鼎·艾则孜说："我们收到了莫斯科的一封急电，以阿合买提江·哈斯木为首的代表团所搭乘的飞机，途经伊尔库茨克市，飞抵外贝加尔山附近时，由于气候恶劣，不幸撞山，机上17人，全部遇难。"①

听到这一噩耗，赛福鼎·艾则孜如五雷轰顶，他从阿里斯托夫手中夺过那份电文，飞快地默读了一遍，顿时双手颤抖，泪流满面。他强忍悲痛，驱车来到邓力群下榻处，报告这一噩耗。邓力群听后，眼里滚出了泪水，十分悲痛地说："不幸的消息，真是太不幸了。"经商量，决定由邓力群马上向中央报告这个消息。当晚，中央回电对阿合买提江·哈斯木等同志的遇难，表示沉痛的哀悼，并要求立即组成新的代表团赶赴北平。根据中央指示，经与邓力群商定，由赛福鼎·艾则孜、阿里木江·哈肯木巴也夫、涂治3人组成代表团，赶赴北平。②

8日清晨，赛福鼎·艾则孜一行以去塔城视察工作为名，从伊宁乘苏联专机取道苏联赴北平。

北平之行，是赛福鼎·艾则孜人生旅途中最为重要的一站，从此他走出了新疆，走向了全国的政治舞台。同时，也开始了他一生中最为重要的一次转变，用他自己的话说，那就是"我开始由一个旧赛福鼎转变为一个新赛福鼎"。③

15日，赛福鼎·艾则孜一行由沈阳乘火车抵达北平。次日，周恩来接见并宴请了赛福鼎·艾则孜一行。18日，赛福鼎·艾则孜一行在中南海紫光阁受到了毛泽东、刘少奇、周恩来、朱德等中央领导的亲切接见。在接见时，毛泽东主席代表党中央对他们的到来表示欢迎，并一起肃立，为阿合买提江·哈斯木等烈士默哀。之后，他认真听取了赛福鼎·艾则孜关于新疆情况以及三区革命的经过，革命初期所犯错误，"新盟"成立以来三区进步力量如何端正了革命方向，近年来各方面取得成绩的汇报。毛泽东主席对于三区革命给予了充分肯定和高度评价，并详细询问了赛福鼎·艾则孜个人和家庭的有关情况。19日，周恩

---

① 赛福鼎·艾则孜：《为了光明的明天》，《人民日报》1984年8月27日。
② 《力群电台文电》，见中共新疆维吾尔自治区委员会党史工作委员会、中国人民解放军新疆军区政治部：《新疆和平解放》，新疆人民出版社1990年版，第188、189页。
③ 参见赛福鼎·艾则孜同志档案，新疆维吾尔自治区党委组织部档案室藏。

来来到新疆代表团驻地，向赛福鼎·艾则孜通报了新疆的近况，并就新疆解放后的政权、干部、军事等问题征询赛福鼎·艾则孜的意见。赛福鼎·艾则孜表示，希望三区民族军能够成为中国人民解放军的一部分，为配合人民解放军进疆，三区愿意派遣三区民族军和少数民族干部赴新疆七区工作，这一建议得到了周恩来的赞同和首肯。

9月21日至30日，肩负建立中华人民共和国伟大历史使命的中国人民政治协商会议第一届全体会议在北平召开。10月1日，庆祝中华人民共和国中央人民政府成立的盛典在天安门广场隆重举行。

赛福鼎·艾则孜代表新疆各族人民不仅见证了这一历史性的时刻，而且参与了这一历史性的进程。21日，根据毛泽东主席的建议，会议不仅推选赛福鼎·艾则孜为主席团成员，而且还安排他以特邀代表的身份作了专门发言。赛福鼎·艾则孜在发言中郑重指出："新疆人民在最近几年的斗争经验中，已经了解中国人民（新疆人民也在内）的解放，只有在中国人民解放军胜利后，才能获得彻底解放。""新疆人民和中国境内其他人民，同样坚定了他们将来要实行的新民主主义的信心和希望，而高兴地派出代表前来参加解决整个国家的政治和组织等问题的这一人民政治协商会议，这是新疆人民值得骄傲的一件事情。"[①]在24日的大会上，赛福鼎·艾则孜按照维吾尔族习俗，亲自为毛主席披上袷袢、戴上吐玛克（一种维吾尔族的帽子），以表达新疆各族人民对毛主席和中国共产党的衷心爱戴之情。28日，他在北平举行中外记者招待会，介绍了新疆各民族的概况和新疆三区革命运动，并表示新疆各族人民完全愿意接受中国共产党的领导，坚决维护祖国统一，反对国内外反动派妄图把新疆从祖国怀抱中分裂出去的图谋。

30日，赛福鼎·艾则孜当选为全国政协委员、中央人民政府委员。10月1日，他登上天安门城楼，站在毛泽东主席身后，参加了具有历史意义的中华人民共和国开国大典。同时，在中央人民政府第一次全体委员会上当选为中央人民政府政治法律委员会委员和中央民族事务委员会副主任。4日，赛福鼎·艾则孜在中央人民政府新闻发布会上郑重指出："新疆过去是中国领土不可分割的组成部分，今天仍然是，将来也永远不会改变。"[②]

---

① 见《人民日报》1949 年 9 月 22 日。

② 《赛福鼎·艾则孜同志生平》，《人民日报》2003 年 11 月 27 日。

赛福鼎·艾则孜等新疆代表在北平的公开活动和旗帜鲜明的表态,沉重打击了帝国主义和民族分裂势力把新疆从中国版图上分裂出去的企图,有力地维护了祖国统一和民族团结。

对于这段难忘的经历,作为诗人,赛福鼎·艾则孜后来作了追忆:

在北平经过充分准备,
召开了历史性的全国政协会议。
通过发扬民主充分协商,
顺利解决了建国的问题。
一九四九年十月一日晴空万里,
天安门广场上万民欢腾犹如海浪。
毛泽东向全世界宣告新中国成立,
胜利的红旗在天空中飘扬。①

在这段日子里,赛福鼎·艾则孜与毛泽东主席等党和国家领导人一起参加会议,共商国是,并通过与毛泽东主席等人的多次接触交谈,进一步加深了对中国共产党的认识,了解了党的宗旨和奋斗目标,更加坚定了对共产主义的信仰。正如他自己所说:"对我来讲就像进了一所很好的政治学校,甚至可以说胜读十年书。"②他暗暗下决心,自己一定要完成由"旧赛福鼎"向"新赛福鼎"的彻底转变,尽快成为中国共产党的一员,永远跟着毛泽东主席和共产党走。15日,他郑重地向毛泽东主席提出了加入中国共产党的要求。同时,又将自己亲笔撰写的入党申请书通过周恩来转呈党中央,党中央和毛泽东主席对此给予高度重视。23日,也就在赛福鼎·艾则孜一行离开北京返回新疆的那天,毛泽东主席根据赛福鼎·艾则孜过去和现在的表现,在这封入党申请书上亲笔批示:"同意赛福鼎同志入党。此信由赛本人带交彭德怀同志即存彭处。待新疆分局成立后,由赛同志向分局履行填写入党表手续。"③同时,毛泽东主席又代表党中央专门致电彭德怀并西北局:"赛福鼎为代替阿哈买提江(阿

---

① 赛福鼎·艾则孜:《赛福鼎诗选》,人民文学出版社 1999 年版,第 222、223 页。
② 参见赛福鼎·艾则孜同志档案,新疆维吾尔自治区党委组织部档案室藏。
③ 毛泽东:《建国以来毛泽东文稿》(第一册),中央文献出版社 1987 年版,第 86 页。

合买提江·哈斯木) 的领袖人物, 曾留学莫斯科 (赛福鼎·艾则孜曾留学苏联乌兹别克斯坦加盟共和国塔什干'国立中亚大学'), 做过新疆省政府的教育厅长, 据我们了解, 此人是好的, 此次已当选为中央人民政府委员。他现申请入党, 我们认为是可以的。"① 之后, 毛泽东主席又要在新疆工作的王震、邓力群多关心、帮助赛福鼎·艾则孜, 支持他的工作, 扩大他在新疆的影响。多年后, 赛福鼎·艾则孜回忆起这件往事, 心潮起伏, 久久难以平静, 以《怀念毛主席》为题, 挥笔写下了以下诗句:

> 追思不绝长夜难眠,
> 苦苦依恋魂萦梦牵。
> 亲吻着党旗我泪流满面,
> 主席, 我在心底把你思念。②

告别北京, 返回新疆, 赛福鼎·艾则孜热情高涨, 干劲十足, 他奔赴全疆各地, 向新疆各族人民传达会议精神, 宣传《共同纲领》, 把毛泽东主席和党中央的亲切问候和关怀送往千家万户。他积极投身于改造旧政权、建立地方党的组织和人民政权工作。早在由北京返回新疆的途中, 他在甘肃酒泉同正在指挥部队进军新疆的彭德怀会面, 就配合解放军开展民族地区的群众工作、建立人民政权和党的地方组织等重要事宜制定了计划和方案。返疆后, 又积极动员新疆各族群众, 筹集大批粮食、物资, 有力地支援了进疆部队。人民解放军进疆后, 协助彭德怀在迪化主持召开了由新疆各民族、各阶层、各驻军代表参加的政治协商会议, 经过充分酝酿, 一致通过了改组新疆省政府、整编军队、解决财政经济3个问题的具体方案, 报请中央人民政府批准。之后, 又和王震一道到准噶尔盆地等荒原为人民解放军开荒屯垦选址, 为驻疆部队的建设以及后来新疆生产建设兵团的建立和发展奠定了基础。

17日, 新疆省人民政府、新疆军区宣告成立, 赛福鼎·艾则孜被任命为新疆省人民政府副主席和新疆军区副司令员。27日, 在王震和邓力群介绍下, 赛福鼎·艾则孜光荣地加入了中国共产党。并经中共中央新疆分局批准, 没有候

---

① 毛泽东:《建国以来毛泽东文稿》(第一册), 中央文献出版社 1987 年版, 第 87 页。

② 赛福鼎·艾则孜:《赛福鼎诗选》, 人民文学出版社 1999 年版, 第 113 页。

补期,直接成为中国共产党正式党员,是我党在新疆各民族中发展的第一批党员之一。第二年10月,入党还不满一年的他,又被党中央破格任命为中共中央新疆分局委员。

然而,此时让赛福鼎·艾则孜投入时间最多、精力最大的事情,就是在中国共产党的直接领导下,如何尽快地使三区革命完全、彻底地汇入全中国人民民主革命的洪流中。

为了实现党在政治、思想和组织上对三区的领导,1949年10月12日,中共中央致电彭德怀:"自治区(指三区)只有民主同盟(新疆保卫和平民主同盟),尚无党的组织(应该建立党的组织)。"①11月19日,根据中央负责同志和赛福鼎·艾则孜等的谈话情况,党中央发出《中共中央关于在新疆少数民族中建立党组织若干问题的指示》,对在新疆建立党组织作出重要部署。12月下旬,新疆分局在新疆本地各民族中发展了第一批党员共15人,其中14人为三区各族进步分子。1950年3月,由新疆军区抽调党员干部,成立了伊犁区党委,5月、8月、10月,又相继成立了伊犁、塔城、阿山3个地委及所属各县党委,并在当地又发展了一批三区各族进步分子入党,并被任命为各级党委委员。在赛福鼎·艾则孜的率先垂范下,这些同志和汉族干部并肩工作,认真贯彻执行党的民族政策和其他各项政策,使三区各项工作得以在党的领导下进行,党的领导也由此得到了可靠保证。

为了在新疆和三区范围内尽快建立起人民政权,1949年12月16日,政务院第11次会议通过新疆省人民政府组成人员名单。新疆省人民政府委员共33人,其中以赛福鼎·艾则孜为首的三区领导骨干就有13人。在赛福鼎·艾则孜的支持和协助下,又从三区调派大批少数民族干部到迪化和全疆各地工作,充实和加强各级人民政权。同时,对伊犁、塔城、阿山三地区的专署及所属各县的机构进行调整、充实,重新任命了各级政府和各部门的负责人,提拔了一大批德才兼备的少数民族干部,撤换了一些反动、腐败分子,纯洁了各级政权组织。同时,还废除了户长制等封建制度,建立了以人民民主为基础的地区、县、乡、村政权,使政权的性质发生了根本性变化,成为真正的人民民主专政

---

① 《中共中央关于成立新疆分局以及民族军应改为人民解放军的指示》,见中共中央文献研究室、中共新疆维吾尔自治区委员会编:《新疆工作文献选编》(1949—2010),中央文献出版社2010年版,第16页。

的政权。

为了确保人民解放军能够顺利进驻三区及新疆其他地区,在赛福鼎·艾则孜领导下,"新盟"中央组织委员会作出了慰问进疆人民解放军的决定。号召广大盟员和三区各族人民有钱捐钱,有牲畜捐牲畜,有粮捐粮,用自己的实际行动来欢迎人民解放军进疆,并向各县派出代表,宣传人民解放军进疆的重大意义。①同时,"新盟"中央机关报《前进报》(维文版)还发表了题为《全民动员起来,积极参加慰问人民解放军活动》的社论,指出:"今天,在人民解放军即将进军我们家乡之时,我们应该高高兴兴地做好欢迎和迎接工作。"②还派出慰问团携带小麦、大米、牛羊肉、香烟、莫合烟、白糖、肥皂、水果、汽油、机油和其他日用品赴迪化,慰问先期进疆的人民解放军。正是在三区各族人民的热烈欢迎和大力支持下,人民解放军第六军第十七师第五十团、第二军工兵团分别于1949年12月和1950年1月顺利进驻伊犁地区。人民解放军第六军第十七师第五十一团于1950年3月顺利进驻塔城地区。人民解放军第二军第五师独立团于1950年3月顺利进驻阿山地区。同时,三区还抽调出一部分民族军部队及组建随军工作团开赴迪化、阿克苏、喀什、和田,配合人民解放军进驻上述这些地区。

为了让三区和新疆其他地区的财政、经济、邮电、交通、金融、商贸尽快统一,赛福鼎·艾则孜坚决贯彻执行中央的有关指示精神,在他的积极协助和配合下,三区很快和新疆其他地区恢复了通商、通邮、通航。同时,确立三区发行的期票与流通于新疆其他地区的货币先按国家规定的比价在全疆流通,待发行人民币后,两种货币均停止流通,逐步收回;三区各地银行改属人民银行新疆省分行领导;在税收上,废除三区的税收制度,执行全国的税收制度。

三区民族军改编成人民解放军,这是赛福鼎·艾则孜的最大心愿。早在1949年9月19日,他就向党中央和毛泽东主席郑重提出了这一要求。为此,党中央电告彭德怀:"(一)伊宁民族军必须有一人为新省军区副司令,已见前电。(二)民族军应改名为人民解放军,他们已有此意,并要求我们派政治工作人员去。"③23日,党中央又电示彭德怀:"一万四千人的民族军,应使之和人民

---

① 新疆三区革命史编纂委员会:《新疆三区革命大事记》,新疆人民出版社1994年版,第337页。
② 新疆三区革命史编纂委员会:《新疆三区革命大事记》,新疆人民出版社1994年版,第336页。
③ 毛泽东:《建国以来毛泽东文稿》(第一册),中央文献出版社1987年版,第49页。

解放军一道,分布全疆各地,作为人民解放军联系维吾尔族、吉尔吉斯族(柯尔克孜族)、蒙古族等民族的桥梁,进行民众工作,建立人民政权,建立地方武装和建立党的组织。"①12月20日,人民革命军事委员会命令将三区民族军改编为中国人民解放军第五军。此时,已担任新疆军区副司令员的赛福鼎·艾则孜坚决执行党中央、毛主席的指示精神,全力支持五军进行整编和调防工作,五军广大指战员冒着严寒,克服种种困难,迅速到达指定地点驻防。随后,建立了党的组织、政治委员和政治工作系统,胜利完成政治整军。

从1949年到1950年,在人类历史上只是短短的一瞬间,可是在中国所发生的变化却是翻天覆地的。正如当年应运而生的一首著名维吾尔族歌曲《解放的时代》所唱的:"走过了多少历程,翻越高山;排除了多少艰险和黑暗,走进光明;阳光沐浴祖国,云雾散尽。"我们历尽磨难的祖国终于走进光明,获得新生。同样,历经曲折的三区革命也终于完全、彻底地汇入到全国人民民主革命的洪流之中。作为三区革命新的领导人,赛福鼎·艾则孜本人在党的关怀和培养下,也完成了自己由一个旧民主主义革命者向新民主主义革命者的转变,从此开始了自己人生道路上新的征程。

五、在民主改革中

新中国成立之初,中共中央鉴于新疆保卫和平民主同盟这一新疆三区最重要的政治领导组织,在新疆过去的革命斗争中有其光荣历史,并为新疆广大人民群众所熟悉,指示将其改组为党领导下团结新疆各族人民的统一战线组织。②1950年6月3日至8日,新疆人民民主同盟首届代表会议在迪化举行。会议决定将新疆保卫和平民主同盟改组为新疆人民民主同盟,赛福鼎·艾则孜当选为新疆人民民主同盟总委员会主席兼执行委员会主席。新疆人民民主同盟成立之际,中国共产党在新疆正面临着一项重要工作,即进行以减租反霸和土地改革为中心内容的民主改革,解放生产力,改变贫穷落后的面貌,使少数民族尽快走上社会主义的康庄大道。

---

① 毛泽东:《建国以来毛泽东文稿》(第一册),中央文献出版社1987年版,第88页。
② 《中共中央关于新疆人民民主同盟和新疆减租土改问题的指示》,见中共中央文献研究室、中共新疆维吾尔自治区委员会编:《新疆工作文献选编》(1949—2010),中央文献出版社2010年版,第57、58页。

基于新疆地处偏远，经济落后，生产力水平低下，因历史原因造成的各民族之间，特别是少数民族和汉族之间的隔阂尚未消除，加上当地广大少数民族群众普遍信仰宗教等情况，中共中央认为在新疆进行民主改革是必要的，但必须谨慎对待。早在1949年11月19日，经毛泽东主席签发的《中共中央关于新疆建党的指示》就明确指出："必须在各不同民族中采取不同的改革政策。"①之后，毛泽东主席同中共中央新疆分局书记王震谈话时强调，新疆是多民族地区，新疆的民主改革必须照顾到民族特点，联系民族问题来考虑，还应充分估计到新疆宗教问题的复杂性和群众的觉悟程度。②

为了慎重稳进地搞好新疆的民主改革，毛泽东等中共中央领导先后多次约见赛福鼎·艾则孜等人，征询他们的意见。1950年六七月间，毛泽东主席在北京接见包尔汉·沙赫德拉和赛福鼎·艾则孜，特别叮嘱他俩回新疆后一定要向中共中央新疆分局转达自己的意见：新疆当前最重要的是大量训练各民族干部，并经过他们去组织发动广大少数民族群众。只有少数民族群众发动起来，才能进行民主改革。③之后，刘少奇等中共中央领导也在北京接见了赛福鼎·艾则孜，向他详细了解新疆农村的封建剥削状况，并认真听取他的意见。7月3日，中共中央电示中共中央西北局和中共中央新疆分局："在新疆进行社会改革必须采取稳重和谨慎的步骤。在今年除在极少数地区进行试验性的减租外，一般不要进行减租，但应积极准备在明年（1951年）秋后能进行减租或部分地区的减租。准备工作除进行一般的减租宣传外，最重要的就是大量训练各民族的干部，务必有数千各民族的干部懂得政策，懂得具体的组织农民和减租的办法，并经过他们去组织了广大的农民群众之后，才能开始实行减租。"④

1951年5月，赛福鼎·艾则孜因病由新疆赴北京治疗。在京期间，他先后受到毛泽东、刘少奇和朱德等中共中央领导的接见。赛福鼎·艾则孜就如何在新

① 中共新疆维吾尔自治区委员会组织部、中共新疆维吾尔自治区委员会党史研究室、新疆维吾尔自治区档案局：《中国共产党新疆维吾尔自治区组织史资料》，中共党史出版社 1996 年版，第 1264 页。

② 朱培民：《毛泽东与新疆》，载《新疆党史》1993 年 3—4 期，第 18、19 页。

③ 寇清平、王晓伟：《情系天山——毛泽东与新疆革命和建设事业》，载《新疆党史》1993 年 3—4 期，第 11 页。

④ 富文、田中圩：《中国共产党新疆历史大事记》（上册），新疆人民出版社 1993 年版，第 41、42 页。

疆搞好民主改革的问题提出了以下建议：由党中央或中共中央西北局调派一定数量且富有经验的干部到新疆帮助开展减租反霸运动；同时，调派百名左右的骨干干部充实新疆的各级领导机关。赛福鼎·艾则孜的这些意见引起了党中央和毛泽东主席的高度重视，很快就被采纳并付诸实施。

减租反霸运动是新疆民主改革的第一步。中共中央新疆分局为了搞好减租反霸运动，自1951年4月起至1952年4月，先后在天山南北的7个专区24个乡及9个村进行减租反霸试办工作，以期为在全疆开展减租反霸运动提供经验。在试办当中，赛福鼎·艾则孜和参加过三区革命的少数民族同志普遍认为：伊犁、塔城、阿山3个专区爆发过三区革命，新中国成立前夕，毛泽东主席对三区革命有过"你们多年来的奋斗，是我全中国人民民主革命运动的一部分"①的高度评价，因而三区不同于新疆七区，属于老解放区，内部不存在阶级剥削和压迫现象，没有必要进行以减租反霸和土地改革为主要内容的民主改革。

鉴于此，中共中央新疆分局专门派出曾参加过三区革命的少数民族干部参加的工作队前往伊犁专区伊宁县吐鲁番圩孜乡就这个问题展开调查研究。通过实地调查，工作队了解和掌握了当地的恶霸地主买苏木残酷压迫农民的大量罪恶事实。买苏木以有所谓"三区人民英雄"之称的艾尼巴图尔②为靠山，霸占了全乡70%的土地。他家门前有一棵大榆树，在树上被他吊打过的贫苦农民有150多人，其中16人被活活打死，当地农民称这棵树为"血泪树"。

工作队的蹲点调查结果及撰写的调查报告《血泪树》，让赛福鼎·艾则孜和参加过三区革命的少数民族干部受到很大触动。在王震等人的帮助和教育下，赛福鼎·艾则孜与参加过三区革命的少数民族干部对于三区是否存在阶级剥削和压迫问题的态度开始发生变化，对于在新疆进行民主改革的必要性和重要性在认识上有了新的提高。1951年4月13日至19日，在中共中央新疆分局扩大会议上，赛福鼎·艾则孜主动就这个问题率先表态，开诚布公地谈了自己的思想认识变化过程。4月19日至5月10日，新疆省第一届各族各届代表会议第一

① 毛泽东：《关于邀请新疆代表参加新政治协商会议问题》，见中共中央文献研究室、中共新疆维吾尔自治区委员会编：《新疆工作文献选编》（1949—2010），中央文献出版社2010年版，第1页。

② 艾尼巴图尔：新疆伊宁人，维吾尔族。巩哈暴动的主要领导者。曾先后任三区政府委员、三区民族军军事法院院长等职，被三区政府授予"人民英雄"称号。新中国建立之初，曾任新疆省人民政府委员。

次会次召开，赛福鼎·艾则孜当选为新疆省各族各界人民代表会议协商委员会副主席。在他和许多参加过三区革命的少数民族干部的积极支持下，参加工作队蹲点调查的格尔夏①在这次会议上，就伊宁县吐鲁番圩孜乡恶霸地主买苏木残酷压迫和剥削农民的情况作了专题发言。接着，来自伊宁县吐鲁番圩孜乡的代表在会上进行了血泪控诉。这次会议还深入揭批了恶霸地主买苏木的大靠山艾尼巴图尔鱼肉百姓的罪行。

这两次会议使三区没有压迫和剥削，没有必要搞民主改革的错误认识得到了很大纠正，为民主改革在新疆的顺利开展打下了基础。

为了在将要开展的减租反霸和土改中充分照顾三区上层的利益，中共中央于1951年九十月间电示中共中央新疆分局："对于曾参加过三区革命的民主人士，或是解放后与我合作的民主人士，其家庭系地主成分者，要适当地逐步地向他们进行教育工作，争取他们遵守政府法令，赞助农民运动，有罪恶的自动向群众低头认错，只要他们能够这样做，我们就必须教育农民对他们加以适当照顾，使他们不致遭受过重的打击，并继续团结和改造他们。只是对于极少数恶迹很多，民愤很大，而又坚持反动立场的分子，则坚决地发动群众进行斗争。此种斗争对象的名单，必须经过区党委或分局批准。其中属于高级军政人员者，必须经中央局批准。"②这让赛福鼎·艾则孜十分感动。

从9月起，在中共中央新疆分局的安排部署下，减租反霸运动在天山南北分期分批展开。中共中央新疆分局决定由新疆军区政治部副主任曾涤带领新疆军区直属机关抽调约500名干部组成4个工作队，奔赴伊犁各县，开展减租反霸工作。

自曾涤率新疆军区减租反霸工作队进驻伊犁后，赛福鼎·艾则孜一直关注着那里的减租反霸运动。11月10日，他由迪化赴伊犁出席纪念三区革命爆发七周年大会。会后，专门就减租反霸工作进行调研。在与伊犁区、地两级党委、专员公署、第五军等有关领导就开展减租反霸工作座谈后，又出席伊犁专区15个重点农业乡减租反霸工作队负责人汇报会议。他还先后到宁西县（今新疆察

---

① 格尔夏：新疆乌苏人，蒙古族。1945年参加三区革命。曾任三区民族军前线指挥部情报局副局长、新疆保卫和平民主同盟乌苏县委员会主席等职。1950年加入中国共产党，时任中共中央新疆分局统战部三处处长。

② 张玉玺、朱杨桂：《新疆农业区的减租反霸和土地改革》，新疆人民出版社1998年版，第98页。

布察尔锡伯自治县) 第三区第六、第七两个乡, 伊宁县胡地亚圩孜、吉里圩孜、克伯克圩孜、肉孜买提圩孜和吐鲁番圩孜等五个乡, 向乡政府、农会及减租反霸工作队负责人了解减租反霸情况, 并参加了一些乡的人民代表会议和诉苦大会。28日, 他还特地主持召开由第五军驻伊宁各部队排以上干部及士兵代表共800余人参加的会议。他发表讲话指出, 第五军今后的工作任务, 要求第五军与兄弟部队加强团结, 坚决支持地方的民主改革工作。临回迪化前夕, 他又与伊犁党政军负责人座谈, 充分肯定减租反霸工作的成绩, 同时指出不足, 并有针对性地提出要注意加强对发现较多反革命分子的吐鲁番圩孜乡的工作, 同时把反对泛突厥主义分子的斗争与减租反霸结合起来。

回到迪化后, 赛福鼎·艾则孜就自己在伊犁了解的情况及所做的工作向中共中央新疆分局呈送了专题报告。他在报告中写道:"我亲眼看到各族劳动人民不分民族界限, 正在巩固着诚赤的阶级团结的表现, 看到各族劳动人民共同反对各族的地主恶霸的斗争情形。我看到他们中间并无民族隔阂与利益冲突等问题, 基本问题是在于劳动人民团结一致, 加强阶级斗争。这是对民族主义者们的一大教训。"同时, 他还谈了自己思想认识的变化:"我过去对新疆的封建剥削只有皮毛的认识, 对其剥削方式与严重性方面知道得很少, 从去年才开始实际体会到这一点, 此次赴伊犁经过了解农村运动的情况以后, 更深地体会到封建势力怎样残暴地奴役劳动人民, 特别是横暴的恶霸们的惨无人道的血腥罪恶。我在北京时曾听到上海有一恶霸强奸他的亲生女儿的事, 当时我以为新疆没有这种情形。此次听到霍城①恶霸麻苏木江强奸两个亲生女儿和一个男孩的罪恶行为, 看到五军四十二团战士们的诉苦情形以及其他几种蛮横的罪行给我很深的影响, 结果我得出了和加强了对地主恶霸决不讲情才对的坚决的和愤慨的意见。"②赛福鼎·艾则孜的这一报告得到中共中央新疆分局第一书记王震的充分肯定, 他批示道:"这篇很好, 请郁文 (时任中共中央新疆分局宣传部副部长兼新疆日报社党组书记) 同志精选文中重要部分登报发表, 全文抄送中央及西北局。"③

---

① 霍城: 即霍尔果斯县, 1966年和永定县合并, 称霍城县。霍城县政府改驻永定镇。

② 参见《新疆分局转发赛福鼎·艾则孜同志赴伊犁了解情况及所作工作之报告》, 新疆维吾尔自治区档案馆藏。

③ 参见《新疆分局转发赛福鼎·艾则孜同志赴伊犁了解情况及所作工作之报告》, 新疆维吾尔自治区档案馆藏。

以赛福鼎·艾则孜为代表的少数民族干部思想认识的转变和提高以及积极地参与和支持，使得减租反霸运动在新疆农村得以顺利开展。

在中共中央新疆分局的组织领导下，经过八个月的工作，在新疆近400万人口的农业区内通过调查了解情况，宣传政策；召开诉苦会、评定成分，发展壮大农会；开展说理斗争，实行减租退租；分配斗争果实，建立民主政权等四个步骤的工作，胜利完成了减租反霸运动。减租反霸运动使新疆农村发生了显著变化，乡村政权得到初步改造，在政治、经济上削弱了封建势力，适当满足了贫苦农民的经济要求，农民在政治上的优势得到树立，锻炼和培养了大批少数民族干部，翻身的农民掀起了"学政治、学文化、发展生产"的热潮。

1952年3月，土地改革被提上议事日程。中共中央新疆分局决定先在几个有代表性的县和乡试点，取得经验后再全面铺开。根据中共中央新疆分局的安排，赛福鼎·艾则孜带着工作队到喀什专区疏附县帕哈太克里乡试点。在帕哈太克里乡的日子里，他白天或是听取当地乡、村干部的情况汇报，或是走家入户访贫问苦，晚上不是把当天的所见、所闻逐一记录下来，加以归纳和梳理，拟定今后开展试点工作的意见和方案，就是召集工作队员开会研究讨论如何开展下一步工作。在赛福鼎·艾则孜的主持下，经过4个月的努力，土改试点在帕哈太克里取得圆满成功。秋天，帕哈太克里乡维吾尔族农民迎来了粮食的空前大丰收。在自己土地上喜获丰收的翻身农民，对共产党和毛泽东主席充满着无限感激之情。目睹此景此情，赛福鼎·艾则孜向大家建议，写封信向毛泽东主席报喜，这一建议得到了翻身农民的拥护和赞同。于是，由土改工作队队员、诗人铁依甫江执笔，采用长诗的形式给毛泽东主席写了封信，倾诉了维吾尔族农民告别过去苦难生活，翻身当家做主人的喜悦和感激之情。不久，赛福鼎·艾则孜借去北京开会的机会，把这首208行的长诗面交毛泽东主席。毛泽东主席看后非常感动，专门给该乡农民写了回信，他在信中指出："你们已经从地主阶级封建土地所有制的束缚中获得解放，希望你们在爱国丰产的口号之下，更加团结，努力生产，改善自己的物质生活。"[1]赛福鼎·艾则孜将这封信带回新疆，带回帕哈太克里，一时间，"毛主席来信了！"的消息很快传遍喀什专区，又从喀什专区传遍天山南北。毛泽东主席的这封回信，极大地坚定了新疆各族人民进行土地改革的决心，有力地推动了土地改革的进

---

[1]　毛泽东：《建国以来毛泽东文稿》（第三册），中央文献出版社1989年版，第526、527页。

行。深有感触的赛福鼎·艾则孜情不自禁地以《萨拉木，帕哈太克里》为题，写下了这样的诗句：

> 领袖毛主席写了复信，
> 是对翻身农民极大的关心。
> 给我们勇气鼓舞我们前进，
> 为送这珍贵福音我专程而来。
> 我们得到了领袖的珍爱和关怀，
> 一字一句给人以力量，历久不衰。
> 给无产者带来信心和勇气。
> 为目睹这意志的结晶我远道而来。①

帕哈太克里土改试点获得成功后，在中共中央新疆分局组织领导下，从1952年9月起，土地改革运动在新疆农业区轰轰烈烈地展开，经过宣传党的土改政策，发动组织群众；划分阶级成分；没收、征收土地和财产；分配土地和财产；建党建团等五个阶段工作，至1954年2月，在新疆9个专区约400万人口的农村胜利完成土地改革工作。土地改革使新疆农村的统治被彻底摧毁，65万户农(牧)民获得737万多亩土地和大量耕畜，生活普遍得到了改善，生产积极性空前高涨。土改在新疆的胜利，不仅推翻了地主阶级，而且铲除了产生民族压迫的根源，从而清除了旧社会长期存在的汉族同少数民族的隔阂以及各少数民族间的冲突和矛盾，使新疆历史上第一次出现了各民族间的团结、和睦的局面。

在民主改革中，全面正确贯彻党的宗教政策，妥善处理涉及宗教的各种问题，对于在新疆这样一个多民族、多种宗教并存的地区来说，是确保民主改革成功的关键所在。早在1949年12月17日，新疆省人民政府委员会第一次全体委员会议通过的《施政方针》就对此作出明确规定。但是，在实行过程中遇到了不少阻力，如一部分宗教界人士提出增设宗教学校、设立宗教法庭和成立穆斯林协会等要求。根据中共中央新疆分局的安排，赛福鼎·艾则孜就此展开调查研究。很快，在他的主持下，于1951年11月先后制定了《有关伊斯兰宗教及风

---

① 赛福鼎·艾则孜：《赛福鼎诗选》，人民文学出版社1999年版，第124页。

俗习惯的几个问题的处理意见》《关于宗教界所提问题的处理意见》等文件，之后，中共中央新疆分局发出《关于贯彻执行宗教政策的指示》，强调一方面在全疆范围内广泛宣传宗教信仰自由政策；另一方面要在民主改革中采取措施正确处理涉及宗教的问题，团结宗教职业人员和信教群众，巩固和扩大反封建的人民统一战线。这些文件的出台，为在民主改革中坚决贯彻党的宗教政策，妥善处理涉及宗教问题打下了初步的基础。

这一阶段，赛福鼎·艾则孜虽然工作繁忙，仍不忘挤出时间进行诗歌、小说和戏剧创作。同时他热心于维吾尔族文化遗产的抢救整理工作。1951年，当他得知北京图书馆收藏有回鹘文《玄奘传》这一珍贵文献时，专门请我国当时唯一懂得回鹘文的冯家昇教授对它进行研究和整理，然后协调有关部门将这部珍贵文献加以出版。1952年秋又向中央提出的抢救整理濒于失传的维吾尔族古典音乐瑰宝《十二木卡姆》的建议，得到了周恩来总理的重视和支持。①为此，文化部给新疆下拨专款，中央音乐学院派专家万桐书和连晓梅千里迢迢从北京来到新疆，着手对仅在民间老艺人口头传唱的《十二木卡姆》进行记谱、录音等工作。赛福鼎·艾则孜除了亲自抓《十二木卡姆》的抢救整理工作，还带头做研究工作，先后发表、出版了《论维吾尔木卡姆》等文章和论著。正是在他的大力倡导和支持下，《十二木卡姆》这一艺术瑰宝重放异彩，在国内外演出中获得巨大成功，受到广泛赞誉。

六、当选自治区主席

民族区域自治在新疆的成功实施，是载入史册的大事件。赛福鼎·艾则孜不仅自始至终参加了民族区域自治在新疆的推行工作，而且当选第一、二、三届新疆维吾尔自治区人民委员会主席，成为这一历史事件的重要见证人。

新中国成立之初，以赛福鼎·艾则孜为代表的参加过三区革命和受苏联影响的新疆少数民族干部、群众主张采用苏联模式来解决新疆民族问题，提出新疆应成为中华人民共和国的一个加盟自治共和国。理由是苏联和中国都是共产党执政，已经在走和将要走社会主义道路，而苏联是世界上第一个社会主义国家，是中国的老大哥，苏联的今天就应该是中国的明天。针对这

① 熊坤静：《赛福鼎·艾则孜与新疆十二木卡姆》，载《百年潮》2006 年第 10 期。

一情况, 中共中央电示中共中央西北局要求中共中央新疆分局召开一次扩大会议统一思想认识。指示电强调:"在会议中, 要对正确或比较正确的民族干部, 加以鼓励, 然后对民族主义作适当批评 (这是必要的), 但批评态度须注意分析与说理, 须知这种斗争是长期的, 开始进行时尤必须理由充足态度适当。"①1951年4月13日至19日, 中共中央新疆分局召开扩大会议, 赛福鼎·艾则孜参加了这次会议。通过认真学习党的民族政策和深入的座谈讨论, 包括赛福鼎·艾则孜在内的与会者开始认识到新中国的成立, 使中国的国家性质发生了根本性变化。中苏两国都是共产党领导的走社会主义道路的国家, 但苏联和中国形成的历史条件和具体情况不同, 这就决定了两国解决民族问题的具体政策必然不同, 苏联采取联邦制而中国采取民族区域自治。在提高和统一思想认识的基础上, 与会人员进一步学习了党的民族区域自治政策的内容和原则, 一致认为民族区域自治是中国在新的历史条件下解决民族问题的唯一正确道路。

会后, 赛福鼎·艾则孜积极投身于民族区域自治在新疆的推行工作。根据毛泽东主席的指示, 他经过认真思考, 就新疆的民族区域自治问题以及各级民族自治地方的组建、机构、任务等提出自己的建议, 并经中共中央新疆分局常委会讨论后上报中共中央和毛泽东主席。②

1952年7月15日至8月5日, 中共中央新疆分局第二届代表会议召开。会议决定成立以赛福鼎·艾则孜为组长的工作小组, 负责研究推行民族区域自治工作的方案和办法。8月22日至9月10日, 新疆第一届第二次各族各界人民代表会议召开, 会议决定成立新疆省民族区域自治筹备委员会, 由包尔汉·沙赫德拉任主任, 赛福鼎·艾则孜任第二副主任。赛福鼎·艾则孜在这次会议上向全体代表作《关于民族关系和民族区域自治问题》的报告。他在报告中深有感触地说:"宣传毛泽东的民族政策、调查民族情况, 研究如何具体实行民族的区域自治问题时, 同时应注意克服各族干部和各族人民中的各种错误的思想认识, 为正确实行民族的区域自治打下思想基础。"接着, 又强调指出:"实行民族区

---

① 《中共中央就召开新疆分局扩大会议的指示电》(1951年3月31日), 转引自张玉玺: 《中国共产党与民族区域自治制度的建立和发展》(上册),中共党史出版社2000年版, 第304页。

② 中共新疆维吾尔自治区委员会、新疆维吾尔自治区人民政府:《天山儿女的深切怀念》,《新疆日报》2003年11月30日。

域自治绝不能破坏国家领土的完整和国家主权的统一, 相反的正是为了进一步加强国家的统一; 绝不能削弱各民族之间的团结, 相反的是为了进一步加强中华人民共和国全国各族人民间的友爱、合作与团结; 绝不能脱离人民政协共同纲领的总道路, 只有遵循着这唯一正确的总道路, 各族人民革命的事业才能发展前进。"①

在中共中央新疆分局的领导下, 赛福鼎·艾则孜主动带头对各族干部群众进行党的民族区域自治政策的宣传教育, 无论是在专题座谈会还是其他会议上以及同各族干部群众的个别接触和交谈中, 他都耐心细致地用通俗易懂的语言来讲解党的民族区域自治政策, 狠抓党的民族区域自治政策有关学习参考资料的翻译和编印工作, 还想方设法采用各族群众喜闻乐见的形式来介绍党的民族区域自治政策以及国内各民族自治地方的建立、发展情况, 着手培训推行民族区域自治的各族干部。在进行调查研究和召开座谈会, 征求各方面意见的基础上, 于1953年1月、6月, 先后组织拟定了《新疆民族区域自治实施计划》《新疆民族区域自治实施办法》等, 这年6月1日至9日召开的中共中央新疆分局扩大会议通过了由赛福鼎·艾则孜作的关于新疆省民族区域自治实施计划和办法 (草案) 情况的报告。之后, 中共中央先后就实施计划和方案作了批复。

正当推行民族区域自治各项筹备工作有条不紊地进行时, 在如何建立新疆各级民族自治地方的问题上, 一些维吾尔族干部群众强烈要求首先建立省级维吾尔自治区, 反对继续使用"新疆"这一地名, 主张采用"维吾尔斯坦"一词; 坚决反对将维吾尔人口较多、经济文化比较发达的阿图什县、伊犁专区分别划归未来要成立的柯尔克孜族自治区和哈萨克族自治区②这一情况引起了中共中央和毛泽东主席的关注。经反复研究和斟酌, 中共中央和毛泽东主席认为省级自治区名称不宜使用"维吾尔斯坦"一词, 因为它既容易同历史上民族分裂主义分子在新疆搞的"东突厥斯坦"相混淆, 又不能同国际上某些

---

① 赛福鼎·艾则孜 :《关于民族关系和民族区域自治问题》, 参见张玉玺 :《中国共产党与民族区域自治制度的建立和发展》(上册), 中共党史出版社 2000 年版, 第 306、307 页。

② 1952 年 8 月 8 日颁布实施的《中华人民共和国民族区域自治实施纲要》规定, 建立各民族自治区, 其行政地位可相当于乡 (村)、区、县、专区或专区以上。1954 年 9 月颁布实施的第一部《中华人民共和国宪法》将已建立的各民族自治区统一规范为自治县、自治州和自治区。

国名使用"斯坦"一词的独立国家相区别。同时，它不符合新疆多民族居住的实际情况，也不利于各民族间的团结。新疆自古以来主要被称为"西域"，清朝统一新疆后，"西域"和"新疆"二者兼用。1884年建省后专称"新疆"。其原因在于：1865年浩罕阿古柏侵入新疆，占领了天山南北广大地区，沙俄也趁机出兵占领伊犁。后来，清王朝派左宗棠带兵收复新疆，基于新疆自汉唐以来就是中国固有领土，现又从侵略者手中收复，提出"他族逼处，故土新归"的主张。从此，专称"新疆"，含有收复失地的纪念意义。因此，鉴于"新疆"这一名称的政治含义以及各族群众和国内外普遍接受的事实，继续使用有利于维护祖国统一和民族团结。于是，中共中央就此发出以下指示：一、新疆有13个民族，其中又以维吾尔族为主。因此，在实行民族区域自治过程中或实现民族区域自治以后，维吾尔族必须主动照顾其他兄弟民族；二、必须贯彻"慎重稳进"的方针，实行民族区域自治的时间还可以长一些；三、新疆名称不改好，行政地位相当于省级，属中央领导，伊犁划入哈萨克族自治区内。实行民族区域自治的步骤应改"自下而上"为"由小到大"更为明确。为了照顾柯尔克孜族将来的发展，应在该民族自治区附近，适当划给一部分农业区。①1953年4月2日，中共中央新疆分局召开常委会议，由赛福鼎·艾则孜向与会同志传达了中共中央这一指示精神。13日，中共中央又电示中共中央新疆分局："维族在新疆如同汉族在全国一样，是其他各兄弟民族的主体民族。因此，必须使维族干部如同汉族在全国范围内团结、帮助和照顾各少数民族一样来团结、帮助和照顾新疆境内的其他民族。在推行民族区域自治过程中，既要注意到以少数民族聚居区为基础，又要照顾到各少数民族自治区的经济、政治的发展需要；不仅要使各少数民族人民在政治上享有平等权利，而且要使他们从事实上真正体验到维族对自己的帮助和照顾。只有这样，才能通过推行民族区域自治运动，更进一步地加强和发展新疆各族人民的团结合作。"为此，中共中央要求新疆各级民族自治地方的建立"先从维族以外的其他少数民族聚居区着手推行，先建好各少数民族的区域自治，取得经验，在此基础上再筹建全省范围的区域自治"②。

---

① 张玉玺：《中国共产党与民族区域自治制度的建立和发展》（下册），中共党史出版社2000年版，第1004页。

② 张玉玺：《中国共产党与民族区域自治制度的建立和发展》（上册），中共党史出版社2000年版，第310、311页。

　　对于中共中央的这些指示精神，赛福鼎·艾则孜衷心拥护，身体力行并带头做维吾尔族干部群众的思想工作。他反复强调："中央的指示是我们讨论问题的基础，必须把思想统一到这一点上来。"①在一次有关民族区域自治的座谈会上，当谈到柯尔克孜族自治区的将来行政区划时，一些维吾尔族干部仍然强烈反对把阿图什县划入柯尔克孜族自治区，他们激动地当面质问赛福鼎·艾则孜："如果阿图什划入柯尔克孜族自治区，你这位阿图什出生的维吾尔族大干部、大知识分子的籍贯将如何表述？"赛福鼎·艾则孜从各民族的长远发展和民族团结的大局着眼，耐心地说明柯尔克孜族长期游牧在山区高原，经济文化不发达，而把与之相邻的经济、文化较发达的阿图什县划入后，将非常有利于柯尔克孜族未来的发展，这也有利于维吾尔族和新疆其他民族的团结合作，共同走向富裕。他心平气和地说："维吾尔族作为主体民族，应坚持多照顾其他少数民族的原则，让他们从山上下来，从事农业生产，建工厂，有固定的学校，这可以帮助他们尽快走上社会主义道路。"②至于自己籍贯的表述问题，他笑着说："阿图什划归柯尔克孜族自治区后，我赛福鼎仍然是阿图什人，仍然是维吾尔族嘛，这难道会成为一个问题吗？"③赛福鼎·艾则孜的这番话让持反对意见的维吾尔族干部群众心服口服。

　　正当赛福鼎·艾则孜为民族区域自治在新疆的推行日夜操劳的时候，1953年1月，他被任命为西北行政委员会副主席。8月，被任命为新疆军区党委第三书记。接着，在1954年9月召开的具有历史意义的第一届全国人大第一次会议上当选为全国人大常委会副委员长和中华人民共和国第一届国防委员会委员，从此步入党和国家领导人的行列。12月，又任新疆军区党委第二书记。

　　当赛福鼎·艾则孜从北京回到新疆，新疆的民族区域自治工作已取得重要进展，除维吾尔族以外的达斡尔、锡伯、塔吉克、柯尔克孜、回、哈萨克等7个少数民族先后分别建立了乡、区、县、专署、行署等级别不同的民族自治地方。这时，维吾尔族实行民族区域自治的问题就被突出地提上了议事日程。对于建立省级自治区，新疆的各族干部群众是赞同和拥护的，但在省级自治区名称是否冠以维吾尔族族名这个问题上，出现了不同意见。其他少数民族干部群众

① 中共新疆维吾尔自治区委员会、新疆维吾尔自治区人民政府：《天山儿女的深切怀念》，《新疆日报》2003年11月30日。

② 参见《天山红日》，144页，赛福鼎·艾则孜回忆录手稿。

③ 司马义·艾买提：《一位伟大的爱国者，几多壮美的人生》，《新疆日报》2005年3月14日。

主张不冠，其理由是这样可以照顾到新疆其他少数民族的感情，更有利于维吾尔族团结其他少数民族。大部分维吾尔族干部群众主张冠，理由是有利于进一步消除维吾尔族与汉族的历史隔阂，调动维吾尔族的积极性，可以增强维吾尔族团结其他民族共同建设新疆的责任感。

为进一步克服维吾尔族干部群众中存在的大民族主义思想和情绪，更有利于维吾尔族团结其他少数民族，中共中央和毛泽东主席经反复考虑，于1954年11月13日致电中共中央新疆分局："新疆自治区实际上是以维吾尔族为主的自治区，但为了维吾尔族便于团结新疆境内的其他少数民族，使维吾尔族在工作中更主动，自治区的名称，叫做'新疆自治区'以不加维吾尔族为有利。如果维吾尔族和其他少数民族愿意叫'新疆维吾尔自治区'的话，也可以考虑。此事请分局在党内外更大的范围内征求意见后再报中央决定。"①1955年初，包尔汉·沙赫德拉、赛福鼎·艾则孜到北京开会，毛泽东派习仲勋传达自己"叫新疆自治区，以不加维吾尔为有利"的意见，并就此征求他俩的意见。

1955年1月20日，中共中央新疆分局发出《关于成立省级自治区的指示》，加快了成立省级自治区各项筹备工作的步伐。在经多次开会讨论和反复研究后，中共中央新疆分局于2月28日向毛泽东主席和中共中央发出请示电："经过长时间的酝酿，维吾尔族的高级干部，除赛福鼎、包尔汉同志表示由中央如何决定即如何执行外，其余都要求称'新疆维吾尔自治区'。业已实行民族区域自治的其他各民族的高级干部，因本民族自治地方的名称，都是地名加上了本民族的名称，所以对新疆实行以维吾尔族为主的民族区域自治，绝大多数亦同意称'新疆维吾尔自治区'。在分局委员中的汉族同志，根据党的民族政策和新疆的实际情况反复考虑，绝大多数认为称'新疆维吾尔自治区'为好。""我们经过反复考虑认为称'新疆维吾尔自治区'较好。"②4月16日，为了充分尊重维吾尔族干部群众的意见和愿望，中共中央和毛泽东主席致电中共中央新疆分局表示："中央同意你们所提意见，称作'新疆维吾尔自

---

① 张玉玺：《中国共产党与民族区域自治制度的建立和发展》（上册），中共党史出版社2000年版，第804页。

② 见《新疆分局关于省级自治区名称问题给毛主席并中央电》（1955年2月28日），转引自张玉玺：《中国共产党与民族区域自治制度的建立和发展》（上册），中共党史出版社2000年版，第346—347页。

治区'。"①9月13日，第一届全国人大常委会第二十一次会议通过《关于成立新疆维吾尔自治区　撤销新疆省建制的决议》。之后，第一届全国人大常委会又于1956年7月9日召开第四十三次会议，通过《全国人民代表大会常务委员会关于批准新疆维吾尔自治区各级人民代表大会和各级人民委员会组织条例的决议》。

　　1955年9月20日至30日，肩负成立新疆维吾尔自治区光荣使命的新疆省人大第一届第二次会议在乌鲁木齐（经中央人民政府政务院批准，从1954年2月起，新疆迪化市改名为"乌鲁木齐"）隆重举行。中共中央派中共中央政治局委员、全国政协副主席、最高人民法院院长董必武专程到会致以衷心的祝贺。同时，全国人大、国务院、全国人大民委、国家民委向大会发来了贺电。与会代表一致拥护国务院提请全国人大常委会关于撤销新疆省建制、成立新疆维吾尔自治区的议案和全国人大常委会就此通过的决议，选举产生了新疆维吾尔自治区人民委员会，赛福鼎·艾则孜当选为主席。

　　10月1日，为庆祝中华人民共和国成立六周年和新疆维吾尔自治区成立，乌鲁木齐举行了有六万多各族群众参加的盛大游行集会。此情此景给刚刚当选自治区人民委员会主席的赛福鼎·艾则孜留下了难忘而又深刻的印象。30年后的这一天，他以《庆典》为题写下了这样的诗句：

　　　　　像金色摇篮中撒娇的婴儿，
　　　　　三十年前你在欢呼中来到世间。
　　　　　时代慈母般抚育你日渐成熟，
　　　　　今天你在欢度自己的庆典。

　　　　　愿崇高的理想插上翅膀，
　　　　　自由美好的时代道路无限宽广。
　　　　　愿你向明天迈出勇敢的步伐，
　　　　　愿你前进的征途上鲜花怒放。②

---

① 《中央就自治区名称问题给新疆分局的复电》（1955年4月16日），转引自张玉玺：《中国共产党与民族区域自治制度的建立和发展》（上册），中共党史出版社2000年版，第346页。

② 赛福鼎·艾则孜：《赛福鼎诗选》，人民文学出版社1999年版，第175—177页。

1955年2月，赛福鼎·艾则孜当选为中国人民政治协商会议新疆省第一届委员会主席。9月，被授予中将军衔，荣获一级解放勋章。新疆维吾尔自治区党委成立后，任自治区党委第三书记。1956年7月，在自治区党委第一届第一次全体委员会上当选为自治区党委书记处书记。

1956年秋，新疆对农业、畜牧业、手工业和私营工商业的社会主义改造取得决定性的胜利，社会主义制度得以基本确立，新疆各族人民与全国人民同步迈入社会主义社会。9月15日至27日，党的第八次全国代表大会在北京召开，满怀喜悦的赛福鼎·艾则孜在会上作题为《新疆维吾尔自治区各族人民同全国人民一道胜利地前进着》的发言，他说："解放后，新疆各族人民胜利地完成了民主改革的任务，实行了民族区域自治，对农业、手工业和私营工商业的社会主义改造取得了决定性的胜利，经济文化事业已经得到很大发展，党的建设和培养民族干部获得了很大的成就。"最后，他以"坚决相信新疆各族人民同全国人民一定能够胜利地共同建成社会主义"[1]这句话结束了自己的发言。在这次代表大会上，赛福鼎·艾则孜当选为中共第八届中央候补委员。

在新疆这个多民族地区，要在党的领导下进行社会主义建设，就必须要有一支政治合格、业务过硬的各民族人才构成的干部队伍。自身的成长经历让赛福鼎·艾则孜充分认识到培养少数民族干部的紧迫性和重要性。

为了加大对新疆少数民族干部培养工作的力度，尽快提高新疆少数民族干部的思想理论水平，赛福鼎·艾则孜起初是主张选派少数民族干部赴苏联学习的。后来，随着自身思想认识的不断提高，他对这个问题的看法发生了变化，认为还是派到内地去学习比较好。这样既可以让新疆少数民族干部能够系统学习中国化的马克思主义，又能迅速提高大家的汉语汉文水平，更重要的是可以进一步加深大家对党和祖国的感情。为此，他向中共中央提出建议，在中央党校长期开设新疆班。[2]这一建议很快就被中共中央采纳。从20世纪50年代起，到今天，中央党校新疆班已为新疆培养了数千名中、高级领导干部，特别是少数民族领导干部，成为新疆少数民族领导干部成长的摇篮。同时，在

---

① 赛福鼎·艾则孜：《新疆维吾尔自治区各族人民同全国人民一道胜利地前进着》，《人民日报》1956年9月26日。

② 参见《赛福鼎·艾则孜关于新疆几个问题的报告》，新疆维吾尔自治区档案馆藏。

他的一再呼吁和要求下，中央从内地选调和派遣一批又一批汉族干部和知识分子到新疆工作。赛福鼎·艾则孜还主动出面与中央和国家有关部委协调，使得中央民族学院 (今中央民族大学)、西北民族学院 (今西北民族大学) 等内地一批院校扩大在新疆的招生规模，从而使新疆的大批少数民族学生获得深造。他在兼任省干部学校校长期间，还亲自给学员讲授马克思主义民族理论、中国民族问题、民族区域自治等重要课程。为了办好新疆学院 (今新疆大学)，增强新疆自身培养人才的能力，他提议以优厚的薪金吸引和鼓励高级知识分子从内地来新疆学院工作。①这一系列的举措在一定程度上推动了新疆干部人才队伍的建设。

开发克拉玛依油田和兴建兰新铁路 (1962年2月全线贯通的兰州至乌鲁木齐铁路)，是中共中央作出的加快新疆经济建设步伐的重大战略举措。身为自治区人民委员会主席，赛福鼎·艾则孜为之振奋，他积极投身其中。1956年5月，新中国第一个大油田在新疆克拉玛依被发现。为了尽快开发建设克拉玛依油田，中共中央、国务院向全国发出了"迅速支援克拉玛依油区"的号召，自治区党委积极响应，要求各级党组织、各级政府和全疆各族人民大力支援克拉玛依油田建设。赛福鼎·艾则孜连续召集有关厅局长开会，研究解决克拉玛依油田的物资器材运输和后勤保障供应问题，并迅速成立专门工作组来具体负责这项工作。自治区各单位还抽调了500多辆汽车，将开发油田急需的15万吨物资及时运往克拉玛依。②同时，又从天山南北源源不断地调运大批粮食、牛羊肉、蔬菜等生活必需品，确保石油工人的生活后勤供应。1959年12月31日，兰新铁路通车到新疆的东大门——哈密。自治区在哈密举行了隆重的通车典礼，赛福鼎·艾则孜在典礼上发表讲话："兰新铁路今天正式通车到哈密了！这是具有重大历史意义的特别令人欢欣鼓舞的一件大喜事，是自治区1959年社会主义建设的又一巨大胜利！""修建兰新铁路不只是铁路员工的任务，也是全自治区六百多万各族人民的任务。"③当路基和铁轨开始从哈密往首府乌鲁木齐延伸时，受中苏关系破裂和特大自然灾害的影响，修筑工作举步维艰，全线告

---

① 中共新疆维吾尔自治区顾问委员会：《新疆纪事》(一)，新疆人民出版社1989年版，第138页。

② 见《克拉玛依油田50年大事聚焦》，新疆人民出版社2005年版，第39、40页。

③ 见《争取提前完成兰新铁路的修建任务 迎接自治区大规模经济建设到来》，《新疆日报》1960年1月1日。

急。赛福鼎·艾则孜得知这一情况后，立即向全疆各族人民发出全力支援兰新铁路建设的倡议，动员各单位组织了各种义务筑路大队，并亲自带头参加修筑铁路的义务劳动。在他的带动下，自治区、乌鲁木齐市两级机关团体、厂矿企业、学校先后有1.3万人在达坂城、芨芨槽子一带义务修筑路基，完成土石方74万立方米。南疆一些县市也选派了1000多名优秀青年参加兰新铁路建设。1962年12月10日，铁路终于修到乌鲁木齐，结束了新疆没有铁路的历史。从那以后，这条钢铁长龙把新疆和祖国内地紧紧地连接在了一起。

为了尽快改变新疆的贫穷落后面貌，针对新疆地多人少，各行各业严重缺乏劳动力的情况。1958年8月，中共中央决定动员内地青壮年分批前往新疆参加社会主义建设。为了做好接收和安置工作，赛福鼎·艾则孜多次召集有关部门开会研究制定相关方案，还采取一系列具体措施。他亲赴车站去迎接支边青壮年，并发表讲话热烈欢迎。他还主动站出来给少数民族干部群众摆事实、讲道理，打消他们的思想顾虑。他曾在一次会议上语重心长地说："关于从内地进劳动力的问题，这是加速自治区社会主义建设的重要措施，也是关内汉族人民对少数民族兄弟般无私支援的重要表现。对此，不能有任何错误理解。""有些坏人进行造谣，挑拨民族关系，破坏民族团结，应当予以揭露和打击。支边青壮年是我们向兄弟省市经过思想动员要来的，对他们要很好地安置，使他们能够长期在新疆安家落户，在自治区的社会主义建设中作出贡献。"在他的言传身教下，支边青壮年所到之处都受到热烈欢迎和妥善安置，不少地方还出现了少数民族群众自动让出自家房屋给支边青壮年住，主动送牛奶给支边青壮年孩子喝，嘘寒问暖、亲如一家的感人事迹，使进疆支边青壮年感受到了祖国大家庭的温暖。

针对三年自然灾害时全国粮食供应紧张的情况，身为自治区主席的赛福鼎·艾则孜识大体，顾大局，主动站出来为国家排忧解难。在他的主持下，针对邻省甘肃河西地区受灾严重缺粮的情况，从1960年到1963年，支援甘肃3633万公斤粮食和一批救灾物资。从1963年到1967年，新疆又调出粮食562亿公斤，支援陕西等11个省、区、市。①这一时期，因内地一些地方灾情严重，一批批群众为生计所迫，自行流入新疆。如何对待这些自流人员，当时很多人都主张应当把他们遣送回原籍。但是，赛福鼎·艾则孜坚决反对这种主张和做法。他曾

---

① 新疆通志编委会：《新疆通志·粮食志》，新疆人民出版社2000年版，第329页。

经在一次会议上情真意切地讲道："自流人员虽不是我们计划移民以内的，但绝大部分是由于兄弟省市遭受自然灾害，生活困难，来疆谋生的，这些人是我们的阶级兄弟，应当欢迎并予妥善安置。不能统统动员他们回去，本人要求回去的应当允许。自流进来的反革命分子和坏分子，则应交由公安部门处理。当然，现在安置这些人员是有一些困难的，但我们应当共同努力克服困难，把他们安置好。"①在他的倡导和支持下，全疆各地克服自身困难，想方设法加以收容和安置。

七、"伊塔事件"前后

1957年春，趁中国开展整风运动之机，国内极少数资产阶级右派分子向中国共产党和新生的社会主义制度发动进攻。在这种大气候下，新疆少数民族中的极少数右派分子和一些有严重地方民族主义思想倾向的人也借机说"党的领导是大汉族主义统治"，提出"要以民族建立共产党"、"党委民族化"。而民族分裂分子则跳出来叫嚷要"独立"，要成立"维吾尔斯坦共和国"、"反汉排汉"。这一严重而又复杂的情况使自治区党委感到，在少数民族干部中开展以反对地方民族主义为核心内容的整风"反右"斗争已势在必行。

自12月16日起，自治区党委召开了历时四个半月的扩大会议，研究贯彻落实同年9月党的八届三中全会关于在少数民族干部中开展反对地方民族主义斗争的指示精神，讨论部署自治区少数民族干部的整风和社会主义教育问题。会议对时任自治区文化厅厅长的孜牙·赛买提等人进行了批判。一些有严重地方民族主义思想的党员干部在会上做了检查。赛福鼎·艾则孜也在这次会议上检讨自己在民族问题上的错误认识，作深刻的自我批评。他先后在会上作了题为《坚决反对地方民族主义，为社会主义的伟大胜利而奋斗》的报告和题为《有关民族问题的若干问题》的讲话。他从"关于民族问题"、"新疆的一切事情要按中国的办法去做"、"关于维吾尔族主义"、"关于民族特点和民族文化"、"关于三区革命"、"关于生产建设兵团"、"关于党性问题"等八个方面深入阐明了自己的认识和观点。后来，他又在会议上做了自我检讨。他

---

① 参见《赛福鼎·艾则孜同志在自治区党委工作会议上的总结报告》（记录稿），新疆维吾尔自治区档案馆藏。

说："总而言之，地方民族主义和地方民族主义分子的错误和我是有关系的，我在这方面的错误是：不能和地方民族主义进行坚决和彻底的斗争，迁就地方民族主义，明知他们有错误，但却忽视他们的错误。由于我也有地方民族主义和没有掌握好党的干部政策，所以犯了往往赞同无原则的意见和不适当地提拔干部……这全是和民族主义有关的自由主义、宗派主义和官僚主义。我必须努力改正这些错误。"①赛福鼎·艾则孜的言行使与会者，特别是少数民族干部深受启发和教育，对于反对地方民族主义斗争的顺利开展发挥了积极作用。

这次会议通过了《关于反对和克服地方民族主义的决定》和《关于赛甫拉也夫、伊敏诺夫、艾斯海提等同志错误的处分及开除孜牙·赛买提、依不拉音·吐尔地、阿不都衣木·艾沙、阿赛德·阿不列孜卡里等党籍的决定》。②1958年5月14日，自治区党委作出决定，要求各级党委在少数民族干部和知识分子中普遍进行一次以反对地方民族主义为中心内容的整风运动。此后，反对地方民族主义斗争在全疆各地展开，至1959年3月基本结束。在当时的形势下，在新疆开展反对地方民族主义斗争是必要的，但由于斗争时没有能严格区分清楚两类不同性质的矛盾，犯有扩大化错误，对一些少数民族干部作了不应有的批判和处理。

1959年1月22日至29日，自治区第二届人大第一次会议在乌鲁木齐召开，赛福鼎·艾则孜在这次会议上再次当选为自治区人民委员会主席。4月，在第二届全国人大第一次会议上继续当选为全国人大常委会副委员长和中华人民共和国第二届国防委员会委员。

自5月起，兼任新疆维吾尔自治区文联主席，不久又兼任全国文联副主席。在他的建议和领导下，许多古今中外的优秀文学作品被翻译成各民族文字出版，有力地推动了各民族间文化的交流、发展与繁荣。

1960年4月，根据中共中央指示，赛福鼎·艾则孜暂时离开新疆的工作岗位，到北京进入中央党校深造。

---

① 参见《赛福鼎·艾则孜同志在1958年4月26日自治区党委扩大会议上的发言》，新疆维吾尔自治区档案馆藏。

② 1986年10月，经新疆维吾尔自治区党委上报党中央批准，对新疆在反对地方民族主义斗争中受到错误批判和处理的赛甫拉也夫、买买提明·伊敏诺夫、艾斯海提·伊斯哈科夫等一批少数民族领导干部给予平反。

此时的中国正发生严重经济困难,中苏关系也开始恶化。自1962年初,地处中苏边境的伊宁、霍城、塔城、裕民等地有少量居民越境前往苏联。从3月中旬至5月,逐渐发展成为大量居民成群结队前往苏联,越境居民累计达到6万多人,带走牲畜30多万头。特别是在伊宁市还演变成为占领伊犁州人委办公大楼、冲击伊犁区党委①办公大楼、抢夺政府档案及枪支、绑架和殴打党政干部和公安干警的一场暴乱。有确凿证据表明,苏联驻乌鲁木齐总领事馆和驻伊宁领事馆等机构卷入了这一事件,苏联边防部队还为中国居民越境提供了方便。②

尚在中央党校学习的赛福鼎·艾则孜得知发生"伊塔事件"后立即向中共中央统战部反映自己对解决这一问题的意见,并表示必要时可派自己回新疆工作,对处理这个问题会有帮助。4月27日,毛泽东批示周恩来总理:"赛福鼎是否以回去工作为宜,请酌定。"③30日,周恩来总理同赛福鼎·艾则孜谈话,向他传达了中共中央和毛泽东主席的决定,要他立即结束在中央党校的学习,紧急赶赴新疆,协助中央处理这一事件,并嘱咐赛福鼎·艾则孜:新疆当前是多事之秋,事情既然发生了,可以把坏事变成好事;在边民外逃问题上,有外因,也有内因,在内因方面,几年来我们工作中没有照顾好民族特点、宗教特点和当地的经济特点;外逃问题给我们敲起了警钟,内部问题和各方面工作一定要搞好。④

赛福鼎·艾则孜立即回到新疆,向自治区党委第一书记王恩茂报告了周恩来总理的指示精神,经和王恩茂等自治区党委、政府和生产建设兵团的主要领导同志紧急研究后,坚决贯彻落实中央的以下决定:一、充实加强自治区处理"伊塔事件"工作组的力量;二、由兵团选调一批干部职工组成工作队,前往解决因大批群众非法越境后部分地区农牧业生产和基层政权无人管理的

① 伊犁区党委:1954年11月,新疆伊犁哈萨克自治州成立后,经中共中央批准,1955年3月成立中共伊犁区委员会,先后受中共中央新疆分局和中共新疆维吾尔自治区委员会领导,下辖塔城地委、阿勒泰地委和伊犁州直属10个县市党(委)。并受委托,领导中共博尔塔拉蒙古自治州委员会。

② 中共中央文献研究室:《毛泽东传》(1949—1976)(下卷),中央文献出版社2003年版,第1222页。

③ 中共中央文献研究室:《毛泽东传》(1949—1976)(下卷),中央文献出版社2003年版,第1221页。

④ 中共中央文献研究室:《周恩来年谱》(中卷),中央文献出版社1996年版,第475页。

问题, 对那里的土地、庄稼、牲畜等实行代耕、代牧和代管; 三、由兵团迅速组织和出动一批基干民兵, 沿中苏边境布防, 配合人民解放军边防部队加强边境的防卫力量。5月6日, 赛福鼎·艾则孜出席自治区党委召开的有自治区有关领导、下派工作组成员和事发地负责人参加的会议。在听取了"伊塔事件"发生及处置等情况汇报后, 他向大家传达了周恩来总理的指示精神, 并发表讲话。他说: 我们这次派往伊犁、塔城工作组的任务是"要消除修正主义者造成的混乱, 安定群众情绪, 并帮助群众大量逃跑的地区恢复生产", 工作组成员"都要坚持党的立场, 坚持祖国立场, 坚持中国立场, 同时还要向群众宣传这个观点, 教育群众紧紧依靠党, 跟着党走"。"要从巩固民族团结、巩固祖国统一出发, 搞好我们的社会主义建设。"同时, 他还深入分析了"伊塔事件"发生的原因: "这次事件的发生既有外因也有内因, 外因是主要的, 内因也不能忽视, 就是我们工作中有缺点错误, 对这些缺点错误我们也要检查了解。"①

5月22日, 自治区党委处理"伊塔事件"工作领导小组召开会议, 了解下派工作组的工作进展情况, 研究工作中存在的问题。会上, 赛福鼎·艾则孜首先对下派工作组的近期工作给予积极肯定, 同时强调指出: 苏联当局在新疆蓄意进行的破坏活动不会停止, 大家要时刻提高警惕, 提前做好各方面的预防准备。他说, 中央已采取措施通过外交途径要求苏联方面关闭在新疆境内的领事馆, 我们要按照中央的要求查封参与这一事件的伊犁、塔城等地的一些苏联侨民协会, 切实改善新疆人民的物质生活, 加强新疆的民族宗教工作, 加强对边境线的警戒, 并在边境地区建立国营农牧场, 大力整顿干部队伍。②

8月15日, 遵照中央的指示精神, 赛福鼎·艾则孜以自治区人民委员会主席的名义发布《新疆维吾尔自治区人民委员会命令》: 凡策动居民非法越境外逃、聚众闹事, 或制造反革命暴乱的不法分子, 不论是中国公民或外国侨民, 一律依法论处; 过去非法出境者, 不许重新入境; 过去受骗非法越境, 后又返回中国的公民, 各地应妥善安置; 中国公民同外国侨民结婚后在中国境内所生子女, 一律只具有中国国籍, 如其中有人在年满18岁时, 愿意取得有关外国国籍, 须向公安机关声明放弃中国国籍, 领取合法的外国护照, 并申请领取外侨

---

① 参见《赛福鼎·艾则孜同志给自治区派往伊犁协助工作的干部的讲话》, 新疆维吾尔自治区档案馆藏。

② 参见《赛福鼎·艾则孜在自治区党委处理伊塔事件工作领导小组会议上的发言》, 新疆维吾尔自治区档案馆藏。

居留证；外国侨民团体从事非法活动者，一律立即解散。①之后，根据中央的指示精神，赛福鼎·艾则孜又于1963年4月4日，以自治区人民委员会主席的名义发布了第二个《新疆维吾尔自治区人民委员会命令》，其要点是：凡犯有制造谣言、煽动和组织居民越境外逃；进行分裂祖国统一，破坏民族团结的反革命活动；带头聚众闹事，策动反革命暴乱；以反革命为目的，破坏生产建设和公共财产，危害社会治安；接受外国指使，从事情报活动或颠覆活动等现行罪状之一者，一律以反革命分子论处，依法惩处。②这两个命令在全区各族人民群众中，尤其是边境地区各族人民群众中产生了极大反响。与此同时，自治区还组织一批干部赴有关地区协助当地政府贯彻执行，从而很快地恢复和维护了新疆的正常社会秩序。

当这场维护民族团结、维护祖国统一的斗争取得胜利后，赛福鼎·艾则孜坚定地说："我们各民族共同进行社会主义建设，我们坐的是一条船。我们这条船是饱经风浪、久经考验的。掌舵的人是党中央和毛主席，目标是社会主义、共产主义，任何人阻挡不了我们的前进。"③为了进一步做好善后工作，他来到事件发生地伊犁哈萨克自治州调研，通过了解当地干部群众的思想动态和生产生活情况，深深感到"伊塔事件"的发生正如周恩来总理指出的那样，外因是主要的，是苏联当局长期以来有组织、有计划地策划的结果；内因主要是我们对当地各族人民生活安排得不好，特别是伊犁、塔城等地边境县市少数民族群众生活水平下降，生活必需品供应不足。同时，他认为对少数民族干部群众的思想教育工作没有跟上去，导致相当一部分少数民族干部群众缺乏正确的国家观，这也是一个很重要的内因。

赛福鼎·艾则孜从伊犁回来后，向自治区党委详细汇报并提出了相应建议。10月26日，自治区党委发出指示，安排部署在全疆党员干部和各族群众中集中开展了一个祖国(中华人民共和国)、一条道路(走社会主义道路)、一个领导(中国共产党的领导)的"三个一"的教育活动。赛福鼎·艾则孜就开展这

① 富文、田中圩：《中国共产党新疆历史大事记》(上册)，新疆人民出版社1993年版，第237—239页。

② 富文、田中圩：《中国共产党新疆历史大事记》(上册)，新疆人民出版社1993年版，第248、249页。

③ 中共新疆维吾尔自治区委员会、新疆维吾尔自治区人民政府：《天山儿女的深切怀念》，《新疆日报》2003年11月30日。

一活动讲话指出："我们的基本要求是：一、通过教育活动，使每一个党员和每一个干部都能坚定党的立场和祖国立场，进一步破除对苏联的迷信，要深刻认识到迷信苏联的危害性；二、通过教育活动，使各族群众能够普遍地受到一次爱国主义教育，进一步划清中国和外国、中国人和外国人的界线，认识到祖国的伟大、中国共产党的伟大、毛主席的伟大，树立祖国观念；三、通过教育活动，使各族干部从思想和行动上彻底解决一个祖国、一个道路、一个党和一个领袖的问题。"①

为了给这次教育活动的开展提供强大的思想武器，进一步在新疆少数民族干部群众中传播和宣传毛泽东思想，加强新疆少数民族干部群众对党的路线方针政策的了解和学习，自治区党委决定加快《毛泽东选集》新疆少数民族文字的翻译出版工作。根据中央指示精神和自治区党委的安排，成立了由赛福鼎·艾则孜担任主任委员的《毛泽东选集》翻译出版委员会，由他具体负责《毛泽东选集》新疆少数民族文字的翻译出版工作。据统计，截至1967年10月，全区累计翻译出版《毛泽东选集》第一卷14.78万册、第二卷11.03万册、第三卷17.54万册、第四卷17.96万册。②

"三个一"教育活动的深入开展，使新疆各族干部群众对边民外逃和伊宁反革命暴乱的真相有了比较正确的认识，受到了一次深刻的爱国主义教育，统一和提高了思想认识，进一步增强了对中华人民共和国、走社会主义道路和中国共产党领导的认同。

新疆"伊塔事件"的发生使毛泽东主席得出了一个新的认识：反对现代修正主义的斗争已经到了一个新阶段。8月3日，毛泽东主席在听取中共中央西北局负责人的汇报时，明确指出："新疆的主要危险来自苏联现代修正主义，新疆斗争的主要方面是苏联现代修正主义。"③9月28日，毛泽东主席就新疆工作同新疆维吾尔自治区党委第一书记王恩茂谈话，着重指出："新疆要做好经济工作，农业、畜牧业、工业要一年比一年发展，经济要一年比一年繁荣。人民生活要一年比一年改善。我们经济的发展和人民生活的改善，不仅要比

---

① 参见《高举毛泽东思想红旗坚决反对修正主义——赛福鼎·艾则孜同志在自治区党委扩大会议上的讲话》，新疆维吾尔自治区档案馆藏。
② 新疆通志编委会：《新疆通志·著述出版志》，新疆科学技术出版社2006年版，第36页。
③ 中共中央文献研究室：《毛泽东传》（1949—1976）（下卷），中央文献出版社2003年版，第1222页。

国民党统治时期好，而且要比现在的苏联好。发展社会主义建设事业要有积累，但积累不能过多，粮食要征购，但任务不能过重，征购不能过头。要减轻人民负担。对新疆各族人民的物资供应，如布、茶、糖以及其他日用品要比其他地区充分一点。"①

为了贯彻落实毛泽东主席这一指示，以王恩茂、赛福鼎·艾则孜为首的自治区领导班子首先召开工作会议，认真传达学习毛泽东主席的指示，研究贯彻落实的措施，深刻总结和检查了工作中存在的差距和薄弱环节，确立了经济工作的奋斗目标。在赛福鼎·艾则孜主持下，自治区人民委员会坚决贯彻以农业为基础，以工业为主导发展国民经济的总方针，按照农业、轻工业、重工业的次序以及优先解决人民吃穿用的原则，采取各种行之有效的措施，进一步做好新疆的经济工作，着力改善人民的生活。

到1965年，全区工农业生产总值就达到2438亿元，比1957年增长132.5%，其中粮食总产量比1957年增长65%，棉布比1957年增长3.75倍，牲畜存栏数比1957年增长58%，均自给有余。全区零售物价指数下降到1957年的水平，城镇居民年末存款余额比1957年增长1.61亿元。经济的发展，不仅明显地改善了新疆各族人民的生活，而且促进了各民族的团结和新疆的社会稳定。

1964年3月，自治区第三届人大第一次会议召开，赛福鼎·艾则孜继续当选为自治区人民委员会主席。在12月召开的第三届全国人大第一次会议上，他再次当选为全国人大常委会副委员长和中华人民共和国第三届国防委员会委员。

八、危难之际担重任

1966年，"文化大革命"爆发并迅速席卷全国。9月3日，部分学生和群众到乌鲁木齐人民广场静坐绝食，冲击自治区党委机关。从此，静坐、绝食、揪斗、罢官之风在全疆各地蔓延开来，自治区各单位及各地区党政领导机关处于半瘫痪状态。作为自治区党委书记处书记、自治区人民委员会主席，赛福鼎·艾则孜自然也是造反派批判和揪斗的对象。处境艰难的自治区党委第一书记王恩茂从维护新疆稳定和民族团结大局出发，不顾个人安危，挺身而出，采取有

---

① 毛泽东：《建国以来毛泽东文稿》（第十册），中央文献出版社1996年版，第378、379页。

力措施对赛福鼎·艾则孜加以保护,由此遭到"包庇赛福鼎"等多种指责。中共中央得知这一情况后,专门致电自治区党委:中央根据民族政策,决定对赛福鼎·艾则孜同志采取保护方针。王恩茂同志正确执行了中央的决定,并非包庇。此事可正式向群众宣布,并向北京学生解释。新疆是少数民族地区,那里的"文化大革命"运动必须加强维汉民族的团结。①从那时起,赛福鼎·艾则孜的处境明显好转。11月12日,他被任命为自治区党委无产阶级文化革命领导小组第一副组长。

1967年1月,上海"一月风暴"的夺权之风刮遍全国。在新疆,自治区党委、自治区人民委员会以及自治区各单位、各地州市和部分县市党政领导机关也先后被各群众组织夺了权。从此以后,自治区各级党政领导机关陷于瘫痪,许多地方还发生了规模不等的武斗流血事件。鉴于当时新疆的情况,为了进一步保护赛福鼎·艾则孜,中共中央于11月24日调赛福鼎·艾则孜到北京学习。12月31日,又特意安排赛福鼎·艾则孜参加毛泽东主席对全国各地干部群众代表的接见活动。

为了妥善解决新疆群众组织的派系斗争,使新疆各方面能尽快稳定下来,1968年2月25日,赛福鼎·艾则孜和王恩茂等八人联名向中共中央、中央文革小组递交了《关于建议召集新疆各革命群众组织代表和支左代表到京开会解决新疆问题的报告》。很快,党中央、中央文革小组就批准了这个报告。中共中央又把新疆两派群众组织代表、军队负责人和地方部分领导干部集中到北京办学习班。6月3日和30日,赛福鼎·艾则孜先后两次受到毛泽东主席接见。在谈话中,毛泽东主席要求在北京学习的新疆代表应尽快形成共识,停止武斗,实现联合。7月28日,新疆两派群众组织代表在北京达成了《新疆两派革命群众组织关于大联合的协议》。8月底,在中央主持下,新疆各方面代表就成立新疆维吾尔自治区革命委员会达成一致意见。9月1日,中共中央、国务院、中央军委、中央文革小组作出《关于成立新疆维吾尔自治区革命委员会的批示》。

9月5日,新疆维吾尔自治区革命委员会在乌鲁木齐宣告成立,其领导成员由群众组织代表、领导干部代表和军队代表"三结合"组成,赛福鼎·艾则孜

① 田中圩、陈统渭:《中国共产党新疆历史大事记》(下册),新疆大学出版社2001年版,第7页。

任副主任。在1969年4月1日至24日召开的党的第九次全国代表大会上，赛福鼎·艾则孜当选为中共第九届中央委员。1970年3月27日，经中共中央批准，他又担任了自治区革命委员会党的核心小组副组长。1971年5月12日，在自治区党委第二届第一次会议上当选为自治区党委第二书记。

林彪叛逃事件发生后，中共中央印发的林彪反革命集团政变计划《"571"工程纪要》中，新疆被林彪集团列为进行反革命政变的"可借用力量"，由此暴露出自治区党委第一书记、自治区革命委员会主任、新疆军区司令员龙书金"上了林彪贼船、陷得很深"。①根据中共中央安排，赛福鼎·艾则孜于1972年2月21日在自治区党委和新疆军区党委常委扩大会议上发表讲话，揭发批评了龙书金的错误问题。随后，中共中央在北京主持召开了新疆工作会议，着手解决龙书金所犯错误问题。赛福鼎·艾则孜在这次会议上对龙书金所犯的严重错误作进一步揭发和批评。7月27日，中共中央决定由赛福鼎·艾则孜代理自治区党委第一书记、自治区革命委员会主任，代理新疆军区党委第一书记和军区第一政治委员。

为了进一步安定新疆的民心和军心，坚定各族干部扎根新疆干革命的信心，赛福鼎·艾则孜在12月26日自治区党委工作会议军区小组会议上，针对新疆军区部队个别汉族领导干部不安心工作，不愿长期扎根边疆，想方设法调往内地，调不走就请长假赴内地治病、探亲的问题发表讲话。他在讲话中情真意切地说："伟大的领袖毛主席、党中央对我们新疆非常关心，我们建设边疆、保卫边疆是非常光荣的，应该积极工作。""有的同志一遇到困难、问题比较多时，就信心不足，不愿意在新疆干了，想离开新疆，这个问题，严格一点来讲，是要不要继续革命的问题。新疆少数民族是欢迎同志们在新疆工作的。""我们这里困难是有的，问题比较多，艰苦一些，比北京、上海、广州差，但我们不能怕困难、怕艰苦。应该哪里艰苦到哪里去"，"想离开新疆的思想是不对的，应以对毛主席、对党中央高度负责的态度，安心在新疆工作。"②

---

① 中共新疆维吾尔自治区委员会组织部、中共新疆维吾尔自治区委员会党史研究室、新疆维吾尔自治区档案局：《中国共产党新疆维吾尔自治区组织史资料》，中共党史出版社1996年版，第679页。

② 参见《赛福鼎·艾则孜同志在自治区党委工作会议军区小组会议上的讲话纪要》，新疆军区档案馆藏。

1973年6月3日，赛福鼎·艾则孜被中共中央任命为自治区党委第一书记、自治区革命委员会主任，新疆军区党委第一书记、军区第一政治委员。在8月24日至28日召开的党的第十次全国代表大会上当选为中共第十届中央委员。30日，在党的十届一中全会上，他当选为中共中央政治局候补委员，由此步入党的领导人行列。1975年1月，在第四届全国人大第一次会议上再次当选为全国人大常委会副委员长。

赛福鼎·艾则孜自成为新疆军区党委一把手以来，从国家和人民事业的大局出发，始终把军政团结、军民团结、兵地团结作为新疆的一件大事来抓，善于听取多方面的意见和建议，积极做好组织协调工作，为巩固新疆边防和发展军垦事业做了大量工作。在他的建议下，空军先后指定三所航校开始招收和培养少数民族飞行员，其中最早招收的维吾尔、蒙古、哈萨克、锡伯、柯尔克孜、藏、彝、回、羌、土、门巴等11个少数民族学员，后来成为新中国第一批少数民族空军飞行员。

"文化大革命"后期，以赛福鼎·艾则孜为班长的自治区领导班子按照中共中央的部署，迎难而上、努力工作，使新疆混乱的局面渐趋稳定，各方面的工作开始有所恢复。在中央的大力支持和帮助下，自治区对严重失调的经济计划进行了调整，通过采取压缩基本建设规模、增加农业投资以及开展"农业学大寨"、"工业学大庆"等措施，使自治区经济建设在艰难曲折之中有所发展。先后扩建或新建成了一批重点工程和基础项目。如动工兴建了乌鲁木齐石油化工厂第一期主体工程、扩建了独山子炼油厂、建成了年输油能力达296万吨的克拉玛依至乌鲁木齐输油管线、相继开工修筑了中巴公路（又称喀喇昆仑公路，中国喀什—巴基斯坦塔科特，1978年3月全线通车）国内段、独库公路（天山独山子—库车公路）以及吐鲁番至库尔勒铁路。在完成对乌鲁木齐机场扩建的基础上，还新建和扩建了一些小型机场，初步形成了新疆境内以乌鲁木齐为中心的航空网。

随着1973年邓小平同志的复出，以赛福鼎·艾则孜为班长的自治区领导班子除了抓经济恢复工作外，开始逐步恢复一些被打倒的领导干部，特别是汉族领导干部的工作。重新起用任戈白同志即一例。"文化大革命"开始后，中共乌鲁木齐市委书记任戈白先是被打倒和关押，后被释放，赋闲在家。赛福鼎·艾则孜收到任戈白要求恢复工作的来信后，立即责令组织部门了解情况并征求任戈白的意见。不久，自治区党委任命任戈白为自治区轻工业局负责人。①

九、身在北京　情系新疆

1976年10月，中共中央政治局一举粉碎了"四人帮"反革命集团，结束了"文化大革命"十年内乱，开始在全国拨乱反正。

赛福鼎·艾则孜和自治区党委按照中共中央的统一部署，领导全疆各族干部群众，深入揭发和批判"四人帮"反革命集团及其在新疆的死党，逐步划清了大是大非和敌我界线，重新起用一批长期受迫害的各级领导干部。但是，自治区在这一阶段工作中也存在着明显失误，主要表现在："四人帮"被粉碎后，揭、批、查"四人帮"斗争还在深入进行时，过早地宣布新疆与"四人帮"有牵连的人和事已查清，"四人帮"帮派体系在新疆已基本摧毁，松懈了干部群众的斗志，出现了揭批查不彻底的问题。此外，在经济建设中，提出一些无法实现的高指标。同时，挤占、挪用农业建设资金修建宾馆等计划外工程，造成农业生产徘徊不前，靠调进粮过日子，给人民生活带来困难。②

1977年8月12日至18日，党的第十一次全国代表大会在北京召开。赛福鼎·艾则孜当选为中共第十一届中央委员。19日，他在中共第十一届第一次会议上再次当选为中共中央政治局候补委员。党的十一大闭幕后，中共中央为了尽快解决新疆存在的问题，于12月22日在北京召开了自治区党委常委和新疆军区党委常委座谈会。赴京参加会议的自治区党政军领导赛福鼎·艾则孜等15人受到中共中央主席华国锋、中共中央副主席叶剑英、李先念、汪东兴等中共中央领导的接见。30日，中共中央决定汪锋任自治区党委第一书记、自治区革命委员会主任、新疆军区党委第一书记、新疆军区第一政治委员。赛福鼎·艾则孜调北京工作。李先念在接见新疆与会代表时就如何传达贯彻这次会议精神和做好新疆今后工作问题发表讲话：第一，新疆的首要任务是紧紧抓住揭批"四人帮"斗争这个纲，放手发动群众，密切联系新疆实际，抓紧进行揭批查斗争，这个问题在新疆没有很好解决，在这个问题上必须贯彻既要解决问题又要稳定局势这样一个方针。第二，要团结起来把新疆的工农业生产搞上去。

---

① 参见任戈白：《文短情长悼赛翁》，新疆维吾尔自治区党委党史研究室藏。
② 党育林、张玉玺：《当代新疆简史》，当代中国出版社2003年版，第265、266页。

第三, 要加强边防建设。[①]

　　1978年2月26日至3月5日, 第五届全国人大第一次会议在北京召开。赛福鼎·艾则孜继续当选为全国人大常委会副委员长。自此, 赛福鼎·艾则孜告别新疆来到北京工作。

　　1982年9月1日至11日召开的党的第十二次全国代表大会上赛福鼎·艾则孜当选为中共第十二届中央委员。1983年6月21日在第六届全国人大第一次会议上继续当选全国人大常委会副委员长。在1987年10月25日至11月1日召开的党的第十三次全国代表大会上当选为中共第十三届中央委员。1988年4月13日, 在第七届全国人大第一次会议上继续当选全国人大常委会副委员长。8月被授予独立功勋荣誉章。

　　赛福鼎·艾则孜长期担任全国人大常委会副委员长, 还出任过我国宪法修改委员会委员。在全国人大工作期间, 他以对党和人民高度负责的精神, 始终坚持党的路线方针政策, 认真履行宪法与法律赋予的职责, 为新中国宪法的制定和完善, 为发展和完善我国的人民代表大会制度和民族区域自治制度, 为推进社会主义民主法制建设, 做了大量卓有成效的工作。

　　1993年3月, 在第八届全国政协第一次会议上, 赛福鼎·艾则孜当选为全国政协副主席, 直至1998年3月从工作岗位上退下来离职休养。这期间, 他竭诚尽力、兢兢业业, 积极参政议政, 为发展和完善中国共产党领导的多党合作和政治协商制度, 为贯彻党的统一战线政策、民族宗教政策, 为进一步巩固平等、团结、互助的民族关系, 促进社会稳定、经济发展倾注了大量心血。赛福鼎·艾则孜担任党和国家领导人职务后, 还参加了大量的国家外事活动。早在20世纪50年代, 他于1950年、1957年两次随同毛泽东主席访问苏联, 曾当选为参加各国议会联盟的中国人大代表团执行委员会副主席。以后他长期担任中苏友好协会副会长、中巴 (巴基斯坦) 和中埃 (埃及) 友好协会会长。据不完全统计, 赛福鼎·艾则孜先后出访过苏联、巴基斯坦、土耳其等几十个国家和地区, 还接待和会见过美国、法国、埃及、澳大利亚等30多个国家和地区来访的贵宾。为宣传新中国建设成就和发展前景, 宣传中国共产党的对外政策, 增进中国人民和世界各国人民的友谊与了解, 维护世界和平做了大量工作。

---

① 田中圩、陈统渭 :《中国共产党新疆历史大事记》(下册), 新疆大学出版社 2001 年版, 第88、89 页。

工作之余他最喜欢待的地方就是书房。这期间，在书房里，他写下了大量的小说、诗歌、散文、戏剧等文学作品，如长篇小说《苏图克·布格拉汗》、剧本《阿曼尼莎汗》、散文集《神仙老人》和《光辉的岁月》、诗集《赛福鼎诗选》等。多部作品曾在全国获奖，有的被译成外文在国外出版发行。特别是他的诗歌、散文、寓言曾多次被收入教科书，深受广大青少年喜爱。

无论是在工作岗位上，还是离职休养后，赛福鼎·艾则孜身居北京，情系家乡。新疆的经济建设和民族团结总是他在两会上发言和讨论时的主要话题。1986年3月，在第六届全国人大第四次会议上，他就新疆发展问题建言献策。他说，搞活新疆经济，很重要的一点是发展交通运输。新疆许多具有优势的产品仅仅靠陆路向东运是不行的。活羊深受阿拉伯国家欢迎，但运不出去；水果由于东运距离长，损失大，效益差。因此必须向西发展交通，发挥航空运输的作用，这项工作要主动去做。他说：希望新疆能认真总结一下解放30多年来经济建设的经验，过去新疆建设投资在战略布局上重北疆轻南疆，如水利建设投资大部分用在北疆地区，可以把昌吉回族自治州和喀什地区几十年来的水利建设投资做个比较，分析一下投资比重。他说：我以前讲过，北疆粮食问题基本解决以后，应把力量转向南疆。南疆广大地区是少数民族聚居的地区，搞好南疆的工作不仅仅是经济问题，而且是人民群众的生活问题、民族关系问题、政治问题。所以要总结经验，好的继续坚持，教训要认真汲取。①1990年3月，他在参加第七届全国人大第三次会议新疆代表团讨论时发言说：在新疆，民族团结问题尤为重要。过去一直有民族分裂主义活动，我们要对民族分裂活动保持警惕。要教育群众，特别是青年人，对反动言论进行坚决斗争。要加强汉族和少数民族之间的团结，特别要像毛泽东同志指出的那样，加强汉族干部和少数民族干部的团结，加强兵团和地方的团结，把新疆的工作搞得更好。②赛福鼎·艾则孜的这些真知灼见得到了中央的充分肯定，也引起了新疆维吾尔自治区党委、人民政府的高度重视，对于改进和推动新疆各项工作发挥了积极作用。

自20世纪80年代末起，由于东欧剧变、苏联解体及国际反华势力的怂恿和支持，新疆境内外的民族分裂势力、宗教极端势力和暴力恐怖势力加紧相互勾

---

① 《六届人大四次会议新疆代表团讨论发言摘录》，《新疆日报》1986年4月7日。
② 《新疆人大代表团讨论会侧记》，《新疆日报》1990年3月24日。

结, 破坏活动不断加剧, 严重破坏了新疆安定团结的大好局面, 干扰了新疆经济社会发展, 令赛福鼎·艾则孜深感痛心。当他得知西亚某国公然支持侨居该国的新疆民族分裂主义分子进行种种针对中国新疆的分裂破坏活动的有关情况后, 马上写信给中共中央, 提出三条建议: 一、通过外交途径对该国这一不友好行为提出严重抗议; 二、要求该国政府不允许新疆民族分裂主义分子在其境内从事针对中国的分裂破坏活动; 三、将这一个情况通报新疆维吾尔自治区党委, 请他们采取必要的防范措施。中共中央总书记江泽民对此高度重视, 作出了重要批示, 要求新疆和中央有关方面进行研究, 拿出有针对性的办法和措施。1988年和1991年, 赛福鼎·艾则孜还先后两次从北京专程到新疆, 深入天山南北考察和调研, 历时184天。他不顾年老体弱, 走访了12个地州和兵团的农村、牧场、团场、工厂、机关、学校、部队, 召开各类会议40余次, 与4000多名各族干部群众进行交谈。①他每到一处就大讲民族团结的好处, 大讲搞分裂破坏活动的坏处。在喀什和和田两地同当地干部群众座谈时, 他强调: 新疆是一个多民族地区, 我们一定要把民族团结的工作搞好。民族团结的工作, 首先是搞好干部的团结, 各民族干部之间的团结搞好了, 就可以带动各民族人民的团结。这几年, 新疆出现了不少民族团结模范县 (市) 和大批民族团结先进单位和个人, 这都是我们进一步搞好民族团结的基础。对于民族团结工作搞得好的先进单位和个人, 我们应当大力表彰; 对于那些模糊认识或不利于民族团结的言行, 我们应及时进行批评教育; 对于那些破坏民族团结、分裂祖国统一的极少数人, 要坚决打击, 决不能心慈手软, 特别是像巴仁乡那种破坏民族团结、分裂祖国统一的反革命活动②, 一定要坚决打击。要深刻地认识到, 没有中国共产党, 就没有新中国, 也就没有少数民族的今天。③回到北京后, 他曾多次专门写信给中央, 就反对民族分裂、维护祖国统一问题提出自己的意见和看法。中共中央总书记江泽民阅后予以高度肯定, 并在批示中称赞道: "赛老在反对民族分裂的问题上, 旗帜鲜明, 态度坚决, 体现了一名老共产党人的

---

① 雍生琪:《夕阳彩虹映天山——在赛福鼎·艾则孜同志晚年两次回新疆的日子里》, 新疆维吾尔自治区党委党史研究室藏。

② 1990 年 4 月 5 日, 新疆阿克陶县巴仁乡少数民族分裂主义分子纠集数百人围攻乡政府, 并向拦截的武警战士开枪射击, 使 20 多名武警战士被打伤, 8 人牺牲。4 月 6 日, 这场反革命武装暴乱被平息, 史称 "巴仁乡反革命暴乱事件"。

③ 《要坚持社会主义道路 维护祖国统一》,《新疆日报》1991 年 9 月 27 日。

坚定的政治立场。"①

　　赛福鼎·艾则孜对毛泽东主席怀有深厚的感情。1993年11月16日,全国政协民族委员会举行"毛泽东与民族工作"座谈会。赛福鼎·艾则孜出席会议,发表了《毛主席的一生是为各民族人民无私奉献的一生》的重要讲话,深情回忆了从1949年到1976年的27年里向毛泽东主席汇报、请示工作的难忘情景,重温了毛泽东主席的亲切教诲。他指出,毛泽东主席非常重视民族问题,始终支持和关心少数民族。毛泽东民族工作思想的精髓在于,把国内民族革命视为中国革命总体的一部分;坚持各民族平等团结;积极帮助少数民族发展经济和文化。所以,今天各族人民依然以感激的心情怀念毛主席。他在讲话中还特别提起到毛泽东主席家做客、让他终生难忘的一幕:"1950年夏,我到北京参加中央人民政府委员会议,会议闭幕后,我跟随毛主席到了他的家中。毛主席要请我在家里吃饭。毛主席为尊重我的生活习惯,把做好的饭菜全都撤下,要重新为我做清真饭,这使我感动和不安。我一再表示谢意,要回饭店吃饭。但毛主席坚持说:'这好办,给北京饭店打电话,请他们派一位回族厨师,带上牛羊肉过来做。'毛主席说完领我进入客厅,示意我坐在沙发上。毛主席点燃一支烟,不慌不忙地说:'你们新疆是块地大物博、矿产丰富的宝地,维吾尔族是一个古老的民族,它在历史上建立过自己的汗国,和内地在政治、经济文化方面一直保持着密切的来往,还曾多次派军帮助中原王朝平定叛乱,为国家的统一作出过重大的贡献。也对中华民族文化的形成和发展,作出了贡献……'毛主席的话使我既惊奇,又钦佩。使我惊奇的是,他对新疆历史、对维吾尔民族的历史和现状,是那样的熟悉和了解;使我钦佩的是,他把新疆各族人民看做是骨肉同胞,看做是自己的父老兄妹,真正地以平等的态度对待少数民族,他自己便是一代伟人的风范。主席以平等的态度、语气与我这样一个新中国的少数民族干部交谈,我们之间没有了距离感,真正感受到了民族大家庭的温暖,使我增添了作为中华民族一员的自豪感。"②

　　赛福鼎·艾则孜坚决拥护党和国家的民族区域自治政策,为民族事业的进步与发展作出了重要贡献。1995年9月,在新疆维吾尔自治区成立40周年之际,

① 　中共新疆维吾尔自治区委员会、新疆维吾尔自治区人民政府:《天山儿女的深切怀念》,《新疆日报》2003 年 11 月 30 日。

② 　赛福鼎·艾则孜:《毛主席的一生是为各族人民无私奉献的一生》,1993 年 11 月 16 日全国政协民族委员会"毛泽东与民族工作"座谈会讲话稿。

赛福鼎·艾则孜回顾历史、展望未来。他强调：在新的历史条件下，要更加自觉地维护祖国统一，弘扬爱国主义和社会主义精神，要让我们的子孙后辈们永远忠于祖国，忠于社会主义；要牢固树立马克思主义的民族观，坚持各民族一律平等，进一步促进民族团结，为边疆的稳定作出贡献。

赛福鼎·艾则孜还在《人民日报》撰文深情回忆：这40年间，我全神贯注地投身于祖国的社会主义建设事业，也分享了祖国经济发展、社会进步的丰硕成果；经历了我们事业发展过程中的艰辛和曲折，也获得了我一生中极富哲理的切身体验。这就是：一、必须坚持中国共产党的领导。中国共产党从成立的时候起，便勇敢而忠诚地担当起了领导全国各族人民推翻"三座大山"的重任。经过28年的艰苦卓绝的奋斗，终于建成了伟大的人民共和国。接着，又以忘我的精神和辛勤的工作，领导全国各族人民进行了社会主义改革和经济建设，成为全国各族人民认同的领导我们事业的核心力量。正是我们坚持了中国共产党的领导，才赢得了今天改革开放和现代化建设的壮丽前程。二、"国家的统一，人民的团结，国内各民族的团结，这是我们的事业必定要胜利的基本保证"。毛泽东主席的这个英明论断所揭示的，是我国深刻的历史经验。国家的统一、民族的团结，这是我们中华民族祖辈相传、坚持不懈所追求的政治目标和社会目标。我们伟大祖国的荣辱，严格地说，都系于这一目标实现的程度。完全实现了这个目标，我们的祖国便能声名显赫、业绩辉煌地屹立于世界民族之林。人民共和国成立前我国备受侵略和凌辱的状况，就是未能实现这一目标的结果。因此，我们一定要遵循毛泽东主席的这个教导，坚决地维护国家的统一，民族的团结。三、稳定和发展，对于一个国家，对于一个民族来讲，无疑是个永恒的主题。稳定与发展有着相辅相成的、不可失衡的关系。他们的和谐所造就的便是国家繁荣昌盛、百姓安居乐业；他们的失衡所带来的便是国家任人掠夺、百姓流离失所，这是值得我们永远铭记的经验和教训。我国各族人民在共同缔造祖国历史和文化的过程中所营造的凝聚力，是我们实现稳定与发展的根本保证。这种凝聚力是我们中华民族伟大的精神财富。今天，我们所取得的一切成就，从一定的意义上讲，是在新的物质境界和新的精神境界继续丰富和营造这种凝聚力。全国各族人民一定要在以江泽民为核心的第三代领导集体的领导下，坚决维护稳定和发展的局面，加速进行社会主义现代化建设，完成一代人对祖国应尽的神圣义务。

步入暮年，疾病缠身的赛福鼎·艾则孜依然是那样乐观，在积极同病魔作斗争的同时，仍关心着全国，特别是新疆的经济发展和社会稳定。一次，在他住院治疗期间，来北京出席全国人代会的新疆维吾尔自治区主席阿不来提·阿不都热西提前去探视。他拉着阿不来提·阿不都热西提主席的手问长问短，对新疆的一切是那么关心，是那么兴趣盎然。他谆谆告诫阿不来提·阿不都热西提主席一定要坚持党的原则，要为新疆各族人民当好主席，并以《人生经验——与阿不来提·阿不都热西提同志共勉》为题写下了这样的诗句：

> 对人民忠诚，
> 对敌人无情。
> 对党恪尽职守，
> 对历史负责。
> 清清白白做人，
> 美德传于后人。①

2003年11月24日，与病魔顽强斗争了多年的赛福鼎·艾则孜走完了自己的人生旅程，享年88岁。党和人民给予了他"中国共产党的优秀党员，忠诚的共产主义战士，党和国家民族工作的卓越领导人，杰出的社会政治活动家，维吾尔族人民的优秀儿子"②的高度评价。26日上午，赛福鼎·艾则孜遗体告别仪式在北京八宝山革命公墓举行，时任中共中央总书记、国家主席胡锦涛，中共中央政治局常委、中央书记处书记、国家副主席曾庆红等党和国家领导人，来到赛福鼎·艾则孜遗体前肃立默哀三鞠躬，作最后送别。当天下午，中央根据赛福鼎·艾则孜的生前遗愿以及出于尊重少数民族风俗习惯的考虑，安排专机派专人将其遗体护送回新疆安葬。安葬前，新疆维吾尔自治区党委、人民政府在乌鲁木齐新疆人民会堂隆重举行了赛福鼎·艾则孜遗体送别仪式。自治区党政军、生产建设兵团领导同志、各族各界群众代表、生前友好与家乡代表前往送别。

27日，赛福鼎·艾则孜的遗体被安葬在青松白雪映衬下的乌鲁木齐市革命

---

① 阿不来提·阿不都热西提：《深切缅怀赛福鼎·艾则孜同志》，《新疆日报》2005年3月12日。
② 《赛福鼎·艾则孜同志生平》，《人民日报》2003年11月27日。

烈士陵园，在那朴实无华的墓碑上镌刻着他生前创作和喜爱的一首小诗：

> 人终归要化作一捧土，
> 越过了生命之岭再无回路。
> 那一捧土将孕育出鲜红的玫瑰，
> 或丛生苦涩的列当（一种草本植物），
> 抑或荆棘。

中共新疆自治区委党史研究室

执笔：祁若雄　熊坤静

张友渔

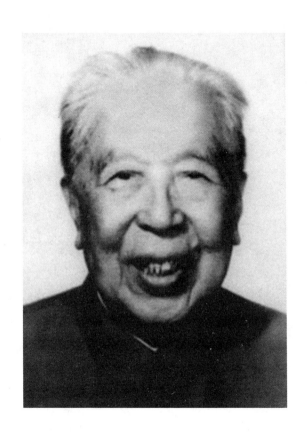

张友渔，男，1898年12月4日出生于山西灵石县。他于20世纪20年代投身革命，1927年6月，加入中国共产党。长期从事新闻及上层人士统战工作。新中国成立后，任北京市常务副市长10年，并一直坚持学术研究。是国内外享有盛誉的法学家、政治学家、新闻学家，知识渊博，学术精湛。是我国法制建设的积极推行者和法学研究、政治学研究的杰出带头人。第一、二、三、六届全国人大代表，第六届全国人大常委，第一、二、三、四、五届全国政协委员。

一、历经曲折追求真理

张友渔，1898年12月4日①出生在山西省灵石县一个知识分子家庭。原名张象鼎，字友彝。两岁丧母，五岁跟随父亲入私塾读书。10岁时，继母去世，他便帮父亲照顾弟妹和操持家务。因为家中有不少藏书，经史子集，诗词歌赋，给了他广泛阅读的机会，到十来岁时，张友渔对"义理之学，考据训诂之学"已有自己独到的见解。12岁时，张友渔父亲担任县立模范小学校长，很少回家，他便代替父亲当了私塾先生。后经县里考试鉴定，张友渔正式成为了全县最年轻的小学语文教师。这阶段，张友渔认为孔孟之道可以救国。孔子的有关"治国安邦"的见解，尤其是孟子的"民为贵，社稷次之，君为轻"等言论，很使他信服。②

辛亥革命后，张友渔极力想读辛亥革命领导人孙中山的书，在整个灵石县遍寻不得，却买到了《康梁文集》。他不知道戊戌变法中的英雄人物康有为、梁启超，在辛亥革命中已成了保皇派，成了阻碍资产阶级民主革命的反动势力，

---

① 张友渔生前回忆是 1898 年冬出生，不知道具体日期，他女儿张临春 1992 年 1 月 26 日写信给本文作者，说明 1991 年其侄张赣生去台湾探亲，与张友渔弟张彝鼎核对出具体日子。

② 陈荷夫编：《张友渔回忆录》，北京大学出版社 1990 年版，第 29 页。

而他自己却被康梁的文笔所折服，接受了他们的改良主义思想的影响。

1918年，张友渔结束了私塾先生的生活，和弟弟张象彝一同考入山西省第一师范学校。这时，他把自己的字"友仪"改为谐音的"友彝"，以表示自己作为兄长要照顾好弟弟象彝。从1918年到1928年间，一直使用这个名字。

张友渔在太原求学期间，常年坚持课余时间采写新闻，投稿给《山西日报》。他的故乡灵石县的知事贪赃枉法断错了案，他立即写了新闻稿。《太原日报》以比较显著的标题和位置登了出来，震动了整个灵石县，吓坏了他的父亲。张友彝不怕"灭门令尹"，敢于向贪官污吏斗争的精神，引起了太原市报界的注意。太原市的《并州新报》破格邀请他担任特约撰稿人。在《并州新报》总编辑回家探亲期间，还请他代理总编辑。这段时间，张友渔迅速增强了办报的才干。①

1919年五四运动时，张友渔已从信仰康有为、梁启超的改良主义，转变为信仰三民主义，由于他有强烈的爱国热情，对时事政治有自己的见解，有组织活动能力，在太原的五四运动中当选为第一师范学校学生会会长。后又以太原市学生代表的身份，当选为山西省学生联合会执行委员。他在第一师范学校和同学们共同组织了反帝爱国团体"共进学社"，结成广泛的反帝爱国联盟。又和高成均（高沐鸿）、潘敬业（张磐石）等同学，办了《共鸣》刊物，自己编写和油印，在太原市的学生中散发。当时在山西法政专门学校任教的邓初民很赏识他。邓初民和马鹤天等组织研究社会主义的学术团体，办《新觉路》刊物。他们破格吸收了张友渔。邓初民对他说："你现在是一个中学生，但你对中国问题的研究，对时事政治的见解，超越了一般中学生的水准。所以，我们邀请你参加。"②张友渔在《新觉路》上发表了不少关于中国问题很有见地的文章。

1923年，张友渔以优异成绩从山西第一师范学校毕业，以第一名的成绩考入北京国立法政大学。在法政大学里，他参加了国民党，倾向于孙文主义学会派。他一边学习，一边给报社写稿。担任山西《并州新报》驻北京特约记者期间，张友渔每天给该报用电报发一条当天新闻。当时的《世界日报》有反对军阀政府的进步性，欢迎张友渔的文章，先请他担任特约撰稿人，进而请他兼任"教育界"专栏编辑。他把这个专栏办得政治性很强，常常通过"学潮"、

---

① 1979年10月23日本文作者采访张友渔时，"张友渔谈话"。

② 王迪：《张友渔传》，北京出版社1989年版，第26页。

教育经费等问题，直截了当地批评段祺瑞政府，指名道姓地指责教育总长章士钊。

随着革命形势的发展，他越来越认识到国民党右派的谬误，于是转入李大钊领导的国民党左派（国共联合的北京地下组织）。①

1926年3月18日，张友渔和法政大学同学一道参加了北京学生联合会发起的示威游行，要求政府拒绝八国联合发出的武装干涉中国内政的通牒。学生队伍游行到铁狮子胡同段祺瑞执政府门前时，遭到荷枪实弹的军队镇压，张友渔被挤倒在执政府大门对面的照壁前，目睹了惨案的发生。晚上，他到世界日报馆上班时慷慨激昂地诉说了惨案的情况，提出这个新闻不能放在"教育界"专栏发表，应该安排到头版。第二天，《世界日报》头版全版报道这个惨案的情况，大字标题是"段政府果与国民宣战矣"。一连五天，该报均以一版全版报道这个惨案。同时，还刊登了刘和珍等烈士的照片，在社会上引起强烈反响。

在反对段祺瑞政府的斗争中，张友渔对国民党越来越不满，执意要寻找科学的革命道理。这时他对马克思主义、共产党有了一些认识，但还残留一些康有为、梁启超的改良主义思想影响，希望不通过阶级斗争，和平地摆脱中国的腐败落后现象，以为这样牺牲最少，最为稳妥。这时，西方资产阶级改良主义思想——费边社会主义流传到中国来。张友渔一度接受了这个主义，希望这个主义能挽救中国。②但是1927年4月李大钊等革命者被张作霖军阀政府绞死的现实，使他彻底抛弃了改良主义，接受了共产主义，完成了他从孔孟之道到康梁、到三民主义、到费边社会主义，最后到科学社会主义的思想转变。张友渔在1927年6月，由中共北京市委委员、西城区委书记盛志权介绍，加入了共产党。③这年他从法政大学毕业。

二、被捕入狱

张友渔和世界日报社总编辑、中共秘密党员张友鸾以及该报采访部主

---

① 陈荷夫编：《张友渔回忆录》，北京大学出版社1990年版，第30页。
② 陈荷夫编：《张友渔回忆录》，北京大学出版社1990年版，第29—30页。
③ 陈荷夫编：《张友渔回忆录》，北京大学出版社1990年版，第31页。

任、秘密团员左笑鸿，合办了一张以合法形式出现而又为共产党说话的报纸《国民晚报》。①不久，张友莺、左笑鸿因故退出，张友渔找了北京师范大学学生、当时叫武鉴的武新宇和《中华日报》编辑陈显文一起来办这张报，张友渔任社长兼总编辑。

1927年11月，张友渔参加了中共北京市委的重建工作。当时，北平市委的负责人是谭啸云和马骏；宣传部长是吴南湖，真名胡鄂公；秘书长是张友渔。②市委还有两个人，一个是负责工农运动的殷学山，另一个是负责学生工作的许锡仁。大家分散居住，工作上秘密联系，需要碰头时随时变换地点。张友渔要集中精力开展中共北京市委的工作，就把《国民晚报》的工作交给陈显文负责。

11月底，许锡仁去西郊燕京大学和清华大学联系工作，被侦缉队逮捕，供出了中共北京市委成员的姓名和他所知道的马骏、谭啸云的地址。马骏和谭啸云很快被抓了起来。吴南湖在社会上叫胡鄂公，是当时国会议员。许锡仁不知道吴南湖就是胡鄂公，吴南湖幸免被捕。张友渔住在一个日本秘密共产党员铃江言一家，市委秘书长的秘密办公室在吉祥胡同。许锡仁不知道这两个地址，但知道国民晚报馆的地址。张友渔不知道许锡仁被捕叛变，和往常一样在市委秘书长秘密办公处处理了几个文件后，又去国民晚报馆，想再向陈显文交代一下办报的事情。当他快走到国民晚报馆时，等候在那里的几个侦缉队便衣上来将他抓捕，同时查封了国民晚报馆。

1928年3月，张友渔的亲戚通过财政部副部长董士恩出面，将张友渔保释出狱。③

三、深入敌人心脏

张友渔出狱后，得知马骏壮烈牺牲，又得知自己的弟弟从美国留学回来做了蒋介石的侍从秘书，和自己分道扬镳了。他百感交集，把当时正用的名字张友彝的彝字，改为音相近的渔字。从此改名叫张友渔。④

① 张友渔：《报人生涯三十年》，重庆出版社1982年版，第8页。
② 陈荷夫编：《张友渔回忆录》，北京大学出版社1990年版，第34页。
③ 陈荷夫编：《张友渔回忆录》，北京大学出版社1990年版，第35页。
④ 张友渔：《我的回忆》，《文史资料选编》第九辑，北京出版社1981年版，第7页。

张友渔积极寻找中断了的组织关系,同时为谋生和解决合法的身份,不得不离开了北京到天津。他先到京津通讯社任编辑,后又到汉文《泰晤士晚报》任总编辑,发表了不少反映北伐战争真实情况的稿件。张作霖率军队回东北途中,被日本人炸死于皇姑屯。日本向中国人封锁这个消息,张学良也对此事保密。张友渔的日文很好,他从日本报纸上看到了这个消息,立即翻译成中文,在《泰晤士晚报》以显著地位、大字标题登出来,轰动了整个天津市。张友渔成为天津市新闻界的知名人士。

1928年6月,张友渔接上了中共组织关系,在中共北方局军委廖化平领导下,做上层人士的统战工作,同时做掩护、救助中共党员的工作。①

这时期,军阀阎锡山占领了山西、绥远、北京、天津、河北等地。阎锡山手下的天津市市长南桂馨在五四运动中就认识张友渔,很想利用张友渔的才干及其在报界的影响,为阎锡山在天津开创新局面。他先把张友渔从《泰晤士晚报》总编辑的位置调到《泰晤士报》总编辑的位置上。没过多久,他又让张友渔到一个能够了解天津市全局情况的岗位上,给天津警备司令傅作义当秘书。等张友渔对天津总体状态及各方面势力情况了解得差不多时,又调张友渔进天津市政府当宣传科长。当时的天津市没有局和处这两层机构,宣传科长仅居市长等领导人之下,主管全市的宣传工作,并对天津市所有报纸有指示、训斥和删扣稿件的大权。张友渔在中共组织的指示下,一步步接受南桂馨的安排,深入到了敌人的心脏。

张友渔以天津市政府宣传科长的身份,参加市政府的各种会议。同时,每天召开一次记者招待会,随时在办公室接待记者和反映情况的人,在社会上广交朋友,多方面搜集情报信息。出入他办公室的人多而杂,中共秘密党员进市政府找他也不易被人发觉,反而更安全。中共中央驻顺直省委代表陈潭秋在这里向张友渔布置了怎样和阎锡山的统治进行斗争,如何营救被捕的中共党员;中共北方局的张兆丰由天津去顺德一带搞武装暴动,在这里经张友渔帮助弄到一张通行证;和他在北京一同办过《国民晚报》的中共秘密党员武竞天来到天津,需要一个合法的公开身份,也是在这里由张友渔"批准"他"申报成立通讯社的请示"。武竞天成了通讯社的负责人,就可以名正言顺地到天津市

---

① 张友渔:《我的回忆》,《文史资料选编》第九辑,北京出版社1981年版,第8页。

各机关、各部门,以采访为名,和那里的中共秘密党员接头、传递情报。①

天津市政府改组,市长换成另一个山西人崔廷献,张友渔任科长的宣传科改为第三科,权力扩大,除管宣传外,还管社会、文教、群众团体的工作。

四、智救同志

1930年5月,中共中央常委李立三坚持在若干城市组织暴动。接到指示的天津市中共秘密组织决定开展罢工、飞行集会、游行示威、散发传单等活动,要求所有共产党员一律参加。在天津市的中共党员陈潭秋、傅懋功(彭真)、徐彬如都反对这种冒险举动。张友渔提出,打入天津市各机关的同志参加这种活动,就会暴露身份,造成重大损失。他们的意见都没有被采纳,但大家都服从了组织决定,接受了具体任务。天津市公安局已获悉这一行动计划,警察纷纷出动,把守住各条繁华街道,捕人的囚车就停在大马路边等候。在这种情况下,中共秘密党员执行命令全上了街,有的刚撒传单就被捕了。张友渔被分配到河北大马路撒传单,这里比较清静。张友渔雇了一辆人力车,让车夫快跑。他坐在车上观察,乘没人注意时把传单撒了下去,然后匆匆回到天津市政府。

这次冒险行动损失惨重,许多党员被捕。中共天津市委的负责人傅懋功(彭真)、薄一波等,还有刘仁等秘密共青团员等都被关进了监狱。中共顺直省委负责人之一的廖平化和张友渔研究分析后,决定利用监狱管理上的混乱,先把一部分同志救出来。当时各省市关押犯人,一般采取两种处置措施:"罪行"重的,投入监狱;"罪行"轻的,关进另外设置的一种机构。这种机构,在蒋介石统治区叫反省院,在阎锡山统治区叫自新院。阎锡山政权在天津市还没有来得及建立自新院,轻重犯人一律关在监狱里。廖平化和张友渔商量,可以用第三科长改进市政府工作的姿态,督促天津市政府尽快成立自新院,先把一些同志从监狱转到自新院,改善他们的生活条件,保存革命力量。

张友渔去找天津市市长崔廷献,说监狱犯人绝食闹事,社会不安定,报界很注意。为便于管好"犯人",建议按"罪行"轻重,把"犯人"分别关押,像山西省搞的那种自新院很好。崔廷献表示阎锡山在山西的治理有一套办法,天津

① 陈荷夫编:《张友渔回忆录》,北京大学出版社1990年版,第42页。

市确实应该以山西省为楷模，不能离阎锡山的标准太远了。他不但采纳了张友渔的建议，并且责成张友渔立即去建自新院。张友渔为了弄清楚监狱里关了哪些共产党员、都判了什么刑、可以把哪些人安排到自新院，他和天津市公安局局长曾延毅一同视察了监狱，做到了心中有数。他在天津市二区原来奥租界的地方，选中了一座小洋楼、幽雅、安静，适于休养，就在那里建立了一个临时自新院。他物色了信仰佛教、不关心政治的老知识分子周克昌担任自新院院长，以掩盖自新院的真正作用和性质，自己兼任副院长掌握实权。随后将薄一波、徐彬如、李运昌等30多个被判处三年以下徒刑的中共秘密党员从监狱转移到这个临时自新院，并成立秘密的党支部。在这里，两个人一间宽敞干净的住房，一天三餐大米白面，可以阅览全国各大报刊及一些进步书刊。他们研究形势，钻研马列主义，修养身体，准备随时被营救出去投入新的斗争。被判重刑的傅懋功（彭真）等共产党员没能转到临时自新院。张友渔计划等一段时间，把临时自新院的同志放出去，就可以把监狱里的同志再转来一批。

这时天津政局发生了突变。北平、天津政权转移到蒋介石手中，张学良接管天津市。阎锡山已经下野，他在天津市政府的人员都纷纷准备撤退。张友渔的第三科科长眼看也得下台了。他决定在任前无论如何也要把自新院的同志营救出去。他去找市长崔廷献，以同是被蒋介石、张学良赶下台的"山西派"套近乎说，不能把山西派经营好了的天津市拱手送给蒋介石、张学良。譬如说，抓来那么多共产党员关在监狱和自新院，张学良费什么力气了？白白把这些犯人交给张学良，让他白捡便宜，对山西派有什么好处？不如把这些共产党放了，让他们跟蒋介石、张学良作对，对山西派还有好处。崔廷献赞同他的意见，但顾虑把监狱里的共产党员放出来会让张学良抓住把柄。张友渔说自新院是新成立的临时机构，用不着向张学良的人办什么移交，自己撤销就行了。崔廷献认为自新院撤销也要有个手续才好。张友渔立刻写了个书面报告，说自新院里的犯人表现不错，可以释放，赶到自新院请院长周克昌签了字，又赶回市政府请崔廷献签了字，盖上天津市政府大印。然后，立即返回自新院亲自放走了薄一波等30多个共产党员。中共地下组织通知张友渔，完成任务后立即进入六国饭店隐蔽待命。

第二天上午，张学良军队的代表进驻天津市政府。国民党天津市党部发现自新院空了，第三科科长张友渔也不见了。该党部宣传部部长刘不同认定张友渔放跑了自新院里的共产党员，自己藏了起来。他扬言非捉拿张友渔不可。此时，张友渔在六国饭店里得到党组织指示：迅速去日本。他赶到塘沽，登上了东渡的轮船。①

五、合法斗争

在日本，张友渔进了东京私立日本大学社会系当研究生，研究新闻学，导师圆谷弘是个法国留学生。张友渔一边以马列主义的立场、观点、方法研究新闻学，一边给北平的《实报》写东京通讯，系统地写了日本的新闻事业，也写了不少关于日本习俗的通讯。

1931年九一八事变发生，张友渔在东京积极参加抗日反蒋活动，是中国留学生抗日活动的领导成员之一。不久，日本警视厅给他一份强令性通知，说他是日本政府不欢迎的人，请他尽快离开日本。差不多同时，他也收到中共秘密组织以朋友通信方式给他的通知：可以回来了，已经在北平给他谋了个差事，老板叫周贻。他明白，周贻是党组织内领导他和他联系的人。他立即动身离开东京，到北平找周贻报到。

党组织指示他在北平找一个合法的公开身份，参加左翼文化运动。恰巧，《世界日报》老板成舍我听说张友渔返回北平，主动来聘请他担任《世界日报》主笔。党组织同意张友渔接受成舍我的聘请，利用《世界日报》这块阵地，进行合法斗争。张友渔根据时局的发展，及时发表正义的呼声，揭露国民党统治的反动性，坚持每天写一篇社论。为使这样的社论登得出去，他常用的办法是，借国民党的语言骂国民党。如他写的题为《匪区善后与土地国有》的社论，"匪区"是国民党语言，指中国苏维埃区域。内容引了一个参加"剿匪"的国民党人的话来揭露"剿匪"的实质。这段话是："共产党来了，农民都分了土地，从事耕作。剿赤匪获胜，共产党跑了，农民也跑了，于是地主得重返家乡。那么，我们国民党不变成代表地主的党了吗？"张友渔的文章在社会上很有影响，提高了《世界日报》在社会上特别是在知识界的地位，同时张友渔在知识界的声望大增。

燕京大学请他任教授，专门讲授社论和日本问题。民国大学请他任新闻系主任。张友渔开始同时进行几方面的工作。

---

① 陈荷夫编：《张友渔回忆录》，北京大学出版社1990年版，第43—44页。

1932年7月，他已为《世界日报》写了300多篇社论，张学良在一次宴会上对成舍我说："张友渔是共产党。"①成舍我不敢让张友渔继续当主笔写社论，于是请张友渔暂时去日本当《世界日报》驻东京记者。张友渔经请示中共地下组织后，带着调查日本政治、经济和社会情况，研究日本革命运动形势的任务准备去日本。这时候，和张友渔已有恋爱关系的法商学院女学生韩幽桐，因国民党要抓捕她而出逃，便和张友渔结伴东渡日本。

六、报纸是阶级斗争的工具

张友渔赴日本后，在对日本社会进行调查研究的同时，还结合新闻学的研究，开始用日文撰写《日本新闻发达史》一书，在绪论"新闻的性质与任务"中，他运用马克思主义的观点，明确提出了报纸是阶级斗争的工具这个观点。

1933年5月，原西北将领、后来成为共产党员的吉鸿昌努力奔走呼号抗日，冯玉祥、方振武等率旧部成立了察哈尔民众抗日同盟军。北平、天津、太原各地学生成批到张家口去参加民众抗日同盟军。在这种情势下，成舍我要继续加强《世界日报》的抗日色彩，请张友渔回来继续写社论，并由主笔升为总主笔。张友渔回到北平，继续执行地下党交给的秘密工作任务，公开身份为《世界日报》总主笔，并兼任北平大学、中国大学、中法大学、燕京大学的教授，民国大学的新闻系主任。

这年夏天，他和志同道合的韩幽桐结婚。

此时，奋起抗日是民心所向。在报纸林立的北平，各报都做出了抗日的姿态，就是反动的报纸也标榜抗日。张友渔把他用日文写的《日本新闻发达史》翻译过来，在新闻学会的刊物《民国新闻》上发表，第一个在国民党统治区提出了报纸是阶级斗争工具的观点。②以引导读者注意每张报纸的政治背景，正确认识形势。报纸是阶级斗争工具的观点在当时的国民党统治区报界引起了震动，他收到了与他争论的信件。他又在《世界日报》的"新闻学周刊"上发表了《由消息的真伪谈到一个报纸的失败》一篇文章，再次提出报纸是阶级斗争的工具。他在讲课和其他场合的演讲中也坚持报纸是阶级斗

---

① 王迪：《张友渔传》，北京出版社1989年版，第85页。

② 张友渔：《报人生涯三十年》，重庆出版社1982年版，第12—13页。

争工具的观点。

事实恰恰印证了这个观点, 国民党害怕用这个观点戳穿他们的宣传谎言。蒋介石的特务武装组织——宪兵第三团的团长蒋孝先盯上了他。国民党的河北省党部也设在北平, 特务头子詹朝阳也注意上了他。1934年7月21日的夜里, 国民党宪兵第三团副团长丁昌带着宪兵三团的特务, 詹朝阳带着国民党河北省党部的特务, 还有北平市公安局的特务, 一共40多人, 把张友渔在西城机织卫胡同的家严严实实地包围起来, 只等张友渔在《世界日报》馆写完社论回家就上前逮捕。事有凑巧, 张友渔头一天参加中共地下组织的秘密会议, 接受了一项紧急任务: 去山西省太原市做阎锡山的统战工作。21日晚上, 他向《世界日报》馆请了三天事假, 25号回来上班。写完社论后, 他坐上人力车直奔火车站去了太原。丁昌、詹朝阳带着特务们一直等到天亮, 始终不见张友渔回家。他们踹开张友渔家的大门, 屋里没人, 问房东, 房东也不知道张友渔去哪里了。特务留在张友渔屋里蹲坑, 一共抓了五个来找张友渔的秘密共产党员, 其中有王思华、阮慕韩等①。

张友渔在太原突然收到一封电报: "暂勿回平", 署名"棋"。张友渔知道这是《晨报》记者刘尊棋。刘尊棋当《晨报》记者之前, 是塔斯社记者。张友渔经常和他碰头, 他送给张友渔不少情报。张友渔这次来太原, 事先和他打了个招呼, 告诉了他自己在太原的地址。刘尊棋在国民党特务去抓张友渔的第二天, 到国民党河北省党部采访。特务们不知他和张友渔的关系, 当着他的面为没抓到张友渔而发牢骚, 并说了特务还在继续蹲坑。刘尊棋出来就给张友渔发了电报。②

在太原期间, 张友渔以只研究马列主义而不是共产党员的左派知识分子身份, 和徐冰、温健公、侯外庐等人, 一同应阎锡山之邀参加了讲学。他们利用这个机会, 组织了中外语文协会, 开办英、德、法、日语补习班。还创办双月刊《中外论坛》, 大量翻译共产国际出版的《国际通讯》和各国共产党刊物的文章。

1935年春, 北平特务查到张友渔在太原, 急报南京国民政府。南京国民政府命令山西省主席徐永昌把张友渔即刻押送南京。由于阎锡山的阻拦, 没

---

① 1979年11月20日, 本文作者采访张友渔, "张友渔谈话"。

② 1979年11月20日, 本文作者采访张友渔, "张友渔谈话"。

有施行。这时韩幽桐也在太原。张友渔让韩幽桐去天津找南汉辰汇报请示。南汉辰决定派张友渔再次去日本搞社会调查，党的关系由在太原的徐冰和他联系。①

七、投身抗日统战工作

张友渔在日本半年。由于"何梅协定"的签订，以宋哲元为首的冀察政务委员会成立，国民党的北平市党部和宪兵三团都撤离了北平，南京政府要到太原抓张友渔的风声也烟消云散了。徐冰写信告诉在日本的张友渔回国。张友渔于1935年8月回到太原，继续和徐冰、侯外庐等一道做阎锡山的统战工作。

1936年2月，红军东征抗日。原来对立的阎锡山和蒋介石，在反共问题上又携起手来。3月至4月，蒋介石调集10个师的兵力增援阎锡山，企图彻底打垮红军和摧毁陕甘革命根据地。太原的右派势力也积极活动起来。张友渔等对阎锡山的统战工作已很难进行。这时期，中共急需加强在北平的统战工作，特别是对宋哲元的统战工作。1936年5月，张友渔奉命来到北平，任中共中央军委华北联络局北平小组负责人，小组成员有秘密党员阮慕韩。领导北平小组的是中共华北联络局的王世英。张友渔的公开身份是燕京大学、中国大学等校的教授和华北救国会的领导成员。北平小组的一个主要任务是推动宋哲元抗战。张友渔主要是通过政务委员会高级参谋刘治洲、二十九军副参谋长张克侠去影响宋哲元。②

1937年7月7日卢沟桥事变爆发。7月8日，中共通电全国全民族抗战。但是，蒋介石宣布用"和平的外交方法解决"。刚回北平的宋哲元感到进退两难。这时候，张友渔陪同中共中央派来的秘密代表张经武与宋哲元秘密会见，说服宋哲元。宋哲元答应出兵抗战。张友渔又陪同张经武去绥远，找绥远省主席傅作义，动员他也出兵抗战。傅作义听他们说宋哲元已决定不执行蒋介石的撤兵命令，坚决抗战，也很痛快地说，"只要宋明轩（宋哲元）抗战，我就出兵。"③

---

① 张友渔：《我的回忆》，《文史资料选编》第九辑，北京出版社1981年版，第11页。
② 张友渔：《我的回忆》，《文史资料选编》第九辑，北京出版社1981年版，第12页。
③ 陈荷夫编：《张友渔回忆录》，北京大学出版社1990年版，第39页。

张友渔回到北平，立即组织华北救国会协助宋哲元军队抗战，提出了"誓死保卫华北"的口号，动员和组织群众筑守城工事。张友渔又和杨秀峰、张申府一起去找张克侠，请张克侠把救国会的活动报告给宋哲元，以进一步坚定宋哲元的抗战决心。

二十九军与日军在卢沟桥展开了激烈的战斗。7月28日，二十九军副军长佟麟阁、第一三二师师长赵登禹壮烈牺牲。这天晚上，张克侠给张友渔打来电话："宋哲元变了，他们刚开过会，决定今晚撤退，不打了。明天早晨日军就会进城了。"①张友渔立刻把这消息报告中共组织和华北救国会的其他领导人。

7月29日，日本兵开进北平城时，张友渔化装成商人坐火车前往天津。北方局书记刘少奇召集张友渔和南汉辰、王世英、阮慕韩开会。这时，中共北方局已经迁到太原。从天津到太原的火车已经不通，张友渔先乘船离开天津。轮船在烟台抛锚。乘这机会，张友渔通过十三路军政训处处长余心清的引见，会见了当时的山东省主席兼十三路军司令韩复榘，向韩复榘分析了中日两国国情，动员韩复榘抗战。余心清建议韩复榘留下张友渔。张友渔表示先回山西太原老家看看。在太原，刘少奇召集他们在正大饭店开会。刘少奇谈到华北几省的实力派都不是蒋介石嫡系，可以争取他们抗战。张友渔汇报了他在山东和韩复榘接触的情况。刘少奇很重视，说不要失去这个做工作的好机会。会上立即决定加强在山东的工作，成立中共山东联络局，由张友渔任书记，归中共北方局领导。

1937年8月，张友渔带着分配到山东联络局的一行人很快回到济南。张友渔以文化人的身份，表示同意留下来"帮韩主席共筹抗日大计"。韩复榘很高兴，经常听张友渔分析形势。从事山东联络局秘密工作的是梁寒冰、聂元素夫妇。在山东联络局领导下分散工作的秘密党员有黄松龄、齐燕铭、于毅夫、张郁光、李续刚等，都以文化人的身份进行活动。韩幽桐除了以进步文化人的身份出去活动外，同时与聂元素共同担任中共山东联络局和北方局之间的交通。②

中共中央秘密代表张经武到济南，公开身份是八路军代表。张友渔把他介绍给韩复榘秘密会谈，进一步推动韩复榘抗战。中共山东省委书记黎玉也

---

① 王迪：《张友渔传》，北京出版社1989年版，第116—117页。
② 陈荷夫编：《张友渔回忆录》，北京大学出版社1990年版，第7—8页。

在济南,有一部秘密电台。张友渔和张经武、黎玉经常碰头,研究形势发展,研究如何推动韩复榘抗战,并随时由黎玉通过电台直接向刘少奇汇报请示。张友渔和张经武首先说服了韩复榘释放关押的"赤色嫌疑"政治犯,以加强抗战力量。这些被释放的政治犯出了牢门就投奔了抗日游击队。张友渔又通过余心清向韩复榘建议,效法中共,办个军政干部训练班,招收平津来的学生和山东当地的大学和高中毕业生,训练后把他们派往山东各地区和各部队作政治、军事、民运工作。这个建议获得了韩复榘的同意。军政干部训练班很快开办,韩复榘任训练班主任,余心清任副主任,主持全面工作。训练班的教育权实际上掌握在中共山东联络局手中。教育长是黄松龄,黄松龄的助手是齐燕铭。主要教员是张友渔、黄松龄、齐燕铭、于毅夫、张郁光、李续刚、韩幽桐。①

1937年11月,日军占领德州,韩复榘部处在了和日军交战的前沿,韩复榘抵挡一阵后产生了严重动摇。张友渔认为他可能在大军压境之下突然逃跑,急需向中共北方局详细汇报这个情况。这时,中共北方局已转移到山西临汾。12月初,张友渔赶到了临汾。刘少奇去延安开中共中央政治局会议还没回来。杨尚昆、彭雪枫听了张友渔汇报,认为韩复榘顶不了多久,要做好他放弃山东的准备,决定在开封成立豫鲁联络局,由张友渔任书记。即使韩复榘一时还不从山东撤退,工作重点也转移到河南去。②

在日军攻击下,韩复榘于12月4日晚下令撤退,放弃了济南,退到泰安。张友渔和余心清把军政干部训练班带到曹县解散。训练班的学员,有的去了延安,有的去了李宗仁的第五战区,有的去了程潜的第一战区,有的去了阎锡山的第二战区。这些人大都成了抗战的积极分子。在山东省境内,张友渔最终没能阻止住韩复榘的撤退,但以他为首的中共山东联络局全体成员,对发展山东革命实力,建立山东革命根据地,起了一定作用。③

1937年12月下旬,张友渔率领着中共山东联络局的工作人员转移到河南开封,开始筹备豫鲁联络局的工作。豫鲁联络局归中共长江局领导。张友渔开始在周恩来直接领导下工作。他先到鲁南和河南做了一番调查研究,然后到武汉向中央长江局汇报,请示豫鲁联络局的工作方针和任务。周恩来接待了张友

---

① 陈荷夫编:《张友渔回忆录》,北京大学出版社1990年版,第64页。
② 张友渔:《我的回忆》,《文史资料选编》第九辑,北京出版社1981年版,第15页。
③ 陈荷夫编:《张友渔回忆录》,北京大学出版社1990年版,第65页。

渔, 会议由叶剑英主持, 李克农、彭雪枫、张经武参加。会上仔细研究了豫鲁联络局的方针、任务, 明确了张友渔的工作对象主要是国民党政府军事委员会第一战区司令长官程潜和第五战区司令长官李宗仁, 尽最大努力推动这两人坚持抗战。[①]张友渔过去和这两个人没有接触, 开展工作难度较大。周恩来亲自为张友渔安排了一个便于开展工作的合法身份。中共秘密党员申伯纯和第一战区政治部主任李世璋原是北京大学同学, 现在还有联系。周恩来给申伯纯布置了一个紧急任务, 叫他把张友渔推荐给李世璋, 由李世璋聘请张友渔为第一战区政治部的设计委员。张友渔有了第一战区政治部设计委员的身份, 去找第一战区司令长官程潜就名正言顺了, 也可以用这个身份去面见第五战区司令长官李宗仁了。[①]

中共豫鲁联络局在开封, 程潜在郑州, 李宗仁在徐州。张友渔冒着日军轰炸的危险, 奔波于开封、郑州、徐州之间, 抓紧每个机会和程潜、李宗仁谈话, 分析抗战形势。

八、深入虎穴

1938年四五月间, 中共长江局负责与张友渔联系的彭雪枫通知张友渔, 决定由张友渔去做石友三部队工作。豫鲁联络局的工作交给副书记刘贯一。

石友三素有"倒戈将军"、"石阎王"之称, 多疑、多变、奸诈、翻脸不认人、杀人不眨眼。他反共, 也曾几次反蒋, 和蒋介石矛盾很大。1938年5月, 蒋介石以国民政府军事委员会的名义, 调他去山东敌后沂蒙地区驻防, 任第十军团司令兼六十九军军长和第一八一师师长, 是想让石友三在敌后和中共搞磨擦、争地盘, 搞个两败俱伤。石友三对蒋介石防着一手, 怕自己孤军在敌后站立不住, 想找一个不是共产党员的左派人士来自己部队做政治工作, 并通过这个人和中共山东省的组织取得联系, 互相支持。七七事变前, 张友渔为推动抗日, 曾以左派教授的身份和石友三接触过, 石友三对他有好感。这次, 他听说中共介绍来的人是张友渔, 很满意。

中共长江局在派张友渔来之前, 中共东北特委利用石友三在东北老家的一些关系, 已经派了一些中共秘密党员; 中共北方局也派了一些党员干部, 在

---

① 陈荷夫编:《张友渔回忆录》, 北京大学出版社1990年版, 第65页。

石友三部队里秘密成立了中共工作委员会,书记是袁也烈(公开身份是石友三部队教导队政治部主任)。张友渔是以非共产党员的左派教授身份来的,为了慎重,在党员中也不公开他的身份,只和工委书记袁也烈、工委委员赵濯华秘密联系,共同商量重大问题。石友三在十军团成立了政治部,张友渔任政治部部长,管军队的政治工作,也管石友三部队防地新泰、蒙阴、莱芜、沂水等县的地方政权工作。他把工作重点放在对石友三的统战上。①

活动在沂蒙地区的国民党军队,除石友三部队外,还有其他一些零散部队。当国民党正规部队在日军进攻的正面战场节节败退时,在敌后的这些国民党军队也不出兵打日本,却不断袭击中共领导的抗日游击队,处处制造磨擦。中共山东省委直接领导的八路军第四支队与张友渔秘密联系,共同研究后认为,推动石友三抗战的当务之急是解决磨擦问题。解决了磨擦问题,也就破除了蒋介石一箭双雕的阴谋。张友渔建议石友三以军团司令的名义召集各部队负责人开会,专门解决磨擦问题,以求团结抗战。国民党各个部队和八路军各个支队、地方游击队领导人都参加了会议。会议决定各部队团结抗战,不得互相磨擦。会上还成立了联合参谋部,由石友三的参谋长王清瀚和中共方面的第三支队司令员廖容标负责。这个会议大大推动了敌后的抗战步伐。但随即石友三反悔,认为张友渔召集这个会是给共产党的军队谋好处。在石友三身边做秘书的中共秘密党员孙湘了解到这个情况后,赶紧通知张友渔逃跑。张友渔认为逃跑会对团结抗战不利,坚持留下继续做石友三的抗战动员工作。②

张友渔派沂水县政府秘书主任、中共秘密党员张健给八路军第四支队做了几千套棉衣。石友三知道后,更认为张友渔是给共产党办事的,决定杀了张友渔。他半夜三更请张友渔喝酒,张友渔立刻联想到一件相似的事:张学良曾派一个叫张云贵的部下来给石友三当秘书长,后来石友三决定反张学良,就在一天半夜里,忽然把张云贵枪毙了。张友渔的警卫员阎华阻拦张友渔:"不能去! 石友三要杀你了。"张友渔紧紧地握了握阎华的手,坚定地说:"杀我也得去! 不去不能解决问题。"张友渔走进石友三的屋子,见桌上摆满了酒菜,明白了:石友三是要张友渔"酒后吐真言",证明他是共产党,就立即下手杀了

① 陈荷夫编:《张友渔回忆录》,北京大学出版社 1990 年版,第 66 页。
② 陈荷夫编:《张友渔回忆录》,北京大学出版社 1990 年版,第 69 页。

他。石友三只知道张友渔平时不喝酒，但不知道张友渔喝起酒来却是海量，从来不醉。石友三不断劝张友渔喝酒，张友渔一直坚持解决磨擦会议精神，说地方政府给部队做棉衣是团结抗战的行为，无可非议，并大讲国共合作、团结抗战。他对石友三说："这是我的一贯主张。我认为只有这样才能救中国。我所以到你这里来，是因为你赞成这种主张。我一直想帮助你，作为沟通你和共产党的桥梁。如果你不赞成国共合作，不需要我的帮助，我可以离开。"①石友三无言可对，还以为他不知道死已临头，果真是个书呆子，反倒怀疑自己看错了，没有杀他。

蒋介石见石友三在沂蒙地区没有和共产党磨擦起来，又生一计，把石友三提升为冀察战区副司令长官兼察哈尔省主席，把它的部队调到冀南的冀县、南宫一带。冀县、南宫一带是中共冀南行政公署所在地。行政公署主任是杨秀峰，副主任是宋任穷。中共在各县都建立了抗日政权。蒋介石的目的是再给石友三一个机会，让他和中共争地盘、搞磨擦，削弱中共在这一带的势力。张友渔和袁也烈等中共秘密党员随着石友三转移到冀南。石友三对蒋介石并不那么听话，而是要借中共之力稳定他自己的地位。他主动派张友渔去八路军第一二九师和中共冀南行政公署联系，替他表达愿意合作、互相支援的心意。第一二九师师长刘伯承、政治委员邓小平、副师长徐向前接待了张友渔，听取张友渔的汇报，讨论进一步争取石友三。张友渔又到济南行政公署见了杨秀峰。不久，邓小平和杨秀峰先后来石友三部，再次推动石友三团结抗战。②

石友三身边的总参议毕载奕是亲蒋介石的，他一次又一次向蒋介石报告张友渔和中共联系的情况，认为要加强石友三的反共力量必须除掉政治部一批亲共的干部。于是，蒋介石命令石友三拆散政治部干部队伍，一律去重庆参加"轮训"。在这种情况下，张友渔带着30多名中共秘密党员，以去重庆参加"轮训"为名，撤出了石友三部队。

九、参与宪政活动与抗日宣传

到达重庆后，张友渔立即去中央南方局，向周恩来和董必武汇报请示。他

---

① 陈荷夫编：《张友渔回忆录》，北京大学出版社 1990 年版，第 69 页。

② 陈荷夫编：《张友渔回忆录》，北京大学出版社 1990 年版，第 81 页。

们让张友渔以无党派的社会知名人士身份参加战地党政委员会当设计委员。战地党政委员会是蒋介石于1939年1月设置的新机构。蒋介石自己兼任战地党政委员会的主任委员,李济深是第一副主任。张友渔的抗日统战工作对象是李济深。张友渔和李济深都认为战地党政委员会受国民党政府的牵制,不能积极地发挥作用,但在宪政问题方面,抵制蒋介石干坏事,还是可以起一定作用的。张友渔的统战工作很顺利,还和李济深成了宪政运动的朋友。

救国会的成员陆续来到重庆。张友渔成了救国会领导成员之一。救国会原来的领袖有沈钧儒、邹韬奋、章乃器、史良、张申府、刘清扬。中共秘密党员张友渔和王炳南加入后,和以上几人形成救国会的领导核心。除领导核心外,还有钱俊瑞、于毅夫、曹孟君、韩幽桐等19人组成的正式领导机构。救国会联合民主党派和一些无党派人士又组织了民主政团同盟,另外还成立了一个宪政促进会,进一步开展宪政运动。当时国民党声称实施宪政,组织起草《五五宪法草案》。张友渔和沈钧儒、邹韬奋、钱俊瑞、韩幽桐立即编写《我们对于〈五五宪草〉的意见》小册子,对《五五宪草》提出批评意见。沈钧儒和邹韬奋去参加参政会,把这小册子作为正式意见提交给大会。①

张友渔写了大量的关于宪政问题的文章,陆续刊登在邹韬奋编的《全民抗战》上。

1939年8月,国民政府行政院长孔祥熙掌握的《时事新报》正物色一个写社论的主笔。董必武认为这是个好机会,就通过当时给孔祥熙当高级幕僚的余心清,安排张友渔去当《时事新报》主笔,利用给《时事新报》写社论的机会,宣传坚持国共合作,坚持团结、民主、抗战。孔祥熙在蒋介石面前是反共的,反对团结抗战的,可是对张友渔在《时事新报》上写的宣传团结抗战的社论,却是睁一眼,闭一眼。因为,当时抗战热潮已遍及全国,深入民心,《时事新报》的抗战色彩,可以在社会上抬高他的地位,可以使他在和军统、中统的斗争中加强优势。张友渔十分明白孔祥熙的态度,以合法斗争的写作技巧,每天在《时事新报》上发一篇社论,宣传团结抗日。如他在题为《巩固统一团结》的社论中说:"……在这共同环境里,全民族自然要统一起来,团结起来。因为亡则皆亡,存无独存的道理,除掉汉奸以外,是谁都看得明白的。"这样尖锐泼辣的话,由《时事新报》发出,使许多人颇为惊讶,在国民党人员中确实起到一

---

① 陈荷夫编:《张友渔回忆录》,北京大学出版社1990年版,第100页。

定作用。

1941年1月6日，发生皖南事变。分散在各个岗位上的共产党员都面临着生死攸关的考验，张友渔更是处在险恶而复杂的位置上。在没有接到党组织如何应变的命令之前，每天晚上他照旧去时事新报馆上班。1月17日，蒋介石对皖南事变反咬一口，以国民政府军事委员会的名义，宣布新四军"叛变"。这天晚上，国民党中宣部发了一条颠倒黑白的消息，标题是《新四军叛国》，强令各报刊登，并强令各报发表讨伐新四军的社论。张友渔拒绝写这个社论，他对时事新报馆总经理张万里说："这社论我不能写。叛国的不是共产党，应当诛讨的不是共产党。"张万里陷入沉思。只要他打个电话，张友渔就会被捕坐牢。张友渔等待张万里说话，做好最坏的准备。没想到张万里却说："我没有让你写的意思。"并甘冒风险让张友渔抓紧离开。张友渔在黑夜中悄悄离开了时事新报馆。①

十、在香港紧急应变

张友渔急匆匆回到家，等待组织关于应变的指示。拂晓，董必武派人来到张友渔家，通知张友渔和韩幽桐立即去香港。

在皖南事变的反共高潮中，国民党反动派气焰嚣张，不但对中共肆行消灭异己的政策，对民主党派和左派人士也不放过。党中央决定把重庆、桂林、上海的一些左派人士疏散到香港去。同时派一些党员去做统战工作和文化工作，其中就安排了张友渔和韩幽桐。张友渔直接受中共南方工作委员会香港分局负责人廖承志领导，开展统战和文化工作。廖承志给张友渔又增加了一个工作，担任《华商报》主笔。《华商报》是由邹韬奋、茅盾、范长江、夏衍、乔冠华、金仲华、胡仲持7个人筹办起来的。周恩来指示，这张报不要由共产党员来办，不要办得太红了，要灰一点，但必须坚持党中央"七七宣言"提出的"坚持抗战，反对投降；坚持团结，反对分裂；坚持进步，反对倒退"的原则。公开出面向香港当局注册的是廖承志表妹夫邓文钊和他的弟弟邓文田。邓文田是华比银行的经理，邓文钊是副经理。报名叫《华商报》表示这是华侨商人

---

① 张友渔：《报人生涯三十年》，重庆出版社1982年版，第50页；1981年7月22日本文作者访问张万里，"张万里谈话"。

的报,实际上是中共以华侨商人面貌办的一张合法报纸。①写社论的除了张友渔,还有邹韬奋、夏衍、胡绳、乔冠华、金仲华。所有社论都由张友渔最后审定发出。

皖南事变后,输送到香港的左派人士很多。中共南方工作委员会香港分局决定成立一个秘密机构,叫文化工作委员会,派张友渔、韩幽桐夫妇负责。

在香港,张友渔大量研究日本问题,写了《日苏关系二十年》《日本国力再估计》《辛亥革命与“日本”》、《日寇为什么捧汪逆上台》等书和文章。

当时,文化工作委员会的成员普遍认为日美不会交战、香港短期内不会卷入战争,这些观点通过座谈会、聚餐会以及《华商报》等不同渠道传递出去,对在港的左派人士影响较大。在香港的左派人士都做了在香港长时间工作的准备。周恩来发现他们对形势错误的估计,从重庆给廖承志打来电报,指出日美有打起来的可能,并要做好应变准备。②

这年12月8日,日军偷袭美国海军基地珍珠港,同时以1.5万名装备精良的陆军部队,在海空军配合下突然袭击香港。中共中央和周恩来在日军偷袭香港的同时两次来电报,指示中共南方工作委员会香港分局迅速采取措施,将在香港的左派人士、中共秘密党员救出香港,经广州湾或东江转入后方安全地区。周恩来对何香凝、柳亚子、邹韬奋、张友渔、韩幽桐、胡绳等十几个人的去向,分别作了具体安排。张友渔和韩幽桐被安排回桂林,接待和安排从香港回来的文化人的生活和工作。

在香港的中共秘密党员和左派人士处在危险之中,纷纷搬家,隐蔽起来。张友渔夫妇烧掉了书籍文件,搬出文化工作委员会机关,这个时期,张友渔夫妇连续搬家,处在极大的危险之中。一天夜里,他们刚要睡觉,忽听一阵沉重而又杂乱的皮鞋声由楼下直上楼来,走到他们的房门外。他们要躲出去已经来不及了。“砰”的一声,房门被踢开,几个武装的伪军闯了进来,其中一个用刺刀顶住了张友渔胸口。张友渔直视拿刺刀的伪军,突然用日语大声喝斥:“干什么!?”这几个伪军一听他说日语,穿的是西装,又如此强硬,旁边这位女人也是西装,以为这是一对日本夫妇,立刻软了下来,慌慌张张跑了。张友

---

① 张友渔:《报人生涯三十年》,重庆出版社1982年版,第54页。
② 张友渔:《报人生涯三十年》,重庆出版社1982年版,第58页。

渔夫妇第二天又赶紧搬了家。①

这段时间，张友渔的工作是联系分散隐蔽的左派文化人士，检查他们的安全情况，解决他们生活中遇到的问题。有一批左派文化人已撤离香港，廖承志和连贯也撤离了，还有一批等待撤离。张友渔对来安排他撤离的秘密党员潘静安说："我不能先走，必须留下来通知那些隐蔽起来的党员和左派文化人，帮助他们撤离香港，然后我再撤离。"②每个隐蔽起来的秘密党员和左派文化人都搬了好几次家，张友渔顺着他们屡次搬家的线索，一个地址一个地址去找，逐个安排好他们的撤离。

张友渔夫妇撤离那天，换上了广东人惯穿的唐装，混在难民中行进，到达铜锣湾糖街。街口正对着避风塘，偷渡的小船在避风塘等着。交通员带他们钻过一个已经剪开的铁丝网洞，走出堤岸，向岸下等候的小船互相发出暗语："有黄花鱼吗？""有！""论斤论条？""请下来看了再说吧！"③张友渔夫妇摸黑上了船。小船划到九龙一个悬崖绝壁处停泊，张友渔夫妇抓住岸上垂下来的绳子，由岸上接应的人拽上了岸，又摸黑赶到联络点。东江抗日游击队护送张友渔和已先期到达的邹韬奋、茅盾夫妇等人乘指挥船到沙渔浦上岸。张友渔一路曲折奔波，在曲江一条船上找到廖承志。廖承志告诉张友渔："南方局决定你去桂林，负责接待从香港回来的文化人。"④

1943年春，国民党发动了第三次反共高潮。周恩来亲自写信给张友渔，让他回重庆汇报桂林形势和左派文化人情况。周恩来听完汇报后决定把在桂林的左派文化人尽快撤回重庆，并令张友渔留在重庆接受新任务。张友渔在党内有两个秘密职务，一个是文化工作委员会秘书长；一个是参加《新华日报》社论委员会，为《新华日报》写社论。他在社会上的公开职业是生活书店的总编辑，仍以左翼文化人和救国会领导成员的身份做统战工作和开展民主宪政运动。这期间，他写了大量关于民主宪政的文章，出版了《中国宪政论》《法与宪法》《民主与宪政》等书，成为党内的宪政专家。

中共南方局改为重庆工作委员会后，董必武任书记，王若飞任副书记。张

① 王迪：《张友渔传》，北京出版社1989年版，第163页。

② 王迪：《张友渔传》，北京出版社1989年版，第164页。

③ 王迪：《张友渔传》，北京出版社1989年版，第165—166页。

④ 陈荷夫编：《张友渔回忆录》，北京大学出版社1990年版，第93—95页；夏衍、廖沫沙等：《秘密大营救》，解放军出版社1986年版，第51—55页。

友渔任候补委员兼政策研究室副主任,负责向中共中央汇报工作。①

十一、回川康再做统战工作

1944年底,党组织决定派张友渔以中共秘密代表的身份去做川康边防军总指挥、二十四军军长、西康省主席刘文辉的统战工作。以刘文辉为中心,同四川地方势力密切联系,研究如何配合保卫西南,反对蒋介石不抗日搞内战。张友渔每天上午到刘文辉家,对刘文辉讲国内形势和中共的方针政策,具体分析西南形势向哪个方向发展,指出蒋介石有放弃西南的可能,"西南自保"势在必行。刘文辉非常重视这个问题。以后,他评价张友渔这段时间的谈话说:"我等于进了一次政治学校。"②

张友渔对刘文辉进行统战工作的同时,对川康绥靖公署主任邓锡侯、川黔湘鄂边区司令潘文华等人也开展了统战工作,为推动西南的抗日工作起了不少作用。当时,民盟主席张澜也在成都。四川实力派的许多人,包括刘文辉、邓锡侯、潘文华这些头面人物,都曾是张澜的学生或部下,对张澜很尊重,很拥护。张友渔本来和张澜很熟,这次到成都特地找张澜畅谈,和他一道鼓励四川实力派坚决争取民主、团结、抗战,保卫西南。张友渔让秘密党员田一平等加入民盟,加强了民盟的力量。田一平担任民盟四川省委宣传部长,主办民盟机关报《华西晚报》,任社长。张友渔又请示周恩来,派来秘密党员黎澍,任《华西晚报》总编辑。这张报纸成为民盟有力的战斗武器。③

张友渔在成都中共地下组织内的工作也迅速开展起来。他联系的地下党员田一平、杨伯恺、张志和成立了一个工作小组,每星期开一次会,传达中共的方针政策,分析形势,讨论问题,布置工作。这个小组成为中共成都统战工作的核心。中共重庆工作委员会把组织部直接单线联系的中共秘密党员也交给张友渔领导。孙中原夫妇、吴寄寒夫妇、袁庶华夫妇、陈于彤夫妇、蔡翼公、王文鼎、胡春浦、黎光等在张友渔领导下,分别在军政界、经济界、文化教育和医药界活动起来。有的还打入了国民党组织和国民党特务机关。中共重庆工

---

① 陈荷夫编:《张友渔回忆录》,北京大学出版社1990年版,第104页。

② 王迪:《张友渔传》,北京出版社1989年版,第184页。

③ 张友渔:《我的回忆》,《文史资料选编》第九辑,北京出版社1981年版。

作委员会把他们直接领导的一部分秘密党员、团员也交给张友渔直接领导。其中，有美国新闻处图片部负责人、秘密党员汪行远，还有在该部工作的秘密党员孙贡三、团员谭允平。张友渔利用美国新闻处的职员宿舍建立了一个联络点，经常召集在成都的燕京大学毕业生中的秘密党员魏永清、程浩、李中、陈鼎文到此开会。①

张友渔和中共川康特委负责人王致中经常秘密碰头。王致中把中共成都地方青年运动负责人王煜介绍给张友渔。王煜的家庭是个大官僚家庭，在他家开会最保险。张友渔和王致中常在王煜的家中研究如何加强对华西坝的金陵、齐鲁等大学里进步学生的领导，由王煜去执行。在重庆主管中共外事的王炳南一直和金陵大学教授文幼章联系，他把文幼章介绍给张友渔。文幼章是个加拿大人，很热情。张友渔带领文幼章联系华西坝几所大学里的进步学生，经常在文幼章家里开会。华西坝也出现了一批学生运动的骨干。②

张友渔还担负着重要情报的汇报工作，一两个星期便派人往中共重庆工作委员会送一次情报。紧急情报，就利用刘文辉部队里的秘密电台直接向延安报告。

十二、在重庆开展宪政斗争

1945年8月28日，毛泽东、周恩来、王若飞飞抵重庆与国民党谈判。9月，中共重庆工作委员急调张友渔回重庆协助谈判工作，研究民主宪政方面的问题。他的职务是中共代表团顾问。②

这期间，《新华日报》的总编辑章汉夫随董必武去美国旧金山。中共重庆工作委员会又让张友渔同时代理《新华日报》总编辑。

经过艰苦谈判，国民党终于接受中共提出的和平建国的基本方针和召开政治协商会议的建议。10月10日《双十协定》签订，10月11日毛泽东返回延安。参加政治协商会议的中共代表有周恩来、董必武、王若飞、叶剑英、吴玉章、陆定一、邓颖超。张友渔继续为代表们作宪政方面的顾问。

政治协商会议中，共产党、民主党派和国民党在政府组成、国大代表名

① 陈荷夫编：《张友渔回忆录》，北京大学出版社1990年版，第106页。

② 张友渔：《我的回忆》，《文史资料选编》第九辑，北京出版社1981年版，第31页。

额、各民主党派名额分配问题上，斗争激烈。周恩来很信任张友渔，常常是让张友渔在这些问题上先拿出个意见，大家再讨论研究。邓颖超要作关于国民大会问题的发言，也请张友渔为她准备资料，提供意见。国民党提出，在国大代表和政府委员名额中，他们要占50%以上，中共和民主党派和无党派人士不超过50%。中共内部讨论，准备向大会提出以下意见：凡重大决议必须经过2/3的人通过。以此为前提，作为在名额分配上的让步。在正式提出这个问题之前，周恩来让张友渔回延安向中共中央汇报请示。张友渔乘美军飞机到延安，当天下午，中共中央立即开会听取张友渔汇报。刘少奇主持会议，朱德、任弼时、彭德怀、杨尚昆等参加。张友渔把问题说得清晰透彻。中央讨论后，同意周恩来等人的意见。这天，毛泽东身体不大好，没有参加会议，晚上，请张友渔到他住的窑洞又作了一次汇报。第二天一早，张友渔友坐飞机回重庆向周恩来汇报了中央意见。①

政协会议期间，争论激烈的另一个高潮是关于国民党1936年通过的《五五宪草》。讨论这个问题，中共方面的组长是李维汉，组员是张友渔、何思敬、华岗。对这个《五五宪草》，张友渔早在1936年、1937年就进行过认真研究，写过批判文章。这次讨论，他发挥了有力作用。

张友渔参加国共谈判、政治协商会议的活动，公开了他的共产党员身份，不仅使国民党方面的许多人大为惊讶，连一些左派人士甚至共产党内一些人也出乎意料。张友渔从此参加了中共南方局政治组，开始在社会上公开以共产党员的身份进行统战工作。

十三、黎明前的奋斗

1946年4月，国民党政府"还都"南京。中共代表和南方局也到了南京。这时，北平需要熟悉当地情况又有长期地下工作经验的干部，中共决定调张友渔回北平开展工作。但张友渔在重庆搞统战工作关系多，经验丰富，中共中央又决定他不要马上离开，暂时留下一段时间，等四川省委接上统战关系再走。②

就在张友渔暂时留在重庆期间，国民党阴谋打内战的步子加快。6月，国

---

① 张友渔：《我的回忆》，《文史资料选编》第九辑，北京出版社1981年版，第31—32页。
② 张友渔：《我的回忆》，《文史资料选编》第九辑，北京出版社1981年版，第32—33页。

民党开始对解放区全面进攻的同时, 造谣说中共四川省委副书记王维舟要在重庆搞武装暴动, 企图在重庆制造事端。中共中央和周恩来、董必武都来电报指示, 重庆组织要缩小, 疏散一下。从7月开始, 中共四川省委中在军队工作过的王维舟、傅钟、魏传统、程子健陆续回到延安。人民解放军撤出张家口后, 重庆形势越来越紧张。中共中央来电指示, 除吴玉章、张友渔坚持在重庆领导工作外, 省委其他人尽可能撤走。张友渔担任四川省委副书记兼宣传部长和新华日报社社长, 工、青、妇工作和统战工作也由张友渔领导。①

张友渔在险恶的形势下, 通过5条渠道获得中共中央的指示。最重要的一条渠道是张友渔自己亲自领导的中共四川省委电台。这部电台设在中共秘密党员鲁志诚担任经理的一个大公司的宿舍里。张友渔很注意保护这部电台, 不天天使用它, 以免被国民党发现后破坏, 耽误了大事。第二条渠道是中共中央秘密送来的文件。第三、第四两条渠道都在《大公报》(重庆版) 社内, 在这里工作的中共秘密党员利用大公报社电台收听新华社广播; 有时使用自己的密码和延安直接联系。还有一条渠道就是设在西康省主席刘文辉军队里的秘密电台, 由担任台长的秘密党员王少春和张友渔联系。张友渔从1945年做刘文辉的统战工作后, 一直不断使用这部电台。②

1946年7月, 国民党重兵包围陕甘宁解放区的时候, 张友渔自己掌握的这部电台收到了中共中央关于要进一步"隐蔽精干"的指示。张友渔和吴玉章安排中共四川省委和新华日报社的大部分干部陆续撤回延安。在四川各地有可靠关系的干部, 也陆续疏散到亲友处潜伏下来。

1947年1月17日晚上, 中共四川省委和新华日报社工作人员正庆祝《新华日报》创刊9周年的时候, 张友渔突然接到童小鹏从南京打来的电话, 传达周恩来的指示: 形势急剧恶化, 要提高警惕, 作应变计划。四川省委立即开会决定, 凡是已经公开了中共党员身份的人, 或虽不是党员, 但被国民党知道是为中共工作的人, 迅速撤退到延安。在重庆各报馆、学校、国民党机关和军队中没有暴露中共党员身份的人, 要迅速隐蔽起来, 潜伏地下。张友渔对分散在四川的一些秘密党员亲自做了安排。张友渔还协助吴玉章布置川康滇黔四省的中共地下组织迅速把工作重点转移到农村, 组织农民武装。云南迅速开展了

---

① 陈荷夫编:《张友渔回忆录》, 北京大学出版社1990年版, 第107页。

② 陈荷夫编:《张友渔回忆录》, 北京大学出版社1990年版, 第108页。

农民武装游击活动。川北加强了华蓥山游击根据地的力量。①

2月28日，吴玉章、张友渔收到中共中央关于《在白区对国民党的对策》的电报，指示他们避免硬碰，争取中间分子，利用合法形式，力求在为生存而斗争的基础上，建立反卖国、反内战、反独裁与反特务恐怖的广大统一战线。吴玉章和张友渔立即往下布置工作。但是29日凌晨，国民党的警备司令部、警察总队、宪兵司令部等，派出大批军、警、宪、特包围了中共在重庆的4个机关：曾家岩50号的中共四川省委、红岩村八路军驻重庆办事处、化龙桥新华日报社、民生路新华日报营业处。吴玉章、张友渔等被软禁。直到3月8日，才乘飞机撤退到延安。②

张友渔在延安还不到一个星期，胡宗南向延安发起进攻。中共中央决定疏散。从国民党统治区南京、北平、重庆回来的一部分高中级干部，组成一个队，从延安往晋绥解放区撤退，张友渔担任这个队的政治委员。到达晋绥解放区后，张友渔参加了李维汉领导的中央城工部工作。

1947年9月，张友渔到达晋冀鲁豫边区，担任边区政府副主席兼秘书长，同时担任中共晋冀鲁豫边区机关委员会书记。1948年春，中共晋冀鲁豫、晋察冀两个中央局和晋绥分局合并为华北局。张友渔担任中共中央华北局秘书长。③

十四、十年京兆

1949年1月，天津市解放。张友渔被任命为天津市副市长。因为华北局新的秘书长还没到，他未能交接工作，所以没有立即去天津就职。这时候，原被任命为北平市副市长的徐冰因病不能赴任，周恩来、叶剑英、薄一波一同找张友渔谈话，让他代替徐冰到北平市担任常务副市长。周恩来很亲切地对张友渔说："友渔，徐冰同志病了，中央决定你去北平市当副市长。"并强调了北平工作的重要性，又说："你曾经在北平长期从事地下工作，对北平的情况很熟悉，所以要你到北平工作。希望你把工作做好。"叶剑英说："你是室内工作的强者，室外工作还要下番功夫。"④

---

① 王迪：《张友渔传》，北京出版社1989年版，第194—195页。
② 陈荷夫编：《张友渔回忆录》，北京大学出版社1990年版，第109—110页。
③ 张友渔：《我的回忆》，《文史资料选编》第九辑，北京出版社1981年版，第39页。
④ 张友渔：《十年京兆》，《文史资料选编》第三十辑，北京出版社1986年版，第3—4页。

张友渔在华北局任秘书长时，对北平市的工作已有接触。在平津解放前夕，华北局发布过《关于进入平津的政策与作风》的文件，这个文件就是张友渔起草的。

1949年5月9日，张友渔到中南海内北平市政府报到任职。①

张友渔到任时，接管工作正在进行。接管是北平市剥削阶级制度向人民民主制度转变的重大步骤。张友渔积极执行这转变的重大步骤。他认为，"北平，是全国第一个以和平方式解放的大城市，这在我们党的革命史上还是第一次。我们面临很多以前没有遇到过的新问题。因而对北平接管工作处理得好坏，必然会对全国尚待解放的城市和已解放的城市，发生积极或消极的影响。对于当时北平的工作来说，既要大刀阔斧、雷厉风行地迅速肃清反动势力，建立起革命的新秩序，又要力求慎重稳妥，不犯错误，尤其是方针政策方面的错误。一切都是新的，一切都要从头学起，又不能等学好了再干，要边学边干，边干边学"。②

上任后，张友渔就开始废寝忘食地率领北平人民进行旧城改造工作和稳定社会经济秩序的工作。

主要内容有：一、实行军事管制制度；二、成立各界人民代表会议：三、关于战犯、反动分子、特务、俘虏军官和蒋傅（当时傅作义将军还没有接受和平改编）党政军警财经及其他团体一般工作人员的处理；四、关于蒋政府财经机关人员财政的处理；五、私人工商业的保护及私人钱庄号的处理；六、关于蒋政府货币的处理；七、关于公私立学校及学生公费的处理；八、关于报刊、通讯社、广播电台的处理；九、关于外国侨民、外国领事、教会、外国工商业、外国银行的处理；十、对待工人的立场、态度与政策；十一、救济城市贫民及难民问题；十二、进入平津后的宣传政策；十三、进入平津的干部应注意的几点。③

刚解放的北平城，人口130万，失业、无业者，在饥饿线上挣扎的劳苦人民，等待着人民政府带领他们新生。城里到处堆着垃圾，有些垃圾是从明朝开始堆积起来的，已经成了山。全市街道总长有750公里，其中有下水道的只有314公里，又大都年久失修。"无风三尺土，有雨一街泥"的状况和张友渔20多岁

---

① 张友渔：《十年京兆》，《文史资料选编》第三十辑，北京出版社1986年版，第5页。
② 张友渔：《十年京兆》，《文史资料选编》第三十辑，北京出版社1986年版，第12页。
③ 张友渔：《十年京兆》，《文史资料选编》第三十辑，北京出版社1986年版，第7页。

在北京时的情况差不多。现在，解放了北京城，需要改造、治理旧社会留下来烂摊子，给全市人民的新生活创造条件。

1949年，张友渔发动群众奋战三个月，彻底清除了堆在北平城内的垃圾。在解决垃圾问题的同时，加强了对粪便的运除与管理，制定公布了粪便管理办法，废除了延续几百年的封建把头粪道私有制，规定一切粪道、厕所都为卫生工程局管理。

关于北京市的生产发展，张友渔任华北局秘书长时，根据七届二中全会决议和毛泽东主席指示的精神，针对北平市等城市情况，为《人民日报》（北平版）写过一篇社论，题目是《变消费城市为生产城市》。这篇社论的精神恰恰适用于他到北京后的工作。

北平一解放，在开展清匪反霸、肃反、镇反斗争的同时，就没收了官僚资本工矿企业和事业单位为国家所有，并发动这些厂的工人群众迅速恢复和发展生产，以保证军需民用。在市政府一次工作汇报会上，张友渔根据中央和市委的指示明确提出："我们必须首先有计划，有步骤地恢复和发展生产，把北京市这个历史名城，消费的城市，改变为生产的城市。"[1]此后，北京市政府的各项工作就以此为中心，发扬艰苦奋斗的优良传统全面展开。

1949年8月9日至14日，北平市第一届各界人民代表会议召开。张友渔在会上作了有关财政的报告。[2]会后，张友渔又代表市政府在电台发表了广播讲话，表示诚恳接受会议的各项决议，除已经作和正在作的以外，其他一切决议，在人力、财力可能的条件下，都将尽量尽速地去作。会议提出171项决议，除普遍设立公营澡堂等七项，因限于物质和时间仓促，不能立即兑现外，其余164件，在两月内全部先后实施了。[3]

1949年9月27日，北平市改为北京市。同年11月20日至22日，北京市第二届第一次各界人民代表会议召开，代行人民代表大会的职权，张友渔在会上当选为副市长。[4]

这次会议通过了封闭妓院的重要决议。负责全局工作的常务副市长张友渔在会后立即抓紧部署落实。公安部长兼北京市公安局长罗瑞卿亲自指挥，

---

[1]　张友渔：《十年京兆》，《文史资料选编》第三十六辑，北京出版社1989年版，第46页。

[2]　《当代北京简史》，当代中国出版社1999年版，第14—15页。

[3]　张友渔：《十年京兆》，《文史资料选编》第三十辑，北京出版社1986年版，第25页。

[4]　张友渔：《十年京兆》，《文史资料选编》第三十辑，北京出版社1986年版，第25页。

连夜行动,封闭了一切大小妓院,逮捕了领家老板。一夜之间,北京市所有妓院全部消失。第二天,各界人民代表大会还在进行,就听取了封闭妓院的情况报告,各界代表激动不已。妓女们解放后,经过收容,学习了三个月,给她们治好了病,都作了妥善安排。有的选择配偶成立了新家庭。对愿回原籍的,发给路费,送她们回到亲人身旁。大部分进了纺织厂,成了工人。在她们收容期间,张友渔去给他们讲话,鼓励她们好好学习,努力工作,力求上进。①

张友渔到任前,军管会与人民政府已收兑了国民党政府发行的金圆券,确定了中国人民银行发行的人民币为本位币;禁止了银元流通,取缔了金银与外币交易,到5月消除了金融市场的混乱现象。张友渔上任后面临来势猛、幅度大的涨价风以及投机资本大肆哄抬物价,对关系到国计民生的粮食、纱布,抢购套购、囤积居奇等局面。

1949年11月,北京市出现了一次解放后最严重的涨价风,一两天内粮食零售价竟上涨1倍左右。张友渔领导市政府一面从察哈尔等地调运粮食,从天津调运纱布、食盐等,充分掌握物资;一面坚决打击不法商人的违法行为。国营商店在一周内建立零售粮店100多处,按国家牌价售粮,使涨价风平息了下来。②

1949年末、1950年初,没收全部官僚资本,变为全民所有制经济,统称国营工厂。改建、新建了食品工业方面的东郊面粉厂,新建了北京被服厂,改建扩建了清河制呢厂和石景山钢铁厂。从旧北平市政府接管过来的自来水公司、电车公司、汽车公司、京西煤矿等有计划有重点地扩建、改建、新建。

在逐步稳定社会秩序和恢复经济建设的同时,张友渔开始积极推进贯彻选举法和北京市的法制建设。

1953年11月,北京市第一届人民代表大会代表的选举工作开始。在11月20日召开的全市干部大会上,张友渔作了关于选举法几个问题的报告,着重讲选举法的总精神,为什么召开人民代表大会,人民代表大会与统一战线,怎样保证做好选举工作等。他说,召开人民代表大会能使人民民主制度更加完备。现在客观上有条件,可以召开人民代表大会了。过去解放战争、土改、镇反、抗美援朝,有很多迫切需要做的工作要集中力量去做,没有可能拿出时间来搞普

① 张友渔:《十年京兆》,《文史资料选编》第三十辑,北京出版社1986年版,第26—27页。
② 《当代北京简史》,当代中国出版社1999年版,第19页。

选。并且全国解放初期，人民的觉悟程度还不够高，人民组织也不健全，反革命分子、地主分子还很多，那时搞选举，就会被反革命分子钻空子。他对"普遍、平等、直接、无记名的选举法"实事求是地谈了自己的看法。他认为"普遍"这一条是名副其实地做到了。"平等"这一条基本做到，表现在按人口多少出代表。"直接"这一条，基层选举是直接的，县以上还做不到。"无记名"，由于基层群众文化低，只好以举手代投票。①

1954年8月17日，北京市第一届人民代表大会第一次会议召开，由于全国人民代表大会即将召开，通过新宪法和各级政权组织法，对地方政府的组织将有新的规定，没有改选市人民政府，但大会共选出了北京市出席全国人民代表大会的代表28人，圆满完成了既定任务。

1954年，张友渔参加起草中华人民共和国宪法。在北京市，他兼任政法委员会主任、司法改革委员会主任，开始着手推进北京市的司法改革。

经过逐步深入动员，有组织有领导地检查已经结案的民、刑事案件，广泛发动群众，如设立人民接待室，召开当事人座谈会、群众大会等，征求群众意见，有力地推动了司法改革，逐步建立了人民法院陪审制度、集体调节制度、同志审判会制度、巡回审判制度、处理人民来信来访制度、公开审判制度、当事人座谈会、区法院羁压案犯制度、律师制度等新制度，为北京市的司法改革奠定了基础。

市法院1954年4月在检查五年来执行方针政策的报告中说："友渔同志针对法院特点，亲自给予具体指导。""凡判无期徒刑以上的反革命案件和一般刑事案件、敌逆产案件，友渔同志还亲自核批。"同一时期，公安局党组的报告中说："市委及张友渔同志对公安工作的领导是强有力的，不但在方针政策上有坚强领导，而且在具体工作上，重要的关键问题上，也是抓得很紧，掌握很稳的。"彭真对张友渔说："政法工作因您主持，没有多大问题。"②

第一个五年计划期间，张友渔和其他市领导干部率领全市人民，在工业、农业、城市建设、交通运输、商业、提高人民物质生活和文化生活方面，做出了显著成绩。

这五年是北京市工业起步发展的高潮时期。创建了类型比较齐全的工业

---

① 张友渔：《十年京兆》，《文史资料选编》第三十四辑，北京出版社1988年版，第1—7页。
② 张友渔：《十年京兆》，《文史资料选编》第三十五辑，北京出版社1988年版，第28页。

体系。从修理转向制造，从手工业转向工业化大生产，并初步形成轻、重工业，大、小手工业协同配合，同时发展，开始由小批量生产转入大批量工业化生产。主要工业部门开始起步、发展。冶金工业、机械工业、化学工业、仪器仪表工业、电子工业、纺织工业、印刷工业、建筑材料工业、农业机械工业，以及特种工艺、食品工业、轻工业各部门的主要工厂，都先后开始起步发展。各工业部门从1954年开始从仿造向自行设计过渡，进入创新、攀高峰的阶段。①

1956年全国向科学进军中，张友渔向市政府提出："在科学技术日新月异、迅猛发展的今天，科学技术、科学管理、教育，要摆在重要地位。科学技术不断进步，工业才有生命力。"②北京市开展了半导体、电子、激光、精密合金、精密机械、合成材料等新型科技，以及与人民生活密切相关的吃穿用等方面的科研工作，建立了相应的试验基地。

张友渔在任期间，北京实行土改，没有采取一般农村那种土地平分的办法，而是将封建土地没收归公和一般地维持原耕地，没有伤害中农，没有引起工商业者的波动，有利于迅速恢复和发展农业生产力。北京郊区的农业合作化运动从1952年春开始试办，到1956年春基本完成。

张友渔还兼任市教育委员会书记。他任职期间，北京市的教育工作也发展很快，先后办起了大专院校30所，加上原有的已达55所，是1949年的4.21倍。开办中等专业学校46所，是旧北京的2倍多。③

作为北京市的常务副市长，在主抓社会经济的全面发展和民主法制建设的同时，张友渔因为有长期做统战工作的基础和经验，在副市长任上，仍十分注意做统战工作。

张友渔经常和各民主党派的领导人李济深、张澜、黄炎培、沈钧儒联系。沈钧儒是法学家，张友渔常就法制方面的一些问题和他交换意见。张友渔还不断注意改进统战工作。吴晗是第一位被推选出来的代表民主党派的副市长，办公室在张友渔办公室对面，中午他们两人和薛子正一道用餐。有一天张友渔和薛子正到市委开会，只留下吴晗一人用餐，菜比平时少给了。张友渔发现后认为不妥，告诫行政人员以后不可给吴晗减菜。几天后，毛泽东主席通知

① 张友渔：《十年京兆》，《文史资料选编》第三十六辑，北京出版社1989年版，第50页。
② 张友渔：《十年京兆》，《文史资料选编》第三十六辑，北京出版社1989年版，第55页。
③ 张友渔：《十年京兆》，《文史资料选编》第三十六辑，北京出版社1989年版，第55页。

张友渔和刘仁、吴晗到他的住处谈话。在谈到党外民主人士应当有职有权时，毛泽东主席问吴晗工作和生活中有什么困难，问张友渔和刘仁与吴晗的关系怎样，吴晗说很好。张友渔却检讨自己做得不够，说"我和吴晗对门而居，非公事不相往来"。毛泽东主席反问了一句："难道统战工作不是公事吗？"①张友渔以后加强了对吴晗的交流与团结。吴晗有入党要求，张友渔加紧帮助。1957年3月由刘仁和张友渔介绍，中央批准，吴晗加入了中国共产党。

北京人口迅速增加，交通压力越来越大，为适应形势与人民生活需要，北京城必须改造，必须加速公用设施与人民生活需要的各项建设。拆什么？不拆什么？怎么建？什么形式？全国闻名的建筑学家、都市规划委员会主任梁思成的意见和市委、市政府不完全一致。有人建议召开几十人的座谈会批斗梁思成。张友渔反对，彭真也不同意。②

每半年，张友渔都要亲自起草给市委并转中央和华北局关于统战工作的报告。在报告中主要谈以下几个问题：

一、待党外民主人士，既要在政治上关心他们帮助他们，也要在生活上关心他们帮助他们。政治帮助不要强加于人，生活帮助不要只流于吃吃喝喝，把"交朋友"庸俗化。

二、使党外人士有职有权，并帮助他们在工作中做出成绩。

三、党组织只应讨论有关方针原则问题和重大问题，不必讨论具体执行问题，更不应代替行政机构，直接处理事务，使党外人士感到无事可作。③

北京号称文化古都，解放前文化艺术方面的建设相当落后。张友渔任职期间，剧团由34个发展到45个（不包括中央和其他系统在京的剧团。以下各项同）；博物馆由0个到1个；图书馆由3个到13个（含区一级11个）；文化馆由12个到27个；电影院由26个到45个；电影放映队由3个到194个；书店由3个到113个。

张友渔带领有关干部根据党的方针，积极而稳步地整顿和改造旧有的文化艺术单位和团结改造老艺人及文艺工作者，发挥他们的专长和作用，如对旧的戏曲一直没有采取行政手段禁演什么戏，而是通过教育，采取引导改编的方法，去芜存精。同时根据北京市经济建设的发展，有计划地建设新的文

---

① 《张友渔文选》下卷，法律出版社 1977 年版，第 595 页。
② 《张友渔文选》下卷，法律出版社 1977 年版，第 600 页。
③ 张友渔：《十年京兆》，《文史资料选编》第三十一辑，北京出版社 1986 年版，第 58—61 页。

化艺术单位，积极培养新的文艺工作者，逐步形成有北京风格的文化网络。1950年1月建立了北京市人民艺术剧院，在表演上保持了浓郁的北京地方气息。1950年5月成立了北京市文学艺术联合会。1951年12月市政府授予老舍"人民艺术家"称号。①

1949年12月北京武训小学举行武训诞辰110周年纪念，请求市长、副市长题词。张友渔交秘书厅处理，写了"兴学模范"4个字，以市长聂荣臻、副市长张友渔、吴晗的名义送去。1951年开始批判《武训传》，张友渔作了检讨。但他在领导全市批判"武训精神"上，还是比较慎重的。②

从1949年5月到1958年底，张友渔在北京市任常务副市长10年。他对市政府工作负全责，重点负责全面性、综合性的组织领导工作，并负责有关计划、预算、编制、人事工作，还兼任市政法委员会主任、市劳动局局长。在党内，担任管政法工作和统战工作的书记，市政府的党组书记，直到1958年12月调离为止。在这十年中，张友渔在党的领导下，和其他领导干部一起，经历了过渡时期，争取财政经济状况好转的恢复时期，土改、镇反、抗美援朝三大运动时期，农业、私营工商业、个体手工业的社会主义改造时期及第一个五年计划的发展时期，把北京市逐步由半封建半殖民地的旧城市转变为社会主义的新城市。

十五、潜心法学

1958年8月，由于我国加强法学和法制工作的需要，张友渔被调到中国科学院哲学社会科学部，担任中国科学院哲学社会科学部副主任，兼法学研究所所长，还担任中国政治法律学会副会长，指导中国法学的研究，领导中国法学研究的权威刊物《政法研究》。同时还指导哲学社会科学部的民族、历史、考古所的研究工作，审核学部机关刊物《新建设》的稿件。

张友渔在这一时期，潜心研究法学、政治学、新闻学，重点是法学。他认为法是人类社会发展到一定阶段的产物，是随着社会的发展变化而发展变化的。法在一定范围内是处理一定问题的工具，但不是可以处理一切问题

---

① 张友渔：《十年京兆》，《文史资料选编》第三十五辑，北京出版社1988年版，第58页。
② 张友渔：《十年京兆》，《文史资料选编》第三十五辑，北京出版社1988年版，第42—47页。

的工具。

张友渔的法学观点和着重思考, 联系实际的治学态度, 在中国的法学界具有相当的影响。

张友渔的老伴韩幽桐先于他回到政法战线上。1954年, 各大行政区撤销, 韩幽桐任副院长的最高法院华北分院也撤销了, 她担任了最高法院民事庭副庭长。1958年, 当张友渔也回到政法战线工作时, 她这个回族干部, 由于民族工作的需要, 被调到刚刚建立的宁夏回族自治区, 任区党委委员、自治区监委委员、高级法院院长和党组书记。快到花甲之年的张友渔、韩幽桐夫妇再次分别。直到1962年下半年, 韩幽桐才调回北京, 担任中国科学院哲学社会科学部的法学研究所党总支副书记、副所长, 中国政治法律学会书记处书记, 和张友渔并肩战斗在法学研究岗位上。老两口沉浸于学术研究之中, 成为中国少有的一对法学专家夫妇。韩幽桐在法学界、妇女界的声望也是很高的。1964年3月28日, 韩幽桐以中国法律工作者代表团团长的身份, 率领一个拥有30人的代表团到布达佩斯, 出席国际民主法律工作者协会第八届大会, 作了出色的长篇发言。《人民日报》用整版篇幅刊登了她的发言。回国时, 周恩来接见了她, 赞扬她是善于斗争的一员女将, 笑称她为"穆桂英"。

张友渔成为中国法学权威的时候, 他多年不见的弟弟张彝鼎在台湾国民党统治下也成为法学界巨匠。据台湾《龙旗》杂志《名人介绍》载: 张彝鼎所著《条约之司法解释》已成为司法界判案之根据。他历任国民党国防部总政治部主任、政治大学法律系主任、法学研究所所长、司法官训练所所长。兄弟两人政治上分道扬镳, 然而在学术上却成为了同行。

张友渔这一时期潜心研究法学, 运用马克思法学理论推动法制建设, 在中国的法学建设和法制建设发展上, 有着重要的作用。

十六、艰难的软禁岁月

1966年夏, "文化大革命"在全国范围爆发, 张友渔、韩幽桐这对法学家夫妇也受到了冲击。曾经长期做白区地下工作的张友渔夫妇, 被"划"为刘少奇线上的人, 被"揪"了出来。

张友渔在宣武门内头发胡同甲1号的家被抄了。在被抄家的过程中, 张友渔十多万册藏书变成了罪证: 刚解放时买的线装中国古籍, 被来抄家的人指为"反动权威"的"罪证";大量的日文法学著作,被作为"里通外国"的"罪证"。这些"罪证"被成捆、成箱地装上卡车运到了法学所。

张友渔一家被撵到永定门外沙子口一间半小屋里,还经常被拉出去挨批斗。随后,张友渔夫妇被分别囚禁在法学研究所二楼的两个房间。这对夫妇,在随后的8年中咫尺天涯,没有见过一面。

1970年5月,韩幽桐随法学研究所的人到了河南省息县的干校接受劳动改造,张友渔被转移到哲学社会科学部。

被软禁8年,频繁的揪斗曾耗费了张友渔不少时间。其他的时间,他没有白白浪费。在囚室中,唯一可以借阅的是马列主义著作,张友渔利用这个时间,排除任何杂念,沉下心来阅读了大量的马列主义著作,准备着晴天之后,以更凝聚的力量去开展法学研究和法制建设。他治学一向是注重从实际出发的,"文化大革命"从反面给了他极其丰富的资料,他亲身经历的苦难进一步丰富了这位饱学之士的头脑。

被软禁的张友渔,周围的同情者越来越多,负责他专案的人最后都成了他的同情者,以他为师的人也悄悄地多了起来。他从周围人们的语言中,从友好和尊重的表情中,深切感受到人心所向,预感到天快要放晴了。

1975年邓小平主持工作期间,韩幽桐出来工作,重新担任法学研究所副所长。在离哲学社会科学部不远的永安西里的两间小屋里,重新安置了一个简单的家。当时的张友渔仍旧没有得到解放,但允许他回家和家人见面。准许回家,但不给予"解放"的日子持续了3年。

十七、健全社会主义法制建设

1978年,张友渔从软禁中被解放出来,但没有安排工作。针对"四人帮"长期破坏法制,立法中断了十几年的情况,张友渔在1978年5月10日发表了《法制是保障民主的重要手段》的重要文章,呼吁健全社会主义法制。他在文章中指出:1963年至1969年期间,我国已有刑罚、民法、诉讼法的草稿,由于"四人帮"的破坏,至今迟迟不能定出来。他呼吁加紧健全社会主义法制,并从理论中阐明:"在阶级社会中,任何一个统治阶级,为了巩固自己的政权,维护和发展自己政权赖以建立的经济基础,都必定要把符合本阶级利益的经济、政治制度和社会秩序,用法律的形式固定下来,并以国家政权的强制力来保证自己的法律的实施。"①为吸取历史教训,他又著文分析了我国出现"四人帮"的原因。

1978年中共十一届三中全会后,中国科学院哲学社会科学部改为中国社会科学院。年逾80的张友渔重新走上法学研究和法制建设的工作岗位,担任法学研究所顾问、大百科全书总编委会副主任、中国社会科学院副院长等职务。

1979年,张友渔担任全国人大常委会法制委员会副主任,1980年又担任宪法修改委员会秘书长。

1982年12月4日,全国人大五届五次会议通过《中华人民共和国宪法》。对新宪法的一系列法律,张友渔都参与制定,起了重要作用。

1983年,张友渔担任全国人大法律委员会副主任委员,1986年又兼任香港特别行政区基本法起草委员会委员。

十一届三中全会后10年,法学研究所发展到40多个。整个法学界在学术研究方面,提出并讨论了一系列重要的法学理论与实践问题,出版发行了2000多种法学书籍;法学刊物发展到20多种;创办了《法制日报》等全国性和地方性的专业报纸40多种。全国有综合大学法律系、部属学院法律系50多个。中央机关和省级机关都新建或恢复了法律研究所(室)。②

在法学走上繁荣的时刻,张友渔于1988年5月3日发表指导性文章《法学十年》,指出一定要防止和避免两种倾向。一是固守马克思主义法学的某些具体论述和结论,而不善于领会它的精神实质和掌握它的基本方法,去研究新情况,解决新问题。二是盲目推崇和效仿资产阶级法学,而不是加以具体分析。

十一届三中全会以后,我国的法制建设有了突飞猛进的进展。单就立法方面,有力地扭转了立法工作长期停顿的局面,到1982年就制定和修改了刑法、刑事诉讼法、民事诉讼法(试行)、选举法、地方各级人民代表大会和地方各级人民政府组织法、人民法院和人民检察院组织法、中外合资经营企业法、婚姻法、国籍法、经济合同法、外国企业所得税法、海洋环境保护法、商标法等一系列重要法律。全国人大及其常委会,国务院及所属各部委,共制定和批准了法律、条例、决议等700多部(项)。③每一步法制建设的发展,张友渔都无

---

① 《张友渔文选》(下卷),法律出版社1977年版,第7页。
② 《张友渔文选》(下卷),法律出版社1977年版,第583—584页。
③ 《张友渔文选》(下卷),法律出版社1977年版,第174页。

一例外地贡献了力量。

怎样健全社会主义法制? 他概括为十六个字: 有法可依, 有法必依, 执法必严, 违法必究。①

在立法的过程中, 他始终坚持几个原则, 概括是: 一、从实际出发, 必须适应经济关系和阶级结构的变化, 根据我国政治、经济各方面需要解决的问题, 按照轻重缓急制定相应的法律。二、法律必须坚持社会主义原则, 坚持对社会主义政治制度和经济制度的保护。当前要特别表现在保卫社会主义四个现代化上。三、社会主义民主是社会主义法制的基础, 社会主义法制是保卫社会主义民主的武器。四、立法不苛, 重在教育。②

张友渔强调的法制, 是具有现阶段中国特色的社会主义法制, 是剥削阶级作为阶级已经消灭, 但阶级斗争在一定范围内还存在着的我国现阶段的历史条件下的法制。它的任务, 一是体现人民意志, 保障人民的合法权利和利益; 二是调节人民之间的关系, 规范和约束人们的行动; 三是制裁和打击各种危害社会的不法行为。法制当前的主要任务是, 推进并保证社会主义经济建设和体制改革的顺利进行。③

张友渔除了在法学理论和法制实践上做了大量的工作之外, 在推动政治体制改革、建议新闻立法以及发展政治学学科建设和民主政治的实践方面, 提出了很多创新性的观点和建议, 并做了很多开创性的工作。

十八、在政治领域多方面的建树

关于政治体制改革, 张友渔说, 有一点必须明确, 就是政治体制改革是指改革领导体制, 是指社会主义制度的自我完善。改革的主要目标是那些阻碍我们经济体制改革、阻碍社会主义建设事业发展的不合理的领导体制, 而不是改革我们的整个政治制度, 要推翻人民民主专政的政治制度, 更不要搞资产阶级自由化, 根本否定社会主义制度, 主张资本主义制度。他认为, 政治体制最关键、最重要的问题是党政分工问题。党政分工不是不要党的领导, 削

---

① 《张友渔文选》(下卷), 法律出版社 1977 年版, 第 531 页。
② 《张友渔文选》(下卷), 法律出版社 1977 年版, 第 15—22 页。
③ 《张友渔文选》(下卷), 法律出版社 1977 年版, 第 528 页。

弱党的领导, 恰恰相反, 正是要改善党的领导, 加强党的领导, 在坚持党的领导的前提下, 改革并完善党和国家的领导体制, 以保持党和国家的活力, 调动基层和人民的积极性, 克服官僚主义, 精简机构, 提高工作效率, 充分发挥社会主义制度的优越性, 加速社会主义现代化建设事业的发展。①他认为, 政治体制改革的另一个问题是国家领导机关本身的改革, 就是加强国家机关建设, 包括它的地位、任务、职权、工作等各方面, 使能在各自的职权范围内, 发挥应有的作用。②他强调, 为了有效地实施政治体制改革的措施, 巩固政治体制改革的成果, 必须用法律手段, 把这些措施和成果, 用法律的形式确立为制度, 作为人们行动的规范。特别是必须"加强行政立法, 为行政活动提供基本的规范和程序"。③

关于新闻立法及其他。1985年他进一步提出"立个新闻法很有必要"。他认为新闻法应包括两方面的作用: 一方面, 保障新闻自由; 另一方面, 对违反法律的报道和言论给予必要的限制和制裁。保护社会主义的言论、出版自由是新闻法的立足点。有人认为我们新闻事业是党的事业, 一切按党的方针、政策办事就行了, 不需要立法。张友渔强调不仅依靠政策, 还要依法办事。坚持党的领导和报纸对法律负责是一致的。宣传党的方针政策是党报的主要任务。在报刊上对丑恶的、不法的行为进行批评和揭露, 是我们报刊的一个原则。对运用职权压制打击报刊正确批评的现象, 新闻法规定给予必要的处分以至刑法。④

报告文学常常涉及一些法律问题。张友渔1982年著文《报告文学涉及的法律问题》中, 认为法律是调整社会关系的, 任何社会关系都不能不涉及法律问题。报告文学的创作和发表, 会引起各种各样的社会关系, 如作者和作品中所反映的组织和人物的关系, 作品的内容和对于政治、社会的影响的关系等。这些关系事实上常涉及法律问题, 需要由法律来调整。问题大都是围绕着报告文学的真实性发生的: (一) 报告文学所反映的事实真实, 遭到被反映特别是被批评的单位或个人的反对, 甚至是压制或迫害; (二) 报告文学所反映的事实不真实, 或者部分不真实, 颂扬了不应该颂扬的人和事, 批评了不应该批

① 《张友渔文选》(下卷), 法律出版社 1977 年版, 第 535 页。
② 《张友渔文选》(下卷), 法律出版社 1977 年版, 第 540 页。
③ 《张友渔文选》(下卷), 法律出版社 1977 年版, 第 577 页。
④ 《张友渔文选》(下卷), 法律出版社 1977 年版, 第 472—473 页。

评的人和事,特别是损害了被批评的人或单位的正当利益,以致被反抗或"控告";(三) 事实虽然是真实的,但根据党和国家的现行政策,是不宜传播、更不应该颂扬或批评的。总的来说,不外是两个方面的问题,一是保护作者的言论、出版和文艺创作的自由,二是作者不得违反国家的政策、法律,损害国家的、社会的、集体的利益和其他公民的合法的自由和权利。关于由于诽谤或报道不真实所引起的赔偿损害问题,我国还没有制定民法典,但损害赔偿的原则早已适用于民事诉讼中。①

张友渔参与了婚姻法的制定,他认为社会主义的婚姻观,光是婚姻自由、男女平等、一夫一妻是不够的,必须以基于"共同理想之上的爱情为基础",以"互敬互爱为核心","以承担社会责任为前提","以讲共产主义道德为根本"。随着时代的前进,社会事业的发展,婚姻家庭观会有所发展,上述根本点不会变化。②

政治学与民主政治的带头人。他是建立并发展政治学学科的带头人。他急切想改变长期以来,政治学成了社会科学中的空白现象。既不在大学设置政治学系、政治学专业,有计划地培养专门人才;又不在科研部门设置政治学的专门研究机构,使得政治学一无人才,二无成果。特别是在十年动乱时期,林彪、"四人帮"用骗人的政治空谈、整人的政治运动来冒充和代替马克思主义的政治科学,造成严重损失。③他呼吁要建立具有中国特点的马克思主义政治学。

张友渔提倡并带头实现为开展政治学的研究采取有效措施。一、建立政治学的专门科学研究机构,不仅中国社会科学院要设立政治学研究所,凡有条件的省、市、自治区,也要根据当地的实际情况,在本地区的社会科学研究部门,建立相应的政治学研究机构。二、建议政府的教育主管部门,尽快在各重点综合性大学,设立政治系。三、成立群众性的政治学学术团体。四、有计划有组织地开展必要的中外政治学界的学术交流。④

1980年12月中国政治学会成立。在政治学学科开展的过程中,张友渔随时

---

① 《张友渔文选》(下卷),法律出版社1977年版,第225—226页。
② 《张友渔文选》(下卷),法律出版社1977年版,第156—157页。
③ 《张友渔文选》(下卷),法律出版社1977年版,第61页。
④ 《张友渔文选》(下卷),法律出版社1977年版,第62—63页。

随地关注着它前进的步伐。这是一门新的学科,一切刚刚入门。在经历了一段摸索后,他在1983年中国政治学会第二次学术讨论会上,再次明确指出政治学的方针和任务。他说,中国的政治学最主要的是为党所提出的实现社会主义现代化的总任务服务,首先要研究政治的发展有没有规律?社会主义政治是什么?它有什么特点?它同过去历史上的政治有什么区别,有什么联系?社会主义政治同社会主义经济有什么关系?在社会主义社会发展中,处于什么地位?起什么作用?应该起什么作用?其次,要研究如何坚持人民民主专政?第三,要研究什么是高度的社会主义民主?如何建设高度的社会主义民主?第四,要研究如何改革政治体制,加强国家机构的职能?第五,要研究党在国家生活中的地位和作用。①

1985年7月中国社会科学院政治学所成立。张友渔在建所大会上,发表题为《积极推进中国政治学的发展》讲话,再次强调政治学是一门重要的科学,再次指出政治学的研究方向和任务,要求建立良好的学术环境和学风。

在政治学建设中,张友渔很注意建设具有中国特色的民主政治。他说:"民主是人类社会发展到一定阶段上的产物,是社会经济基础的上层建筑,不是脱离实际的空洞的抽象概念。在不同的社会、不同的国家、不同的时期,民主的内容也不同。"②

中国特色的民主政治应当具有哪些特点?他认为,首先,我们的民主是社会主义的民主,是建立在生产资料公有制基础上的绝大多数人享有的民主。其次,我们的民主具有普遍性、广泛性。现在我国不仅总人口的90%以上的人享有民主,而且享受和行使民主的范围也是极其广泛的,包括政治生活、文化生活和社会生活等各个方面。并且随着经济的发展和人民的科学文化水平的逐步提高,我国的社会主义民主的内容将越来越丰富,越来越广泛。第三,我们的民主遵循民主集中制的原则,即民主基础上的集中,集中指导下的民主。民主集中制是我国的政体。第四,我们的民主政治的建设是同法制建设紧密结合在一起的,二者构成一个整体,不可分割。民主既受法律的保护,也受法律的约束。侵犯公民合法权利的,要受法律制裁,公民滥用民主权利的,也是

---

① 张友渔1983年在中国政治学会第二次学术讨论会上的发言,《张友渔文选》(下卷),法律出版社1977年版,第195—197页。

② 《张友渔文选》(下卷),法律出版社1977年版,第524页。

法律不允许的。要加强法制建设，使民主制度化、法律化，使人们既有民主观念，又有法制观念，正确理解民主和法制的关系，在法律允许的范围内行使民主权利。第五，不仅使人民在政治上、法律上享有充分的民主权利，而且在物质上创造条件以保证能够行使这种权利。第六，我们的民主的一个突出特点，是不只实行着少数服从多数的原则，而且在事先实行民主协商的原则，取得各方面基本一致或多数一致的意见。第七，我们的民主还有人们不容易理解的一个特点，就是我们要建设高度的社会主义民主，例如，"普遍、平等、直接、秘密"，这是一般公认的普选原则，我们也赞成这个原则，但是我们的全国人大和省一级人大的选举，为什么没有实行这个原则？我们民主的首要特点是从实际出发。我国地域广阔，人口众多，各地政治、经济、文化发展水平极不平衡，前些年交通也很不便，这种情况，使得人民对于全国性的、全省性的候选人不可能都了解，如果实行直接选举，其结果不过是形式主义，甚至被坏人操纵。所以，对全国和省一级只能实行间接选举。①

张友渔说，目前有些消极因素阻碍我们的民主政治建设：一、党政不分的领导方法，是阻碍建设民主政治的消极因素，必须实行"党政分开"的领导方法。二、权力过分集中也是一个重要的消极因素。三、官僚主义是当前民主政治建设最主要的、比较普遍存在的消极因素。四、有些必要的规章制度还不够健全，比如群众监督制度等，还没有严格的措施。五、主要问题不是无法可依，而是执法不严。六、还存在很大的封建残余的影响，如特权思想，缺乏民主意识等。②他指出，在建设民主政治工作中，需要解决的主要问题是：首先要搞好作为民主政治前提的经济建设。其次，大力加强法制建设。第三，要健全各项制度，从政治体制上确保政治民主化的实现。第四，加强政治思想宣传教育工作，使全体人民增强民主意识，提高参与国家民主管理的能力。

关于民主与法制的关系，张友渔多次强调说："要切实建设民主政治，就要使民主制度化、法律化。民主与法制两者是不可分割的。民主是法制的基础，法制是保卫民主的手段。没有民主为基础，就不可能产生有效的法制；同样，没有有效的法制，民主也得不到保障。"③

---

① 张友渔：《建设具有中国特色的民主政治》，《张友渔文选》（下卷），法律出版社 1977 年版，第 552—553 页。
② 《张友渔文选》（下卷），法律出版社 1977 年版，第 558—559 页。
③ 《张友渔文选》（下卷），法律出版社 1977 年版，第 527 页。

张友渔在晚年一直勤勤恳恳地工作，他的新居被书堆得满满的，他的卧室，沿着墙根，从地上高高地码起一摞摞文件，一天工作分为三个单元，上午、下午、晚上都安排的满满当当，为中国法学研究和立法贡献出了全部的精力。张友渔在晚年除了主编《辞海·法学卷》《中国大百科全书法学卷》，还先后出版了《报人生涯三十年》《宪政论丛》《关于体制改革问题》的著作。

直到耄耋之年，张友渔始终发挥着法学学者和政治学学者的作用，并严格要求自己。1989年1月，91岁高龄的他接受记者采访时，特别谈了政府和人民的关系。他说："这个问题是任何朝代的任何政府成败的关键。"他说，"清朝政府、北洋军阀政府，其封建的、腐败的症结在于颠倒了政府和人民的关系。政府是主人，人民是奴隶，这迟早必然遭到人民反对，导致自己灭亡。国民党有过政府官员是公仆的口号，但国民党背叛了孙中山的教导，实际凌驾于人民头顶之上，民不聊生，统治中国20年后还是失败了。""和人民同甘共苦是政府和人民保持鱼水关系的前提，而官僚主义和不正之风是对这种鱼水关系的腐蚀剂。"①

1991年6月，张友渔在《北京日报》发表文章，强调要对党的信念矢志不渝。他写道："如果对党的信念不坚定，就容易'风吹草动'。风往哪里刮就往哪里倒。"②他要求共产党员作一个真正的共产党员，坚信马列主义，抛掉私心，实事求是，不管风吹浪打，永远站在党的立场上。

张友渔一生始终注意为官清正，不搞拉拉扯扯那一套。山西老家有的亲戚来北京求他安排工作，他一概拒绝，碰了钉子的人骂他六亲不认。他说："在用人上，我从来不用'自己人'，连秘书在内，一切都是组织选派的。"③

从20世纪20年代开始，张友渔一直为中国的革命事业战斗在不同的岗位上，历经坎坷、艰险、胜利、苦难，始终没有颓丧，也没有炫耀，一直在默默地奉献，直到1992年2月26日上午9时19分，张友渔病逝于北京，享年94岁。

王　迪　许赤瑜

---

① 《北京晚报》1989年1月31日，题为《公仆意识未敢丢》报道。

② 《北京日报》1991年6月18日第一版。

③ 《张友渔文选》（下卷），法律出版社1977年版，第631页。

武胡景

　　武胡景，男，1899年11月24日出生于河南孟县。1921年夏，考入唐山交通大学预科，1923年加入中国社会主义青年团，不久转为中国共产党党员。历任中共唐山团地委秘书，中共淄川特支书记、青岛特支书记、青岛市委组织部部长、唐山市委书记、天津市委书记、北满特委书记兼哈尔滨市委书记、临时中央军事部部长、上海中央执行局军委书记、上海中央执行局保卫部部长，共产国际监察委员会委员等职。他早年参加革命，坚定无畏，勇敢机智，出生入死，忘我奉献，为中华民族的解放事业做出了重大贡献。1936年，在苏联肃反期间，因反对王明、康生的错误，受到诬陷迫害牺牲。1953年，苏共中央为武胡景平反。1957年，中共中央追认他为革命烈士。

一

武胡景，原名武怀让，字迈五，又名武和景、武湖景、武和劲，化名罗玉堂、吴克敬、李士安、吴客敬、吴化之、吴福敬、老李、林大生等。俄文名安德烈耶夫（Андреев）。

1899年11月24日，武胡景出生于河南省孟县（今孟州市）城内南街（今中福堂街12号）的一个小商贩家庭。他的父亲武凌汉，清末秀才，以教私塾为生，熟读二十四史，思想进步，为人坦率，善于调解乡邻亲友纠纷，经常用历代忠孝节义人物教育儿女。

武胡景五岁能背诵唐诗，六岁入私塾，读"四书五经"等，聪慧好学，被誉为神童。12岁考入县立高等小学堂（今会昌一中），这一年正是辛亥革命发生，他率先剃了光头，上学从街上走过，被称为"武家小和尚"，受到当时小学校长李桂林的称赞。他勤奋好学，喜欢帮助同学，对穷人深怀同情心。有一天下午，他放学回家，在路上遇见一个双目失明的老艺人，手弹三弦乞讨，围观者有老有小，却无一人出钱。他心情沉重，忿忿不平，便挤入人群，向听众躬腰施礼，替老艺人逐人收钱。尔后，他又向老艺人请教三弦乐理。老艺人深为感动，抚摸其头，说他知情知理，必成大器。他的邻居先到武家，将此事告诉其父亲。待他回家后，父亲严厉斥责他不学好，反而学要饭。武胡景理直气壮地反驳说："师无贵贱，艺无贫富，能者为师，向穷艺人学音乐，他就是我的老师，老师行乞，学生助之，有何不对？"他的父亲听后连连点头，随即叫武胡景把老人请到家中，吃过晚饭后指点武胡景三弦弹技，歇至次日早饭后，才让老人离去。武胡景的老师李桂林得知此事后，深感武胡景有超人之处，将他叫到面前，对他说："人各有志，我现以'志'为题，命你作诗一首。"武胡景不假思索，脱口吟出"师问学生志，化作光明烛，不照朱门富，愿当贫者牛"的佳句。老师听后甚为欣慰，鼓励他"从幼立志，矢志不移，就能成栋梁之才"。上小学期间，武胡景家门口常有学校插的小红旗以及张贴的喜报。小学毕业时，武胡景被评为"智仁勇"三好学生。

1913年，武胡景以优异的成绩考入开封省立第一中学（今开封高中）。他珍惜时光，刻苦读书。深夜，他在床下铺席，以烛灯看书；清晨，在操场上、树林中背诵英文；星期天从不外出，终日泡在图书馆。其刻苦学习的精神，深得同学们的钦佩。在他的书桌前，写有两句醒目的诗"少年不学事难成，一寸光阴不可轻"；他把"时过不重回，一日难再晨，怀让当勉励，岁月不待人"作为座右铭而自励奋发。在开封一中的三年中，他的各科成绩均在全校名列前茅。其中，中文和英文特别好。1916年，他在河南省13个中学联合讲演会上获得第一名。①

1916年，武胡景初中毕业后，考入原在焦作、暂设开封的福中矿务学校。②考入福中矿务学校时，武胡景已与表妹杨伯荣结婚。1918年，他们育有一个女儿，取名武德馨（2002年逝世）。杨伯荣后于1924年农历三月病逝。

在福中矿务学校，武胡景以其熟练的英语和刻苦学习的精神，逐渐为校方英商福公司看中。英商福公司拟抽选他到焦作煤矿局为英国资本家当翻译。当时，被选中当翻译是许多学生梦寐以求的事，而武胡景却不以为然，断然拒绝了矿局的聘约。许多同学为他惋惜。武胡景却对同学们说：高尚之人，虽

---

① 武怀谦：《烈士武胡景简历》。
② 福中矿务学校前身为焦作路矿学堂，系1909年3月由英商福公司出资创办。1913年12月，因英商福公司毁约停办。1914年，经河南省派员交涉，加之同年8月中原股份有限公司成立后愿共同出资，学校才得以恢复并改为福中矿务学校，因校舍被占，暂设开封并于1915年6月复课。1919年春，改为福中矿务专门学校。1920年4月，学校由开封迁回焦作。后历经福中矿务大学、私立焦作工学院、西北工学院、国立焦作工学院、焦作矿业学院等时期。1995年，恢复焦作工学院校名，2004年更名河南理工大学。

贫不失节, 恶劣之人, 贫困时什么坏事都能做, 我家生活虽然困难, 但渴不饮盗来之水, 饥不食寇贼之粮, 英人掠夺我们焦作矿产, 我岂能为之作帮凶? 我来矿专, 学习知识, 是为发展民族的矿业服务。武胡景如饥似渴地阅读进步书刊, 受到了新文化运动的洗礼。

1919年五四运动爆发, 声援浪潮由北京波及全国。沉寂的福中矿务专门学校沸腾了起来, 会同省会各学校奋起抗争。武胡景积极参加了全校性的示威游行、宣传演讲等活动。他还借暑期返乡之机, 联络学界、工商界爱国团体, 宣讲五四运动经过, 呼吁科学、民主, 宣传抵制日货, 进一步扩大了五四运动的影响, 推动了民众反帝爱国运动。

1920年4月, 福中矿务专门学校由开封迁址到焦作。英国资本家为了榨取廉价劳动力, 牟取暴利, 经常以"实习"为名, 强迫学生到焦作矿局做工。在煤矿, 武胡景目睹了工人所受的非人待遇, 十分气愤, 他串联学生和工人进行过多次反抗斗争, 要求矿局增加工资, 改善劳动条件, 抚恤伤残工人等, 成为英国资本家眼里的一根"刺"。

二

1921年夏, 武胡景考入交通大学唐山学校①(简称交大)预科, 学习土木工程专业。

交大是唐山地区最早传播马克思主义的学校。五四运动爆发后, 消息一经传到唐山, 立即引起强烈的反响, 唐山人民迅速觉醒起来, 在城乡掀起了一场反对帝国主义和封建军阀统治的群众爱国运动。在唐山, 首先起来参加反帝爱国斗争的是交大的学生。

五四运动促进了马克思主义在中国的广泛传播。李大钊提出了"把知识阶级与劳工阶级打成一气"和知识分子要"作民众的先驱"的正确主张, 开始注

---

① 交通大学唐山学校前身为创办于1896年的山海关北洋铁路官学堂, 后迁唐山, 改名为唐山铁路学堂。后几经更易, 1921年7月改称交通大学唐山学校, 1922年9月又改称交通部唐山大学。后历经唐山交通大学、第二交通大学、交通大学唐山土木工程学院、交通大学唐山工程学院、交通大学贵州分校、国立唐山工学院、中国交通大学唐山工学院、北方交通大学唐山工学院、唐山铁道学院等时期, 1964年9月, 学校迁至四川峨嵋, 1972年更名为西南交通大学。1989年, 总校迁至成都。

意在劳动群众中宣传马克思主义。唐山是北方的重要工业区，聚集着几万产业工人，又有早期工人斗争的基础，因此备受李大钊的关注，成为北京革命知识分子传播马克思主义、开展工人运动的重要基地之一。1920年10月，北京的共产党早期组织成立后，李大钊先后派张国焘、李树彝等人来唐山从事工人运动。1921年夏末，唐山制造厂工人邓培经罗章龙介绍加入北京的共产党早期组织，成为唐山地区最早的共产党员。邓培也将交大作为工作重点，经常来学校活动。

1922年4月，邓培在唐山制造厂建立了党的委员会，并任书记。这就是唐山的共产党早期组织。是月，交大学生田玉珍由王仲一介绍与邓培相识，并加入共产党。田玉珍入党后，在交大设立了秘密联络站，负责党的书刊、信件的传递工作。武胡景与曾涌泉、熊世平、冯亮功、田玉珍、邹元昌、黄轩等人同班。①受邓培、田玉珍等共产党员的影响，武胡景开始接触介绍马克思主义的书刊，如《向导》《新青年》等。对这些书刊，他总是反复阅读，从中汲取政治营养；对其中不理解的问题，便约集进步学生曾涌泉、熊世平、冯亮功、邹元昌、黄轩等人一起探讨。他还和同学们经常到唐山工人俱乐部听取邓培的各种报告会，参加纪念列宁诞辰的纪念会。通过这些活动，武胡景耳目一新，视野更加开阔。

1922年8月，中共唐山地委成立，邓培任书记，阮章任组织委员，田玉珍任宣传委员。②

10月23日，在党的领导下，开滦五矿五万多名工人举行了震惊中外的同盟大罢工。同盟大罢工后期，虽有各地的经济援助，但仍不能完全解决罢工工人的生活困难，罢工委员会决定组织交大学生声援罢工。11月12日，交大学生给开滦五矿俱乐部送去200元捐款，邓培派罢工指挥部代表王麟书、董宏猷到交大向学生致谢，并向全体学生发表演说，讲述了几天来开滦罢工的情形和矿工的困难处境，呼吁同学们尽力援助。这天晚上，交大学生立即召开班长联席会议，成立了交大学生赈工会，由李鸿斌任总干事，张剑明、蔡牖为书记，贾存鉴为会计，并决定次日全体同学结队上街游行，进行演讲募捐。"11月13日全体同

---

① 李鸿斌：《回忆唐山交大早期学生运动》，中共唐山市委党史办公室编：《唐山革命史资料汇编》第三辑，第29页。

② 中共唐山市委党史研究室编：《冀东革命史》，中共党史出版社1993年版，第38页。

学请假停课一天，整队上街游行，按预先安排分组讲演，分组募捐。同学们讲演时大声疾呼，陈词激昂，听众甚多，许多人深受感动。募捐向商号店铺劝助，认捐虽然数目不大，但无一人表示拒绝。事毕整队而归，秩序井然，捐款悉数交与矿工"①。同时，赈工会发表公告，印发传单，呼吁全国学、商各界行动起来，慷慨解囊，全面支援开滦工人的罢工斗争，并组织了20多个募捐队，分赴上海、汉口、北京、天津、长辛店及京绥路劝募。赈工会去函并派人与北京大学学生会及马克思学说研究会取得联系，得到北京开滦矿工罢工经济后援会的支持。

交大学生的正义行动，在社会上产生了强烈的反响。中共中央委员蔡和森在学生罢课募捐后的第三天，就在《向导》上发表文章，赞扬"所以近在咫尺的唐山学生对于罢工同胞之态度怎样，乃为中国人民是否还有民族感情和义愤的试金石"，"据今日消息，唐山路矿大学学生三百余名，为援助罢工，于十三日在街市巡游，募集罢工基金。这样的消息，不但在劳动史上为重要，在民族运动史上尤为重要，而且是中国知识阶级到了真正觉悟的路上之明证。全国压在国际帝国主义之下的知识阶级和学生们，都要学唐山路矿大学学生的模范啊！"②

时在北京的交大校长俞文鼎听说交大学生罢课募捐一事后，于11月15日晚匆匆返回唐山。11月16日，俞文鼎贴出布告，声言学生罢课募捐违犯校规，以鼓动工潮的名义开除李鸿斌、方刚、耿承、陈嘉宾、马汝邺等五名学生代表。对此，交大学生更加气愤，立即召开了紧急会议，宣布即日起全体罢课，并致电总统府、国务院和交通部，要求撤换校长俞文鼎。11月17日，俞文鼎请吴佩孚部下第十三混成旅旅长董政国，率领100名士兵包围学校，会同便衣警察监视学生行动。11月18日，俞文鼎再次贴出布告，宣布奉交通部命令，解散交大，勒令全体学生立即离校。接着，董政国的军队和保安队300余人，包围学生宿舍，大肆搜捕学生骨干，逼迫全体学生整顿行李，速上火车，由军警侦探押解到天津、北京遣散。武胡景躲到一名俄籍进步老师家，才免遭逮捕。③

交大学生被遣散后，云集北京，11月23日发表《驱俞宣言》，列举了俞文鼎十大罪状，表示"泰山可移，此志不懈"，非驱逐俞文鼎不可。11月24日，在京交大学生在中央公园举行了记者招待会。11月27日，集体到总统府、国务院请愿，呈交请愿书。11月29日，又去参、众两院请愿，要求撤换俞文鼎。交大学生的行动得到了社会各界同情和支持。这年底，北京政府内阁总理王正廷出面调解，与学生达成协议，撤换了俞文鼎。

1923年1月初，交大学生回校复课。重新回到交大的武胡景，积极参加革命活动，经过斗争的锻炼和党的教育，思想政治上更加成熟，组织能力进一步提高，一年后加入中国社会主义青年团，不久转为党员，并成为交大党团组织的负责人。①

1月26日，交大召开学生会成立大会，选举产生了交大首届学生会。学生会成员大多是进步同学，武胡景被选为评议部长，陈嘉宾为执行部长。不久，在北京大学马克思学说研究活动的影响下，交大以学生会的名义创办了平民夜校，负责人秦宗尧，教员有冯亮功等同学。参加第一期学习的工人有40名。

交大复课后，学生们的思想十分混乱，不同程度地受到了无政府主义等思想的影响。邓培通过交大学生党员田玉珍，积极组织学生进行革命活动。1923年秋，在邓培的指导下，交大学生田玉珍、武胡景、冯亮功、邹元昌、熊世平等发起组织了读书会，实际上就是马克思主义研究小组，通过阅读进步书刊，研究马克思学说，吸引和团结进步同学。"一开始，人数非常之少，只有发起的几个人；后来渐渐多了，现在已有五十余人。唐大思想，受这影响非常之大。同时这几个发起人就由田真介绍相继加入S.Y.。读书会亦改为社会科学研究会，成了吸收团员的机关，团员增加至廿二人。"②

田玉珍曾回忆说："到一九二三年下半年，交大建立了团支部，开始我担任团支部书记，到一九二四年初，由冯亮功担任团支部书记。"③团支部成立后，组织团员在校内以代卖进步书报等方式，宣传反帝反封建的思想。还利用本科一年级壁报，刊登宣传反帝、反封建、发扬爱国主义的文章，还开展了马

---

① 曾涌泉：《唐山交通大学早期革命活动》，中共唐山市委党史研究室、中共唐山市委党史资料征集办公室编：《唐山革命史资料汇编》第二辑，第35页。

② 《武和劲、冯健等致中局的信》，中共唐山市委党史办公室编：《唐山革命史资料汇编》第七辑，第34页。

③ 田玉珍：《唐山交大早期建团与学生运动》，中共唐山市委党史研究室、中共唐山市委党史资料征集办公室编：《唐山革命史资料汇编》第一辑，第13—14页。

克思主义与无政府主义的辩论,在学生中引起很大反响。在团支部的帮助下,学生会在原平民夜校的基础上,办起了平民学校,于11月23日正式开课。当时,平民学校设4个班,招收开滦、唐山制造厂的工人和唐山附近石庄的农民学习。平民学校由12名交大学生分任各班教员,除教注音字母、识字读写等新文化课程以外,还向工人宣传革命。12月10日,学生会创办了《唐大月刊》,经常发表团员和一些进步学生的文章。

在1924年以前,交大团组织的活动,一般都是传达讨论党、团中央的指示和研究工作。团的活动很秘密,也很灵活巧妙,平时开生活会,一般都是躲在讲堂桌子底下,看文件或讨论问题。对于一般工作上的问题,都是利用校外散步的形式边走边讨论解决的。交大团组织还以学生会的名义出面,开展工作。1924年1月,国共两党实现合作,革命统一战线形成,交大团组织的活动由桌下转到桌上,在课堂上公开开会,进入大发展时期。在团支部周围,团结着一大批进步同学,团支部及时吸收他们加入团组织。这月,武和劲 (武胡景)、冯健 (冯亮功)、邹枚、熊步烈、郝其夫、方迪西加入青年团①。2月,又有14名同学加入青年团,这时交大团员人数达到20名。

三四月间,根据中共中央和社会主义青年团中央关于合组国民党改组委员会、帮助国民党改组或重建的指示,中共唐山地委和中国社会主义青年团唐山地方执行委员会 (简称唐山团地委) 联合成立了唐山国民党改组委员会,邓培任主任。此后,向党团员传达了中央关于党团员以个人名义加入国民党,帮助国民党改组或重建,并通过国民党开展党的工作的指示。武胡景等20多名交大团员,首先响应中共中央的号召,全部以个人名义加入了国民党。同时,经过宣传,又发展了一批学生加入国民党。"经过一段筹备工作后,大约在五月底,在交大的一个大教室里公开举行了国民党成立大会,邓培同志以唐山国民党组织负责人的名义出席了大会,讲了话,并宣布一切登记手续完备的国民党员都算是正式国民党员,党证要等上级发下后再补发。"②

随着唐山团组织的日益壮大和工作的不断发展,4月13日,唐山团地委在欧阳胡同小楼召开团员大会,到会团员49人。阮章代表唐山地委出席会议。这次

---

① 《武和劲、冯健等致中局的信》,中共唐山市委党史办公室编:《唐山革命史资料汇编》第七辑,第37页。

② 曾涌泉:《唐山交通大学早期革命活动》,中共唐山市委党史研究室、中共唐山市委党史资料征集办公室编:《唐山革命史资料汇编》第二辑,第36页。

会议把唐山团地委升格改组为中国社会主义青年团唐山区执行委员会 (简称唐山团区委) ，下设唐山制造厂和交大两个地方执行委员会。会议选出正式委员6人，武胡景任委员长，冯亮功任秘书，田玉珍、梁鹏云任国民运动委员，郝其夫、徐炳衡任青年运动委员，方迪西、邹枚、赵椿年、李福庆、容昌为候补委员。"这次改组是唐山'权益办理'的，未经团中央批准，不符合团中央规定，未被团中央承认，因此不久又改组为唐山地方执行委员会"①。不久，唐山团区委接到团中央通知: 团中央二届二次扩大会议已规定各级团的执行委员会一律取消"委员长"，设立组织、宣传、农工、学生四部，由秘书和四部主任组成执行委员会并由秘书总理团务，团中央局已按此规定进行了改组，要求各地方委员会亦按上述组织法进行改组。4月23日，唐山团区委又改组为唐山团地委，由武胡景任秘书，田玉珍任组织部主任，冯亮功任宣传部主任，柳克述任学生部主任，梁鹏云、孙宝森任农工部主任。

6月，中共中央决定由唐山党团组织推荐五名优秀党团员赴苏联学习。武胡景接到这一指示后，立即组织党团员进行了充分的酝酿。通过自报、公议后，武胡景代表党团组织赴上海将推选结果向中共中央作了汇报。经党中央审批，决定由武胡景、曾涌泉、李桂林、李特、刘继曾五人赴苏学习。②

在交大学习期间，武胡景经常向在开封求学的亲友刘锡五宣传共产主义，并邮寄《中国青年》等杂志。1924年暑假，武胡景离开交大住在北京。这时，在武胡景的影响下，刘锡五也来到北京考学，同武胡景、贾禄云、阎慎久等住在一个公寓里。③

秋，武胡景等5人离开交大，到达莫斯科东方劳动者共产主义大学 (简称东方大学) 学习。在这里，武胡景一方面刻苦研讨马克思列宁主义基本原理，阅读了列宁和共产国际有关中国革命的大量论著和决议；一方面做细致的调查研究，学习和汲取苏联党在领导革命中的经验和教训。其间，他的马列主义理论水平和组织领导能力都有了一定的提高，为后来回国参加革命斗争打下了

① 中共唐山市委组织部、中共唐山市委党史办公室、唐山市档案局编 :《中国共产党河北省唐山市组织史资料 (1921—1987)》，河北人民出版社1992年版，第32页。

② 曾涌泉 :《唐山交通大学早期革命活动》，中共唐山市委党史研究室、中共唐山市委党史资料征集办公室编 :《唐山革命史资料汇编》第二辑，第37页。

③ 刘锡五 :《刘锡五的回忆》，中共孟县县委党史征编委员会办公室编 :《中共孟县党史资料选编》(民主革命时期)，第71页。

坚实的基础。

三

东方大学的建筑如今已经荡然无存。据考证, 莫斯科市中心特维尔大街普希金广场旁的《消息报》报社大楼所在区域即为东方大学遗址。①东方大学是根据列宁的建议, 于1921年创办的, 是一所为苏俄东部地区和东方各国培养革命干部的政治学校。学校分为苏俄东方部和外国部两个部。外国部设有中文、朝文、日文、土耳其文、法文、英文和俄文7个班。共产国际派代表参加该校最高领导机构。

1921年7月, 两名中国学生进入莫斯科东方大学学习, 这是该校首次接收中国学生。同年8月, 经上海共产主义小组推荐, 刘少奇、任弼时、罗亦农、萧劲光等26人来到东方大学。随后, 中国学生人数不断增加。

1925年10月, 以孙中山的名字命名的中国劳动者孙逸仙大学 (简称中山大学) 在莫斯科沃尔洪卡街16号创办, 其任务是为中国培养革命干部。

1926年1月中旬, 在法国勤工俭学的邓小平从巴黎来到莫斯科, 先后在东方大学和中山大学学习, 他当时的名字是邓希贤, 俄文名叫多佐罗夫。在这里, 中国学生主要学习《共产党宣言》、国际共运史、政治经济学、俄语等课程。1928年秋, 莫斯科东方大学的中国班并入莫斯科中山大学, 先后共有1200名中国学生到莫斯科中山大学学习, 其中包括张闻天、王稼祥、秦邦宪 (博古)、杨尚昆、伍修权、乌兰夫、廖承志等人。朱德、邓小平、王若飞、聂荣臻、李富春等也曾在这里学习。莫斯科中山大学于1930年停办。1933年至1936年间, 莫斯科东方大学重新接收中国学生, 直至1938年停办。②

东方大学内设"中国班", 有学生百余人。中国班内设有中共旅莫支部。③武胡景曾担任中共旅莫支部执行委员会委员、中共旅莫支部副书记等职。刘伯坚、武胡景、穆青等人负责的旅莫支部, 不仅管理中国留学生各种事务, 而且负责旅苏华侨事务、安排国内人员赴苏等事宜。

---

①　《跨越 90 : 域外寻踪大感动》,《人民日报》2011 年 7 月 1 日第 48 版。

②　《跨越 90 : 域外寻踪大感动》,《人民日报》2011 年 7 月 1 日第 48 版。

③　东方大学中共旅莫支部于 1922 年 12 月成立, 于 1926 年 5 月中旬解散。

"当时，苏联的经济十分困难，学生们的学习和生活非常艰苦，白天上课，晚上冒着严寒和冰雪到街上去站岗，星期日还要去工厂做工。"①学员是半军事化管理，吃的是掺了糠的黑面包，穿的衣服和鞋子都是欧洲的工人捐赠的，冬天每人发1件麻布的黄上衣、一件军大衣、一条皮带和一顶红军戴的有闪闪红星的军帽，晚上大家就一个挨一个地盖上大衣和毯子，挤在一起睡。在这种环境中，一些意志薄弱的学员，渐渐动摇起来，有的甚至想退学。武胡景却表现出了革命的乐观主义和极大的求知欲。一方面，他刻苦攻读《十月革命史》《世界革命史》《工人运动史》等革命史书，还精读了列宁的《青年团的任务》《国家与革命》，布哈林的《共产主义ABC》，波格丹诺夫的《政治经济学》等理论书籍，做了大量的读书笔记，很快便比较熟练地掌握了俄语；另一方面，针对学员中存在的不同思想，刘伯坚、武胡景、穆青等旅莫支部成员一起积极开展思想政治工作，经常以传阅学习笔记、交流学习心得和讨论重大问题等形式，向学员宣传讲解马克思列宁主义的世界观、人生观，抨击小资产阶级思想和享乐主义。刘伯坚、武胡景等人一起还制定了《军事训练二十一条》②，内容主要是号召党团员彻底铲除一切非无产阶级思想，树立无产阶级思想；生活上要求严格，作风正派不苟；既注重革命大节，也不放松生活小节；建立严格的汇报和相互监督制度。

为了进一步提高学员的政治思想觉悟，根据共产国际东方部的推荐和旅莫支部的邀请，中共驻共产国际代表蔡和森和由国内来莫斯科的李立三到东方大学为中国班作了几次报告。施宜生回忆说："在李立三同志讲了中国职工运动发展史之后，蔡和森同志报告了中国共产党发展史。"③蔡和森对我党不长的历史作了精辟的科学的总结。蔡和森的报告对于学员们贯彻理论联系实际的方针，运用马列主义基本原理和俄国革命最新经验，研究和解决中国革命的实际问题，特别是弄懂即将到来的第一次大革命的重大问题，发挥了重要作用。旅莫支部将蔡和森的报告整理并油印成小册子（即《中国共产党史的发展》），广为散发，在学员中引起了强烈反响。没想到这个简陋的小册子竟成了我党最早的一本党史著作并留传至今。

---

① 袁心君：《忠心耿耿、鞠躬尽瘁——记山东早期女共产党员侯志》。
② 见《施益生通信》。
③ 施益生：《对蔡和森、向警予同志的回忆片断》，《革命回忆录（四）》，人民出版社1982年版，第3—4页。

　　1925年是中国革命持续高涨的一年。5月，上海五卅运动爆发，中国革命进入了一个前所未有的迅猛发展时期，此时，中共中央更加意识到人才缺乏，要求立即从西欧派遣50人，并将莫斯科所有没有组织问题的党团员，全部派回国来。7月，朱德等第一批旅欧党团员到达莫斯科后，即在旅莫支部的安排下休整、参观，等待第二批留俄回国人员的到来，准备一同回国，但不料"随西欧同志来到，中央命令其余留俄不忙回国"。8月上旬，当第二批旅欧回国人员到达莫斯科后，留欧回国人员已经在旅莫支部的参与下，组织了党、团两个执委会对归国人员进行管理。"旅莫支部执行委员会委员刘伯坚、武胡景、穆青等参加执委工作，朱德被选为执行委员，同时兼任党的六个小组中的第六小组组长。"①"1925年9月，应共产国际和中国共产党的要求，联共（布）决定拨款一万五千卢布组建军事短训班。1926年2月，短训班成立，由莫斯科红军军事学校和莫斯科伏龙芝军事学院的教官授课，从第三批留苏学生中选拔朱德、彭干臣等有作战经验的人员。训练班为期半年，由朱德担任班长。这些学员于1926年夏提前回国，在北伐战争中发挥了重要作用。"②

　　8月上旬，国民党左派邓演达也从德国来到莫斯科，旅莫支部决定借此机会对其展开宣传影响工作。朱德因在德国与邓演达曾有过工作关系，也接受了这方面的任务。旅莫支部作了详细的工作安排，"（刘）伯坚与他谈唯物史观，朱德谈旅莫团体精神及来莫后感想，（武）胡景与他谈阶级斗争，家辰解释俄国现状，穆青、（周）唯真、林蔚亦乘机宣传并给他一份上海事变提纲"③。这些工作对邓演达以后思想的进一步转变起到了很重要的作用。

　　1925年12月，刘伯坚、曾涌泉、王人达等自筹经费，以旅俄华侨协会的名义，创办了《前进报》，刘伯坚任主编。《前进报》刊发时事评论、国内新闻、中国革命问题研究，转载《共产国际》的理论文章，在留学生和华侨界具有一定影响。武胡景参与《前进报》编辑工作，他白天忙于党团工作，晚上奋笔疾书，编发稿件，撰写了大量文章。1927年，蒋介石在国内发动反革命政变的消息传到东方大学，武胡景悲愤交加，连夜为《前进报》起草了讨蒋檄文，揭露国民党右派屠杀中国共产党人的罪行，号召同志团结奋斗，呼吁以革命的武装来反

①　德辰主编：《光荣与辉煌——共产党历程》上卷，红旗出版社1997年版，第183页。

②　张泽宇：《留学与革命——20世纪20年代留学苏联热潮研究》，人民出版社2009年版，第163页。

③　德辰主编：《光荣与辉煌——共产党历程》上卷，红旗出版社1997年版，第183页。

抗反革命的武装。

1926年，冯玉祥率领的西北军在军阀混战中失利，被迫通电下野。中共北方区委李大钊借机建议并安排他赴苏联考察，以进一步争取这位爱国将军。这年春，刘伯坚、武胡景等接到中共中央、共产国际的指示后，立即组织东方大学、中山大学的学员准备迎接这位爱国将领的到来。5月9日，冯玉祥一行到达莫斯科，在火车站受到苏联政府、军队、中国留学生以及各界人士的热烈欢迎。冯玉祥曾回忆说："在车站上欢迎的人员很多，步兵、骑兵，都人强马壮，武器鲜明。苏联政府人员个个显得精明强干，富于朝气。其中最多而且最使我注意的，是东方大学和中山大学的中国男女青年学生。他们约四五百人，整整齐齐地排列在那儿，都有一种英俊有为的样子。他们手里持着小旗，狂热地高呼着'中国国民军万岁'的口号，使我极为感动。他们贴的标语各式各样，诸如'欢迎国民军领袖'之类。"①

冯玉祥开始时住在莫斯科的欧罗巴旅馆，其陈设富丽堂皇，他觉得惶恐不安，后来就搬到郊区的查理村居住。"5月17日，刘伯坚、曾涌泉、武胡景等5人以《前进报》记者的身份，在冯玉祥下榻的富丽堂皇的欧罗巴旅馆拜访了这位赫赫有名的'基督将军'"②。他们同冯玉祥纵论天下大事，畅谈国际国内时局。访问结束时，他们还向冯玉祥赠送了一套《前进报》。不久，旅莫支部还在东方大学专门为冯玉祥举行欢迎会，冯玉祥在会上发表了讲话。会后，冯玉祥参观了中国学员宿舍，并和学员进行了交谈。

冯玉祥在苏联考察了三个月，会见了各界人士。后来，冯玉祥说："从和这些人的会谈以及我自己对于革命理论与实践的潜心研究和考察的结果，深切地领悟到要想革命成功，非有鲜明的主义与参加为行动中心的党的组织③不可。"④

在东方大学四年的学习工作中，武胡景与侯志建立了深厚的革命情谊。1926年10月，经党组织批准，他们在苏联结为革命伴侣，从此并肩战斗，患难与共。侯志，原名侯玉兰，曾用名马琳、郭张青莲，化名谢亭、侯兰英等，1904年2月出生于山东益都县侯庙村（今青州市黄楼街道办事处侯庙东村）。她的

---

① 冯玉祥：《我的生活（下）》，黑龙江人民出版社1981年版，第461页。
② 肖硕：《冯玉祥和刘伯坚的结缘》，《人物》2000年第9期。
③ 党的组织指国民党组织。
④ 冯玉祥：《我的生活（下）》，黑龙江人民出版社1981年版，第481页。

父亲侯思渥，年轻时在烟台外国人开办的教会学校读英文，毕业后在山东省立邮政局当邮务员，后来任济阳县邮政局局长。她的母亲宋氏是个乡下妇女，因痛感不识字的苦处，克勤克俭，下决心供儿女读书。侯志兄妹五人，均受过教育。侯志8岁开始上学，先后在泰安教会女子小学和益都县仓廒教会女子小学读书。1919年五四运动爆发后，在进步老师的教育下，开始阅读陈独秀、李大钊等人的文章和其他进步读物，积极参加声援五四运动的活动，上街游行，张贴标语，开阔了眼界，思想上有了新的觉悟。这年夏，侯志以优异成绩考取了山东省立济南女子师范学校。1921年，王尽美、邓恩铭等在济南成立了"马克思学说研究会"，与王辩、于佩贞等在女师秘密成立了许多学习小组，经常在一起学习政治、时事，阅读《共产党宣言》《向导》《中国青年》《社会主义浅说》《科学的人生观》《俄罗斯妇女》等革命书刊。1923年，经王尽美、王翔千介绍，侯志加入中国社会主义青年团，积极参与筹备女师建团工作，担任了女师团支部委员。1924年4月转为中共党员，成为山东早期女共产党员之一。1924年，国共实行合作时，孙中山委派王尽美为国民会议特派宣传员，在山东宣传筹备召开国民会议，侯志和王辩、于佩贞等积极响应，发起成立了"山东女界国民会议促成会"，尔后又成立了以女师学生为骨干的统一战线性质的"山东济南妇女学术研究会"。1925年夏，侯志在济南女师毕业后，由中共山东地委推荐，被中共中央派往莫斯科东方大学学习。11月初，乘船由上海开航，在领队杨明斋和周达文的帮助下，先到达海参崴，后乘火车经西伯利亚于11月底到达莫斯科，进入东方大学学习①，俄文名牛莉娜（Нюрина），曾任中共旅莫支部委员。她与武胡景经常在一起谈思想、谈学习、谈理想、谈生活，互相倾慕，终于走到了一起。1927年8月1日，侯志和武胡景的儿子出生。为纪念八一南昌起义这一具有划时代意义的日子，他们为儿子取名"南昌"（1945年末病逝于苏联）。

1927年10月，来自国内斗争一线的300余名中共党员和共青团员进入莫斯科东方大学军事班留学。他们留学的目的更为现实迫切，希望在苏联经过短期培训，学习马列主义理论、学习革命斗争技能和领导军事行动进行武装斗争的经验，归国后学以致用，实现救国图强、民族解放的政治文化理想。此时，东方大学的旅莫支部虽然已经解散，但东方大学的支部局仍由旅欧学员控制，

---

① 栾日盛：《济南留苏十姐妹》，黄河出版社2005年版，第50—52页。

只有支部副书记武胡景来自国内，支部委员会的其他三位负责人刘明俨、黄士嘉、宗锡钧都是留欧学生。[1]前旅莫支部解散以后，学校领导和党组织对学生的学习要求依然没有充分满足，对学生管理过严、纪律苛刻，对课程却不重视，讲课内容粗浅。[2]苏联教员多数对中国革命并不了解，更谈不上深入细致地分析大革命失败的原因和探讨中国未来革命的战略。对此，这些中国学员很不满意，多次提出修改课程的要求。校方对此置若罔闻，毫无作为。

1928年寒假之前，鉴于校方态度消极，在李侠公、朱代杰、鲁易、贺声洋等人的号召下，100余名东方大学中国留学生列队游行，前往共产国际总部进行请愿。联共（布）和共产国际对此事给予高度重视，于1月20日组成东方大学冲突调解委员会，全面调查事件的真相。

此时，中共中央总书记向忠发率中国工农代表团正在苏联访问。1月23日，向忠发致信共产国际执委会，指出东方大学中国留学生示威行动的主要根源是校方没有采纳学员提出的改进教学工作的意见，其原因在于校方的失职，并非某些苏联官员所认为的是由"无政府主义"和"取消主义"导致。向忠发要求马上对东方大学进行整顿，尤其要改革学校的教学内容和课程设置，加强党的领导，改组军事班。在信的结尾，向忠发建议将东方大学中国班并入中山大学，其理由是：可以使"工作人员较为集中、中文教材集中、翻译力量集中、机构更为合理、便于改进工作"。

2月27日，联共（布）中央组织局听取了东方大学冲突调解委员会的报告。委员会认为：东方大学中国部和军政训练班的冲突，不仅是由于学员的原因引起，而且是由于东方大学校方对中国留学生进行党的工作和教学工作中存在的严重缺陷导致；东方大学中国班的学员和研究生中存在一些捣乱分子，企图利用东方大学校方在领导和教学方面的失误来破坏东方大学领导的威信，并意图加强自己在学生中的影响；东方大学党支部未能及时对学生日益增长的不满情绪提出警告，未能充分利用党内教育方式来防止冲突，负有难以推卸的责任。因此，委员会向共产国际执委会建议：解除东方大学党支部书记韦尔特纳的职务，将支部主要负责人武胡景、黄士嘉、宗锡钧、竺廷璋开除，将示威活

① 张泽宇：《留学与革命——20世纪20年代留学苏联热潮研究》，人民出版社2009年版，第249页。

② 孙耀文：《风雨五载——莫斯科中山大学始末》，中央编译出版社1996年版，第182页。

动的主要组织者鲁易、李侠公、朱代杰、贺声洋、马员生开除; 批评东方大学校长舒米亚茨基的失职错误, 责成中央宣传鼓动部和组织分配处加强东方大学中国班的管理。①

向忠发提出的东方大学中国班并入中山大学的建议得到苏方的重视。5月24日, 联 (共) 布中央政治局召开会议, 决定取消东方大学中国部, 将中山大学作为集中培训中国工作人员的基地。由此, 东方大学中国班正式并入中山大学。

1928年春, 中共中央决定调武胡景、侯志回国内工作。为回国后全身心地投入到党的工作中去, 他们商量决定把儿子南昌留在莫斯科。一天, 莫斯科的天空阴沉沉的, 武胡景和妻子侯志抱着儿子, 步履沉重地走进了莫斯科孤儿院, 把儿子留在了这里。谁也不会知道哪天哪日会再见到亲爱的儿子, 武胡景与侯志强忍着与儿子的生离死别, 毅然迈上了归国之路。

四

1928年春, 武胡景、侯志从莫斯科回国到上海, 中共中央分配他们到山东工作。他们回到山东益都县谭家坊子, 辗转与山东省委接上组织关系。5月, 武胡景在省委做学生和职工运动工作。侯志开始在省委机关做秘书工作, 年底任省委妇女部长。

下半年, 国民党反动势力进入山东, 血腥镇压革命运动, 到处捕杀共产党员和进步人士。淄川炭矿南庙工人大罢工后不久, 国民党势力侵入淄博矿区, 与日本帝国主义相互勾结, 残酷镇压矿区的工人运动。一些在革命高潮时期投机入党的不坚定分子, 有的脱党, 有的自首, 给党的活动造成很大困难。淄川矿区的革命斗争趋于低潮, 环境极端恶化, 但党组织克服种种困难, 继续坚持斗争。

一天, 侯志与魏玉新到鲁丰纱厂做女工工作, 不幸被国民党便衣队逮捕, 被关进监狱。因敌人缺乏证据, 经党组织多方营救, 侯志和魏玉新获释出狱。7月, 为了侯志的安全, 山东省委派她到淄张县委工作, 任县委委员。

---

① 张泽宇:《留学与革命——20 世纪 20 年代留学苏联热潮研究》, 人民出版社 2009 年版, 第 251—252 页。

7月，受山东省委派遣，武胡景来到淄川矿区开展工作。8月，为适应新的斗争形势，山东省委决定撤销淄张县委，建立中共淄川特支，武胡景任书记。这时，淄川特支下辖五个支部，共有24名党员。武胡景居住在矿工聚居的南工厂，秘密联系党员和工运积极分子，在极端困难的条件下，坚持斗争。在淄川特支的领导下，淄川炭矿工人革命情绪逐渐高涨，半公开的工会组织发展到会员3000多人，一个月内进行小规模罢工斗争十数起，取得了增加工人工资的胜利。特支还积极发动淄川炭矿工人，准备在8月15日举行第二次大罢工。为加强反对日本帝国主义的侵略和国民党反动派镇压工人运动的宣传，特支还创办了经常性刊物《淄川工人》。8月，团山东省委派高元贵到淄川矿区开展工作，成立了共青团淄川(洪山)矿区支部委员会，高元贵任书记。

9月25日，国民党淄川县政府逮捕了共产党员许吉富、翟作仁、孙发财、李维修等，革命力量遭到严重削弱，罢工斗争未能进行。武胡景离开淄川调到青岛工作后，邓恩铭来到淄博工作，并帮助工人党员车锡贵接任了淄川特支书记，使淄川党组织得到了稳定和发展。11月9日，山东省委在关于党务情形的报告中提到："淄川亦未成立县委。前有伍胡景①负书记，后改由工人同志车希贵负责。大荒地共有五个支部，同志二十一人，以外石谷二人，华坞和西河各一人，(石谷、华坞、西河都是附近的工厂)共二十四②人。党的组织力十分薄弱，惟党在淄川的影响很大，工人都知道有共产党……"③

10月10日，山东省委召开扩大会议，传达讨论党的六大决议，并决定将会议精神迅速传达到各地党组织。武胡景参加了这次会议。10月13日，受省委派遣，武胡景来到青岛，先后两次召开由青岛、即墨党组织负责人和支部书记参加的会议，传达党的六大精神。

随后，山东省委决定派武胡景和侯志去青岛工作，整顿青岛党组织，贯彻省委指示，开展反日斗争。武胡景、侯志到达青岛后，立即在阳谷路38号党的秘密机关召开了负责人会议，传达了党的六大精神和省委的指示，并同王进仁、徐子兴、王景瑞等一起分析了形势和青岛党的工作情况。王景瑞后来回忆

---

① 即武胡景。

② 应为25人。

③ 中央档案馆、山东省档案馆编：《山东革命历史文件汇集》(甲种本第三集)(1928年3月—1928年底)，第310—311页。

说："在阳谷路38号我们的木炭铺里，我第一次同罗玉堂①见面，就是李西山作的介绍，这是难忘的一次相会。"②

武胡景来青岛后，先住济宁路，后住胶州路和聊城路拐角处的中正里。不久，他化名罗玉堂，深入到纱厂开展工作。他发现工人十分痛恨日商资本家，反日情绪极高，而国民党正通过黄色工会利用工人的这种情绪，达到其不可告人的目的。武胡景和其他党员一方面向工人揭露国民党在南方数省疯狂镇压工人运动、残杀共产党人的滔天罪行，揭破其假面具；一方面认真分析形势，向工人说明：目前在革命处于低潮的情况下，采取怠工形式最为合适，既可避免工人失业，又可以在经济上打击日本厂主。工人们十分赞成这一主张，很快便在武胡景等人的领导下展开了怠工斗争。纱厂工人有时故意把清花机弄坏，造成一系列停车；有时趁日本监工不在，开慢车；有时故意使前纺增产后纺减产，造成生产脱节。通过斗争，锻炼了工人，在大康、内外棉、钟渊等厂相继建立了赤色工会。武胡景也和工人们结下了友谊，深受工人们的爱戴。

10月下旬，山东省委决定，由武胡景、王进仁、徐子兴、王景瑞、侯志组成青岛特支，武胡景任书记。此时，"党员共三十八人，计邮工四人，店员五人，机段五人，四方机厂四人，华新纱厂六人，电灯二人，胶澳区内之柳亭及仙家寨新介绍四人，阎家山三人，福山后通讯员一人，东镇一人，在狱三人（负责同志都编入支部）；共支部七个，店、邮、华新各支部都能按期开会，收缴党费，最近码头苦力及近郊亦能成立支部，共计支部七个"③。10月20日，中共即墨支部成立，蓝志政任书记。11月，中共沧口宋哥庄小学支部成立，张静源任书记。

为了广泛组织发动纱厂女工的反日斗争，青岛特支立即成立了青岛妇女运动委员会，武胡景为青岛妇女工作做出了极大努力。当时，纱厂女工在工人中的比重日益增加，女工所受的压迫比男工更大。为广泛地发动妇女参加斗争，武胡景亲自起草关于开展妇女运动的详细纲领，并派侯志专门负责妇运工作。武胡景也时常到女工中去鼓励她们的斗争热情，发动她们进行反侮辱、反迫

---

① 即武胡景。
② 王景瑞：《忆我的革命领路人李西山》，中共青岛市委党史研究室编：《亲历者忆》第一辑，第150页。
③ 中央档案馆、山东省档案馆编：《山东革命历史文件汇集》（甲种本第四集）（1929年1月—1930年6月），第310页。

害、要求改善待遇的斗争。在大康纱厂，他还介绍小魏等女工入了党。党在女工中的影响逐渐扩大，女工们为坚持怠工斗争作出了重要贡献。

武胡景在主持青岛特支工作期间，还大力加强了党的宣传工作，不仅扩大了党刊《红旗》和《青岛工人》的发行量，而且派李宗鲁办起了地下印刷所，出版了许多小报、传单。10月间，国民党青岛当局在胶澳商埠局总办公署（即青岛总督府，今市人大、市政协办公楼），召开学生和商界大会，大搞"双十节"庆祝活动。特支趁机发动宣传攻势，散发传单。王景瑞曾回忆说："青岛医院和钟表楼为一路，由我负责指挥；靠近海岸正前方为一路，由王焕章指挥；石头楼西面湖北路为一路，由王进仁负责指挥。罗玉堂为总指挥。参加围攻的人数至少有20来人。与之相互配合进攻的青大党支部发挥了堡垒作用，在学生中大撒传单。这次宣传仗打得很漂亮，全师胜利而归。"①这天晚上，私立青岛大学党支部又领导学生在山东路（今中山路）交通银行和中国银行门前，冲击了青岛当局组织的提灯会，轰动了全市，从而扩大了党的影响。这期间，武胡景废寝忘食，撰写与制定了大量文章、标语和传单。

11月1日，山东省委制定了《关于职工运动的决议草案》。《草案》提出，要将党的六大精神传达到工人群众中去，发动工人进行日常生活经济斗争来争取群众，正确地运用罢工策略，保障斗争胜利，扩大发展斗争等。武胡景将党的六大精神、《草案》精神有机地结合在一起，在工人中进行广泛宣传。他在分析了革命处于低潮时期的群众情绪后，提出了深入发动群众、积聚革命力量、反对盲目冒险的主张。他还十分重视培养和提拔工人骨干，充实领导力量，使党的组织有了迅速发展。

12月，武胡景在万国储蓄会青岛分会（今馆陶路）主持召开了青岛党的活动分子大会。参加会议的王景瑞后来回忆："不久，他就在青岛万国储蓄会（银行）第一层楼的一间大房里，召开了青岛党的活动分子大会。会场正中悬起鲜艳夺目的斧头镰刀大红旗。会议一直开了一个通宵。"②这次会议传达了党的六大决议案和省委决议案，选举产生了新的市委，王进仁任书记，武胡景任组织部长，徐子兴任宣传部长。委员王景瑞负责纱厂工人运动，委员葛醒农负责

① 王景瑞：《回忆二十年代青岛党组织活动情况》，中共青岛市委党史研究室编：《亲历者忆》第一辑，第300—301页。
② 王景瑞：《回忆二十年代青岛党组织活动情况》，中共青岛市委党史研究室编：《亲历者忆》第一辑，第300页。

小资产阶级运动。此外, 侯志负责妇女运动, 邱莱田负责沧口纱厂工人运动。这时, 市委下设邮局、店员、学生、西镇 (街)、东镇 (街)、大康纱厂、钟渊纱厂、华新纱厂、浮山后村、下庄村、阎家山村、即墨特支、妇女、青岛车站、四方机厂等支部, 共有党员95人。① "总之, 在罗玉堂来到青岛领导工作之后, 贯彻执行了党中央指示精神, 在大胆提拔当地工人干部的原则下, 市委阵容焕然一新, 大大鼓舞了同志们的斗志, 党的组织发展突飞猛进, 出现了青岛党前所未有的活跃局面。" ②1929年1月8日, 山东省委组织部在调查报告中肯定了青岛党的工作, "各重要城区的工作整个说来, 以青岛为最有起色" ③。

五

1928年11月和1929年1月, 曾在山东省委负责组织工作的山东早期党员王复元, 与在省委担任过重要职务的胞兄王天生 (王用章) 相继叛变投敌, 并纠集一小撮叛党分子和被党组织清除出去的渣滓, 成立了 "清共委员会" 和 "捕共队"。1929年1月19日, 他们带领敌人秘密逮捕了省委秘书长何自声、山东学联负责人朱宵、省委机关干部杨一辰, 及当时在济南的淄博地区党组织负责人邓恩铭等10余人。山东省委成立以来遭到第一次大破坏。

1929年2月, 面对危急局势, 山东省委书记卢福坦、组织部部长丁君羊先后来到青岛, 在甘肃路33号 (今35号) 徐子兴家召开省、市委紧急联席会议, 先期到达青岛的省委巡视员刘俊才和青岛市委的武胡景、王进仁、徐子兴、王景瑞等参加了会议。根据中共中央的指示精神, 会议决定: 将王复元、王天生所认识的同志调离山东, 卢福坦、丁君羊、刘俊才等前往上海, 由中央另行分配工作; 对山东各地干部进行了调整。工人部长傅书堂暂时代理省委书记。不久, 傅书堂同巡视员王元昌及王元盛被派往苏联学习, 青岛市委组织部长武胡景到济南临时主持省委工作。青岛市委书记由王景瑞担任。

---

① 中央档案馆、山东省档案馆编:《山东革命历史文件汇集》(甲种本第四集) (1929 年 1 月—1930 年 6 月), 第 26 页, 第 38—39 页。

② 王景瑞:《回忆二十年代青岛党组织活动情况》, 中共青岛市委党史研究室编:《亲历者忆》第一辑, 第 300 页。

③ 中央档案馆、山东省档案馆编:《山东革命历史文件汇集》(甲种本第四集) (1929 年 1 月—1930 年 6 月), 第 26 页。

中共中央接到山东省委因出现叛徒而遭受大破坏的报告后，即作出了解决叛徒是目前山东工作中心问题的指示，并制定了方案，派张英、王昭功等精干人员执行这一任务。

武胡景到达济南后，立即着手恢复省委，整顿组织，加强力量，消灭叛徒。此时，王复元、王天生经常带领"捕共队"到处活动，再次对共产党组织和党员疯狂地进行破坏和捕杀。武胡景不畏艰险，抓紧联络，布置任务。4月2日，他在去一位同志家路经麟祥门时，被王天生带领敌人指捕，被押到南关三元宫。当晚，济南国民党市党部委员、"清共委员会"审讯组组长黄僖棠即对他进行了严刑审讯。武胡景威武不屈，坚不吐实。敌人审来审去，一无所获。

这月初，共青团山东省委机关、中共山东省委机关相继也遭到破坏，新任团省委书记宋占一、宣传部长刘一梦以及省委秘书长蓝志政、秘书张子英等相继被捕。叛徒还从未烧尽的省委文件中发现了中央刚派到山东执行锄奸工作的人员的住址，致使张英、王昭功等12人陆续被捕。中共中央在济南铲除叛徒的计划严重受挫。济南、张店、淄川、潍县、沂水、泰安和鲁北等地党组织也因叛徒的出卖，遭到不同程度的破坏，白色恐怖在全省进一步加剧。张英被捕后，敌人百般利诱、严刑拷打，但他坚贞不屈，不顾身受重伤，想方设法越狱潜回青岛，寻机锄奸。这时的王复元、王天生已知共产党作出锄奸决定，行踪更加诡异。党组织为了掌握他们在青岛的活动，决定派员进行监视。8月16日，党组织根据监视人员的紧急报告，迅即指示张英、王科仁跟踪叛徒王复元，并相机在中山路新泰盛鞋店将其处决。叛徒王复元被处决，消除了叛徒对山东党组织造成的严重破坏，打击了山东反动势力的嚣张气焰，振奋了广大共产党员和革命群众的斗志，使处于极端困境的山东党组织获得了稳定和整顿的机会。

敌人的监狱是革命者的熔炉。共产党人把敌人的监狱变成了与敌人斗争的特殊战场，开展了可歌可泣的斗争。武胡景被捕后，经反动当局数次严刑审讯，被关押在济南省府前街的警察厅拘留所。这时，邓恩铭、武胡景、何自声、杨一辰等根据狱外时局的发展，乘国民党南京政府与日本谈判解决"济案"、日军撤退和国民党接管济南的混乱之机，决定组织越狱行动。接着，他们便分头在狱中进行了鼓动、组织工作。有些在押的直鲁联军军官和绑票、土匪，表示愿意打头阵。4月19日晚7时，与杨一辰同一牢房的直鲁联军军官李殿臣等仓促举事，趁上厕所时击倒看守，夺取枪支，鸣枪发出越狱信号。但由于举事突然，没有统一行动，缺少互相配合，结果只有杨一辰一人脱险。

这次越狱后，邓恩铭、武胡景、何自声、朱霄等人被转押到济南山东省立第一监狱。狱中的生活条件十分恶劣，何自声后来回忆说："自然，我们在半年多的监狱生活，说起苦来更是不可形容。在一方丈大小屋子内住过三十个人，简直不能伸足，完全是人上加人。至于虱子臭虫的利害更是令人毛发悚然。尤其是每日吃的食品是高粱连粗壳作成的黑窝窝头，每人一天六个，小小盐菜一片，开水两碗而已，当不够一饱，更是难于下咽，然而经过我们同志一致集体的精神，各方面的安慰，也就不觉其苦。"①为改善生活条件和政治待遇，邓恩铭、武胡景等发动、领导了两次绝食斗争，都取得了胜利，共产党人在狱中的影响进一步扩大。

根据敌人的动态，邓恩铭、武胡景等立即着手组织第二次越狱。他们吸取了上次越狱的经验教训，决定由邓恩铭、武胡景、何自声、纪子瑞、王永庆组成5人越狱领导小组，将党员按身体强弱状况进行了搭配，还将行动讯号、越狱后的疏散方向作了明确规定，绘制了从各囚室到监狱大门的路线图。

第二次越狱的准备工作秘密、紧张地进行着。邓恩铭、武胡景等利用狱方允许政治犯与家人通信的条件，就越狱斗争同山东党组织进行了联系。山东党组织为策应越狱行动，准备了锯条等工具，通过家属探监的机会秘密带进狱中。武胡景巧妙地利用与家人通信时得到的信封，把厕所中用于清洁的石灰粉，装成一个个小袋，伪装成书信，放于信插，由每个同志以领信为名，悄悄带进牢房，作为越狱时的"特殊武器"。②

正当他们秘密准备之际，传来国民党反动当局对过去已定罪的政治犯重新审判的消息，并且要"轻判重、重判死"。同时，因为何自声是中共中央派来的干部，敌人对他特别重视，准备把他单独提到南京受审。邓恩铭、武胡景、何自声等敏锐地意识到，这是国民党进入山东后对共产党人实行屠杀政策的开始，遂决定立即越狱。

这时，国民党南京政府为了欺骗人民，提倡建立所谓"文明监狱"。7月，司法部派员到山东考察监狱情况。山东高等法院为迎接考察，上上下下连日奔

---

① 讼棍（即何自声，又名何志深）：《我们从反动监狱里自己释放出来了》，中央档案馆、山东省档案馆编：《山东革命历史文件汇集》（乙种本）（1924年—1933年）。

② 张业赏、丁龙嘉：《邓恩铭》，河北人民出版社1997年版，第180页。

跑，疲惫不堪，对犯人的看守比以前也有了松弛。邓恩铭、武胡景等决定趁机于7月21日越狱。

越狱这天恰是星期日。晚饭后，值班看守松松垮垮。邓恩铭、武胡景等分头通知难友们打开手铐，卸下脚镣，系好鞋带，扎紧腰带，带上石灰粉，排好冲出牢房的次序，第一队越狱人员突然从囚室中一涌而出，乘看守开门之际，打倒看守，夺下了第一道门，击钟发出信号。接着，第二、三队越狱人员听到钟声后，迅速行动起来，第二队除控制第二道门外，还夺下了看守警的枪支。这时，雇工出身、身强力壮的王永庆，背起患病体弱的邓恩铭迅速冲出囚室。正当惊慌失措的看守们企图举枪镇压时，第三队越狱人员便用事前准备好的石灰粉、沙土和棍棒，一齐打去。刹那间，石灰飞扬，棍棒四起，狱卒们猝不及防，纷纷抱头鼠窜。一个看守企图重新控制第二道门，阻挡越狱人员的外出之路，身强力壮的刘昭章眼疾手快，迅速冲上去将其打死。那些饱受石灰粉滋味的看守，紧闭双眼，反抗不得。经过一番激烈的搏斗，越狱人员又夺下了监狱的外大门，冲上大街，按原定计划，迅速分路疏散。

当参加越狱的18个人逃离监狱之后，看守们慌了手脚，一面打电话向主子告急，一面纠集人马追捕。

但是，由于大部分越狱人员长期被关押囚禁，身体虚弱，而他们的穿戴又和众人不同，再加上对济南的街道不熟悉，邓恩铭、纪子瑞、朱霄、张福林、王凤岐等11人又被捕回。刘昭章逃离监狱后，在北郊亲戚处隐蔽时被叛徒侦知，也被重新捕回。最终，只有武胡景、何自声、王永庆、李宗鲁、蓝志政、孙秀峰6人脱险。

邓恩铭、武胡景等领导的第二次越狱斗争，震惊了国民党反动当局，第一监狱看守长因"渎职"被枪毙；山东省高等法院受到南京政府的"戒饬"。这次越狱斗争，在全国造成了极大影响，被当时国民党报纸称为"济南巨案"。

武胡景脱险后，在党家庄隐蔽了一天，然后到泰安，由其兄武怀谦护送，乘火车去了安徽蚌埠。随后，又与何自声同赴上海，向中共中央详细汇报了狱中斗争和越狱经过。中共中央对他们的斗争给予了很高的评价和赞扬。八九月间，根据中共中央的派遣，武胡景和侯志（已在6月调到上海任沪西区委秘书长）调到江苏省委组织部工作，任组织干事。①

---

① 据侯志《历史自传》（未刊稿）。

六

1930年1月，中共顺直省委指示，"冀东要加紧组织开展开滦五矿及京奉路的同盟罢工和发动京东等地的游击战争"；对工运，提出了"要以赤色工会的纲领与黄色工会的纲领对抗"和"打倒黄色工会"等口号；在农运方面，提出了坚决反对富农的口号。

"于是在一月初，党中央派关向应和党中央组织干事武湖景①与团中央负责人李子芬三人来到唐山组织总暴动。在一月中旬，关向应召集市委扩大会议，地点在新立街的一个大屋子里，有近二十人参加，其中有袁兰祥、吴桂昌、马老五、杨四等各厂矿的支部书记，我做为团市委书记也参加了这次会议。"②这次会议由市委书记邢予洪主持，关向应布置总暴动。关向应提出由经济斗争走向政治斗争，走向总暴动；并提出了建立"苏维埃"的口号，还说这一总暴动为全国革命高潮的火箭和信号。当时，不少人是拥护总暴动的，但也有的认为总暴动的条件还不成熟。市委书记邢予洪认为，在冀东虽然出现了工农革命斗争高涨的新局面，但总的形势仍是敌强我弱、敌大我小，总暴动的条件尚不成熟，态度犹豫。共青团市委书记尹才一提出反对意见，认为搞总暴动的条件不成熟，组织也不健全，为时过早。但在关向应的主持下，仍通过了总暴动计划，并决定在当时市委已有一定工作基础的晋军驻唐第二一四团中搞兵变；兵变成功后，拉出一部分工人和学生，建立北方红军第九路军，到北部山区去打游击，建立革命根据地。

1月15日，顺直省委决定改组唐山市委，派武胡景任唐山市委书记。③同时，原市委书记邢予洪改任组织部长，吴正庭任市委委员，侯志任市委秘书长。④市委机关设于陈后街即兴里1号，武胡景、侯志也在此居住。同时，市委

---

① 即武胡景。

② 尹才一：《我在唐山工作的回忆》，中共唐山市委党史研究室、中共唐山市委党史资料征集办公室编：《唐山革命史资料汇编》第二辑，第93页。

③ 《中共中央北方局》资料丛书编审委员会编：《中共中央北方局（综合卷）》，中共党史出版社2002年版，第130页。

④ 中共唐山市委组织部、中共唐山市委党史办公室、唐山市档案局编：《中国共产党河北省唐山市组织史资料（1921—1987）》，河北人民出版社1992年版，第64页。

又重组外矿区委，负责领导开滦东三矿和马家沟矿的党组织。

根据顺直省委指示，武胡景深入厂矿，组织工人反对黄色工会，建立赤色工会。邢予洪曾回忆说："武湖景来了以后十几天，南厂①的花红斗争就起来了。当时我分管东三矿的工作，唐山市和南厂斗争由武湖景抓。"②1月13日，南厂党组织根据市委指示，组织2000余名工人在厂门口召开大会，选出30多名代表，组成斗争委员会，向厂方提出发清拖欠工资和年终花红等13项要求。随后，工人在代表的率领下包围了厂长办公楼，迫使厂方于次日发放了拖欠的工资，其他条件48小时后仍未答复。在党组织的领导下，面对国民党和黄色工会的欺压和欺骗，工人毫不屈服，继续坚持斗争，迫使厂方于1月25日发放了年终花红，斗争取得胜利。通过这场斗争，南厂工人进一步看清了国民党黄色工会的反动本质，同时也使党组织得到了发展，党员从十几人增加到30来人。南厂花红斗争胜利不久，市委又成功地领导了瓦缸窑工人反对黄色工会的斗争，在斗争中瓦缸窑也发展了一些党员，由武胡景负责联系。4月19日，国民党保安队和黄色工会相勾结逮捕了赵振邦、赵景隆、刘从旺等三名唐家庄矿工人代表。4月21日，唐家庄矿工人发动了罢工。4月22日，唐山市委和团市委联合发表《敬告五矿工人》的传单，号召成立罢工委员会，实行五矿同盟罢工，以声援唐家庄矿的罢工斗争。同日，五矿工人赤色工会还向唐山矿工发出号召书，要求举行罢工示威，以纪念红色的"五一"节。最终，唐家庄矿罢工被镇压，但群众反黄色工会的斗争情绪一天比一天高涨起来。

武胡景在主持唐山市委工作期间，把主要精力放在加强党的建设上。他善于团结同志，大胆使用干部，强调在斗争中培养和发展党员。在他的领导下，到1930年4月，唐山市建立和健全了七个党支部和一个区委，党团员达到200多人。

中共中央指示要搞唐山兵变后，即派顺直省军委书记张兆丰和军委成员薄一波、谷雄一来到唐山部署和指挥兵变，唐山市委紧密配合。驻唐山晋军是李生达部之段树华师所属二一四团，中共在二一四团的工作虽然有所发展，但是发动兵变的条件并不具备。省委书记张金刃却认为条件已经完全成熟，决定要发动兵变。

唐山兵变任务确定下来后，张兆丰、谷雄一和薄一波一起对兵变计划进

---

① 即唐山制造厂，今为中国北车集团唐山机车车辆厂。

② 邢予洪：《一九二五至一九三○年唐山形势和党的工作》，中共唐山市委党史研究室、中共唐山市委党史资料征集办公室编：《唐山革命史资料汇编》第一辑，第32页。

行了具体的研究部署。2月中旬,顺直省委特派员叶善枝到丰润车轴山中学,动员30多名党员到驻唐晋军中去做宣传工作,配合兵变。2月下旬,吴巨江、张德鹏、刘崇善、陈云祥等九名车轴山中学学生随叶善枝来到唐山。吴巨江后来回忆说:"来唐山住下后,我们就找市委。当天,团市委书记小吴(吴正庭)首先来问候了我们,没传达什么指示。小吴来的第二天,市委书记老吴(吴化之①)就召集我们开会,地点在距鸿兴煤局不远的一片槐树林子里边。"②武胡景给同学们讲了兵变问题后,又安排了两个任务:一是用粉笔四处写标语;二是找苦力、车夫进行宣传。

作为唐山兵变主要领导人之一的薄一波后来回忆说:"3月3日下午,张兆丰、谷雄一和我,还有当时的唐山市委书记武湖景、二一四团地下党员李志敏、李波等,召开了最后一次碰头会,决定次日凌晨3时发动兵变,利用火车进站汽笛响过后,鸣枪三声为兵变信号,并以'红军'、'兵变'为内部信号。我还和李志敏、李波谈了兵变开始后,怎样把队伍拉出去等问题。可以说一切都'准备好了'。"③

兵变部署下去后,由于团部通讯排的一个地下党员泄露信息,被敌人察觉,在全市立即实行戒严,进行搜捕。结果,晋军中两名暴露身份的党员、车轴山中学来的两名学生和一名工友被捕,兵变失败。随后,晋军驻唐山部队召开全团大会,处决了被捕的两名参与兵变的共产党员,并到处搜捕可疑分子,造成唐山一时白色恐怖。丰润县教育局长和车轴山中学校长被撤职,学生党员宋敏之、李学行被通缉,20余名进步学生被开除,刚刚建立起来的车轴山中学党组织被破坏;工人暴动也未发动起来,给唐山党组织的活动造成了困难局面。

3月间,顺直省委决定丰润县党的工作由唐山市委领导。来冀东的省委特派员吕职人协同市委书记武胡景、工人党员陈贵生到丰润县四户小学开会,决定成立中共丰润县委,由陈贵生任县委书记,甄善之为组织委员,吕职人暂兼宣传委员。④丰润县委隶属于唐山市委。

---

① 即武胡景。

② 吴巨江:《车轴山中学党组织与唐山兵变》,中共唐山市委党史研究室、中共唐山市委党史资料征集办公室编:《唐山革命史资料汇编》第二辑,第101页。

③ 薄一波:《七十年奋斗与思考》上卷《战争岁月》,中共党史出版社1996年版,第86页。

④ 《冀东革命史》编写组:《冀东革命史大事记(1919—1949)》,河北人民出版社1988年版,第60—61页。

唐山兵变失败和总暴动计划流产后，"左"倾冒险主义的错误并未停止。4月初，顺直省委根据中共中央关于成立"五一"行动委员会的通告，先后派张金刃、张昆弟来唐山组织五一示威，并计划通过示威转为暴动。由于国民党当局防备严密等原因，进行了一些分散的集会。此后，在"五三"、"五四"、"五五"、"五九"、"五卅"等日，有少数党团员搞了"飞行集会"，喊出了"打倒国民党"、"建立苏维埃"、"共产党万岁"等口号，结果暴露了自己，导致党组织和工作遭受较大损失。

1930年6月11日，中共中央政治局会议通过由李立三起草的《目前政治任务的决议》，即《新的革命高潮与一省或几省首先胜利》。至此，李立三"左"倾冒险错误在中共中央取得了统治地位。李立三等制定了以武汉为中心的全国中心城市起义和集中全国红军攻打中心城市的冒险计划。李立三"左"倾冒险错误使党和革命事业遭到严重损失。6月29日，中共顺直省委发出第五号通告，决定按照中共中央指示，在7月16日组织反军阀战争与拥护苏维埃区域代表大会的示威运动，要求各地组织反军阀战争委员会，召开群众大会或代表会议，采取公开的群众路线，扩大反军阀战争与拥护苏维埃的宣传。通告还要求唐山，在最短时间内实现铁路和五矿的同盟罢工。接到通知后，唐山市委几次召集市委会议进行研究，确定了示威的总指挥，并召集各支部会议进行了部署。①7月，为执行省委举行武装起义的指示，市委增设军委和工运委员，全市党、团、工会领导机构合并为唐山行动委员会（简称唐山行委），由市委书记武胡景总负责。②唐山行委建立后，首先组织"七一六"示威，计划由示威转为暴动。7月16日，因大部分参加示威的人员未按时到达指定地点，总指挥见人未到齐，未发信号，先到人员即行散去，因此示威未能如期举行。当晚，只有八名党、团员在唐山制造厂门外举行了飞行集会；赵各庄也举行了飞行集会。"七一六"行动后，唐山市委书记武胡景被调到天津工作，由王雅堂③接任市委书记。7月18日，顺直省委又布置在唐山制造厂、赵各庄矿搞政治罢工转为暴动，因军警戒备森严未能实现。

---

① 中共唐山市委党史研究室编：《唐山革命史大事记（1919—1948）》，天津人民出版社1996年版，第92页。

② 中共唐山市委组织部、中共唐山市委党史办公室、唐山市档案局编：《中国共产党河北省唐山市组织史资料（1921—1987）》，河北人民出版社1992年版，第63页。

③ 即王进仁。

7月18日，顺直省委在天津召开平津唐三市工作联席会，省委书记贺昌主持会议。会议总结了"七一六"反战示威运动经验，布置了"八一"工作。武胡景参加了这次会议，介绍了唐山行委开会总结"七一六"示威的情况，总结了唐山"七一六"示威的经验和缺点。

在唐山工作期间，武胡景、侯志的大女儿侯苓出生。侯苓出生后，被寄养在共产党员马云清家。马云清的夫人史文华曾这样回忆，"四岁的女儿成天不离我，为了让侯志尽心尽意地工作，我又把她刚生下两个月零十八天的女孩小侯苓抱来喂养。从此以后，小侯苓就随我的大女儿'带弟'改名叫'二弟'了"①，"到当年八月，武湖景、侯志二人奉调离开唐山到天津工作，由王雅堂接任市委书记。临别时，侯志把小侯苓托付给我继续照看着"②，"那时二弟还跟着我，直到一九三五年七月她妈侯志去苏联任职时才离开，这个孩子整整跟了我六年"③。这时，侯苓又被送往上海。当时，侯志的弟弟侯孝昌正在上海体育学院上学，武胡景夫妇把侯苓委托侯孝昌带回山东青州家中抚养。从此以后，侯苓再也未见过父亲武胡景。

8月，顺直省委决定武胡景任天津市委书记，侯志任秘书长，市委下设纺织、胶皮和码头、邮电、铁路、军队五个系统的行委会。段瑞任纺织行委书记，刘汉生任胶皮码头行委书记，肖宏任邮电行委书记。不久，武胡景调省委工作，市委工作暂由段端代理。④8月下旬，武胡景任北方局⑤委员。⑥

8月初至中旬，李立三等在整个党的组织需要军事化的口号下，成立中央总行动委员会，作为领导武装暴动的最高指挥机关；把共产党、共青团和工会

---

① 史文华：《回忆早年革命活动和马云清烈士》，中共唐山市委党史办公室编：《唐山革命史资料汇编》第三辑，第72页。

② 史文华：《回忆早年革命活动和马云清烈士》，中共唐山市委党史办公室编：《唐山革命史资料汇编》第三辑，第72页。

③ 史文华：《回忆早年革命活动和马云清烈士》，中共唐山市委党史办公室编：《唐山革命史资料汇编》第三辑，第77页。

④ 中共天津市委党史研究室编：《中国共产党天津历史大事记（1919—2010）》，中央文献出版社2011年版，第72页。

⑤ 1930年8月3日，中共中央决定在中共顺直省委的基础上重新组建北方局，由贺昌、温裕成、余泽鸿、吴正廷、张昆弟5人组成，贺昌任书记；同时成立了北方局行动委员会，书记由贺昌、温裕成、余泽鸿3人组成。

⑥ 《中共中央北方局》资料丛书编审委员会编：《中共中央北方局》土地革命战争时期卷（上册），中共党史出版社2000年版，第12页。

等的各级领导机关合并为各级行动委员会，停止党、团、工会的正常活动；进一步提出准备发动武汉暴动、南京暴动、上海总同盟罢工，在武汉成立中央苏维埃政府和全国暴动的详细计划；提出"苏联必须积极准备战争"，西伯利亚的数十万中国工人应迅速武装，"准备与日本帝国主义的作战"；提出蒙古在中国暴动胜利时，也应大批出兵进攻中国北方的反动派。李立三等人号召全党"要勇敢，勇敢，再勇敢的前进"。至此，李立三"左"倾冒险错误发展到顶点。

9月下旬，中共中央在上海麦特赫斯脱路 (今泰兴路) 召开扩大的六届三中全会，到会的有中央委员14人、中央审查委员2人，其他代表20人。会议由瞿秋白、周恩来主持。会议接受共产国际七八月间关于中国问题的一系列决议，通过《关于政治状况和党的总任务议决案》《对于中央政治局报告的决议》等，并改选了中央政治局。决议指出，"党的组织军事化"的口号和成立各级行动委员会是错误的，应立即恢复党、共青团、工会的组织和日常工作。李立三在会上作了自我批评，承认错误，接着便离开了中央领导岗位。这样，就结束了作为"立三路线"主要特征的那些错误。

10月10日，北方局召开扩大会议，贯彻中共六届三中全会精神，纠正李立三"左"倾错误。会议总结了推行"左"倾错误的教训，指出党的工作中存在的缺点，明确了北方党的任务和策略，停止各地武装起义，取消各级行动委员会，恢复党、团、工会组织，并转入经常性工作。武胡景参加了这次会议。会后，他主持召开天津市委会议，传达三中全会精神和北方局指示，并决定撤销天津行动委员会，恢复天津党、团、工会的组织和日常工作。

七

1931年1月7日，中共中央在上海武定路修德坊6号 (今武定路930弄14号) 召开六届四中全会。参加会议的有中央委员和候补中央委员22人，列席会议的有江南省委、北方局、团中央、全总党团等单位的代表15人。全会以批判三中全会的所谓对于"立三路线"的"调和主义"为宗旨，强调反对"党内目前主要危险"的"右倾"，决定"改造充实各级领导机关"。瞿秋白、周恩来等受到严厉指责。王明在米夫的支持下，不仅被补选为中央委员，而且成为中央政治局委员。这次全会实际上批准了王明"左"倾冒险主义的纲领。从这时起，以教条主义为特征的王明"左"倾错误在党中央开始长达四年的统治。党的六届四中全会后,受中共中央委派,张应龙(后被捕叛变)和武胡景赴满洲省委传达全会精神,整顿党组织。武胡景于1931年2月至11月担任满洲省委委员。①

党的六届四中全会召开后,罗章龙等即进行反对四中全会的活动,但罗章龙等不是站在正确的立场上反对四中全会,而是在反对四中全会的名义下企图分裂党。他们擅自成立"中央非常委员会"(即"第二中央")、江苏"第二省委"、上海闸北和沪中"第二区委"、"第二工会党团",还派人到顺直、香港、满洲等地进行成立"第二党"的分裂活动。对此,中共中央曾给予多次警告和批评,指令他们立即停止分裂活动。在这种情况下,一部分人被挽救过来,但罗章龙等却置若罔闻,在分裂党的道路上越走越远。这是党的纪律所不允许的。1月27日,中央政治局通过《关于开除罗章龙中央委员及党籍的决议案》,并随即付诸实施。当时,北满临时特委书记唐宏经也参与了罗章龙的分裂小团体活动。1月下旬,唐宏经受罗章龙指派回到满洲省委,与其同时到达的还有徐文雅和韩玉荣。满洲省委负责人何成湘、刘昆向他们指出其活动是分裂党、破坏党的非组织活动,并拒绝与他们发生组织关系,拒绝他们参加党的会议要求。对此,1月31日满洲省委给各地党组织发出通知,"凡未经省委正式介绍的同志,各级党部绝不能与他发生组织关系","凡到各级党部活动以小组织的关系号召各级党部作反国际反中央反省委的一切同志,各地党部不但不能与他发生任何组织关系,并且要严厉禁止他们在党内一切活动,同时立即报告省委"②。2月1日,满洲省委召开第二十四次常委会,讨论满洲党内斗争问题,一致认为唐宏经等人的做法是分裂党、破坏党的非组织活动,必须与其作坚决的斗争。会议还决定派武胡景、贺昌炽、侯志等赴哈尔滨,制止和纠正罗章龙在北满的代理人唐宏经分裂党的活动,改组北满特委,并任命武胡景为北满特委书记兼哈尔滨市委书记。

2月7日,唐宏经等人回到哈尔滨,他们利用原来的领导关系,强行参加中共北满特委会议,抢占特委机关,蒙蔽了一些不明真相的党团员。他们拒绝与北满临时特委代理书记陈德森等人一起工作,非法成立第二中共北满特委(以

---

① 中共中央组织部、中共中央党史研究室、中央档案馆编:《中国共产党组织史资料》第二卷(下),中共党史出版社2000年版,第2018页。

② 中央档案馆、辽宁省档案馆、吉林省档案馆、黑龙江省档案馆编:《东北地区革命历史文件汇集》甲7,第59页。

下简称"第二特委")、第二共青团北满特委,分裂党组织,造成极坏的影响。

2月9日,满洲省委作出《接受四中全会的决议》,决定坚决接受共产国际路线和四中全会的决议,反对目前尚未肃清的"立三路线"和非组织活动。

武胡景、贺昌炽、侯志等到达哈尔滨后,立即根据满洲省委的决定,改组北满特委,武胡景任特委书记,陈德森任组织委员,贺昌炽任宣传委员,侯志任妇女委员,共青团满洲省委临时特派员韩光任共青团北满特委书记。此时,北满特委管辖哈尔滨及中东铁路沿线和北满地区的党组织,有党员244人,其中哈尔滨市有5个支部,37名党员。①但唐宏经等人仍然坚持错误立场,拒绝向以武胡景为首的北满特委交出组织关系。武胡景初来乍到,人地两生,在陈德森的帮助下,一面通过思想教育工作,争取已陷入小集团的党团员,一面向唐宏经小集团进行坚决的斗争。2月21日,满洲省委派刘昆到哈尔滨巡视工作并解决唐宏经等人的问题。2月23日,刘昆主持召开北满特委扩大会议,传达党的六届四中全会精神,揭露了唐宏经等人的欺骗和分裂党的非组织活动。同时,会议决定全体党员立即到基层党团支部中去,向广大党团员揭露唐宏经的错误和欺骗行为,开展积极的思想斗争,使其彻底孤立。3月1日,满洲省委开除了唐宏经党籍。

唐宏经虽然被开除党籍,但他成立的"第二特委",新北满特委并没有掌握。而在东北商船学校②任教的共产党员冯仲云知道这个情况。"第二特委"负责人傅天飞是东北商船学校的学生,组织部长王文龙他也认识。在党的关系转到北满特委之前,"第二特委"曾动员冯仲云加入,被冯仲云拒绝。5月,党的关系转到北满特委后,冯仲云向党组织作了报告。由他安排,武胡景和王文龙在他家作了一次长谈。王文龙等人并不清楚全局的情况,经武胡景指明后承认了错误,表示愿意解散"第二特委",交出掌握的组织关系。③在满洲省委的领导下,经过两个多月的努力,北满特委把受蒙蔽的党员一个一个争取过来。至此,北满党的组织重获统一,在新的北满特委领导下,重新开展工作。

---

① 中共哈尔滨市委党史研究室编:《中共哈尔滨党史大事本末》,黑龙江人民出版社1993年版,第149页。

② 东北商船学校于1927年由东北航警处处长沈鸿烈在哈尔滨松花江畔(今航务街4号)创办。该校是青岛海军学校分校,以"造就海军将校"为宗旨。校内设驾驶、轮机、测量班,学生只有190多名。1932年,哈尔滨沦陷后学校停办。

③ 赵亮、纪松:《冯仲云传》,中央文献出版社2008年版,第25页。

随后, 武胡景和北满特委将工作重点转入发展党团员, 整顿、健全基层组织和党的外围组织, 开展反日爱国运动。武胡景同特委成员分工负责, 深入基层, 在中长路、船厂、平民女子工厂、老巴夺烟草公司以及女子商店、皮鞋厂和军队中发展党员, 建立和整顿党的支部和小组; 在海员、洋车夫和电车、皮鞋、砖瓦工人中建立工会和工会小组。北满妇女委员会在侯志的领导下, 很快便在平民女子工厂、女子商店、老巴夺烟草公司等处展开工作, 领导了一系列反对殴打、开除工人, 要求提高生活待遇, 成立工会等罢工斗争。在侯志的具体指导下, 平民女子工厂女工刘桂清开始组织女工们向资本家展开斗争, 在工人中散发传单, 并组织了 "打狗队", 对工人中的内奸分子进行打击。1931年秋, 侯志发展刘桂清加入共产党, 由刘桂清直接领导平民女子工厂的女工斗争。刘桂清回忆当年入党的情形时说: "那是在1931年秋天的一个黄昏, 侯大姐将我约到上号小公园里, 对我说 '雅芝同志 (我在工厂时叫的名字), 党组织同意你的请求, 批准你入党, 从今天起你就是一个光荣的共产主义战士。' 我听了之后, 心跳动得非常厉害, 激动得流下了眼泪, 深深感到像我这样一个穷苦、幼稚的女孩子, 也能为革命做事, 都是党的培养教育。我暗暗下定决心, 要为党的事业战斗一辈子。"① 经过几次斗争, 女工的觉悟有很大的提高, 一些积极分子都有参加共产党组织的强烈要求, 经过党组织研究, 第一批刘桂清介绍何静珍、薛桂花、赵百椿参加了党组织。1931年末, 平民女子工厂建立起第一个党支部, 刘桂清任书记, 壮大了平民女子工厂的力量。② 尔后, 还在这个厂成立了具有工会性质的姊妹团。这期间, 武胡景在安达、哈尔滨东省特别区警备总队、呼兰、呼海铁路等地做了大量艰苦的建立党组织和发展党团员的工作。根据北满特委决定, 冯仲云以东北商船学校为基础, 发展了20多名党员, 建立了中共江北区委, 并任宣传部长。到1931年末, 北满特委组成宁安、汤原、饶河三个中心县委和珠河、阿城、青冈、庆城四个直属省委的特支,③ 还在哈尔滨市建立一个区委和七个支部。1932年1月27日, 满洲

① 刘桂清:《党领导平民女子工厂的斗争》, 中共哈尔滨市委党史工作委员会编:《哈尔滨党史资料》第一辑, 第141页。

② 刘桂清:《党领导平民女子工厂的斗争》, 中共哈尔滨市委党史工作委员会编:《哈尔滨党史资料》第一辑, 第142—143页。

③ 中共中央组织部、中共中央党史研究室、中央档案馆编:《中国共产党组织资料》第二卷 (下), 中共党史出版社 2000 年版, 第 2088 页。

省委在给中央的《满洲工作近况》的报告中指出，哈尔滨市有党员113人，团员60人，工会会员142厂。①

这时期，在武胡景和北满特委的领导下，工人运动此起彼伏，规模和影响比较大的有电车工人罢工斗争。这年8月17日，哈尔滨电车工人因让一名东省特别区行政长官公署官吏上车买票，遭到辱骂和毒打。为此，全体电车工人举行罢工，向电业局提出六项要求条件：(1) 组织工会，一切事情由工会解决；(2) 严惩打人凶手；(3) 东省特别区行政长官公署人员不得享受免费特权；(4) 受伤工人医药费应由肇事者负担，担保以后绝对不再发生同样事件；(5) 以后工友有事情直接与电业局讲话，不经其他任何人；(6) 不准开除工人代表。起初，电业局勾结特别区警察总管理处和陆军司令部，企图以武力威胁，强迫工人复工。并且派了许多武装警察包围电车总厂，但是工友们毫不畏惧，坚持罢工。电业局见威逼没有效力，马上改用欺骗收买的方法，派职员到电车总厂去给工友说好话，暗中收买落后工友，但170多名工友中仅有20人愿意复工。直到8月20日晚上，电业局被迫同意工人提出的条件，工人才全部复工。哈尔滨总工会于8月25日向中华全国总工会提出《关于哈尔滨电车工人最近斗争情况的报告》，认为这次斗争史带有浓厚政治色彩与反抗性质的罢工斗争。

9月18日深夜，根据不平等条约驻扎在中国东北的日本关东军，向中国军队驻地北大营和沈阳城发动了进攻。四个多月内，辽宁、吉林、黑龙江三省全部沦陷，东北人民陷入亡国惨痛之中。九一八事变爆发后，中国共产党在极其困难的条件下，以民族利益为重，站在东北民众抗日斗争的最前列，立即向全国和东北人民发出多次抗日宣传和号召。中共满洲省委在事变的第二天，召开紧急会议，并于9月19日、20日分别发表了《为日本帝国主义武装占领满洲宣言》和《为日本帝国主义武力占领满洲告全满洲朝鲜工人农民学生及劳苦群众书》；21日又发表了《日本帝国主义武装占领满洲与目前党的紧急任务的决议》。满洲省委这些文件揭露了日本帝国主义侵略东北的罪行，要求"各地党组织必须积极的坚决的号召群众罢工、罢课、罢市和示威，组织部署示威"，"群众亦可能出版小报标语，组织宣传队贴标语等"。

---

① 中共哈尔滨市委党史研究室编：《中共哈尔滨党史大事记（1919.5—1990.12）》，黑龙江人民出版社1991年版，第62页。

这时, 中央政治局候补委员、中华全国总工会代理委员长、党团书记罗登贤正在东北考察工作, 他与满洲省委的同志一起分析了九一八事变的性质, 提出了抗日斗争的具体措施。为了深入开展抗日斗争, 罗登贤来到北满巡视指导工作, 在哈尔滨江北红毛子村 (牛甸子) 冯仲云家召集了北满党的负责干部会议。武胡景参加了这次会议。会上, 罗登贤分析了当时的形势, 坚定地对同志们说: "蒋介石国民党以不抵抗政策出卖了东北, 使全东北同胞丧失了祖国, 成了日寇的奴隶。我们共产党人一定要与东北人民同患难, 共生死, 争取东北人民不被蹂躏。我们共产党人就在这里和东北人民一起抗日。" 他庄严声明: "不驱逐日寇, 党内任何同志不能提出离开东北的要求。谁如果提出这样的要求, 那就是恐惧动摇分子, 就不是中国共产党员! " 这些刚毅有力的话语, 坚定了共产党人为解放东北奋斗到底的决心。

日本帝国主义的野蛮侵略, 激起了哈尔滨人民的无比仇恨。哈尔滨人民眼看大片国土迅速沦丧, 国民党政府一味退让, 无不痛心疾首, 义愤填膺。国难当头, 匹夫有责。在中国共产党的号召和影响下, 哈尔滨人民很快掀起了群众性的抗日救亡运动。从九一八事变那天起, 哈尔滨人民就展开了不屈不挠的反日斗争。9月21日, 北满特委、哈尔滨市委在道外十六道街一个小楼上秘密召开紧急会议。北满特委书记兼哈尔滨市委书记武胡景、宣传部长贺昌炽和赵尚志、何成湘等参加了会议。武胡景传达了中共中央和满洲省委的指示, 并指出共产党要带领东北人民, 保卫东北, 驱逐日本出东北。会议号召各界人士举行罢工、罢课、罢市, 并决定9月26日 (中秋节) 全市举行反日示威游行。

会后, 武胡景、贺昌炽等市委领导分别到三十六棚铁路工厂、码头、船厂、商店、哈工大、法政大学、医专等处, 与那里的党组织负责人研究抗日救国运动, 部署全市反日示威游行工作。并且通过报刊、传单、标语、漫画等多种形式, 呼吁民众立即行动起来, 参加抗日救国斗争。当时, 每天都有反日演讲、集会, 在工厂、学校经常可以听到武胡景讲演的声音。

根据哈尔滨市委的指示, 哈尔滨市总工会发表了《告哈尔滨全体工友书》, 号召工人罢工, 参加示威游行, 反对日本帝国主义侵略满洲。哈尔滨反日会、总工会等群众组织, 在道外正阳街 (今靖宇街) 集会讲演、散发传单。一些大中学生举行了游行示威, 开展抗日宣传, 要求国民党政府停止内战, 一致对外, 武装民众, 出兵抗日。9月24日, 在道外江边进行了长时间讲演和飞行集会。北满特委散发了大批传单, 号召市民、学生、工人在中秋节晚上, 参加全市游行示威。哈尔滨的广大党员、团员、反日会员,纷纷走上街头讲演、撒传单、贴标语,动员全市各界人民积极参加反日大示威。9月25日,在道外景阳街、道里石头道街同发隆广场,同时举行飞行集会,进行反日宣传,号召广大市民参加反日示威活动。他们还在顾乡屯召开有农民参加的反日集会,会上不断高呼"打倒日本帝国主义"、"打倒军阀卖国贼"、"反对日本帝国主义占领满洲"等口号。当时,为参加反日示威活动,大部分工厂停工停产。码头工人说:"日本人都打到我们家门口了,现在我们还做什么工?"许多工友寻找党组织要求参加武装抗日。一些士兵和警察对不抵抗政策非常气愤,驻哈尔滨军队第二七三团的士兵还举行了罢操,他们说:"日本人欺负我们,长官不让我们抵抗,现在还下什么操?"大中学校的学生大部分都罢了课,哈工大、法政大学、扶轮学校、医专、一中、二中、三中等学校的学生和工人、反日会员、店员纷纷组织宣传队,走上街头,发表演说,散发抗日宣传品,号召广大市民参加抗日斗争。哈尔滨人民在市委的领导下,反抗日本侵略者的示威活动一浪高过一浪。

9月26日,反日示威活动达到了高潮。这天,在武胡景和哈尔滨市委的领导下,铁路、船厂、电业、码头、印刷、烟厂、皮鞋业等工人和店员,哈工大、法政大学、扶轮学校、医专、一中、二中、三中等学校学生、党团员、反日会员及市民,从四面八方涌向正阳街,举行了盛大的反对日本帝国主义占领满洲大示威。人们排起整齐的队伍,高举"哈尔滨反日大示威"、"反对日本帝国主义占领满洲"、"把日本帝国主义从满洲赶出去"、"打倒日本帝国主义"等标语牌走在大街上,歌声、口号声此起彼伏,激昂慷慨,震撼着街市上空,震撼着千万颗爱国人的心。街道两边站满了人群,他们被这样的场面所感动,有许多群众也加入了游行队伍,越往前走,跟随的群众越多。参加游行的群众每人手持"保卫家乡! 保卫东北! "、"驱逐日寇! 收复失地! "、"团结抗日,惩办卖国贼! "等口号的旗帜。有人还把南宋名将岳飞的《满江红》改写成抗日新词,在游行示威时高声歌唱:

其一:怒发冲冠,不抵抗,束手待劫。可恨哪,奸臣走狗,求荣卖国。甲午耻,犹未雪,今日恨,何时灭。侵略者迫害我民族,国家破。烈火燃,不可遏,灭国贼,除邪恶,驱铁蹄踏平三岛夷穴! 壮士饥餐倭奴肉,笑谈渴饮倭奴血! 杀尽帝国主义者,普天贺。

其二: 国破家亡, 民族恨, 不共戴天。掀起呀, 反帝巨浪, 革命狂澜。武装工农千百万, 战斗白山黑水间。尚有一息站得住, 决死战。杀日寇, 除汉奸, 保疆土, 斗敌顽, 男女老幼齐上前线。铁血冲开自由路, 奋勇打破胜利关。建设中华苏维埃, 死无憾!

游行队伍一步步走着, 声声呐喊像一股势不可挡的潮水。武胡景、贺昌炽等市委领导也参加了这次示威游行, 他们不时走出队伍向群众讲演, 揭露日本帝国主义的侵略罪行, 呼吁广大市民团结起来共同抗日。他们走在游行群众中间, 热血沸腾, 浑身充满了力量; 他们走在游行队伍的前头, 只觉得每一步路, 每一声喊, 都使大家更加接近光明。这一天, 哈尔滨许多学校罢课, 工厂罢工, 商店罢市。

连续三天, 北满特委与哈尔滨市委领导人民在道外江沿、景阳街、正阳街、道里同发隆搞飞行集会。"这是哈尔滨以前所没有的示威运动, 当群众游行时, 警察便开始驱散游行示威队伍, 殴伤工人、学生, 与示威群众发生冲突, 并逮捕了5人。"①警察的暴行, 激怒了市民, 他们采取不同方式, 向当局抗议。

事后, 中共北满特委主编的《哈尔滨通讯》发表署名文章《日本帝国主义占领满洲后哈尔滨群众的示威运动》, 对9月21日至26日哈尔滨各界群众反日示威的经过作了详细介绍和评论: 在帝国主义这样严重的进攻、国民党空前无耻的投降的形势下, 这次行动确实给了日本帝国主义和国民党一个有力的回答。这在群众面前证明, 只有把广大群众的力量团结起来, 进行罢工、罢课、罢市、游行示威, 才能打击帝国主义的进攻, 只有推翻国民党的统治, 建立苏维埃政权, 才能彻底打倒帝国主义, 只有在共产党的领导下, 才能掀起群众的反帝运动新高潮, 红军才能更加发展并取得胜利, 才能赶走日本帝国主义, 直到取得全国政权。此次示威的规模和广泛影响, 显示了哈尔滨各界抗日救国的决心, 标志着哈尔滨人民抗日救国运动高潮的到来。此后, 抗日救亡组织纷纷建立, 抗日救亡运动进一步广泛发展。

北满特委极其重视宣传舆论工作。1931年2月, 北满特委领导的反帝大同盟散发了《为二七纪念告东铁工友》《为二七纪念宣言》等几十种传单。3月,

① 中央档案馆、辽宁省档案馆、吉林省档案馆、黑龙江省档案馆编:《东北地区革命历史文件汇集》甲32, 第458页。

散发了《为朝鲜"三一"运动纪念告北满中朝被压迫群众》等传单。5月，北满特委领导哈尔滨总工会创办《工人事情》(周刊)，6月创办《组织者》(周刊)。①8月15日，根据满洲省委"关于在哈尔滨出版党报"的指示，武胡景、贺昌炽积极筹备，在道外区正阳街路南十六道街创办了《哈尔滨新报》。这是中共哈尔滨地下组织创办的一家公开报纸，它以民办报纸的面貌出现，及时地向广大读者宣传中国共产党的政治主张，反对蒋介石的"不抵抗"政策，呼吁各界人民群众团结抗战，反对日本帝国主义侵占中国。报社社长吴雅泉(又名吴嘉声、吴致祥)系进步人士。总编辑安希伯(又名安贫、安永禄、何安仁)，编辑宋伯翔、何语竹(曾用名何凤鸣、何耿先)，校对员关子文(又名关君陶)、方石真，皆为中共党员。以后，中共党员王铸(又名王鼎三)也到报社任编辑。当时，《哈尔滨新报》为一个党支部，安希伯任书记。11月，安希伯调走后，武胡景兼任报社支部书记。②为了扩大党的影响，《哈尔滨新报》还在呼兰设立了分社。哈尔滨新报社也是党的一个活动场所，北满特委、哈尔滨市委经常在这里开会，研究如何开展抗日斗争工作。九一八事变后，赵尚志曾和金伯阳等在这里开会，商议成立由共产党领导的新闻通讯社等事宜。武胡景、贺昌炽等也时常到报社指导工作，并亲自为报纸撰写了一些重要文章、社论。《哈尔滨新报》是市委领导出版的一份公开报纸，革命政治倾向比较突出，及时报道抗日战争的消息，揭露国民党政府的不抵抗政策。九一八事变第二天，哈埠其他报纸尚未出版，《哈尔滨新报》就抢先发表了号外，标题为《奉天亦非我所有!》。《哈尔滨新报》还经常报道中共军队活动情况。1932年元旦，《哈尔滨新报》发表了《新年致辞》，宣传中国共产党的抗日救亡主张及全民抗战决心。《哈尔滨新报》副刊《新潮》也是中国共产党团结广大进步文艺工作者，进行反帝反封建斗争的一个重要宣传阵地，具有革命特色。副刊《新潮》联了很多进步青年文艺工作者，他们在敌人严酷统治下，冒着生命危险，利用敌伪及其他民办的报刊，进行隐晦曲折的抗日宣传，用正义、热血和生命写下了许多斗争诗篇。《哈尔滨新报》实际上已经成为了北满特委的机关报。《哈尔滨新报》围绕党的中心工作，突出反映工人、市民、学生的进步

---

① 《中共北满特委兼哈尔滨市委书记武胡景的传奇人生》，《世纪桥》2009年第11期。

② 中共哈尔滨市委党史研究室编:《中共哈尔滨党史大事本末》，黑龙江人民出版社1993年版，第125页。

思想, 积极宣传共产党的政治主张, 揭露国民党的不抵抗政策和日本帝国主义的侵略罪行。报纸除刊登国内国际实时消息外, 还在副刊《新潮》上发表具有反帝爱国进步思想的作品, 以致《国际协报》载文称 "《哈尔滨新报》带颜色了"。1932年2月5日, 日本帝国主义侵占哈尔滨后, 《哈尔滨新报》被迫停刊。《哈尔滨新报》创办时间虽然短暂, 但它的历史作用是巨大的, 为哈尔滨革命斗争史书写了光辉的一页。

在实际斗争中, 武胡景深深感到东北同关内一些地区不同, 在日本帝国主义加紧侵略的形势下, 很有必要制定正确的斗争方式。为唤起民众, 团结抗日, 武胡景、贺昌炽、侯志等还巧妙地利用各种形式宣传共产党的抗日主张, 揭露国民党不抵抗政策和日本帝国主义侵略罪行。他们组织印制了大量的反日传单, 并在文帖、贺年片的背面印制党的纲领、政治主张、斗争口号, 利用重要纪念日、节日等时机秘密散发。①1932年元旦到来之际, 武胡景领导北满特委把中国革命十大纲领印制在贺年片上, 广为宣传。一些商店、学校、工厂均收到了这种贺年片。据当时警察署报称, 拾到的贺年片正面写着 "恭贺新禧", 背面写着 "中国革命十大纲领"。全文是: "一、推翻帝国主义的统治; 二、没收外国资本的企业和银行; 三、统一中国, 承认民族自决权; 四、推翻国民党政府; 五、建立工农兵代表会议 (苏维埃); 六、实行八小时工作制, 增加工资, 失业救济与社会保险等; 七、没收一切地主阶级的土地, 耕地归农民; 八、改善士兵生活, 发给士兵土地和工作; 九、取消一切政府军阀地方捐税, 实行统一的累进税; 十、联合世界无产阶级和苏联"。文末署名 "中共北满委员会"。另附两张传单, 详细介绍苏维埃主义有益于民众, 号召工商团结打倒现政府。这次宣传活动产生了深刻反响。

随着日军侵略事态的日趋严重, 哈尔滨的反日浪潮日益高涨。根据满洲省委 "武装抗日, 保卫家乡, 保卫东北, 驱逐日本帝国主义滚出东北" 的指示, 武胡景和北满特委通过救国会从1931年10月开始, 在市内一些工厂、大中学校开始组织 "工人赤卫队"、"学生军"、"抗日救国义勇军学生大队" 等反日团体。到1931年底, 哈尔滨一中、二中、三中、女一中、哈医专等各大中学校全部罢课, 学生除上街进行反日宣传外, 还开展了军训, 掌握了保卫家乡的本领。哈尔滨三所高等学校之一的哈尔滨法政大学在党支部和学生会的领导下, 开展了

---

① 周淑珍:《中共哈尔滨党史人物传 (第二辑)》, 黑龙江人民出版社1997年版, 第212页。

军事训练,进行了实弹射击演习,在军训的基础上组成抗日义勇军,准备随时参战。中东铁路创办的扶轮学校,仅有学生100人,也组织起来,在道外体育场进行军训。当时,学校校长对学生参加反日活动极力反对,并进行压制。学生们与校长进行针锋相对的斗争,以致酿成学潮,最后将校长赶下台。

哈尔滨工业大学在抗日救国会的组织下,也开展了军训,由懂军事知识的共产党员栗静涵担任教练。参加军训的学生越来越多,发展到二三百人,并编了班、排、连、营。学校军训队伍扩大了,便要求校方派训练教员。由于学生进行军训,必须经东省特别区行政长官张景惠批准才行。校方不敢向东省特别区当局提出,便让学生代表去请求。哈工大学生党员高成儒也参加了军训活动,他后来回忆说:"我及时把这一情况向特委李书记①汇报了,李书记说:'广大同学要求军训,我们应尽力满足他们的要求,这样很有利于团结广大学生,扩大抗日救国队伍,提高学生抗日救国认识,这个作法可以试试。'于是,我在学校积极鼓励同学参加军训,总务组推选我为代表,前往特区找张景惠交涉派人进行军训。"②于是,高成儒在同学白喜顺的陪同下,拿着一封以哈工大学生会名义写的信,前往东省特别区长官公署找张景惠交涉,要求派人进行军训。经过一番交涉,张景惠答应为哈工大派两名军事教官。三天后,两名教官来到哈工大。一位上校军官叫刘绍福,是曾赴德国勤工俭学的留学生,学过军事,在军警界主张抗日。上课时,他经常给学生讲抗日救国的道理,深受学生的爱戴和尊敬。另一位教官叫郑振锋,不爱多言,只是按时上操,教同学军事。军事训练在哈工大取得了较好效果,学生们掌握了军事本领,后来很多学生参加了抗日队伍。

武胡景还率领部分党团员、学生和爱国志士转移到吉林农村建立抗日游击队,并亲任东山旅负责人,开展抗日游击战争。他深入农村发动农民参加抗日队伍,使抗日队伍不断发展壮大。③

根据满洲省委9月23日作出的《对兵士工作紧急决议》,武胡景要求各地党组织积极开展兵运工作,发动士兵就地武装抗日,或开赴农村,帮助和发

① 即武胡景。
② 高成儒:《我所经历的哈尔滨学生运动》,中国人民政治协商会议哈尔滨市委员会文史资料委员会:《哈尔滨文史资料》第七辑,第18页。
③ 《中共北满特委兼哈尔滨市委书记武胡景的传奇人生》,《世纪桥》2009年第11期。

动农民进行游击战争。在城市，除了在工厂、学校开展军训外，武胡景和北满特委还积极选派干部开展兵运工作，策动伪警备队官兵起义。10月7日，东省特别区行政长官张景惠成立了有二三千人的警备总队。总队长由他的亲信于静涛担任。这支警备队是根据日本侵略者的意图，由关东军出枪建立的，以便在日本侵略者进犯哈尔滨时充当内应。可在当时，绝大部分警备队官兵并不知道这个阴谋，还以为是为了抗击日军。之后，面对广大群众的抗日洪流，张景惠的汉奸面目完全暴露，警备队官兵弄清了真相，于是一股摆脱控制、争取自由的爱国激情在警备队中酝酿着。警备队警官周维斌思想进步，经多方努力，他同当时负责北满兵运工作的杨佐青接上了关系。杨佐青立即将有关情况向北满特委书记兼哈尔滨市委书记武胡景作了汇报。北满特委经过研究决定，由杨佐青通过周维斌对起义进行领导和组织准备工作。同时，北满特委派一部分共产党员打入警备队去做官兵的工作，此事由周维斌去协调。满洲省委对此事也十分重视，省委书记罗登贤来到哈尔滨，与武胡景以及负责兵运工作的赵尚志等在南岗河沟街省委秘书长冯仲云家里召开会议，具体研究警备队起义方案，起草和印刷文件。起义工作经过一段时间的准备，虽然组织工作还不够好，但发动武装起义的客观条件已经成熟，中共北满省委决定发动武装起义，由武胡景统一领导，并且责成杨佐青领导这次起义。

12月间，杨佐青、周维斌商量后，北满特委在道外正阳街口东方旅馆楼下一个屋子里召开紧急军事会议。参加会议的有警备队的大中队长，我党派往警备队工作的同志，第二十八旅机关枪连和第二十六旅迫击炮连的同志。武胡景（化名老李）出席并主持了这次会议，领导与会人员确定了起义的具体方案：第一，决定起义时间为1932年1月初的一天半夜行动，起义后人员务必在两个小时内撤往市郊，免得黎明时日本飞机轰炸；第二，起义发动后，由警备队第四大队执行逮捕张景惠和于静涛的任务，第二大队担任市内主要街道的警戒，另派一部分人到道外吉林第三监狱解放被关押的同志，骑兵中队担任联络通讯，二十六旅的迫击炮连驻王兆屯，并有第二十八旅机关枪连担任河沟街到马家沟地段的警戒；第三，破坏日本在哈尔滨的设施，准备以迫击炮击毁在南岗花园街的日本驻哈尔滨总领事馆，对在道里地段街一部分有武装的日本侨民实行缴械，袭击日本在道里石头道街的正金和朝鲜两家银行，没收其钱物补充军需；第四，推举周维斌为指挥，杨佐青为政委，指挥部设在南岗工业大学; 第五, 做好运输准备, 一旦起义成功, 立即将队伍运往东山里。会后, 大家分头去做准备工作。起义准备工作基本就绪, 正要按计划行动, 不料走漏了风声, 起义难以实现, 于是党组织决定起义暂停。这次起义虽然没有成功, 但是在官兵中播下了革命的火种, 为后来革命起义积累了经验和教训。

1932年1月, 中共满洲省委由沈阳迁至哈尔滨。省委决定撤销北满特委, 组成新的哈尔滨市委。同时, 中共中央决定调武胡景、侯志赴上海党中央工作。

八

1931年4月, 中央政治局候补委员、参与领导中央特科工作的顾顺章在武汉被捕叛变。6月, 担任中央政治局常务委员会主席的向忠发在上海被捕叛变。这两人的叛变给中共中央机关和中央领导人的安全造成极大威胁。在周恩来等人的领导下, 党采取果断行动, 迅速将中央机关和中央主要领导干部转移到安全地带或撤离上海。9月下半月, 由于在上海的中央委员和政治局委员都已不到半数, 根据共产国际远东局的提议, 在上海成立临时中央政治局, 由博古、张闻天、康生、陈云、卢福坦 (后叛变)、李竹声 (后叛变) 六人组成。博古、张闻天、卢福坦3人任中央常委, 博古负总的责任。这个中央临时领导机构, 随后得到共产国际的批准。以博古为首的临时中央, 继续贯彻执行"左"倾教条主义的方针。

10月, 王明前往莫斯科, 任中共驻共产国际代表团团长。12月, 由于中央苏区的需要, 临时中央军事部①代理部长李富春要动身去苏区, 周恩来同去苏区。聂荣臻、刘伯承等先后也到了苏区。中央政治局会议决定任命武胡景为临时中央军事部部长。

1932年1月中旬, 杨靖宇接替武胡景任哈尔滨市委书记。在杨靖宇、赵尚志等拥送下, 侯志随武胡景告别哈尔滨, 临危赴沪。当时, 武胡景、侯志的二女儿武华刚出生才几十天, 武胡景、侯志抱着她, 冒着零下四十度的严寒急赴上

---

① 临时中央军事部主要负责国民党统治区的兵运、情报等军事工作及对苏区中革军委、各主力红军重大决策的指导, 不直接指挥红军作战。

海。在由东北去上海的路上，因为天气寒冷，武华差一点被冻死。

当时，以武胡景为部长的临时中央军事部的工作人员有柯庆施、王少春等①，侯志、李果毅等任军委机关秘密联络点交通员。这时，博古受王明遥控指挥，继续推行"左"倾冒险主义路线。这年春天，共产国际派李德②到达上海，担任共产国际军事顾问，协助博古等临时中央领导人对党的军事工作特别是主力红军的作战进行指导。博古对李德十分信赖和支持。李德是一个外国革命者，来到中国是为了帮助中国人民的解放事业，但他完全不了解中国的实际情况，只是搬用苏联红军正规战争的经验，这就不能不给中国革命事业造成严重的危害。李德曾回忆："当我在上海开始工作的时候，我对于中国政治状况和党内关系都没有足够的、清晰的了解，我所掌握的也只是些残缺不全的、有一部分是互相矛盾的军事情报。"③因此，临时中央军事部的工作难度很大。武胡景在实际工作中坚持实事求是的原则，抵制了"左"倾错误影响，虽然避免了一些不必要的损失，但由于王明"左"倾错误路线在党中央占据统治地位，在兵运工作中，也不可避免地执行了"左"倾的错误方针。

1932年上海一二八事变后，武胡景参与中共中央制定决议，号召工农兵武装起来，成立革命军事委员会，举行民族革命战争，反抗日本侵略。他主持的临时中央军事部，通过兵运工作，积极动员第十九路军部队英勇抗击日军进攻，同江苏省委军委派人在工人、农民、学生中组织武装义勇军，动员各界民众支援第十九路军奋起抗日。3月2日，江苏省委军委在闸北恒丰路桥广场召开200余人群众大会，号召群众武装、义勇军占领闸北，继续进行对日军的抵抗。④在广大人民群众的有力支援下，第十九路军和随后参战的第五军部分官兵，发扬顽强战斗、不怕牺牲的爱国精神，坚持一个多月，取得重大战果。日本侵略军被迫三易主帅，数度增兵，结果是损伤一万余人却无法实现速战速决

---

① 《土地革命战争时期中央军委和中革军委的组织演变情况（上）》，《军史资料》1986 年第一期。

② 李德（1900—1974），原名奥托·布劳恩（Otto Braun），德国共产党党员。曾在莫斯科陆军大学（即伏龙芝军事学院）学习。毕业后不久即到中国担任共产国际军事顾问。1933年 9 月底到达中央根据地。1939 年 8 月从中国陕北回莫斯科。

③ ［德］奥托·布劳恩（即李德）:《中国纪事》，现代史料编刊出版社 1980 年版，第 8 页。

④ 王健英:《红军统帅部考实》，广东人民出版社 2000 年版，第 120 页。

的迷梦。

武胡景十分重视白色恐怖环境中的秘密工作，建立起临时中央军事部的安全地下联络系统，教育工作人员严格遵守秘密工作守则，致使军事部和特科系统在三年多的时间里未被敌人破坏。他注重抓紧秘密军运工作，指派王世英打入南京国民党中央机关，建立起中共组织和外围关系，发展了一批重要党员。他主持指导陕西省委军委发动了几次兵变，建立起陕甘红军游击队；指导河北省委军委领导发动高（阳）蠡（县）农民起义，成立了红军高蠡游击队。①

武胡景领导军事部积极参与组织发动察哈尔民众抗日同盟军抗日斗争。经过军事部军运工作的争取，由宣侠父、张存实、武止戈、萧明等积极对西北军将领和冯玉祥进行抗日统战工作，加上入党后的吉鸿昌的积极联络发动与组织，1933年5月在张家口成立了察哈尔民众抗日同盟军。冯玉祥任总司令。吉鸿昌任第二军军长，后兼北路前敌总指挥。一批共产党员任团、营军官。由原上海军委负责人之一、河北省委军委书记柯庆施主持成立了前线工作委员会，委员有王少春、张精一、张存实、邹春生，柯庆施任书记。实际上，民众抗日同盟军的斗争特别是后期都是由中共前线工作委员会领导的。在吉鸿昌直接指挥下，同盟军北路军与日伪军浴血奋战，连克宝昌、沽源、多伦三城，沉重打击了日本侵略军。②

1933年1月，上海危机重重，临时中央机关被迫迁入中央根据地，博古、张闻天等也到了中央根据地。党在上海成立了中央局，作为临时中央的派出机关，领导国民党统治区党的工作，并负责同共产国际的联系。上海中央局继续执行冒险主义的方针。原临时中央军事部改称为上海中央局军委，主要负责党的国民党统治区军事工作，如兵运、情报等。武胡景的职务也由军事部部长改称军委书记。③主要助手是柯庆施。情报工作负责人是刘仲华，后为王世英。主要情报人员有贺庆炽、卢志英、谢甫生、谢华等。兵运工作人员有王少春、张存实等。军委文件兼秘密点保管员为马子孜的妻子。军委机关秘密联络点交通

① 王健英：《中共党史风云人物（1921.7—1949.9）》，广东人民出版社2002年版，第438页。

② 王健英：《红军统帅部考实》，广东人民出版社2000年版，第120页。

③ 中共中央组织部、中共中央党史研究室、中央档案馆编：《中国共产党组织史资料》第二卷（上），中共党史出版社2000年版，第243页。

员为李果毅（王世英之妻）。①侯志任军委秘书。

5月，武胡景改任上海中央局保卫部部长，主持原中央特科工作系统，参与领导白区党的秘密斗争和情报工作。侯志先后担任中央保卫部秘书长、情报科长。保卫部的工作主要是打击敌特、消除叛徒、收集情报和支援红军。当时，上海党组织遭到严重破坏，险象环生，工作非常艰难。为了全力开展工作，武胡景、侯志将仅两岁多的女儿武华交给其伯父武怀谦抚养。在分别的那天，武胡景非常难过，紧紧抱着武华，恋恋不舍，眼睛湿润。这次分别竟成了父女的永别。

九

早于1934年4月25日，王明、康生写信给中共中央，催促速派代表出席共产国际第七次代表大会（简称共产国际七大），称根据国际意见可派25至50人。中共中央指派滕代远、高自立为代表赴莫斯科。孔原、武胡景、饶漱石、陈刚等从上海，杨松、魏拯民、赵毅敏等从东北，分别赴莫斯科。②

1935年，武胡景奉党中央之命赴莫斯科学习，并出席共产国际七大。1935年春，武胡景等从上海到达莫斯科。7月，侯志也从上海到达莫斯科。

7月25日至8月20日，共产国际七大在苏联莫斯科举行。这次代表大会是共产国际针对德国、意大利、日本法西斯势力相继上台，世界形势日益恶化而召开的。出席大会的有65个党，有表决权的代表371名，协商代表139名。中共代表团由中共中央指派中央机关、中央苏区、上海、天津、满洲等地党组织推选代表与中共驻共产国际代表组成，共20余人。武胡景、侯志作为中共代表，参加了大会全过程。

会议中，以王明为主起草经代表团讨论修改的《为抗日救国告全体同胞书》俄文稿送交斯大林、季米特洛夫审阅后，于8月1日经共产国际同意发表。8月2日，季米特洛夫作了题为《法西斯主义的进攻与共产国际为工人阶级的反

---

① 王健英：《红军统帅部考实》，广东人民出版社2000年版，第113页。
② 王健英：《民主革命时期中共历届中央领导集体述评（下卷）》，中共党史出版社2007年版，第658页。

法西斯主义的统一而斗争的任务》的报告。①

大会选举产生了共产国际领导机关成员。"大会选出的执委会委员46人中,有王明、毛泽东、张国焘、周恩来;候补委员33人中,有博古、康生。监察委员会委员20人中,有周和森(高自立)、武胡景。执委会主席团委员19人中有王明;候补委员12人中有康生;政治书记处书记10人,候补书记3人内有王明"②。

在共产国际七大和中国代表团全体会议上,武胡景、侯志宣布了中国共产党在白区组织的真实情况,打破了王明在共产国际七大上的夸大吹嘘。武胡景、侯志因此受到了王明的打击报复。③会后,武胡景被留在莫斯科,在外国工人出版社任编辑。④

1935年12月23日,根据米夫和中共驻共产国际执行委员会代表团提出的1936年第一季度中国工作计划,为纪念中国共产党成立15周年,武胡景、李明、普拉格尔参与了《中共文件集》的编辑出版工作。⑤

1936年,王明便抓住武胡景编译共产国际七大会议文献时,在共产国际领导人曼努伊尔斯基报告译文中出现了一些翻译问题,无限上纲,最后定性为"严重的政治错误"。武胡景被解除了编辑职务,送去学习。⑥

1935年1月起,因联共中央书记基洛夫被害,联共开展肃反运动。王明、康生在中共驻苏代表团成立肃反办公室,认为应该把在苏联的中共党员内的奸细、托派、叛徒、汉奸彻底清理出来,并借机对反对过自己的人无限上纲,搞排除异己的活动,结果有不少人无辜受害,少数人被迫害致死。1936年8月,季诺维也夫、加米涅夫被判死刑后,肃反运动掀起了一个新的高潮。是月,武胡景被中共驻共产国际代表团以"托派特务"罪名逮捕关押,不久被害牺牲,时年37岁。

---

① [苏]波诺马勒夫:《共产国际》(译自《苏联大百科全书》第二版第二十二卷),人民出版社1954年版,第19页。
② 王健英:《民主革命时期中共历届中央领导集体述评(下卷)》,中共党史出版社2007年版,第659页。
③ 据侯志《历史自传》(未刊稿)。
④ 李莎:《我的中国缘分:李立三夫人李莎回忆录》,外语教学与研究出版社2009年版,第61页。
⑤ 《联共(布)、共产国际与中国苏维埃运动(1931—1937)》第十五卷,中共党史出版社2007年版,第73—74页。
⑥ 李莎:《我的中国缘分:李立三夫人李莎回忆录》,外语教学与研究出版社2009年版,第61—62页。

十

武胡景被逮捕关押后，侯志满怀悲愤，为了推翻康生强加给他的诬陷之词，即向共产国际提出申诉，但很快也遭厄运，因所谓包庇"托派武胡景"，受到留党察看一年的处分。之后，侯志被分配到苏联外国语出版部任翻译。1937年2月，在莫斯科东方大学读研究生。1939年2月后，在苏联工农红军大学任教。在艰难的环境下，侯志仍然保持旺盛的革命意志，努力学习，加倍工作。1945年8月，受党组织委派，随同苏联红军先期到达黑龙江省海拉尔地区，不久进入齐齐哈尔。1946年12月，齐齐哈尔解放，侯志才正式留下来，回到了祖国的怀抱。回国后，侯志先后在哈尔滨东北局公安部情报处、哈尔滨市公安局外侨科工作。1948年初冬东北全境解放后，被调到沈阳市工作，历任沈阳市公安局治安行政处副处长，市委统战部秘书长，市妇联党组书记、主任，并当选为中共沈阳市委第一、二、三届委员，沈阳市人民政府第一、二、三届委员，全国妇联第二届执行委员，1962年1月因病休养。"文化大革命"中，受到诬陷迫害，冤狱达10年之久。1978年获得彻底平反，恢复名誉。冤案被平反后，她领到补发的工资，立即交了5000元的党费。1982年1月27日，侯志在沈阳逝世。2月5日，沈阳市委为侯志举行了追悼大会。

当时武胡景被害牺牲后，侯志并不知情，坚持不懈地在寻找他的生死下落。武胡景的胞兄武怀谦、胞弟武怀谔也一直在寻找他的下落。

新中国成立后，已是沈阳市妇联主任的侯志重新走上寻夫路。

1950年，侯志到北京找到安子文、帅孟奇，请求查找武胡景的下落。

1954年，侯志到中南海找到刘少奇同志，反映了丈夫失踪的情况，刘少奇说武胡景是"党的好同志，原则性很强"，当即指示有关部门全力寻找。这年底，周恩来在中南海听了侯志的陈述后，立即让秘书通知我国驻苏联大使馆设法寻找，并分析说武胡景"身体一直较弱，如果当时流放西伯利亚的话，环境那么恶劣，我想他是无法存活的，估计已经不在人世了"。

吉林省委书记刘锡五说，武胡景"和胡志明关系最好，可能在越南工作"。

山西省副省长王世英说，武胡景"可能在当年出国途中被捕了"。

为了寻找武胡景的下落，杨之华、安子文、帅孟奇、冯仲云曾当面质问过康生。

1956年，在中共八大会议上，经孙冶方、杨之华等证实，确认武胡景在苏联被错杀。

1957年，中共中央追认武胡景为革命烈士，中央人民政府向武胡景的家属颁发了革命烈士证书。

张绍麟

王维舟

　　王维舟，又名王天桢，男，1887年6月10日出生于四川宣汉县。1911年参加过四川保路运动和辛亥革命。曾任四川绥定警备司令、川军靖国军团长。1920年加入朝鲜共产党，1925年转入中国共产党。创建了川东第一个共产主义小组和川东游击军。1929年参与领导川东起义。后任川东游击军总指挥,领导创建川东游击根据地,1933年后,历任红三十三军军长,1934年被选为中华苏维埃共和国中央执行委员。1935年率部参加长征,同张国焘分裂活动进行斗争。到达陕北后,任中央军委委员、第四局局长。抗日战争时期,任八路军第三八五旅副旅长、旅长兼政治委员。解放战争时期,任中共四川省委副书记、陕甘宁晋绥联防军副司令员、西北军区副司令员。新中国成立后,任西南军政委员会副主席、西南民族委员会主任、中央监察委员会常委等职,是中共第七届中央候补委员、第八届中央委员和第一、二、三届全国人大常委会委员。王维舟对革命的贡献和崇高的精神风范曾得到党中央和毛泽东等老一辈无产阶级革命家的高度评价:"一贯忠于党、忠于人民、忠于伟大的无产阶级革命事业","为党的事业贡献了终身","是中国共产党的优秀党员"。毛泽东亲笔书赠他:"忠心耿耿,为党为国"。

一、艰辛的少年时代

1887年6月10日，王维舟出生在四川省宣汉县清溪场王家坝一个农民家庭。

童年的王维舟，家里有祖父王元相、祖母姚氏，父亲王正启、母亲符氏，家中还有胞兄王天辅、胞弟王天干和三位胞姐。那时，王维舟的家中置有田产百余石，农耕之余兼营一点小生意，家境较为宽裕。清朝末年，社会动荡不安，王维舟家道也日趋衰落下来。1893年，祖父母相继去世时家产也只剩下几间破房和一二十石荒土。

1897年，仅读了三年私塾的王维舟便因家境贫寒辍学在家，随父母耕田种地。在艰苦的劳动中，年幼的王维舟逐步养成了勤劳勇敢、嫉恶如仇的优良品格。

尽管一家人一年四季辛勤耕作，家里却入不敷出，劳动所得除还付债息外，所剩无几，差不多半年时间衣食无着。穷人终年劳累仍饥寒交迫，王维舟看到社会的不公正，心中无比愤慨。他决心离开清溪，到外面的世界去闯出一条生路来。

1904年，王维舟的大哥在清溪场创办北东两等学堂，与县里一些上层人物有了往来。1906年，大哥托人将19岁的王维舟介绍到县城资本家冉立三的店铺里当学徒。这家店铺是一个烟土栈，专门接待湖广一带来的鸦片商贩。在这里，王维舟每天从早到晚不停地干活，累得精疲力竭，而得到的报酬仅是一日两餐残汤剩饭，根本无工资可言，更谈不上接济家庭。不仅如此，还要经常受到那些有钱人的讥笑谩骂。

王维舟的大哥弃教考入成都铁道学堂读书。这所学校学费昂贵，而大哥不仅自己无收入，而且学校无补贴，家庭也无力接济学费。无奈之下，大哥只好给王维舟一信，要求设法资助。为不使大哥失学，忧心如焚的王维舟四处告贷，却毫无着落。其时，有人提议用"摆赌抽头"的办法来解决。王维舟虽知这种办法是靠不住的，但贫困所逼，只有侥幸行事。于是，王维舟白天在烟土栈忙碌，晚上到会馆请会摆赌。结果，钱没到手，反而上了别人的圈套，欠下会馆债钱二三百元。因无力还债，债主竟诬陷他是盗贼，要送官治罪。

这个曾经让王维舟充满希望的县城，使他尝尽了种种苦头。他深深地感到，这是一个人吃人的社会。他要去寻找改变这个世界的道路。

二、起兵反抗清王朝

1907年，清王朝在四川的最高统治者赵尔丰为改革旧军制，为新军训练了一批基层军官，在成都开办了"弁目学校"。1909年，抱着救国救民理想的王维舟离开家乡，只身前往成都投考。不料，到成都时，考期已过。无奈之下，王维舟只好在这个城市里另谋出路。几天后，他考入了设在成都东门外新兵工厂内的工兵学校半工半读。工兵学校的学生，大多是失地的青年农民、失业的青年工人和大中学校的失学青年，他们对社会政治非常敏感。

当时，四川人民正在集股自办川汉铁路。1911年5月，清政府悍然宣布"铁路干线国有"政策，将粤汉、川汉两铁路修筑权拍卖给英、美等国家。对此，四川人民无比愤怒。6月7日，"四川保路同志会"成立。接着，各县纷纷成立保路同志分会。8月24日，成都开始了罢工、罢课、罢市的保路斗争。继之，全川保路运动蓬勃兴起。在保路斗争中，王维舟所在的新兵工厂工人、工兵学校学生与成都各界群众保持着密切的联系。9月7日，他们与成都数万群众一起，奔向街头游行示威。游行刚开始，就传来蒲殿俊、罗纶等保路同志会负责人被捕的消息。瞬间，群情激愤，数万人的游行队伍高呼"释放被捕者"、"铁路归民办"等口号，一齐涌向总督府。面对示威群众，四川总督赵尔丰先是欺骗说"可以将大家的意见禀上处理"，后又喝令大家各自回家"安分守己"。赵尔丰的狡赖蛮横，让群众怒火冲天，群众坚决要求当场释放蒲殿俊、罗纶等人。这时，赵尔丰竟命令军警向手无寸铁的示威群众开枪，造成数百人伤亡。总督府前，尸首纵横，血流成河，惨不忍睹。

目睹这一切，王维舟得到一个重要启示，用"合法"斗争取得胜利是不可能的。当夜，他与工人、同学们议定：大家分散回本地组织群众，拿起武器，同清王朝作殊死斗争，不推翻清王朝决不罢休。

王维舟从成都秘密返乡后，与同盟会会员景昌运和在成都受保路斗争影响回到家乡的冉立三、石体元、冉淮瑞等取得了联系。经过商议，他们决定成立以进步青年龚权山、刘子圭等10余人为骨干的"东乡（宣汉）保路同志军"，推翻清王朝在东乡的统治。决定作出后，王维舟和龚权山等到全县各场镇发动群众参军。经过10多天的努力，全县每个场镇都有几十人参军。条件成熟后，王维舟和大家一起议定：以县城文昌宫为指挥中心，11月30日举行起义，进攻县城，由王维舟任总指挥。

攻城前几天，王维舟就秘密入城作了兵力部署。11月30日午夜，各地民众或手持刀矛棍棒、或肩扛土枪土炮，蜂拥城下。王维舟令事先埋伏好的数十名精兵分赴城西、城北两门，收缴了守城清兵的武器，打开了城门。起义队伍顺利入城，首先攻占征收局，活捉局长吴朝清，并没收其全部钱财。第二天早上，王维舟率部紧逼县衙，并派景昌运等前往衙内与知事吴巽谈判。慑于起义军的威力，吴巽接受投降条件，交出公物、印章、档案及全部枪械，打开监狱释放全部犯人。12月2日，全县各界代表大会在文昌宫召开。大会宣告成立东乡军政府，推选冉立三为参督兼民军司令，从起义军中挑选出500余人组成警备队，王维舟为警备队长。

东乡军政府成立出示了安民布告，加强治安，保护工商业和民众，全县城乡秩序井然。因此，东乡军政府荣获蜀军政府褒奖电令。东乡安定后，王维舟又率队向绥定府进攻。

绥定毗邻东乡，清军驻了一个府练营，武器装备有明显优势。为确保进攻胜利，王维舟派人到大竹县"孝义会"首领李绍伊处，请求支援。李绍伊答应立即驰援，合攻绥定。绥定府被围攻10余日后，府官广厚（满族人）见城内粮草将尽、人心动摇，认为大势已去，便派人出城乞降。经过谈判，起义军列队入城。广厚交出印鉴、枪弹后，被遣送出境。

绥定光复不久，全川均告光复。但清王朝仍盘踞北京，并派大量军队到潼关, 企图先解决西北问题, 再镇压西南的起义。在严峻的形势下, 四川军政界积极组建北伐军, 准备北上迎击清军。王维舟率队返回东乡, 在各地挑选精壮人员6000余名, 将警备队改编为由三个中队组成的北伐大队, 加强训练, 待令出征。不久, 四川军政当局传来南京陆军总长黄兴电: 清帝已宣布退位, 南北议和, 北伐告停。辛亥革命的胜利果实被北洋军阀袁世凯窃取, 东乡军政府被袁世凯政权招考的一等县官肖应钟把持。待令出征的北伐大队被缩编为500余人的一个营, 其余人员被遣散回家。王维舟被任命为宣汉县知事兼团练局长。

当时, 土匪蜂起, 危害百姓, 社会极不安定。王维舟率部平定匪患, 大快民心。然而, 新任知事张尔恭上台后, 却想方设法排挤他。王维舟不得不弃甲归田, 在清溪场植树养蚕。

三、任绥定警备司令

1913年4月, 王维舟赴成都警备军官学校学习了两年军事, 毕业时, 父亲病故的噩耗传来, 他赶回家乡料理父亲丧事后, 被四川警备司令卢锡卿委任为绥定警备司令兼达县警备队长。

1915年, 袁世凯公然设立鼓吹复辟帝制的"筹安会"。12月12日, 又设立"帝位大典筹备处", 明令第二年为洪宪元年, 为自己登上皇帝宝座做准备。袁世凯的复辟行径, 激起了全国人民的愤慨。

为保卫民国、重建共和, 王维舟在绥定邀约国民党人陈荫槐、洪秀生、尹守白等组建了护国讨袁军。护国讨袁军由国民党人颜德基任司令, 陈荫槐、郑启和任副司令。王维舟任护国讨袁军第一纵队司令。护国讨袁军首起推翻绥定拥袁知事。随即, 王维舟率部攻克营山, 击溃袁军钟体道部1个旅。

在全国人民的声讨声中袁世凯死去, 北洋军阀继续掌控政权。1917年9月, 国民党人在广州召开非常国会, 推举孙中山为大元帅, 建立护法政府, 兴起护法运动。其时, 王维舟等人组建的护国讨袁军更名为靖国军, 王维舟任营长。他率部向宣汉、开江进发, 在开江与北洋军吴光新部展开激战, 歼灭该部一个团后, 又乘胜追击, 连克开县、巫山、云阳、奉节。奉节战斗结束后, 他升任靖国军步兵第三团团长。部队进驻夔府(奉节)后, 王维舟又兼任边防司令, 镇守夔门。

1918年，隶属北洋系的陕军进攻万源县，王维舟团受命驰援。当时，镇守万源的靖国军范海庭、李子实部是由土匪整编而成的部队，毫无战斗力。陕军杀来，这帮匪军不但不能抵抗，败退下来后，反而到处鱼肉百姓。王维舟非常气愤，挫退陕军后，他率部对匪军进行弹压，迫使匪军悄悄取道白沙河出境。随后，又向乡亲们作出了不抽丁、不派夫和减轻负担的承诺。此外，还捐资在城隍庙内设立医院，为百姓服务。他的这些举措深得民心，老百姓为王维舟竖起了德政碑，碑文分别为"爱国爱民"、"除暴安良"、"东乡屏障"、"兆民赖之"。

川东地区虽然取得了护国护法斗争的重大胜利，但大小军阀各踞一方，明争暗斗，互相兼并，社会长期处于战乱之中，随之而来的苛捐杂税也与日俱增。1919年底，宣汉平均每户负担军费52块大洋，加上地方官吏和土豪劣绅的盘剥敲诈，弄得民不聊生，怨声载道。

王维舟深深感到，大小军阀不仅各霸一方，而且为争夺势力范围混战不已，自己推翻封建统治、救民于水火的愿望已成泡影。他决定离开旧军队，另求救国救民道路。

四、入朝共留学苏俄

1920年5月，王维舟远赴上海寻求救国救民真理。在上海，他积极阅读进步书刊，结交进步人士。一天，在一名河南籍进步学生的寓所里，他认识了朝鲜共产党党员金笠。不久，经金笠等人介绍，他加入了朝鲜共产党上海支部。党组织答应送王维舟去苏俄学习，此后，王维舟在党组织的领导下一面学习马克思主义理论，为前往苏俄作准备，一面积极组织进步青年开展反帝救国斗争。

是年秋，帝国主义国家在上海虹口公园举办"远东运动会"，规定中国、日本、菲律宾三国学生参加。党支部决定，在运动会上散发以汉、日、英三种文字印刷的传单，号召广大中国青年团结起来打倒帝国主义和国内反动派。运动会开幕式那天，王维舟等九人各带手枪一支，随同观众进入会场。运动会一开始，体育场上空飘起了红红绿绿的商品广告，王维舟等趁机将传单撒出。传单越撒越多，终被巡捕察觉。顿时，警报声声，全场戒严，巡捕四处搜捕撒传单的人。搜捕开始后，与王维舟在同一行动小组的四川隆昌籍青年许持平还在继续散发传单，巡捕首先向许持平扑去。许持平立即开枪，但射击未中。这时，秩序大乱，运动会被迫停止。王维舟趁混乱之机跑出会场，乘电车赶回霞飞路鱼阳里、宝康里，把几位同志室内的文件收拾妥当，迅速离开。不一会儿，巡捕赶来，可搜查半天也一无所获。

参加这次行动的同志除王维舟幸免于难外，其余均遭逮捕或扣押，被囚禁于虹口万国监狱。王维舟和党支部的同志一起，积极开展营救工作。为营救许持平，王维舟化名许安平，以许持平胞兄身份为许持平辩护，并通过律师送给监狱官100块大洋，获得与许持平会面的机会，机智地向许持平传达了营救办法。开庭那天，王维舟在庭上声称："我弟许持平在上海求学，参加运动会时，不知何故竟被逮捕。他只有15岁，还未成人，在法律上也不能构成犯罪，请求早日释放。"他以种种理由为许持平作了无罪辩护。最后，法庭判定许持平为"过激党分子"，并以"幸未伤人"、"年幼无知"为由，宣布"下次再审"。随后，法庭又审问了肖华青等7人，判决结果是"驱逐出租界"①。

1920年冬，党支部决定送王维舟到苏俄学习。王维舟和另外三人化装成商人，从上海出发，经牛庄、哈尔滨到达满洲里。当时，北洋军阀对中俄边境防范甚严。王维舟在他人的帮助下，顺利进入苏俄国境，到达赤塔，接受苏俄红军远东国防司令部严格审查。在赤塔留住一周后 (1920年底)，根据莫斯科电示，王维舟去伊尔库茨克，同广东、浙江、上海赴俄的工人、学生10余人一起学习俄语和马克思主义理论，并帮助参加十月革命的华工、红军战士学习中国文化。在这里，他进一步认识到只有马克思主义才是指导被压迫、被剥削的劳苦大众进行革命斗争的科学真理。

经过七八个月的学习，王维舟等要求去莫斯科参观，俄方答应了他们去莫斯科参观的要求。不久，王维舟乘火车到达了英雄城市莫斯科。当时，苏俄正遭遇10多个帝国主义国家的联合进攻，工厂、农村亦受到白匪的破坏，社会秩序极不稳定，物质供应非常困难，每人每天只能吃到半磅黑面包。王维舟看到了俄国十月革命后的困境，对俄国人民辛勤劳动、节衣缩食支援前线，感受至深。到莫斯科不久，他又被邀请参加了十月革命胜利四周年庆祝大会。在大会上，他见了革命导师列宁，聆听了列宁的讲话。列宁指出，各国人民要获得解放，就必须"变奴隶主之间的分赃战争为各国奴隶反对各国奴隶主的战争"。他的这一著名论断启示王维舟深刻地认识到：要拯救中国工农于水火，就必

---

① 中共宣汉县委党史研究室：《王维舟的一生》，中共党史出版社 2008 年版，第 15 页。

须结束国内军阀混战的局面，赶走瓜分中国的帝国主义列强。

1921年底，王维舟怀着极大的革命热情启程回国。经伊尔库茨克到赤塔后，为避免反动派的搜查，他改乘马车，在苏俄红军的护送下秘密到达中俄边境，并在深夜绕道满洲里入住秘密招待站，后化装成商人乘火车返回北京。

1922年春，王维舟在北京见到了吴玉章。吴玉章早期追随孙中山参加辛亥革命，辛亥革命失败后，他受到十月革命的影响，开始倾向共产主义。两人在北京见面时，不约而同地提到了要组织新党。两人共同发起组织了"赤心社"。"赤心社"的宗旨为吸收进步青年，对他们进行马克思主义教育，提高他们的阶级觉悟，为中国革命培养骨干力量。在组织"赤心社"的基础上，又组织了"俄灾赈济会"，发动大、中、小学师生游行募捐，仅一个多月就募得救灾款10万余元。他们将募得的救灾款全部购买物资运送俄国，支援了俄国革命。

在北京开展革命活动一段时间后，王维舟到上海寻找组织，不料，金笠已被反动派杀害。虽然与组织失去了联系，但他仍留在上海继续宣传革命真理，发动群众为俄国革命捐款，并将群众捐款购成物资，运至俄国。

五、回川东传播马列

1923年春，王维舟得到家中"母亲病危"的急电，回乡探母。他返回家乡不久，积劳成疾的母亲不幸去世。他安葬了母亲，决定留在家乡创办学校，宣传马克思主义，培育革命力量。

在进步青年冉雨生等人的支持下，他将自家房屋捐出，创办了新群女校。创办女校的目的是把女性从"三从四德"、"男尊女卑"的桎梏中解放出来，将她们培养成具有革命意志的新女性。在办好新群女校的基础上，他通过各种关系，又接办与新群女校隔河相望的北东两等学堂，聘任进步教师宋更新为该学堂教务主任，聘请冉海舫、周伯仕等一批风华正茂的进步知识青年到该学堂任教。在办学取得初步成效的基础上，王维舟又将新群女校并入北东两等学堂，并将两校合并后的新校命名为宏文校。两校合办后，周边各乡场的少年儿童纷纷来校就读，学生人数由几十人骤增至三四百人。在桌凳奇缺、校舍拥挤的情况下，他将大哥王佐卿修房待用的木料、砖瓦搬到学校添置桌凳、增修校舍，并把校舍建成"工"字形，示意宏文校面向工农大众、培育革命人才。

王维舟在教学上剔除了政府规定课本中陈腐的东西，增添了很多新鲜的内容。在语文教学中，结合革命形势编写了《取棉袄》《克敌之歌》等反帝反封建的补充教材。在音乐教学中，教唱《国际歌》等革命歌曲。学校还购置了琵琶、风琴、月琴、锣鼓等乐器。学校每周一次文娱晚会，让师生在娱乐中受到革命启发。在体育教学中，大力开展篮球、排球、羽毛球和乒乓球等运动，促进学生身体健康。王维舟还鼓励师生走向社会，向群众宣传新思想、新风尚，为群众排忧解难。当时，宏文校美誉远扬，被称为"模范高小"。

在办学期间，王维舟还传播马列主义，使革命真理逐步为多数教师所接受。1923年秋，他邀集周伯仕、冉雨生、冉海舫、宋更新等进步教师和雷玉书、冉南轩、黄中夏等社会进步青年，在清溪场木鱼山创建了川东第一个共产主义小组——清溪共产主义小组。

为创造学习条件，他在校内开设图书室，陈列《新青年》《向导》等进步书刊。1925年秋，为把革命活动由学校延伸到社会，他又在清溪场中街五贤祠开办"群化书报社"，陈列进步读物百余本，号召进步青年系统阅读并向群众广泛宣传革命思想。

鉴于农民白天因忙于生产没有时间读书看报，王维舟还在五贤祠开办农民夜校，由共产主义小组成员担任教员，向贫苦农民讲解"农民一年苦到头，为啥没有衣和裤"等道理。联系实际的讲解，越讲农民越气愤，越讲听众越多。为满足广大农民接受革命思想的需要，他又将农民夜校办到农村院坝。当时，清溪场周围地区先后建立农民夜校数十所，这些夜校成为共产主义小组联系和组织革命群众的主要纽带。

六、机智果敢做军运

王维舟在乡办学传播马列主义取得成效的基础上，又将注意力转向军运。1924年冬，川东军阀刘存厚将一批土匪部队收编为本部（川陕边防军）第四混成旅，委任梁干英为旅长。梁干英任命王彬如为南坝区区长，王彬如是王维舟任靖国军团长时的部下。王维舟利用这一关系，派共产主义小组成员冉海舫打入南坝区署任秘书，以掌握这支军队的内部情况。王彬如以办团练为名将区团练中队扩充为大队，下设三个中队，王彬如任大队长，王登云（王彬如之弟）、项绍宇、陈直三分任中队长。

刘存厚闻讯，极为恐惧，急令本部第四团团长张苏率部进驻南坝。张苏在南坝宴请王彬如，以该团三营营长职位相许。王维舟、冉海舫识破了张苏的阴谋，支持王彬如在南坝区独立掌握武装。刘存厚见软的不行，又来硬的，密令张苏逮捕王彬如，强行收缴团练大队武器。王彬如被捕后，王维舟支持王登云凭借险要地势与刘存厚抗衡。经四个月的较量，张苏部不仅未能消灭王登云的队伍，反而被拖得疲惫不堪。气急败坏的刘存厚放出话来："再不下山缴械，就枪毙王彬如。"王维舟、冉海舫权衡利弊之后，认为有人就有枪，决定"弃枪救人"。双方达成"先交人后交枪"的协议后，在南坝进行了人、枪交换。

共产主义小组通过掌握武装与刘存厚的公开交锋，为后来开展武装斗争积累了经验。

1925年初，大革命蓬勃发展。武汉共产党组织要王维舟到武汉开展革命运动。1925年春，王维舟偕周伯仕、冉海舫、雷绍周来到了武汉。到达武汉后王维舟又同吴玉章在一起开展革命活动。在武汉工作期间，王维舟转为中国共产党党员。在武汉王维舟还参加了毛泽东主持的农民运动讲习所的学习，聆听了毛泽东关于中国农民问题的授课。通过学习，他深刻地认识到：中国农民占全国人口的80%以上，农民问题是中国革命的中心问题，必须紧紧依靠农民，发动农民起来斗争，才能取得无产阶级革命的彻底胜利；广大农民只有在共产党的领导下，才能获得解放。

1927年3月31日，四川军阀刘湘受蒋介石唆使在重庆制造"打枪坝事件"，杀害了杨闇公等中共四川党组织领导人。王维舟闻讯后，十分愤怒，在武汉组织"三三一"惨案救济会，声讨刘湘的反革命罪行，救济死难烈士家属。

在大革命的紧要关头，蒋介石与帝国主义、封建军阀相勾结，在上海发动四一二反革命政变。中共中央军委派王维舟、高语罕去做四川军阀杨森的工作，阻止杨森叛变革命，并随带一批武器弹药接济他，以表示对他的支持。但是，5月17日，武汉政府独立十四师师长夏斗寅勾结杨森在宜昌叛变革命，杨森被蒋介石任命为"第五路前敌总指挥"，出兵进攻鄂西。王维舟等带着武器弹药乘船行至沙市时，被夏斗寅的部队开枪阻击，造成船上人员一死多伤。船只被迫靠岸，王维舟被扣，武器弹药被缴。不几天，夏、杨叛军趁武汉空虚，向武汉推进。叛军行至新堤下游时，王维舟乘看押人员疏忽之机逃脱后急奔汉口。

在汉口，王维舟向中共中央军委汇报了情况后，中共中央军委又派他到安徽安庆争取国民革命军第十军第二师反对蒋介石,参加革命。王维舟到该师后,住在时任师参谋兼检查处长赵举伯处。一星期之后,工作尚未成熟,机密泄露,争取工作未能成功。在赵举伯的巧妙安排下,王维舟乘船迅速离开安庆,经九江马当区安全返回武汉。随后,他随国民革命军第六军(军长程潜)政治部到湖北仙桃镇抗击川军对鄂西的进攻。不久,湖南许克祥背叛革命,冯玉祥在徐州投蒋,武汉革命形势更加危急,王维舟又回到武汉。

7月15日,汪精卫公开叛变革命,全国笼罩在白色恐怖中,武汉一大批共产党员惨遭杀害。但是,中国共产党人并没有被吓倒,8月1日,中国共产党领导发动了南昌起义,打响了武装反抗国民党反动派的第一枪。在新的革命形势下,党中央号召各地共产党员深入农村,开展武装斗争。因此,王维舟决定回四川创建革命根据地。

七、开展川东游击战

1927年8月上旬,王维舟和任叶挺部队排长的陈远湘等人化装成商人,乘日本轮船从武汉返川。由于军阀层层设防,警戒严密,沿途轮船行驶常常受阻。行走了10多天时间,他们才抵达万县,住在万县一家商号的货栈里,他们将回川的消息告知了受党中央委派先期返川的周伯仕。周伯仕已通过各种关系打入杨森开办的《万州日报》社任编辑。见面后,王维舟激动地讲述了武汉的斗争情况,周伯仕汇报了自己两个月来在《万州日报》社的工作,大家决心继续战斗下去。

此后,周伯仕每天上午10点来王维舟住处,与大家一起分析革命形势,研究川东革命斗争的方针和策略。一天,周伯仕给王维舟等带来了一个喜讯:党的八七会议在汉口召开,会议确定了土地革命和武装反抗国民党反动派的总方针。王维舟倍受鼓舞,他立即召开会议,总结大革命失败的教训,研究川东革命斗争问题。会议认为:军阀刘存厚在宣汉、达县、城口、万源等地所驻军队,残酷压迫和剥削老百姓,群众非常痛恨,整个川东犹如布满了干柴,革命烈火一触即燃;开江地处杨森、刘存厚两军阀统治结合部,而两军阀间又有矛盾,可利用两军阀间的矛盾迂回于川东各县开展革命斗争。会议初步决定:把革命斗争的重点由城市转向农村,以大巴山为依托、开江为指挥中心,先在川陕鄂三省交界地区的城口、万源、巫溪等县建立革命根据地,再向宣汉、达县发展。

会议结束后，王维舟潜入开江县普安场，与从上海返乡的共产党员唐伯壮取得了联系。在旧部属王成之的掩护下，王维舟以彭子明的10多名卫士为基础，发动群众，联络地方进步人士特别是上层人士，搜集民间武器，筹组革命武装。不久，组成了一个30余人的"特务队"，由雷玉书任队长。

在建立农民武装的基础上，王维舟开始进一步壮大党的队伍。1929年1月，王维舟、唐伯壮在开江普安场建立中共普安宣特支，具体工作由唐伯壮负责。不久，特支扩建为支委，选举高献书为书记，傅卓仁、王伯鲁分别为组织、宣传委员。3月，王维舟率王忠堂、袁楷等到开江、万县、梁山三县交界的开江广福场开展革命活动。他与在绥定联中读书时入党的广福小学教师乔典丰取得联系后，先后发展广福小学校长蒋琼林、团练大队长曾敬孙和曾亚光、钟岳生、钟体用、曾宪章、李贤斌、蒋廷荐、蒋伯华、刘朗怀、曹绍楷等进步人士入党，并于4月建立中共广福支委。支委由乔典丰任书记，蒋琼林、曾亚光、曾敬孙分别任宣传、组织、军事委员。支委的同志深入农村发动群众，先后建立了青年团、农会、妇女会等群众组织。随后，他们以广福为中心，将党的工作逐步发展到长岭、新街、任市、靖安、甘棠等地的广大农村。到年底，党员人数发展到了20余人。其时，上级党组织派陈克农到开江担任王维舟秘书，李家俊、谭德武、谢隆中、曾莱、石怀宝、蔡奎、邓廷刚、李光前等共产党员也先后前往开江工作或集会，开江一时成为川东革命力量的集结中心。

当时统治达县、宣汉、城口、万源四县的刘存厚是北洋系的老牌军阀，刘存厚政治上顽固守旧，十分反动，在他统治的每个县都有团丁1000人以上。在开江建立川东革命中心的同时，王维舟深知装备低劣而又未经受过军事训练的农民部队是不可能向县城发动进攻的。王维舟决定将反动势力较为薄弱且地势险要、森林茂密的万源固军坝地区作为川东武装斗争的突破口。在王维舟的领导下，李家俊、唐伯壮、张鹏翥等以党的八七会议精神为指导，在各地大力开展统战工作，积极筹建革命武装。李家俊在万源首先将时任民团队长的黄埔军校毕业生吴会治和杨森部政治军官学校毕业的徐永士、胡洪疆发展为革命骨干，然后以固军坝为中心，发动农民，组建农民武装。他们号召农民起来反对苛捐杂税、反对军阀、反对帝国主义。

1929年4月下旬，王维舟从宣汉、开江、达县、大竹等地的农民武装中，挑选精干人员80余名集结开江培训，然后将他们送往万源参加武装起义，同时还送去了枪支弹药。此外,由宣汉共产党员发动的农民武装也先后到达万源。几支农民武装汇合在一起共有300余人。4月27日,起义誓师大会在龙潭河举行,川东游击军第一路正式成立,李家俊任司令,唐伯壮任党代表,雷玉书任副司令,周锟任参谋长。

5月7日,游击军在干坝子伏击抓获收款委员张全五,将其镇压,没收其所收税款400块银元。刘存厚闻讯,急令万源驻军团长刘志超率队"围剿"起义军。12日深夜,游击军分三路将敌击溃,缴枪57支,俘敌30余人。不幸的是,副司令雷玉书在战斗中被奸细从背后偷袭,身负重伤,于6月24日在宣汉清溪场家中牺牲;党代表唐伯壮6月末在达县黄都坝被刘存厚军俘获,9月下旬被害于达县监狱。

刘志超团遭重击后,刘存厚恼羞成怒,速命渠县驻军团长廖雨辰为川陕边防军第三路军代理司令,统领三团人马,对游击军进行"围剿"。廖雨辰一面纵兵对固军坝、白羊庙、井溪坝等地大肆奸掠烧杀,一面亲自到白沙河召开会议,采取"刑乱重用,剿抚兼施"的毒辣手段,镇压起义军。为对付强敌进攻,王维舟、李家俊将游击军分成三个支队,由吴会治、徐永士、胡洪疆各率一部,分头迎击敌人。此外,他们还以设"佛堂"为掩护建立农会,组织农民参军参战;对农民进行军事训练,为扩充兵员作准备。在战斗中,他们充分利用地形,采取灵活机动的飘浮战术和夜袭手段打击敌人,取得反"围剿"的胜利,因此声威大震,迅速发展成1000余人的队伍。

1930年1月,中共四川省委决定将川东游击军第一路命名为四川工农红军第一路游击队,并派李哲生(原名文强,时任江巴兵委书记,后叛变)、王国梁(曾留学苏联)参加该路游击队的领导工作。李哲生、王国梁到龙潭河后,王维舟、李家俊和他们一起对游击军进行了整编。整编后的游击队由李家俊任总指挥、李哲生任党代表、徐永士任参谋长、王国梁任政治保卫处长,下设3个支队。

整编后,游击队抓住刘存厚疲于应对陕西军阀王光宗、四川军阀颜德基"联合倒刘(存厚)"的有利时机,广泛发动群众,建立健全农会,痛击反动势力,在宣汉西北部创建了一个拥有10余个场镇、6万多人口的根据地;在城口,击毙了敌伪县长,捉拿土豪劣绅数十人交由当地农会进行了严惩。

敌人在游击区到处成立"清共团",全面推行"集村"、"连坐"、"立功"之法,对革命者"刑乱重用"、肆意"剿杀"。据统计,敌人在对游击区的几次

"围剿"中，先后杀害游击队官兵、农会会员甚至无辜群众达2000余人。游击军三个支队也遭受了重大损失，仅剩100余人，为保存革命力量，王维舟、李家俊不得不作出决定：游击队余部由李哲生、徐永士带领，突出重围，分散活动；各地方农会干部就地埋下武器，分散回家隐蔽，待机再起。

在指挥万源游击战的同时，王维舟与梁山县李光华、王一贯等共产党员掌握利用了一些壮丁武装。1930年7月，蔡奎、金治平率领的农民武装在达县联升寨被刘存厚军围困，王维舟等从壮丁武装中调集300余人赶赴联升寨解救，毙敌20余人，缴枪100余支。这时，中共四川省委作出决定：将川东虎南（梁山虎城、达县南岳）农民武装和龙沙、太平壮丁队合并组建为四川工农红军第三路游击队，由李光华、王维舟等率领，东征湖北，"会师武汉，饮马长江"。通过对四川工农红军第一路游击队失败教训的总结，王维舟认为，这是一个严重脱离实际的军事行动计划。但是，组织的决定又不得不服从。7月下旬，他将四川工农红军第一路游击队的一些失散人员集中起来安排在宣汉、开江边境的观面山一带就地闹革命，然后单身前往梁山就职。

王维舟到达梁山后，先期到达的省委代表刘大鸣、覃文在李光华家主持召开紧急会议，研究游击队的组建和东征的具体行动等问题。在东征问题上，王维舟提出：壮丁队是国民党为办民团而组织起来的农民武装，没有通过革命战争的严峻考验和马列主义教育，对革命认识不足，离乡起义缺乏思想准备，因此东征的条件还不成熟，应暂缓执行。刘大鸣却强调，这是省委决定，要组织服从！会议最后决定：以打土匪为名，先把壮丁队拖至途中，再行动员，宣布起义。7月29日，虎南农民武装和龙沙、太平壮丁队冒雨经过火连扁、榨子门到达忠州（忠县）黄钦坝，共1300余人。当晚，会师大会召开，四川工农红军第三路游击队正式成立，刘大鸣任党代表，李光华任总指挥，王维舟任副总指挥，覃文任政治部主任。同时，在游击队成立了党的前敌委员会，王维舟兼任前敌总指挥。

30日，游击队进驻花桥寺后，处决了豪绅饶达三、潘秀丰、潘锡九，开展了破仓分粮斗争。在花桥寺王维舟主持召开了部队高级干部会议，会议主要是针对队伍中普遍存在的思想混乱、纪律涣散和作战经验缺乏等状况，讨论是否继续东征和打不打忠州城的问题。经反复讨论，会议作出了不打忠州城的决定。关于是否继续东征的问题，王维舟指出：游击队各方面的条件都还很不成熟，不宜远征。然而，刘大鸣等却始终认为进攻武汉意义重大，并再三强调：

"东征是上级党的命令,下级党必须执行。一定要执行省委的决定。"①会议最终作出了继续东征的决定。

游击队从花桥寺出发时,驻忠州上游的杨森部陈兰亭师就从忠州尾随而来,联合当地六个区的民团武装,将游击队团团围住。在严峻形势下,游击队以坚守要隘、伺机突围的策略,进行了防御部署。10日凌晨,敌人向游击队隘口发起猛攻,游击队拼死防守。经三昼夜激战,敌人将包围圈越缩越小,游击队弹尽粮绝、大部牺牲,李光华身负重伤被俘。王维舟率游击队余部突出重围,星夜兼程,返回梁山、达县边界地区。东征失败了。

八、任游击军总指挥

按照王维舟在东征前的部署,冉南轩、乔典丰、蒋群麟等带领的第一路游击队流散人员在宣汉、开江边境山区开展革命斗争。王维舟回到根据地,迅即召集冉南轩、乔典丰、蒋群麟、蔡奎、雷雨苍(后叛变)等在宣汉开会,研究重振革命武装问题。会议认为:宣汉、开江、梁山等地的广大农村,迂回余地大、群众基础好,有兵源、有供给,有坚持革命武装斗争的有利条件。

1930年秋至1931年5月,在王维舟的直接领导下,冉南轩等在宣汉组织的游击队运用灵活机动的战术,在短短几个月之内,进行大小战斗40余次,开辟游击区方圆100余里,发展队员300余人。

在此期间,中共四川省委发动了"江津兵暴"、"合川士兵起义"、"铜梁土桥农民起义"、"广汉兵变"②等攻打城市的武装行动,但这些行动少则几天,多则几十天,均以失败告终。然而,王维舟领导的川东革命斗争,始终坚持游击战,不仅保存了实力,而且扩大了游击根据地。

1930年11月初,受到"左"倾错误严重危害的中共四川省委得到恢复,但活动经费极度匮乏。王维舟得知这一情况后,数次派人将游击队在各地打土豪缴获的大量物资送到万县换取银洋,每次换得银洋之后都全部及时寄给了省委,使省委的日常活动得以维持。

1931年5月28日,王维舟参加了中共四川省委在成都召开的会议。会议决

---

① 《中共党史资料》,1982年第一辑,中共中央党校出版社1982年版,第91页。

② 中共宣汉县委党史研究室:《王维舟的一生》,中共党史出版社2008年版,第42页。

定: 以四川工农红军第一、二、三路游击队余部为基础, 重组川东游击军, 王维舟任中共川东革命军事委员会 (简称川东军委) 书记兼游击军总指挥, 在川东地区开展更大规模的游击战争。

王维舟领导的武装斗争动摇了四川军阀的统治。四川军阀刘湘悬赏10万大洋取王维舟人头。为迅速贯彻省委决定, 王维舟不畏艰险, 乔装改扮, 经重庆、万县返宣汉。

6月下旬, 王维舟来到宣汉大山坪, 召开了川东游击军重组工作会议。会议在传达省委决定后, 全面总结了川东游击战争的深刻教训: 第一, 起义队伍是刚刚组织起来的农民武装, 没有经过严格的军事训练和革命战争的严峻考验, 仅凭一时的革命热情猛冲猛打, 一遇挫折极易丧失斗争锐气; 第二, 在敌人重兵"围剿"、步步为营的时候, 死守阵地硬拼, 未作必要的战略转移及时跳出包围圈; 第三, 无后方基地, 粮食、弹药得不到供给, 伤病员得不到抢救医治; 第四, 对一些重大的军事行动事前没有周密的计划和充分的准备, 更没有深入细致的政治思想教育, 往往是仓促上阵、草率从事, 以至草率轻敌的错误一犯再犯; 第五, 离开有党的组织和群众基础的农村, 失去了群众的掩护和支持。

结合川东政治、经济、军事形势, 会议制定了对敌斗争的新策略: 一是普遍建立健全党的县委、支部, 积极发展党团员, 切实加强党对革命斗争的领导; 二是通过深入细致的政治思想教育, 使广大游击军指战员树立起坚定的革命意志和必胜的革命信心, 在任何艰难困苦的情况下不动摇、不逃跑、不叛变; 三是在敌强我弱的情况下, 随时根据实际需要, 将部队化整为零或积零为整, 开展经常性夜间战, 速战速决、打了就走, 坚决避免与敌人硬拼硬打的"阵地战"; 四是执行正确的统战工作政策, 根据不同情况区别对待各地保甲长、团总和豪绅, 对顽固反共和首恶的反动分子予以坚决镇压, 对中间势力则积极教育争取, 对开明士绅要尽力团结利用; 五是采取"打进去"、"拉出来"的办法, 派一些思想坚定、政治可靠的革命骨干打入敌伪政权, 以掌握敌人动向和武器弹药, 或从敌伪政权中拉出一些倾向革命的人员为我所用, 分化瓦解敌人; 六是普遍建立农民协会、妇女会、儿童团、不脱产的游击队等群众组织, 领导群众广泛开展打富济贫、破仓分粮和抗捐、抗税、抗租、抗债、抗拉夫抽丁的斗争, 建立工农民主政权。

虎南赤区是川东地区领导力量较强、斗争时间较长、群众基础较好的革命根据地, 王维舟首先在这里建立川东游击军第一支队, 任命蔡奎为支队长。

第一支队建立后，活动在梁山百里漕、达县顺风山一带，恢复和发展农会、儿童团、妇女会等组织，领导农民开展抗租、抗税斗争。

1931年夏，王维舟在开江以广福为中心，组建川东游击军第二支队，任命乔典丰为支队长。为扩充和装备队伍，他与当地进步的上层人士曾玉声、钟与权等结为朋友，争取他们的支持，并派中共广福支委书记蒋琼林、组织委员曾亚光、宣传委员曾宪章、青年委员朱先儒和当地农会主席刘朗怀等分赴各地宣传革命，发展队员，动员士绅捐献枪弹。通过大量工作，第二支队迅速发展到1000余人，拥有长短枪150余支。

王维舟建立川东游击军总指挥部不久，又组建了川东游击军第三支队，并亲任支队长。第三支队活动于宣汉、达县、江口（平昌）、万源一带，不仅普遍建立健全党的县委、支部和农会、青年团、妇女会、少先队、反帝拥苏大同盟等群众组织，把广大的人民群众和进步的知识分子组织起来开展斗争，而且在支队以下建立若干10人至20人的"锄恶团"、"去毒军"、"特务队"等武装小分队，以灵活机动的战略战术打击敌人。这些小分队在地方党组织的领导和农会的配合下，其队员平时从农、战时为兵，身穿便衣、腰揣短枪，或独立行动、或联合作战，广泛开展抓"肥猪"、袭团局、除恶霸、打"委员"、惩叛徒等斗争，击毙团总贺光建、恶霸丁东凡、叛徒覃明光、收款委员伍超等首恶分子30余人，吓得各地反动势力头目纷纷要求辞职"避难"。

抓"肥猪"是第三支队筹集军费和枪弹的一条重要途径。一天，宣汉禁烟查缉局局长陈炳章带着护商营从南坝场乘木船到宣汉县城。王维舟闻讯，率冉南轩、雷雨苍等游击队员30余人，在三河场猫跳河东西两岸设伏。抓住陈炳章后，游击队员将陈炳章双眼蒙上，捆绑在滑竿上，令其向刘存厚写信要求以两百条枪赎人。刘存厚得报后，惊恐万状，但又硬着头皮说："厉害的王维舟，我宁肯拿十万大洋收你的头，也不愿给两百条枪。"于是，他派出大量军队，多次到大山坪一带搜山"清匪"，妄图以武力夺回陈炳章、捉拿王维舟。

游击队员抬着陈炳章在深山老林与敌人周旋一年多时间，敌人妄图救回陈炳章的行动屡屡扑空。刘存厚只好派代表到游击军指定的开江太和场团总陈青云处用三万大洋换回了陈炳章。游击军获得三万大洋后，将其中的两万交给中共四川省委支援了其他地区的革命，用另一万购买枪弹武装了自己。从此，大小劣绅，以致军阀内部，都知道游击军对待"肥猪"交钱从宽、抗拒从严的政策。所以，凡是被游击军抓获的"肥猪"，大都如数交款，不敢违抗。

第三支队还通过正确的统战工作政策，团结一切可以团结的力量为我所用。王维舟亲自带领冉南轩等游击骨干秘密前往芭蕉场，通过大量工作，与士绅杜仁瑞、王佐臣等结为朋友，又通过他们教育转化当地团局武装人员。经教育，团局中队长吴志太等转变思想，走上了革命道路；团总汤干臣及其同伙漆裕禄、周文伯等仍顽固坚持其反动立场，被第三支队处决。在同汤干臣等反动势力的较量中，团局武装在吴志太等人的控制下，不但没有真正与游击军对抗，反而暗中掩护游击军的行动。

对顽固不化的反共势力予以坚决镇压，是第三支队的一贯政策。三河场位于游击军总指挥部西北面，与游击军总指挥部相距不过20华里。王维舟去该场对团总彭达才做争取工作，但彭达才十分反动，不愿合作。为此，王维舟派游击队员袭击团局对其进行惩治。彭达才虽未丧命，但一想到游击军就心惊肉跳。为保全性命，他辞去了团总职务。继任团总杨吉成，表面上接受游击军劝告，但暗地里不时对游击军进行"清剿"，王维舟见他表里不一，便令冉南轩率队再次袭击团局，将其处决。杨吉成见事不妙，从后门跳下大河，企图游渡逃跑，但被沿河两岸早已埋伏好的游击队员击毙于河中。处决杨吉成，大大震慑了敌人，很多地方的区长、团总、民练大队长反共气焰大为收敛。

经过一年多的艰苦斗争，川东游击军已达2000余人，拥有长短枪1000余支。力量扩大到东起梁山，南抵达县，西至江口，北迄城口的川东十余县。

1932年夏，为加强党对川东游击军及其根据地的领导，中共四川省委决定：将梁山中心县委改组为梁达中心县委，杨克明任书记，王维舟等七人为执委，中心县委机关迁驻达县蒲家场。省委的这一决定，为川东游击军的斗争创造了更为有利的政治条件。与此同时，根据省委《创造川东苏维埃实施大纲》要求，川东游击军改编为川东红军游击队新编第一路（以下统称川东游击军），王维舟继任总指挥，杨克明兼任政委，乔典丰任副总指挥，下设部队仍为原三个支队，原支队长继任。

九、迎接红四方面军

1932年12月15日，红四方面军总部召开团以上干部会议，制定了"进军川北建立革命根据地"的方针。王维舟从四川省委处得知了红四方面军将要入川的消息，川东游击军和川东群众受到极大鼓舞，王维舟立即派人到城口县与红四方面军取得联系。1933年初,红四方面军又先后攻占南江、巴中两县,从根本上动摇了军阀和土豪劣绅在川北的统治,川东的革命形势也随之发生了根本的变化。面对新的革命形势,中共四川省委指示梁达中心县委和川东军委:"迅速动员一切力量,大力恢复和发展农民群众组织,猛烈扩大游击军,广泛开展游击战争,巩固和发展游击根据地,配合红四方面军的胜利行动,在敌后狠狠打击敌人,争取早日与主力红军会合。"①

根据中共四川省委指示,王维舟、杨克明立即召开军事会议,对部队进行整编,研究新的战略战术。会议决定:"将川东游击军的工作重心和主要力量转移到宣汉、达县、城口、万源等接近红四方面军主力的敌后地区,以牵制军阀刘湘、刘存厚的兵力,使红四方面军迅速向南发展。"②整编后的游击军共三个支队2000余人,在游击军总指挥部的统一指挥下开展活动。

刘存厚为防备主力红军进攻,急将其主力北调,增强万源至江口土地堡一线防御。在敌人后方空虚之际,川东游击军普遍发动群众打土豪、除恶霸、战军阀,致敌人首尾难顾,很好地配合了主力红军的行动。

5月,刘存厚、王陵基在开江召开五县(梁山、达县、宣汉、开江、开县)联团会议,研究"清共"事宜,部署其正规军三个团和各县民团6000余人于宣汉南坝场、达县麻柳场、开江普安场等地,对川东游击军构成一个严密的包围圈。川东游击军采取集则为军、散则为民,时南时北、忽东忽西的"麻雀"战术应对敌人;敌人历时半月余,行程千多里,疲于奔命,"清共"再次告败。

是年秋,红四方面军在得胜山召开军以上干部会议,制订了宣(汉)达(县)战役计划。王维舟得悉后,立即派蒋琼林前往了解了宣达战役的部署。按照红军宣达战役的进军路线,王维舟将游击军分成左、中、右三路配合红四方面军截击敌人。

几天之内,川东北溃逃于南坝之敌,约八团之众,龟缩于圣墩寺。为消灭敌人,王维舟派王波到宣汉县城向红四方面军总指挥徐向前请兵增援。在川东游击军的强力配合下,红四方面军主力10月17日进入宣汉县境,18日攻占隘口场,并决定由红九军、红三十军分头向宣汉、达县推进。19日,红九军副军长兼第二十五师师长许世友率红七十四团、红七十五团攻下白岩寺,继而攻占宣汉

---

① 中共宣汉县委党史研究室:《王维舟的一生》,中共党史出版社2008年版,第56页。

② 中共宣汉县委党史研究室:《王维舟的一生》,中共党史出版社2008年版,第56页。

县城。20日，红二十五师师部、政治部进驻宣汉县城。随后，红四方面军总指挥徐向前前线指挥部进驻宣汉县城。按照徐向前的命令，许世友率红九军第七十三团、红四军第二十八团赶赴下八庙。王维舟、许世友等在文家祠堂共商了围歼南坝之敌的计划。26日夜，红四方面军和游击军兵分四路向圣墩寺发起进攻。经一昼夜激战，将敌击溃。27日，游击军与红四方面军在南坝场胜利会师，游击军总指挥部迁至南坝场向家祠堂。

川东游击军得到了广大贫苦农民的信赖和拥护，成为了一支近万人的队伍，这支队伍灵活机动的战略战术威震川陕，成为巩固和扩大川陕苏区的一支重要力量。因此，红四方面军总部决定：将川东游击军改编为红四方面军第三十三军。这一决定，使川东游击军指战员和川东人民倍受鼓舞。

11月2日，红四方面军前线指挥部、川东游击军总指挥部、中共宣汉县委、宣汉县苏维埃政府在宣汉县城西门操场联合召开庆祝红军解放宣汉和红三十三军成立大会。

这天，宣汉县城焕然一新，到处标语林立、红旗招展，到处都是欢声笑语。城乡人民成群结队，放着鞭炮，唱着革命战歌，高呼"打倒土豪劣绅"、"铲除封建军阀"、"扩大红军"、"巩固苏维埃政权"等口号涌向会场。

大会在热烈欢腾的气氛中隆重开幕。红四方面军政治委员陈昌浩在会上宣布了红四方面军总部关于川东游击军改编为红三十三军的命令，并发表了热情洋溢的讲话。新成立的红三十三军由王维舟任军长、杨克明任政委，辖第九十七师、第九十八师、第九十九师，蒋琼林、冉南轩、王波分任师长。

在热烈的掌声中，王维舟也讲了话。他激动地说："我们川东人民和游击军，在半殖民地半封建的黑暗岁月中，经过长期苦斗，终于用鲜血赢得了胜利。今天，我们劳苦大众站起来了，再不受土豪劣绅的压迫剥削和凌辱了。川东游击军改编为中国工农红军第三十三军，是中国共产党对我们的信任，是川东人民的光荣，也是川东人民子弟兵的光荣。这是一支为穷人闹翻身的队伍，有志青年都要踊跃参军，消灭敌人，保卫苏区，保卫革命政权，保卫子子孙孙的幸福。"①

会后，王维舟立即经清溪场到南坝场，将川东游击军总指挥部改为红三十三军军部，迁驻黄石场，并组建了军部直属机构：政治部、医院、经理部和

---

① 中共宣汉县委党史研究室：《王维舟的一生》，中共党史出版社 2008 年版，第 61—62 页。

通讯班。随后, 在达县蒲家场组建了第九十七师, 在清溪场冉家垭口组建了第九十八师, 在南坝场组建了九十九师。全军共万余人。

十、破四川军阀 "围剿"

1933年11月初, 四川 "剿匪" 总司令刘湘令其第六路军 (总指挥刘邦俊) 廖雨辰师、汪铸龙师、范华聪独立旅和第五路军 (总指挥王陵基), 警备二路、四路以及开江、开县、城口等地民团共五万余人, 向红四方面军、红三十三军阵地进攻。刘邦俊、王陵基认为, 红三十三军是新编部队, 装备不足、战斗力不强, 不堪一击。将主攻方向放在了红三十三军的阵地, 王维舟指挥部队严阵以待, 全军防线400余里。

面对敌人的猖狂进攻, 红三十三军第九十八师、九十九师与红四军第十师奋起反击, 经七昼夜激战, 将敌击溃。王陵基首战溃败, 伤亡千余, 恼羞成怒。叛徒卿品三乘机献策: "王维舟的胞兄弟及侄儿女居住万县, 利用他们劝王维舟反共, 可收一箭双雕之效。" 王陵基如获至宝, 急令副官冯克纯、叛徒卿品三于11月17日到磨子巷焦家院子以请客为名将王维舟胞兄王佐卿、胞弟王天干和胞侄王心燕、王心恒四人 "请" 去, 要挟他们劝王维舟脱离红军。王佐卿想, 假如硬抗下去, 势必造成不必要的牺牲, 不如将计就计, 带着家人, 借劝王维舟之名, 脱离虎口, 到苏区参加革命。然而, 狡猾的王陵基只放回王佐卿, 将王天干等三人留作人质。王佐卿无奈之下一人动身前往宣汉。

王佐卿来到黄石三湾岩红三十三军军部, 紧紧握着二弟的双手, 悲愤地控诉了王陵基的阴险手段。王维舟毅然决定让大哥投奔红军, 并召开大会, 让大哥在会上公开揭露王陵基的策反阴谋, 表达自愿参加工农红军、誓与敌人血战到底的决心。此外, 他还让军部将事件全过程报告给红四方面军总部, 以免张国焘给自己和大哥妄加罪名。总部经反复考察后, 决定将王佐卿安排到红军设在通江廖坪的医院工作。王佐卿到医院后, 怀着对敌人的仇恨、对革命的忠诚, 踏遍深山老林采集中草药, 救治了大批伤病员。1935年2月, 在部队瘟疫流行、医药奇缺的情况下, 他舍己救人, 献出了宝贵的生命。

红四方面军正为打破敌人的 "围剿" 浴血奋战之际, 张国焘却在川陕苏区展开了 "肃反" 运动。张国焘认为, 红三十三军成分复杂, 是 "肃反" 的重点。他派陈昌浩、周纯全到红三十三军军部坐镇 "整军"。"肃反" 工作队以是否上过中学、是否在国民党政权中做过事等作为划分好人、坏人的标准, 层层扩大打击对象。在这次"肃反"中, 红三十三军连以上干部特别是政工干部几乎全部被换掉; 第九十八师师长冉南轩, 第二九八团团长吴志太、副团长刘君门等官兵50余人, 第二九九团官兵200余人, 第二九七团营长任俊卿等官兵30余人, 第二九四团团长牟慈帆、营长李定国等官兵40余人, 先后被逮捕杀害; 第二九一团团长唐全弟失踪。不久, 张国焘还以第九十七师离红三十三军军部太远为由, 撤销该师建制, 除师长蒋琼林留任第九十八师师长外, 将其所属各部全部分割到了红九军、三十军。至此, 红三十三军全军减至2个师6个团5000余人。

尽管如此, 王维舟丝毫没有动摇革命信念, 他教育官兵要顾全大局, 要和其他各军调来的政工人员搞好团结。王维舟的开导, 使红三十三军的新老干部和战士统一了思想, 部队仍然保持着高昂的士气。随着红军主力从正面阵地的撤退, 王维舟带领部队转移至峰城一线, 配合红四方面军继续反击敌人的"六路围攻"。这时, 红四方面军总部派任罗南辉为红三十三军副军长, 部队指挥力量得到增强。

1934年, 王维舟被选为中华苏维埃共和国第二次全国代表大会代表。他虽因指挥战斗未能出席大会, 但仍被选为中华苏维埃共和国中央执行委员会委员。这反映了党中央对他的充分信任, 也使红三十三军的指战员受到极大鼓舞。

1934年1月初, 第二次"肃反"在红三十三军展开。第九十八师师长蒋琼林、第二九四团副团长彭友之被撤职送劳役队审查 (后被杀害) ; 第二九四团一营被编入红四军, 二、三两营被编入红三十军。其他各团也因"肃反"捕杀而人人自危, 减员不少。这次"肃反"后, 为稳定军心、整合力量, 王维舟一面加强对官兵的思想政治工作, 一面对部队进行了整编。至此, 全军仅存3个团 (第二九五、第二九六、第二九七团) 9个营4000余人, 由军部直接指挥, 师一级组织已经有名无实。

3月, 军部得到报告, 军部后方被"神兵"袭击, 军用物资和大批给养全被抢走。来人还说"'神兵'十分厉害, 刀枪不入"。王维舟立即派一小分队前往侦察。原来, 是一批地主武装, 趁红军前方吃紧, 组织反动"会道门"在后方捣乱。王维舟向战士们宣讲唯物主义, 破除他们的封建迷信观念。他挑选一批老游击队员, 组成一支小分队, 迅速开赴后山。小分队赶赴后山时, 正遇上一群"神兵"在大吃大喝。看到红军部队突然出现,"神兵"们仓促披上红布,手提大刀,大嚷"真神护身打不死"。红军一阵排子枪扫射,"神兵"多人被当场击毙,大部分做了俘虏。小分队带着俘虏凯旋,以实际行动教育了广大官兵,进一步揭穿了"神兵刀枪不入"的邪说。

红四方面军总部得知王维舟是破"神兵"的能将,便命他带领部队专打"神兵"。当时,敌第五路"剿匪"军警备四路司令陈国枢网罗罗文坝、长坝、青花溪一带的"圣母团"、"大刀会"、"扇子会"、"孝义会"等神团组织组成了一支数千人的土匪部队,仅"圣母团"头子吴锡林就率有2000余人。"神兵"们盘踞山林古庙,潜伏村寨岩穴,散则为民、聚则为匪,到处杀人放火、破坏交通、抢劫民财,无恶不作。为打通长坝至万源的交通线,恢复这一带的苏维埃政权,安定这一带的社会秩序,王维舟除命王波率第二九七团沿后河而上清剿两岸"神兵"外,还与副军长罗南辉亲率部队配合战斗。每次战斗,"神兵"都头裹红巾,身穿红衣,鬓贴黄纸钱,手执木刀、梭镖,口念咒语扑向红军;红军除必要时用枪弹射击外,主要用刺刀、马刀甚至木棒反击,杀得"神兵"魂飞魄散。经过"火攻三清庙"、"围歼穿心店"等五次战斗,红军五天时间歼灭"神兵"三团之众。"神兵"残部慑于红军威力,再不敢公开活动,罗文至万源的交通线被打通。

4月初,王维舟率红三十三军从罗文坝开赴万源县城周围,配合红四军一部赶走敌城(口)万(源)游击司令陈国枢部,收复万源县城。这时,第三次"肃反"又在红三十三军展开。在黄钟堡战斗中,红三十三军多次打退敌人的进攻,但张国焘的"肃反"工作队却将正在火线上指挥战斗的红三十三军排以上干部50余人捆送后方"审查"(这50余名干部事后下落不明)。在涌泉寺战斗中,装备精良的敌范绍增师数次向红三十三军阵地猛攻,仅靠旧式步枪、刀矛、手榴弹作战的红三十三军以英勇果敢的牺牲精神和机敏灵活的战术阻击强敌,最终守住了阵地,但军政委杨克明反被张国焘指责为作战不力,受到撤职并调离前方的处分。张国焘对红三十三军的再次打击与迫害,使全军将士悲愤不已。但是,王维舟怀着对党的无限忠诚,仍耐心教育干部战士要忍辱负重、顾全大局,绝不能对革命悲观动摇。

为了动员更多的老百姓支援红军,王维舟发出署名为"红三十三军军长王维舟"的《布告》安定民心。《布告》内容是:"穷人快回家,莫听土豪话。红军是救星,打的是土豪,杀的是富绅。穷人快回来,安心务生产。庄稼失误了,生活成困难。我们是红军，秋毫不扰人。敬老又爱幼，鸡犬不准惊。妇女如姊妹，老年如母亲。大家不要怕，我们才是一家人。军队如违令，立即处死刑。"红军爱民的举措深得贫苦群众的拥护。

红三十三军攻占城口后，令刘湘十分惊恐。他担心：红军若东下，胜则可封锁长江，南联贺龙；败则可退据陕南，依托镇巴、紫阳，待收获粮食后，再来决战。于是，他调动大量部队东移作战。他的这一举动恰恰是红四方面军要达到的目的。红三十三军拓展了川陕苏区，完成了牵制敌人的任务，为红军主力在大面山、青龙观等地反攻敌人创造了有利条件。11月1日，红四方面军总部在通江毛浴镇召开的党政工作会议上，充分肯定了红三十三军的功绩，还授予二九六团"百发百中"奖旗一面。

然而，战功赫赫的红三十三军却未能免遭张国焘的第四次"肃反"。11月上旬，第二九七团副团长唐安等数十名官兵被戴上了"改组派"、"反革命"、"阶级异己分子"等帽子，一部分被押送万源杀害，一部分被就地处决。11月中旬，王维舟接红四方面军总部会议通知，去巴中清江渡开会。他徒步到达清江渡时，会议已经结束。王维舟被安排在红四方面军总部住下后，张国焘既不让他回红三十三军，也不给他另任职务，就这样剥夺了王维舟对红三十三军的指挥权。但是，红四方面军总指挥徐向前对王维舟的为人及其在创建川陕革命根据地中的地位和功绩是充分肯定的，他非常尊重王维舟，把他当作自己的"参谋"。

十一、长征过雪山草地

尽管红三十三军一而再、再而三地遭到张国焘的无情打击，但王维舟对党的忠诚丝毫未减，他将张国焘的打击歧视置之度外，在愉快地出席了川陕省第一次工农兵代表大会后，又同徐向前一道指挥了广 (元) 昭 (化)、陕南等战役。广昭战役打响后，他和徐向前指挥部队在羊模坝歼灭国民党嫡系胡宗南部整整一个团。1935年1月他们回师汉中发起的陕南战役，再次狠狠打击了胡宗南的部队，缴获了大量武器装备，先后攻克宁强、阳平关等地。这次战役还达到了调动四川军阀部队北上的目的。中共中央和红一方面军主力长征进入贵州后，中共中央给红四方面军发来电报，要求红四方面军对红一方面军给予配合，红四方面军决定撤出川陕革命根据地，以配合红一方面军的军事行动。

1935年2月，红四方面军作出强渡嘉陵江的战略部署，王维舟随徐向前、王树声到嘉陵江沿岸寻找渡江点。部队第一次从苍溪地区过江时，由于地形不好，刚过去一个班，就被敌人发现，渡江未能成功。于是，他们又重新寻找渡口，几天之内，踏遍了嘉陵江沿岸数百里。他们发现苍溪附近的塔子山一带山多隘险，敌人虽在江岸修筑了很多碉堡，但防守兵力较为薄弱，便决定在此渡江。部队先在苍溪后山凉风垭下小河边造了30多只木船（每船能装载一排人），并在渡江前夜将木船秘密运到塔子山下小溪口。3月28日，渡江战役开始。王维舟在塔子山上指挥炮兵打掩护，王树声在江边指挥突击队偷渡。木船快到对岸时，被国民党军江防部队发觉，王树声立即通知王维舟下令开炮。王维舟一声令下，山上的24门迫击炮向早已测好的目标猛烈射击，掩护渡江突击队登陆。在密集炮火的掩护下，数路红军猛攻对岸，敌人惊慌失措，狼狈逃窜。29日拂晓，红军渡江成功。

渡江之后，红军横扫嘉陵江西岸国民党军据点，并乘胜追击，31日克剑阁、阆中，4月2日克南部、剑门关，3日克昭化，国民党军沿江300余里防线土崩瓦解。4月中下旬，红军向敌纵深发展，10日克梓潼、青川，围困江油城守敌；14日克平武；16日击溃邓锡侯部向江油的增援部队；17日克中坝；18日克彰明；21日克北川。仅10来天时间，就歼国民党军万余人，胜利结束嘉陵江战役。战役结束后，红四方面军继续西进。

5月中旬，红四方面军主力由彰明、中坝、青川、平武等地向松潘、理县西进。王维舟率部经青川到茂县，然后进入理县杂谷脑少数民族聚居地区。王维舟认为，如果没有正确的民族政策和严明的纪律，红军在民族地区就会遇到很多麻烦。但张国焘一味执行其"左"倾路线，先将投降红军的少数民族保安队队长杀害，继而将原任西安警察厅厅长、时跟杂谷脑喇嘛寺活佛学经的汉人杨某逮捕杀害。张国焘的行动引起了当地群众和喇嘛对红军的误解和敌视。一天，王维舟和刘瑞龙、杜义德等冒着生命危险到喇嘛寺向少数民族同胞宣传党的民族统战政策，一到寺里就被喇嘛和群众武装包围，徐向前的一位参谋当场遇害。王维舟等在随身警卫的保护下，冲出包围，组织人员抵抗，两天后大队伍赶到时才转危为安。

6月12日，红四方面军与中央红军先头部队在达维镇胜利会师。14日，中央军委机关到达达维镇。当晚，红一方面军和红四方面军举行会师庆典，两军将士欢欣鼓舞。张国焘看到红一方面军经过长征后，人数已经很少，部队疲惫不堪，装备简陋，产生了取代中共中央的野心。两河口会议召开，中共中央作出了北上决定，张国焘又在红四方面军干部中散布流言蜚语，还要求改组中央军委和红军总司令部。王维舟见此情景，忧心忡忡，担心革命力量会分散。7月，张国焘公开撤销了王维舟的红三十三军军长职务。

8月，中共中央决定将红一、红四方面军混合编为左、右两路北上，左路军由红军总司令朱德、总参谋长刘伯承和取得红军总政委要职的张国焘率领，王维舟随左路军行动。王维舟与朱德、刘伯承经常见面交谈，他们一致认为，越是困难，越应和衷共济，紧密团结在党中央周围，共同对付国民党反动派，达到北上抗日的目的。9月初，左路军主力北上到达阿坝，中共中央电令张国焘率左路军向东与右路军靠拢，全力向北推进，但张国焘却以种种借口按兵不动。朱德督促张国焘执行中央指示，并在阿坝准备了干粮。部队到达嘎曲河岸时，发现河水陡涨，张国焘令王维舟率一个团沿河探察渡河点，可王维舟率部出发时，张国焘又令停止行动。最后，张国焘以嘎曲河水陡涨、粮食缺乏为借口，命令部队退回阿坝。部队行至一宽阔草地时，他又令停止前进，暂时休息。在此，张国焘召集高级干部会议，提出要讨论："我军是前进，还是南下？"朱德当即表示应该继续前进，与中央红军一同北上抗日，并指出这是唯一正确的方针。由于意见分歧，会场秩序大乱，有的甚至谩骂中央红军是逃跑主义。张国焘对错误意见不仅不制止，反以冷笑和讽刺的态度来批评党中央。张国焘不仅要左路军南下，而且主张红军部队全部南下，发电迫使徐向前、陈昌浩、许世友率右路军中红四方面军部队从包座、阿坝脱离右路军南下。当左路军经马塘、绰斯甲一带向卓克基进发时，张国焘又令王维舟率领一个团绕嘎曲河而上，去接陈昌浩、徐向前率领的南下部队。

这时，张国焘野心毕露，公开进行反党活动。10月5日，张国焘在绥靖（金川）东北部的卓木碉拉拢一些干部开会，宣布另立中央，自封"中央主席"，并捏造是非，诽谤党中央。朱德、刘伯承坚持原则，坚持团结，反对分裂，耐心向干部解释党中央的策略，抵制张国焘的反党分裂活动。王维舟对张国焘的分裂行径看在眼里，更是急在心里。

张国焘在卓克基将部队编成两个纵队南下，其中一个纵队由倪志亮任总指挥，王树声任副总指挥。为笼络人心，张国焘任命王维舟为这个纵队的参谋长。部队南下翻过夹金山，攻占芦山、天全、宝兴等县。红四方面军到芦山时，瘟疫流行，王维舟动员城内外的医务人员一起成立"工农医药社"。"工农医药社"想尽办法采集中草药为百姓治病,为红军医院提供药品。几个月的时间,瘟疫被控制住了。11月,王维舟在芦山被任命为大金省抗日救国军总指挥。王维舟在天全、芦山、宝兴等县分别建立"抗日救国会",宣传共产党抗日主张,组织当地青年参加抗日活动。抗日救国会还在县城建了一所工农小学,小学开学后,红军给小学送来了政治部编写的课本《公民》,小学课堂里响起了"工农一家人"、"万恶发财人,处处整穷人,世界不公平,大家要革命"的雄壮歌声。

南下部队推进至名山县百丈关时,红四方面军指挥部决定发起百丈关战役,从而进击成都平原,王维舟参与了指挥百丈关的战斗。经半月激战,红军不仅未能获胜,反而伤亡近万人,转入守势。惨重失败的事实,说明了张国焘南下方针是错误的。1936年1月,红三十三军在丹巴、崇化一带与红五(原红五军团)合编为红五军,董振堂任军长,黄超任政委,罗南辉任副军长,杨克明任政治部主任。从此,红三十三军番号被取消。在此期间,王维舟被张国焘任命为"中央"五局局长,其任务是为红四方面军侦察前行的路线。

由于天全、芦山敌情严重,2月11日,张国焘被迫作出红四方面军向后转移的《康(定)道(孚)炉(霍)战役计划》。虽然王维舟对张国焘的分裂行径强烈不满,但大敌当前,他顾全大局,率先遣队,为后续部队扫除障碍、筹集粮草。沿着王维舟侦察的路线,红四方面军各部陆续撤离天全、芦山、宝兴地区。3月中旬,部队到达甘孜。这时,部队只剩下四万余人,与南下前相比,减员过半。张国焘南下惨败激起广大指战员强烈不满,共产国际代表要求张国焘取消先前成立的所谓党中央,新组建中共中央西南局。在各方面的压力下,6月6日,张国焘不得不取消其所谓的党中央。

7月1日,红二、六军团到达甘孜,与红四方面军会合。7月5日,根据中革军委命令红二、六军团与红三十二军组成红二方面军。朱德、刘伯承会同红二方面军任弼时、贺龙、关向应等领导人与张国焘进行了斗争,张国焘才同意红四方面军与红二方面军一起北上。

从甘孜地区北上,还要经过茫茫大草地。为侦察前进道路、筹集粮草和过草地时应对敌人骑兵,红四方面军组建了骑兵师。骑兵师由3个团、3500余人组成,由许世友、王维舟指挥。王维舟同许世友率骑兵师担任大部队前卫,为大部队打通前进道路。

王维舟不但要指挥部队,还要照顾体弱多病的妻子马奎宣,他总对妻子说:"我连背带拖,也要将你带出草地。"跟随红四方面军长征的还有一些妇女儿童部队，在草地上有一条湍急的河流截断了前进的道路，于是命令交通队、教导队每人负责一个孩子、妇女，必须全部过河，他说宁可丢下一个大人也不能丢下一个孩子，小孩子丢下来了，只能饿死。

部队过阿坝后，涉嘎曲河，经上、下包座，到达甘肃哈达铺，进驻岷州城下。甘肃军阀鲁大东、邓宝珊部坚守岷州，红军四面围攻未下。张国焘主张绕道青海到甘北，打通新疆国际路线；朱德、刘伯承主张与中共中央、毛主席会合。开了几天会，争论不休。最后仍执行张国焘的主张，经拉卜寺草地向青海方向前进。

在岷州时，张国焘命王维舟西去洮州做争取李经义部（邓宝珊的一个旅）的工作。经过王维舟的大量工作，李经义被争取过来，并被任命为抗日纵队司令。因此，红军较为顺利地进至洮州。洮州是草地，粮食奇缺，部队处于进退两难的境地。此时，中共中央和毛主席不计前怨，派陈赓率部来洮州迎接红四方面军，要张国焘与中央红军会合。经再三劝说，张国焘仍固执己见，拒不会合。然而，国民党军主力愈逼愈近，部队的上策就是通过甘陕公路北上，靠近中央红军驻地。9月29日，张国焘被迫下达北进命令，让部队往会宁方向前进。10月9日，红四方面军总指挥部到达会宁。10日，中共中央致电全军，热烈祝贺红一、二、四方面军胜利会师。

三大主力红军会师后，红四方面军主力部队二万余人渡黄河西进。王维舟与未过黄河的部队与中央红军一道，参加了山城堡战斗。这次战斗结束后，他同部队进驻保安，回到了党中央和毛泽东主席身边。

十二、保卫陕甘宁边区

11月，王维舟、刘伯承在保安见到了毛泽东。王维舟向毛泽东汇报了张国焘挑拨红一方面军与红四方面军关系、阴谋分裂党中央和歧视红三十三军、残酷杀害大批红军将士的罪恶事实。毛泽东听了王维舟的汇报后说："红四方面军的干部也还没有完全认识到由于张国焘的错误路线使革命遭受了不应有的损失，待将来时机成熟，对这个问题，要深入检查，希望作好准备，也要暂时严守秘密。"①听了毛泽东的指示，王维舟有了信心。

---

① 中共宣汉县委党史研究室：《王维舟的一生》，中共党史出版社2008年版，第80页。

12月7日，中央军委任命王维舟为中央军委委员兼四局局长。这充分显示了中共中央、毛泽东对王维舟的深刻了解和无比信任。在中共中央的正确领导下，王维舟竭尽全力、夜以继日地为党工作。

1937年1月，王维舟随中央直属机关迁往延安。在抗日战争即将全面爆发之际，他深感在长期跋山涉水的征战中缺少学习机会，没有掌握系统的马列主义理论和现代军事知识，已经不能适应新的战斗的需要。所以，他主动申请到红军大学学习，中共中央批准了他的请求。当时的红军大学条件非常简陋，住宿在窑洞，上课在院坝，写字在膝盖上。这样艰苦的学习环境，对于长期打游击、经过了二万五千里长征的王维舟来说，已经感到很舒适了。他十分珍惜这个学习机会，如饥似渴地学习学校开设的各门课程。那时，毛泽东经常来学校讲课、作报告，王维舟受到很大的教益。王维舟在红军大学学习期间，中央开展了批判张国焘错误路线的斗争。在这场斗争中，王维舟始终站在最前列。他对张国焘所犯错误的揭发，不夸大、不缩小，严肃认真，实事求是。在一次大会上，他对张国焘的揭发批判达两小时之久，为冤死的红军将士伸张了正义。

7月7日，卢沟桥事变爆发，日军侵占了北平、天津。接着，日军又制造八一三事件，对上海发动大规模进攻。在国共第二次合作、抗日民族统一战线形成的大背景下，蒋介石政府于8月22日正式公布：将西北地区主力红军改编为国民革命军第八路军，朱德任总司令，彭德怀任副总司令。中共中央军委也于8月25日正式发布改编命令，将战斗在陕北的三万余红军改编为八路军。八路军下辖第一一五、第一二〇、第一二九三个师，王维舟被任命为第一二九师第三八五旅副旅长。

9月6日，第一二九师万余人集结于三原县石桥镇召开改编誓师大会。在庄严的大会上，王维舟和全体指战员高唱《义勇军进行曲》，心里充满了无比的喜悦。会后，第一二九师主力奔赴抗日前线，转战于太行山区；第三八五旅奉命进驻陇东三河镇。1938年1月后，第三八五旅又迁驻陇东庆阳县。王维舟虽身居后方，但胸怀抗日全局。当时，为争取国民党上层人士，建立抗日民族统一战线，壮大抗日力量，中共中央决定在国民党统治区发展党的组织，并号召干部到白区工作。王维舟长期在四川开展革命斗争，有在极端困难的条件下打开工作局面的能力，为响应中共中央号召，王维舟于12月12日书面恳求中央：

"抗战以来，华北失陷，南京危急，是国民党部队单纯军政片面抗战结果所致，再不能继续下去了。在全面抗战尚未到来的过程中，我们应积极开展白区工作,以期迅速转变到全面抗战,战胜日寇,争取民主制的实现。当然我党中央是早有计划的,不需我们来提,不过我建议,四川是地大物博之地区,而川军内所潜伏的矛盾仍未削弱,人民的痛苦亦未减轻。对目前抗战形势,四川已转入全国军事政治中心抗日根据地区,如果推动四川工作需人,请调维舟前往帮助一时期。地方部队工作有肖所代,可否? 请立即复示。"①

中共中央决定王维舟仍留原地工作,担负保卫边区的重任。根据党的指示,王维舟动员八路军中的川籍共产党员宋更新、王正坤、廖代贤等20余人回川,在中共中央南方局和八路军驻渝办事处的领导下,到川东北一带建立党组织。

陕甘宁边区是土地革命战争时期创建的革命根据地,是中共中央所在地,是中国共产党领导的各抗日根据地的指挥中枢,也是中国共产党领导的武装力量的总后方。陕甘宁边区是在国民党军三面包围和日军的进攻威胁下进行建设的。东面是黄河,日军在黄河以东,南起风陵渡北至大同的同蒲路沿线布置了34个师团的兵力。南、西、北三面,国民党布置了30万大军进行封锁包围。尽管抗日民族战线已经形成,国民党对陕甘宁边区仍然经常搞磨擦。王维舟的部队承受着巨大的压力,一方面对国民党的进攻要坚决回击,另一方面在国共合作的大背景下又要保持一定的斗争艺术。

1938年6月,王维舟兼任第三八五旅政委。1939年至1945年秋,王维舟任第三八五旅旅长。其间,1940年4月至1942年12月兼任陕甘宁边区陇东行政督察专员公署专员,1941年1月至1945年8月兼任陕甘宁边区陇东分区警备司令员。这一时期,他的主要任务是: 组织和领导镇原、东华池、西华池、合水、曲子、环县、庆阳等地军民坚持抗日、支援前线; 保卫陕甘宁边区,保卫党中央,巩固抗日根据地的总后方。

在抗日民族统一战线形成的初期,国共两党还基本能够合作抗日,但国民党在1939年1月召开的五届五中全会上又制定了所谓《限制异党活动办法》,提出了"防共、限共、溶共、反共"的反动方针。蒋介石接连掀起三次大规模的反共高潮,加紧军事反共活动,陕甘宁边区是国民党攻击的重点地区之一。自1939年起,蒋介石密令胡宗南对共产党抗日阵地大举"蚕食"、大搞磨擦,先后侵占淳化、旬邑、正宁、宁县、镇原等县。遵照党中央"坚持抗战,反对投降; 坚

① 中共宣汉县委党史研究室:《王维舟的一生》,中共党史出版社2008年版,第83页。

持团结, 反对分裂; 坚持进步, 反对倒退"的总方针, 王维舟采取的斗争策略是: 第一, 大力宣传共产党的抗日民族统一战线政策, 争取多数群众和各届上层人士的同情与支持; 第二, 以谈判方式与国民党军展开说理斗争; 第三, 对国民党顽固派军队的非理进攻, 必须反击, 决不轻言让步。

1939年4月, 王维舟发现国民党军企图在宁县、镇原向八路军进攻, 指示第七七〇团团长张才千: "这两天国民党军调动频繁, 很可能会对你们驻守的部队下毒手, 要立即采取有效措施, 防备敌人突然袭击。"张才千迅速集中优势兵力, 进行控制性战备部署: 国民党军上一个哨, 八路军就上两个哨; 国民党军上两个哨, 八路军就上四个哨……因此, 国民党军虽向八路军发动多次进攻, 但八路军仍巍然不动。在两军对峙的情况下, 为避免伤亡, 稳住防地, 王维舟、耿飚 (副旅长兼参谋长) 又出面谈判, 义正辞严地向国民党军提出了《陇东纠纷第二步解决之意见》, 促使国民党军在三个多月内基本上没有与八路军发生大的磨擦事件。

在八年抗战中, 王维舟就这样有理、有利、有节地与国民党反动派进行斗争, 保卫了边区, 保卫了党中央。

十三、加强根据地建设

陇东地处甘肃黄土高原, 平均海拔在1000米左右, 气候干燥, 夏天炎热, 冬天寒冷。入冬时节, 部队在王维舟的带领下, 进驻陇东。旅司令部和直属机关驻扎庆阳, 首先遇到的困难是部队没有营房, 为了不给当地群众增添麻烦, 王维舟决定部队自己解决住房问题。干部战士在庆阳的麻家湾、田家城沿山崖打窑洞, 经过半年多的艰苦劳动, 挖了100多孔窑洞, 解决了旅直属机关部队的住房困难。

由于华北抗日根据地连遭日军"蚕食"、"扫荡", 使根据地的生产生活资料遭到极其严重的破坏, 国民党也加紧了对抗日根据地的经济封锁, 1940年11月还停发了八路军的军饷, 加之自然灾害, 根据地出现了饥荒。中共中央所在地陕甘宁边区在财政经济上遭受了极端严重的困难。1940年冬起, 中共中央号召陕甘宁边区军民开展大生产运动。

抗战初期, 国民党西安当局对第三八五旅的军饷和物资供给, 虽时有拖欠, 但毕竟还能如数拨给。可是, 由于国民党顽固派不断制造磨擦, 第三八五旅被迫开展反磨擦斗争，西安当局便借端生事，无理克扣或拖欠八路军军饷和物资供给，以致后来完全停止了对八路军一切经费的发放，企图把八路军困死、饿死在陕甘宁边区。这样一来，陕甘宁边区同其他解放区一样，财政经济处于极端困难的境地。面对困境，王维舟带领第三八五旅全体官兵积极响应毛泽东发出的"自己动手，丰衣足食"的号召，发展生产，保障部队供给。

1942年，王维舟指挥第七七〇团奔赴大樵山脉开荒屯田，创办农场，向土地要粮。大樵山脉，地处陇东合水县东部，连绵数百里，山脚下的大、小凤川一带虽有数百亩可开垦的荒地，但周围是大片的原始森林，要把这些没有人烟的荒山、荒坡变成沃土良田，自然不是一件容易的事。生长在农村的王维舟对于开荒种地并不陌生。他一面勘察土地，草拟计划，规定任务；一面召开大会向干部战士作思想动员，宣传开荒种地对于打破敌人封锁、战胜敌人进攻的重大意义。在他的带动下，部队群策群力，白手起家，热火朝天地在大凤川周围百余里的荒山上干起来。没有农具，捡破铜烂铁自己炼铸；没有营房，用树枝野草搭临时草棚。部队里南方战士多，不熟悉北方的农时气候，他就让各个连队请来当地有经验的老农作指导。经九个月的艰苦创业，重重荒山变成了层层梯地，长出了嫩绿的禾苗。在第七七〇团的影响下，旅直机关和警备五、七两团也就地大量开荒种粮，解决自身的吃饭问题。

为进一步改善部队生活和积攒肥料，王维舟还大力组织畜牧业和手工业生产。当时，部队官兵每人养一头猪、一只羊、两只鸡，四人养一头牛。他们自己制造纺车用羊毛纺线，用毛线织毛衣、毛袜、毛手套，自己做布鞋、打草鞋、自己生豆芽、做豆腐、上山砍柴烧炭……随着生产的发展，部队又修筑了新营房。在新营房里，每营都建有公共体育场，每连都建有课堂和俱乐部、文化室、阅览室、理发室、澡堂等。部队还先后办起了20多个厂、店、坊。连续几年奋战，全旅共开荒2.3万多亩，收粮2500多石。除自给自足外，还给兄弟部队提供了大量粮食和其他物资。

因为没有棉花和棉纱，纺织厂越办越难，部队穿衣成了大问题。王维舟就能否种棉花问题访问当地老农，得到的回答是：当地气候寒冷，无霜期短，祖祖辈辈都没有种过棉花，恐怕种了也不会有收成。但王维舟并不灰心，他想：陕西的蔬菜能在庆阳安家落户，关中的棉花为什么就不能在庆阳开花结果呢？他找来曾在关中种过棉花的干部、战士进行座谈，摸清棉花的生长特点和种植技术，然后亲自开垦1.8亩荒地大胆试验。功夫不负有心人，他的试验田里终于产出了30多斤棉花。庆阳成功种植棉花为边区军民的大生产运动树立了榜样。种植棉花的经验推广后，第七七〇团、警备五团和旅直机关当年种棉421亩，产棉8500余斤，人均达到两斤多，为当地纺织工业的发展创造了条件，解决了边区军民的穿衣问题。

1943年1月，中共中央西北局召开高级干部会议，毛泽东到会作了关于抗日时期经济问题与财政问题的报告。会议期间，王维舟等22位在大生产运动中做出突出贡献而又克己奉公、在群众中享有较高威望的干部受到了表彰。此外，毛泽东还亲笔书赠王维舟"忠心耿耿，为党为国"布质奖状一幅，对王维舟给予了高度评价。

在根据地建设中，王维舟十分注意部队与当地群众的关系，当地群众都亲切地称王维舟为"王善人"。第三八五旅的战士经常帮助当地群众抢收粮食，农忙时王维舟动员部队帮助春耕、夏耘和秋收；在群众有疾病时，第三八五旅送医送药给予及时的救护；在群众有婚丧时，便给予庆贺和吊唁。王维舟在兼陇东地委书记时就制定了财政经济的正确方针政策，确定在党的一元化领导下，财政经济分区实行自给自足和统收统支的方针，生产以农业为主等政策。

1942年6月10日，是王维舟的生日。此前，朱德、吴玉章于6月3日在《解放日报》发表文章，林伯渠、贺龙、关向应、徐向前等发来贺电，向他表示祝贺。朱德在《祝维舟同志五十六寿辰》文章中满怀深情地评价王维舟"对党有无限的忠诚"，是"饱经革命风霜、曾冲破过无数困难和艰险的老布尔什维克"、"我党的先辈"，"值得我们全党来学习和尊敬，值得全边区、全中国人民来尊敬"。朱德在谈到他过去创建和领导的川东游击军对革命的贡献时，还强调指出："有着这样一批本地游击队伍，才使入川的四方面军能迅速扩大起来。"林伯渠、贺龙、关向应、徐向前等在贺电中说："深佩对无产阶级事业之忠诚与布尔什维克的品质"，"深愿互相策勉，共为党的事业，为保卫边区而斗争"。当天，第三八五旅和陇东地委、专署为他举行了祝寿会。祝寿会上，庆城百姓给他送了几幅寿匾，其中有两幅分别题词为"德高望重"、"善星永光"。当晚，旅部文工团还为他举办了祝寿文艺晚会。晚会上有个名为《唱唱咱们的王善人》的节目，深受军民欢迎。

1945年4月23日至6月11日，中共七大在延安举行，王维舟被选为第七届中央候补委员。七大前夕，毛泽东主席在审查七届中央委员、候补委员候选人名单时说:"王维舟同志是中国共产党最早的党员之一,还没有成立中国共产党,他就是共产党员了。"①

十四、担任省委副书记

抗日战争结束后,国共两党开始中国战后重建的谈判。

1946年初,中共中央任命王维舟为中共四川省委副书记,并决定选调一批川籍共产党员回川工作。接到通知后,他立即从军队挑选300余人带往延安接受培训。他们离开庆阳城那天,当地百姓家家户户在门上挂红旗,在门前设桌摆放糕点、水果、酒、茶、香烟,燃放鞭炮热烈欢送亲人的离开。到延安后,王维舟将从陕甘宁带来的300余人安排在中共中央党校二部学习,等候四川省委的通知。

4月,王维舟从延安秘密到重庆就任中共四川省委副书记。从此,他和老战友、时任中共四川省委书记的吴玉章又在一起战斗了。不久,因国民党政府要"迁都"南京,在重庆与国民党进行和平谈判的中共代表团也要离开重庆。为了使四川党组织便于开展统战工作,中共中央决定四川省委公开活动。4月30日,中共代表团负责人周恩来在重庆举行的最后一次记者招待会上,公开了中共四川省委,介绍了省委正、副书记吴玉章、王维舟。

中共代表团离开重庆后,四川省委的担子更重了,但同志们在吴玉章、王维舟的领导下,团结一致,积极发展党的组织,广泛争取上层人士反对内战、反对独裁,为和平统一做了大量卓有成效的工作,中共四川省委在群众中的声誉越来越高。对此,国民党统治当局十分惶恐。

早在中共代表团离开重庆前的4月8日,国民党当局就撕毁了"和谈协定"、推翻了"政协协议"。事件发生后,中共代表团成员王若飞、秦邦宪、邓发和前新四军军长叶挺乘飞机由重庆飞往延安,在途中因飞机失事遇难。王维舟闻讯,非常难过,挥笔题诗哀悼遇难同志:"北国哀音至,悲痛填胸怀。国家正多难,忽丧栋良材。和平基未固,团结岂容猜。内战阴谋炽,反动嗜独裁。民主须争取,遗志属吾侪。若飞诸同志,魂兮共归来。"

6月底,蒋介石内战部署就绪,密令国民党军队向中原解放区大举进攻。蒋

① 中共宣汉县委党史研究室:《王维舟的一生》,中共党史出版社2008年版,第92页。

介石挑起全面内战后，重庆的政治形势立即紧张起来，中共重庆办事处门前屋后，军警岗哨密布。反动派发起"反苏反共"游行，捣毁了《新华日报》营业部。在这种形势下，王维舟成了国民党的眼中钉、肉中刺，便衣特务秘密每天监视他的行踪。国民党报纸天天造谣，说王维舟要在重庆搞武装暴动，为加害王维舟制造舆论。

此外，国民党内部针对王维舟的密令、训令、通电接连发往各地。国民党四川特委会训令："川北宣汉、万源一带有股匪三千余，由中共四川省委王维舟领导，妄图待机蠢动。"①7月，四川省政府代电："中共对川康两省积极开展党务，建立各层组织，并布置潜伏武力，除已密饬共党四川省委副书记王维舟由蓉赴渝负责主持川康区军运匪运外，并调集旧有干部加强活动"②；四川特委会密函："中共首要王维舟于6月中旬接周恩来电嘱赴京商讨川境军事策略。旋于7月7日偕魏传统、程子健、刘澄清等10人由渝飞京，闻王短期内将赴鄂陕一行与李先念、王树声会晤，作军事密商"③；蒋介石公开通令：限王维舟三天内出川，否则不保人身安全。

受蒋介石指使，国民党重庆市市长代行营主任张笃伦以请客吃饭为名，把吴玉章、王维舟请到他家，宣布了蒋介石限期要王维舟出川的命令。张笃伦说："你王维舟是搞兵变暴动的专家，不能留川。"中共中央考虑到王维舟的安全，也为了便于应付更困难复杂的局面，决定将他撤走，并将活动在重庆的大部分同志疏散。

王维舟带着家眷，由国民党派飞机送到南京。王维舟到南京时，周恩来、董必武、邓颖超等正在此同美蒋反动派进行针锋相对的斗争。他在南京工作两个月后，经周恩来安排，率全家乘专机返回了延安。

十五、转战陕北到入川

王维舟返回延安时，正值中国人民解放军在中原、山东、晋察鲁豫等解放区同国民党军队激战。此外，蒋介石还调集胡宗南部19个旅近16万人进攻陕甘

---

① 中共宣汉县委党史研究室：《王维舟的一生》，中共党史出版社2008年版，第95页。
② 中共宣汉县委党史研究室：《王维舟的一生》，中共党史出版社2008年版，第95页。
③ 中共宣汉县委党史研究室：《王维舟的一生》，中共党史出版社2008年版，第95页。

宁解放区。1947年初,中央军委任命王维舟为陕甘宁晋绥联防军副司令员。王维舟同代理司令员王世泰密切配合,组织动员军民击溃了胡宗南部的猖狂进攻。从3月开始,国民党被迫实行所谓的"重点进攻",即:把进攻的重点放在陕甘宁和山东两个解放区,其他战场转为守势。在陕甘宁边区战场上,胡宗南部15个旅约14万人,加上包围陕甘宁解放区的宁夏、青海、榆林等地国民党驻军,共有34个旅23万人,而人民解放军只有6个旅2万余人。在中共中央和西北局的直接领导下,王维舟配合彭德怀、习仲勋领导的西北野战军,广泛组织和动员军民,为保卫延安、保卫陕甘宁边区、保卫党中央而战。

3月13日,胡宗南部分两路沿咸榆公路全线北进。14日凌晨,40多架敌机闯入延安上空轰炸毛泽东主席驻地王家坪。16日,敌进至金盆湾、鄜县南泥湾一带。然而,王家坪仍灯火通明。18日,胡宗南部进至延安城郊三十里铺,直到枪炮声已清晰地传来,毛泽东才离开办公室。为诱敌深入,寻找战机,以少胜多,各个歼敌,毛泽东率中共中央、中央军委机关撤离延安,到达清涧县枣林沟。19日,王维舟等率部主动撤出延安后,敌分兵北上,寻找解放军主力决战。在毛泽东亲自指挥下,陕甘宁晋绥联防军配合西北野战军以小部兵力引胡宗南军主力北上安塞,王维舟率联防军二纵队新四旅、教导旅隐蔽集结于延安东北部青化砭地区。25日,乘敌不意,王维舟率部一举歼灭胡宗南军右翼三十一旅3000余人,俘少将旅长李纪云,首战告捷。

青化砭一战,逼得胡宗南军由八九个旅分头出击改为行则同行、宿则同宿,以免各个被歼。毛泽东及时指示解放军改用"蘑菇"战术,在胡宗南部求战心切之时,派七七一团拉开队伍,扛着机枪由延安经延川、清涧、瓦窑堡"大游行"。胡宗南急令董钊、刘勘两军九个旅的兵力马不停蹄地追击。这样一来,敌人肥的拖瘦,瘦的拖垮。敌人追到瓦窑堡时,便失去了追踪的目标,只好留下其一三五旅防守,主力南下蟠龙、青化砭补给。解放军乘机在永坪出击胡宗南军整编二十九军,胡宗南军主力又调头北上,并令第一三五旅南下接应。4月14日,胡宗南军一三五旅行至羊马河时,王维舟率联防军二纵队教导旅、新四旅将其包围,歼敌4700余人。

蟠龙是胡宗南军的补给站,周围有几个旅来回活动。为调开胡宗南军主力,使蟠龙之敌孤立无援,毛泽东指示西北野战军九旅诱敌沿咸榆公路北上,同时组成南进支队破坏延安以南的交通,断绝敌人粮运。18日,胡宗南又调集9个半旅的力量向绥德进攻,大肆吹嘘占领绥德的"胜利"。乘敌后空虚,5月2

日，我军突然包围蟠龙守敌。4日，全歼守敌一六七旅和地方反动武装1个纵队共6700余人，缴获山炮6门、军衣4万多套、面粉12000多袋、骡马1000匹，击落飞机1架。

解放军三战三捷，共歼敌1.4万余人，沉重地打击了敌人的猖狂进攻，极大地鼓舞了解放区军民的士气，为西北解放战争的胜利奠定了基础。14日，解放军在真武洞召开了万人祝捷大会。王维舟在大会上致辞说："我们今天在这里开大会，庆祝我军的胜利。卖国贼蒋介石、胡宗南梦想侵占全边区，消灭西北人民解放军，这个企图已经被我们的英勇战斗打垮了。我们的胜利现在才在开始，不久定有更多的胜利。中国人民解放军的彭副总司令（彭德怀）和西北局的书记兼西北人民解放军的政治委员习仲勋同志在亲自指挥着你们，你们一定打胜仗。全边区160万人民，在林主席（林伯渠）的领导下誓为你们的后盾；全边区军民团结起来，一定要把胡宗南军队消灭在边区里面。我们第二次祝捷会要回到延安去开，开得更大更好……"①接着周恩来、习仲勋也讲了话。周恩来在讲话中还公布了一个消息：党中央撤出延安之后，毛主席仍留在陕北，一直都是用"李得胜"这个代号来指挥战争。这些讲话和消息给全军指战员以极大的鼓舞。

12月下旬，王维舟赴陕北米脂县杨家沟参加了中共中央"十二月会议"，聆听了毛泽东主席所作的《目前形势和我们的任务》的报告，与参会干部一起讨论了人民解放战争转入战略进攻、夺取全国胜利的纲领和政策。会后，王维舟回到陕甘宁晋绥联防军，传达了会议精神，总结了九个月来的战斗成果和经验。

1948年2月24日，西北解放军转入外线作战。3月3日，攻克陕中重镇宜川县城。在全国解放战争蓬勃发展的新形势下，23日，毛泽东、周恩来、任弼时离开陕北，东渡黄河，前往晋察冀解放区。临别前，毛泽东指示王维舟等："各战区不断取得胜利，全国反攻形势已经到来，我去华北计划解放全中国的事情，延安收复后的善后工作，由你们去做。"②

3月，陕甘宁晋绥联防军改称中国人民解放军陕甘宁晋绥联防军区，贺龙任司令员，习仲勋任政委，王维舟任副司令员。按照分工，王维舟指挥联防军

---

① 中共宣汉县委党史研究室：《王维舟的一生》，中共党史出版社 2008 年版，第 98 页。
② 中共宣汉县委党史研究室：《王维舟的一生》，中共党史出版社 2008 年版，第 99 页。

区七、八两个纵队。

4月22日，西北野战军收复被敌人占领13个月零3天的革命圣地延安后，王维舟同边区政府主席林伯渠一起出示安民布告，接收国民党军政机关，建立健全地方政权，维护社会治安。

1949年2月，王维舟被选为陕甘宁边区政府委员。3月，他赴河北省平山县西柏坡参加了中共七届二中全会，聆听了毛泽东在会上所作的报告，并与参会同志一起讨论了全国解放后党在军事、政治、经济和群众工作上的任务。

4月，陕甘宁晋绥联防军区改为西北军区，贺龙任司令员，习仲勋任政委，王维舟任副司令员。西北军区的主要任务是：指挥晋绥军区、陕北军区、陕南军区向国民党军进攻，歼灭敌人有生力量，解放西北地区。

5月20日，王维舟等率领的部队解放了西安。这时，中央军委决定组建解放成都前进部队，王维舟被任命为副司令员。11月，王维舟同司令员贺龙一起指挥解放军第十八兵团向陕南进攻。12月中旬，王维舟等率解放军第十八兵团由陕南入川，与从重庆西进的解放军第二野战军合力攻打由陕南溃败入川的胡宗南部3个兵团。12月25日至27日，中国人民解放军第十八兵团、第二野战军将胡宗南部第五兵团全歼于成都以南，胡宗南部另两个兵团（第七、十八兵团）起义投诚。27日，成都解放。29日，王维舟等率部进驻成都。随即，川内敌军各部纷纷宣布起义，全川解放。

十六、率慰问团赴老区

1950年6月6日至9日，王维舟在北京参加了中共七届三中全会，同与会同志一起讨论了党在国民经济恢复时期的主要任务以及完成这一时期的主要任务必须进行的各项工作和采取的战略方针。7月，王维舟被任命为中共中央西南局常委、西南军政委员会副主席。根据中共七届三中全会精神和中共中央的具体部署，他和西南局、西南军政委员会的同志一道，在西南地区开展了清匪反霸、减租退押和镇压反革命等一系列艰巨的社会改革工作，使西南地区生产力得到初步解放、国民经济得到较快恢复和发展。

1951年，中共中央组建若干慰问团分赴各老革命根据地慰问，王维舟被任命为南方老革命根据地访问团川陕边分团团长。分团有干部100人，加上文工团、摄影队、放映队、医疗队人员和记者等，共500余人，慰问团分成六个分队分赴川陕边各老革命根据地慰问。分团及下属各分队的主要任务是：慰问川陕边老革命根据地的革命烈士家属、革命军人家属、在同敌人斗争中受伤的残废军人和当地广大人民群众，借以了解并适当解决他们的疾苦，嘉勉他们为革命所做的贡献。

8月9日，王维舟率分团抵达川北行署所在地南充，受到中共川北区委书记、行署主任胡耀邦的热烈欢迎。12日，各分队按计划分赴各地。13日，王维舟率第五、六分队到达达县。19日，他亲率第五分队深入宣汉大成、双河等乡访问。在访问中，王维舟与在乡的老赤卫队战士、游击队队员、农会会员、童子团团员一一亲切握手，和他们一起回顾革命往事，鼓励他们继续战斗，为社会主义革命和建设作出新的贡献。

20日凌晨，宣汉县城大街小巷已是张灯结彩、红旗招展、标语林立。县城西北郊通往县城的炮台梁公路两旁，人潮涌动、锣鼓喧天，人们笑逐颜开，喜迎亲人。在欢迎口号和鞭炮声中，王维舟一行抵达炮台梁，边走边亲切地向迎候在这里的县领导和烈军属代表一一握手问好，向广大群众挥手致意。24日，川陕边访问分团第五分队和县委、县政府在县城西门操场召开了县城及附近几个乡的烈军属和群众大会。在大会上，王维舟饱含深情地回顾了革命斗争的艰苦历程，转达了中共中央、中央人民政府和毛主席对老根据地人民的慰问。他说："党中央、中央人民政府和毛主席很关心你们！关心你们的家园被破坏尚待恢复；关心革命烈士家属、革命军人家属、革命残废军人和人民的生活；关心要求学习和工作的革命人员和革命子女还没有很好的安置。各级人民政府应当尽可能地、有步骤地帮助你们解决这些问题。"在他讲话的过程中，会场上不时响起雷鸣般的掌声，"中国人民革命胜利万岁"、"中华人民共和国万岁"、"中国共产党万岁"、"毛主席万岁"等口号响彻云霄。

26日至27日，王维舟又在县城主持召开了有250人参加的全县烈军属代表会。代表会推选冉雨生、黄积五、赵明秀（女）三人代表全县烈军属赴北京出席国庆节观礼大会，并一致通过了宣汉人民向毛泽东主席的致敬电。

在县城召开会议的同时，王维舟组织了赴区、乡慰问的若干工作组。王维舟虽已年过六旬，但仍随烈军属代表于28日访问清溪，踏遍昔日的战场，向同自己并肩战斗过的战友们问寒问暖。在他的带动下，各慰问组深入各区、乡，逐户传达中共中央、中央人民政府对老区人民的关怀和慰问，转送毛泽东"发扬革命传统，争取更大光荣"的题词和毛泽东主席画报、像章等纪念品共两万余件。此外，还为生活困难的1228户烈军属发放补助粮45600斤。这次访问，使全县烈军属和广大人民群众受到极大鼓舞，为感谢中共中央、中央人民政府和毛泽东主席的关怀，他们也把用生命保护下来的大批文物转送给了党中央和中央人民政府。

8月底，王维舟代表访问分团给宣汉人民赠送了大批医疗器械和药品，以解决烈军属及贫困群众的医疗问题。9月初，访问分团结束了对全边区的慰问，圆满完成了中共中央和中央人民政府交给的光荣任务。

十七、任西南民委主任

西南地区是一个多民族的地区。在长征途中，为使红军队伍能够顺利行进，王维舟常与少数民族打交道，特别是在争取少数民族中的上层人士方面做了许多工作。在与少数民族人士的多次接触中，他了解了少数民族的特点，积累了丰富的民族工作经验。因此，王维舟担任中共中央西南局常委、西南军政委员会副主席后，1950年6月，中共中央又决定由他兼任西南民族事务委员会主任。

全国有50多个少数民族，西南就有30多个，全国少数民族人口有3000多万，西南就有1800多万。党在西南的民族工作十分繁重，当时邓小平、刘伯承等西南局的领导指出实现民族的团结平等，清除民族隔阂实现西南边疆民族地区的稳定对于巩固国防的重要性，要求做好民族工作必须坚决反对大汉族主义和狭隘的民族主义。

在1950年7月的西南军政委员会第一次全体会议上，王维舟很清晰地阐发了民族工作的思想，他说：我们民族工作总的原则方针政策，工作方向任务都有了，现在就是我们如何有重点、有计划、有步骤去认真实现的问题。王维舟明确提出，我们现在在民族关系问题上要特别尊重各民族的风俗习惯、语言文字等，即使少数民族对我们存有怀疑心理也不要奇怪，要知道这种怀疑是历代大汉族主义造成的，只有我们严格去掉大汉族主义的思想影响残余，经过一个较长的时间，少数民族的这种疑虑心理也就会逐渐消除。在汉族人民中也需要广泛进行民族政策的宣传和教育，在实践中体现祖国民族大家庭的温暖，应该在经济贸易、医药卫生事业方面尽力给少数民族帮助。要发展少数民族的语言文字，收集编印民族情况资料，出版民族书刊和画报等。

王维舟特别强调要迅速试行民族区域自治政策，更好推动整个民族工作开展。他指出，实行民族区域自治是少数民族群众心目中的大事，要在西南地区选择条件好的地方先试行起来。在工作中他特别强调到基层调查，总结工作中的经验教训。王维舟亲自到原西康省和甘孜州作调查，掌握第一手材料后，确定首先在这两个地方实现民族区域自治。

王维舟为了开创西南地区民族工作的新局面可谓殚精竭力。西南地区民族事务的大小问题，都事必躬亲，认真对待。无论哪个少数民族代表团到内地参观学习，他都一一接见，盛情招待，并耐心听取他们的意见。通过大量艰苦细致的工作，西南地区民族间的裂痕逐步消除，初步形成了各民族团结和睦的良好局面。

中共中央西南局撤销后，王维舟调中共中央工作，但他仍然关心西南地区的少数民族工作。随着内地社会主义改造的基本完成，从1954年开始，四川少数民族地区的民主改革逐渐提上了议事日程。少数民族地区的民主改革是一场深刻的社会变革，尽管政策从宽、方法和缓，但仍然受到了上层人士中一些坚持反动立场的人的激烈反抗。为了使民主改革顺利展开。1956年11月13日，由王维舟任团长的中央慰问团抵达康定，代表中共中央慰问甘孜州的党、政、军、民。慰问团的任务，除通过慰问活动和救济以表示中共中央、毛泽东对甘孜各民族人民的亲切关怀外，更重要的一个任务是宣传中央民主改革的方针，进一步提高干部群众对中央方针政策的认识，安定上层情绪。中央慰问团到康定后，听取了当地党委民改工作和平叛的情况汇报，在康定召开了有近万人参加的慰问大会。王维舟代表中共中央讲话。慰问团在康定慰问12天后，分五路从康定出发到各县开展慰问，慰问团到达12个县39个慰问点。在慰问活动中，歌舞团共演出40场，放映电影151场，医疗队给群众免费治病万余人次。慰问团还向群众发放了救济粮和救济衣物，发放面达慰问地区人口80%以上。在各慰问点还召开了各种类型的座谈会，王维舟接见了一些县的重点上层人物，听取他们的意见。

1957年1月历时58天的慰问将要结束。慰问团在离开康定前，王维舟与州委交换了意见，提出了对民主改革和平息叛乱工作的几点看法和建议，"希望继续提高各级党委、各级干部特别是领导干部和工作组干部对中央和平改革方针的认识，只有真正打通了干部思想，才能正确地贯彻中央方针政策。只有加强统战工作, 进一步团结上层, 稳定局面, 以保证各项工作顺利进行。"①

十八、抓民族高等教育

随着西南各少数民族地区的相继解放, 中国共产党在少数民族地区的工作日益繁忙起来, 培养大批少数民族干部成为了一项紧迫的任务。王维舟明确提出, 要使少数民族真正在经济、政治、文化教育等方面得到彻底翻身解放, 走上社会主义康庄大道, 则必须加强文化教育事业, 必须加速培养各民族自己的干部。他主张少数民族地区的各级政府部门应创造条件举办各种形式的培训干部的训练班, 有条件的学校也应附设民族干部训练班。他催促西康、云南、贵州、四川各地办起了"民族干部培训班"、"民族干部学校"。

王维舟不仅重视初、中级少数民族学校的建设工作, 而且特别重视西南地区少数民族高等学校的创建工作。新中国成立后不久, 西南局和西南军政委员会把建立民族学院提上了议事日程, 决定在云南、贵州、四川创办3所民族学院, 邓小平为3所民族学院命名: 成都为西南民族学院、云南为昆明民族学院、贵州为贵阳民族学院。1950年7月30日, 在西南军政委员会第一次全体会议上, 王维舟正式宣布: 经政务院批准, 西南筹办一所民族学院, 由西南民族事务委员会负责筹备工作。从此, 揭开了建立西南民族学院的序幕。

王维舟对学院筹备工作十分关心, 先后数次专程来到成都, 每次到成都后他都不住舒适的招待所, 而与筹备组同志一起, 住在院内未经修缮的房舍里, 具体筹划和领导学院的各项筹备工作, 解决工作中的各种困难问题。为了加快学院的筹备工作, 1950年12月还把在他身边工作的张汉城留在成都, 协助筹备组工作。在川西区党政领导的关心指导下, 经过努力, 到1951年3月, 初步完成了校舍的修缮工作。

由于学院初创, 缺乏办学的教师和干部。为了解决这一关键性的问题, 王维舟通过各种渠道, 抽调教师和干部来院工作。从1950年12月起, 到第二年4月底止, 先后从西南民委、西南革大、西南军区、西南党校、川西革大、中央民族访问团西南分团、西南民政部、川西行署卫生厅等部门和单位调来干部和教学

---

① 中共甘孜州委党史研究室:《甘孜藏族自治州民主改革史》, 四川民族出版社 2000 年版, 第 68 页。

人员30多人，初步建立了一支办学队伍。

1951年4月6日，政务院任命王维舟兼任西南民族学院院长。同年4月，政务院任命生物学家、爱国民主人士夏康农教授为副院长兼教育长。从此，学院在王维舟领导下进行了开学准备工作，如建立组织机构，确定分科编班原则，配备科室及班级干部，购置教学设备和生活设备等等，学院当时的机构为两处两室，即教导处、总务处，办公室、研究室。分掌教导、总务、文书、人事以及民族研究等事宜。

学院干部是从四面八方调集来的，有一部分同志虽然从事过教育工作，但对民族工作，特别是民族教育工作，还很陌生。对此，学院党组织根据上级党委的指示精神，首先组织全院干部和工人认真学习党的民族政策。在学习中，王维舟多次向干部明确指出培养民族干部的重要性。他说："培养少数民族干部是党和国家解决国内民族问题的一项重要政策，少数民族干部的作用，是其他干部代替不了的。因为他们最知道本民族的情况，熟悉本民族的特点，通晓本民族的语言文字，了解本民族人民的愿望和要求，把他们培养成才，就可以顺利地开展民族工作，为今后实行民族区域自治准备了最基本的条件。"通过学习，使全院教职工加深了对我国民族情况的了解，初步掌握了民族政策的基本内容，认识到民族工作和培养民族干部的重要性，从而初步树立了办好民族学院，努力为少数民族人民服务的思想。

1951年6月1日，西南民族学院成立暨第一期开学典礼大会召开，全院500余名各族学生及教职工参加了大会；川西区党委书记、川西行署主任李井泉，西南民委会副主任、西康省藏族自治区人民政府主席天宝，西南文教部副部长徐方廷，成都市长李宗林，西南土改工作团副团长陆志韦率领的全体团员，川西区、成都市党、政、军、群众团体、民主党派负责人共140人到会庆祝。大会宣读了西南军政委员会主席刘伯承和川西人民行政公署的贺电，刘伯承的贺电说："西南民族学院的创立，对我们西南地区各兄弟民族工作的开展，具有重大的意义。"①西南军政委员会祝贺"学校的成功和学习任务的胜利达成，为发展各兄弟民族的经济生活和文化生活而努力；为加强团结，坚固国防，建设新中国而努力。"②学院副院长兼教育长夏康农致开幕词后，王维舟

---

① 宣汉县老区建设促进会编：《王维舟民族统战工作纪实》，第54页。
② 宣汉县老区建设促进会编：《王维舟民族统战工作纪实》，第54页。

接着讲话,他首先代表西南军政委员会祝贺西南民族学院的成立。王维舟说:
"西南民族学院是为西南各少数民族服务,为西南各民族人民培养干部的学校,它是属于西南各民族的。由于目前西南各民族地区政治、经济、文化等情况差别较大,各族学员的条件参差不齐,决定了我们现在还不能建立一个完整学制,根据学校的任务,今后还要分科设系,除政治教育外,还要进行专业知识的教育,但是目前各民族需要干部非常迫切,这一期,我们只能举办短期性的政治干部培训班。目前各民族人民最需要什么,我们就做什么。"王维舟在讲话中还特别强调了民族团结的重要性,他要求汉族的干部和学生要清除大民族主义的残余思想;要求各兄弟民族的学生和干部要克服狭隘民族主义思想残余,做到互相学习,互相尊重,团结友爱。最后他还要求学校各级干部要努力工作,学生要努力学习,发挥高度的创造性,认真总结经验,努力把学校办好。

开学后,王维舟十分重视学院的管理,要求干部要像关心自己的亲人一样关心学生的学习生活,要教会他们过集体生活,讲究清洁卫生,养成良好的生活习惯。每次来学院,除听取院领导的汇报和召开座谈会外,王维舟都要深入师生之间,直接征求意见。学生宿舍、公共食堂、教室、卫生所都是他必到的地方。1952年4月,在第一期学生毕业典礼上,王维舟在讲话中要求500名同学回到各民族地区后,要服从组织分配,力戒骄傲,努力做好工作。西南民族学院培养的一批批学生成为了建设大西南少数民族地区的骨干。

十九、求真务实搞建设

1952年底,中共中央提出了党在过渡时期的总路线。党领导全国各族人民进行了大规模的工业建设,实现了农业合作化,基本完成了对资本主义工商业的社会主义改造。王维舟积极参与到伟大的建设事业中。1953年9月,王维舟任中国人民赴朝慰问团副总团长,与贺龙总团长、康克清副总团长等率团赴朝鲜慰问了中国人民志愿军、朝鲜人民军和朝鲜人民。1954年,王维舟被选为第一届全国人大代表、常委会委员。1956年,他调任中共中央监委专职常委。同年9月,王维舟出席了党的八大,并被选为第八届中央委员。在党的八大期间,他同与会同志一起深入讨论了我国在社会主义改造基本完成以后的阶级关系、主要矛盾和主要任务。

1958年，中国共产党在指导方针上发生了"左"的错误。在"大跃进"的口号下，全国各地出现了"高指标"、"浮夸风"、"共产风"，工农业生产受到很大破坏。见此情景，年过七旬的王维舟感到不可理解。先后深入天津、山东、江苏、上海、云南等地视察，了解党群关系和人民疾苦。他每到一地，都对浮报虚夸现象进行了严肃的批评。他在视察中遇上了一件怪事：一个生产队的一块田里，水稻苗密不透风，田里有10多盏日光灯照着稻子，田边有10多台鼓风机往田里吹风。一询问，才弄清了事情原委：当地干部为了实现亩产20万斤稻子的"高指标"，把将要成熟的几十亩水稻移栽到一个田里，用日光灯、鼓风机来解决稻子透光透风的问题。他当场批评道："这样干劳民伤财，要不得！"在回京的路上，他又生气地说："我看那些不按科学办事、搞浮夸的人，不是马克思，而是'牛克思'。靠吹牛，是吹不出社会主义来的！""对于那些想靠吹牛、说假话向上爬而屡教不改的人，应当撤职！"回京后，他立即向中央监委写报告，建议对那些吹牛撒谎、虚报浮夸的干部给予严肃处理。

1959年，王维舟被选为第二届全国人大代表、常委会委员。是年秋，他率中国老红军代表团赴苏联等东欧社会主义国家参观访问，学习建设社会主义的经验。他们回国时，正值庐山会议后大反右倾之际，一些对"大跃进"有意见的人被戴上"右倾机会主义"帽子受到处分。对这种极不正常的现象，王维舟非常气愤。1960年下半年，中共中央已觉察到"大跃进"的失误，提出"调整、巩固、充实、提高"的方针进行国民经济调整，并对被错误处理的干部进行甄别平反。王维舟心情舒畅地参与领导了全国甄别平反工作，使大批干部放下"包袱"，获得了继续为党工作的机会。

1962年，宣汉人民致信王维舟，反映家乡人民生活的困苦，王维舟看信后难过得流了泪。1963年，中共中央派他到四川参加中共四川省委召开的监察工作会议。王维舟带着中央关于党的纪律监察工作的一系列工作部署来到四川，进一步开展了对被错误处理干部的甄别平反工作。会议结束后，他到川东进行了视察。3月24日，他从达县到宣汉，对沿途乡村进行了调查。到宣汉后，又对县城区和清溪等乡进行了为期10多天的走访。在调查中，王维舟还主持召开各种座谈会听取群众意见和要求，并先后给城乡群众、中小学生、机关干部上党课、作报告7次。此外，还接待群众来访100余人次，收到群众来信150件。

王维舟在宣汉期间特别强调了干部转变工作作风问题。在了解情况的基础上，他不仅建议地方党委、政府对一批冤假错案平了反，而且通过大小会议耐心细致地给各级干部讲党的革命历史，宣传党的方针政策，帮助他们端正思想、转变作风。他在干部会上说："三年困难时期，由于天旱，加上建设社会主义没有经验，我们的工作出现了一些缺点、错误，大多数人是好心肠办了坏事。总结经验教训，坏事就会变成好事。比如'高指标'，'浮夸风'、'共产风'等，大大损害了群众利益，挫伤了农民积极性，造成了农业减产，甚至绝收。清溪每人每天6两粮还吃不落实，就饿死了一些人嘛！我们共产党人要关心群众生活，吃苦在前，享受在后。过去当兵的就有体会，将顾兵，兵才顾将；兵将团结，才能打胜仗。现在有些人当了官，群众说话就够不上了，这叫什么共产党的官！虚心听取群众意见，实事求是反映情况，是我们共产党人的天职。"①他的话，语重心长，掷地有声，使广大干部深受教育。

4月9日，王维舟结束了对宣汉的视察。临别时，他对家乡人民说："大家好好干吧，要不了几年，我坐直达宣汉的火车再来看你们！"回到北京后，王维舟给宣汉县委写信再次提到干部的作风问题，"关于清溪、城守区群众已经揭发出的问题，要弄清是非，严肃处理，挽回影响。对其他区、社违反党的政策的行为，也请你们注意纠正。如果我们工作中的缺点和错误得不到及时纠正，违法乱纪的干部得不到严肃处理，我们的政策就仍然不会得到贯彻执行，群众的生产、生活也就不可能提高和改善。"②

5月2日，宣汉县委给王维舟回信："关于城守、清溪等地的一些人民群众反映我们工作中的缺点、错误和一些带政策性的问题，我们也曾察觉到。从王老当面指示后，在县委常委会上，作了回忆检查和分析研究，会同地委组织了联合工作组，分赴清溪、城守等地充分发动群众，按照党的政策，分清是非，实事求是地逐一进行严肃处理，群众反映较好。"③

正是在王维舟的亲切关怀下，宣汉各级干部认真总结经验教训，纠正工作失误，正确执行党的一系列方针政策，使全县工农业生产得到了正常发展，经济得到了恢复，人民生活得到了改善。

---

① 《老根据地宣汉县清溪场访问记》，《宣汉县党史资料》第8集。
② 《老根据地宣汉县清溪场访问记》，《宣汉县党史资料》第8集。
③ 《老根据地宣汉县清溪场访问记》，《宣汉县党史资料》第8集。

二十、"文化大革命"中含恨离世

1964年，77岁高龄的王维舟被选为第三届全国人大代表、常委会委员。这时，他已积劳成疾，遭受着高血压、心脏病等病魔的折磨。但是，他人老心不老、体衰志不衰，决心以晚年余力报效党和人民。1966年5月以后，史无前例的"文化大革命"逐步在全国范围内蔓延开来。开初，他和许多人一样，并未预料到这场"革命"的后果。1966年11月3日宣汉"红卫兵"师生代表700余人在天安门广场接受毛泽东主席检阅后，王维舟还专门到这些师生代表住地接见了他们。出自对毛泽东主席的一贯忠诚和热爱，他给同学们讲话时号召他们读毛主席的书，听毛主席的话，跟着毛主席走。随着岁月的推移，他觉得眼前的情景越来越光怪离奇：新中国成立以来党的一些正确的方针政策和经济建设成就被否定；大批出生入死的开国将领和老干部成了"资产阶级的代表人物"被打倒；很多马克思列宁主义的基本原理被当作"修正主义"批判；群众思想混乱，无政府主义、派性活动泛滥，大小城市甚至农村大搞罢官夺权，停产闹革命……他惶惑、愤怒、痛心，食不甘味、卧不安枕，深深地忧虑着党和国家的命运。

通过对社会的认真观察和思索，他终于看清林彪、江青一伙是造成"文化大革命"混乱局面的罪魁祸首，他要与这伙党内的败类进行斗争。他逢人便说，那些挨整的老帅都是革命功臣，是好人。林彪、江青一伙对王维舟的言行极为恼怒，将他列入了要打倒的"黑名单"。1967年3月15日，江青在一次大会上诬陷萧华将军及其家人的同时，说王维舟"是不甘寂寞的老头，有野心"。随后，康生也胡说王维舟有历史问题。一些"造反派"按照江青、康生的意图，不仅抄了王维舟的家，还到处张贴诬蔑攻击王维舟的大字报，说王维舟历史不清，是"叛徒"。在所谓"刨根究底"的口号下，"造反派"们无休止地盘查王维舟的历史问题。

转眼间，王维舟便和其他挨整的老一辈无产阶级革命家一样，被莫名其妙地赶下了政治舞台，横遭囚禁和迫害。

1970年1月10日，王维舟含恨离世，终年83岁。

1976年10月，"四人帮"被粉碎。1979年12月29日，中共中央在北京八宝山革命公墓礼堂为王维舟补开了追悼会，中共中央、全国人大常委会、国务院、政协全国委员会、中央军委和华国锋、叶剑英、邓小平、李先念、陈云等40余位领导同志，以及中央有关部门、有关地方党委和人民政府送了花圈，李先念、王震、乌兰夫、陈锡联、胡耀邦、薄一波、宋任穷等领导同志及中央和国家机关各部门负责人、王维舟的亲友等共800余人参加了追悼会。

追悼会由徐向前主持，王鹤寿代表中共中央致了悼词。

悼词强调："大革命失败后，他在川东发动游击战争，为入川的四方面军迅速扩大准备了条件"；"在长征和抗日战争、解放战争的艰苦岁月中，他始终保持发扬我党的优良革命传统，密切联系群众，维护群众利益，关心群众疾苦，谦虚谨慎，平易近人，艰苦朴素，以身作则，同战士、群众同甘共苦，深受广大群众、战士和干部的爱戴"；全国解放后，他"为西南地区的建设，为不断发展和巩固党的统一战线政策，为党的监察工作，做出了重要贡献，成绩卓著"。

悼词指出："在同张国焘路线斗争中，他沉着不乱，坚定不移，毅然坚持其原则立场和正确态度"；在"文化大革命"中，他"面对林彪、康生、'四人帮'的诬陷和迫害，始终坚贞不屈，顽强地进行了斗争"。

1986年10月9日杨尚昆在平昌县接见宣汉县领导时说：王维舟"自始至终是非常好的一个人"，是"党的一个好领导"、"无产阶级革命家"。杨尚昆的评价用简洁的语言，概括了王维舟光辉的一生。

宁志一　蒋吉平　王友述

康永和

　　康永和，男，1915年11月21日出生于山西交城。1935年参加革命工作，1936年加入中国共产党。山西省总工会与山西工人武装自卫队（后改称工人自卫旅）的主要创始人，中国工人运动的重要领导人。战争年代，历任中共太原市委职工部长、组织部长，晋中区党委常委、城工部部长、太原市工作委员会书记，太原市委常委、职工工作委员会书记、太原总工会主任等职。新中国成立后，历任山西省总工会主任、华北工会工作委员会主任、世界工联国际农林工会主席、第一机械工会主席、中华全国总工会书记处书记、世界工联书记处书记、中华全国总工会副主席、国家劳动总局局长、全国劳动学会会长、中华全国总工会工人运动研究会理事长等职。第一、二、三、五届全国人大代表，第一届全国政协委员，第六、第七届全国政协常委，中共第七大、第十二大代表。

康永和，又名张进真，曾用名康有德，山西交城古交木瓜会村（今属太原市）人，生于1915年11月21日（农历十月十五日）。父亲康泽民，是当地颇有名望的地主。康泽民排行老大，因其兄弟七人中竟有五人抽大烟，导致家道破败。他依靠勤劳和智慧，在河滩上修堰淤地，积下百亩薄地。但由于河滩地跑水漏肥，收成较低，终不能挽救家道没落。

康永和幼年在家乡上学，是品学兼优的学生。由于家道败落，13岁就不得不听从父母之命，与邻村女子张娥子订亲结婚，并育有一女一子。长女生下来因母亲没有奶水，送给人家当童养媳。康永和依靠岳父的资助勉强维持学业，1933年7月，他中学毕业回乡，在乡村小学教书。1935年8月，康永和再次离开家乡求学，后投身革命，直到1947年母亲去世才回家探亲，并与张娥子解除了婚姻关系。

康永和在太原明原中学读书期间，开始接触进步师生，阅读了大量革命书籍，探求救国道路，并积极参加学校组织的反对校长虐待学生的斗争。在家乡担任小学代课教师，对旧社会的黑暗有了较为深刻的认识。考入太原并州中学高中部后，他与高德西、郝效烈、施幼章等进步同学一道，组织革命团体"呼声社"，后在刘裕民领导下改为"健风社"，并先后编辑出版《赤色呼声》和《健风》等刊物，传播革命思想，并与爱国学生一起，鼓动群众起来抗日。1936年春，由苏应明介绍参加了中国共产党领导的外围组织——讨蒋抗日救国会, 同年6月转为中共正式党员。

一、投身工人运动

1936年, 太原西北炼钢厂工人因不满日本浪人在工厂中横行霸道无恶不作, 把几个日本浪人痛打一顿, 为国人出了一口气。但是, 阎锡山执政的山西省政府怕得罪日本人, 反而下令逮捕并杀害了工人领袖。这件事对康永和触动很大, 他在向党组织递交的入党申请书中主动要求到工厂从事工人运动。党组织同意了他的意见, 并安排他到太原毛织厂当学徒。由于介绍他到太原毛织厂工作的同志不知道他的名字, 只知道他姓康, 就信口给他起了个名字"永和", 康永和这个名字从此伴随他一生。

在工厂, 康永和脱掉长衫, 搬进与工人合租的民房, 与工人同吃同住同劳动。不久, 他便担任新成立的毛织厂党支部组织委员。为了开展工作, 他不辞劳苦, 深入群众, 通过各种形式接近工人, 逐步与工人群众建立了联系。为了启发工人群众的阶级觉悟, 激发他们的爱国热情, 康永和在火车司机郎觉民家中创办工人夜校, 并亲自担任夜校教员, 用通俗易懂的语言讲解党的抗日救国方针。经过努力, 在毛纺厂工人中发展了一批工人党员, 特别是争取了一批技术好、威望高的工人师傅入党, 为党组织进一步开展抗日救亡工作储备了一批骨干力量。

康永和还根据毛织厂的实际情况, 组织工人群众开展同资本家和封建把头的斗争。毛织厂机织车间有个恶霸工头, 多次奸污女工, 作恶多端, 民愤极大, 工人群众曾多次进行斗争都失败了。康永和抓住他再次在工厂库房里强奸1名14岁女工的事实, 串联车间里的多数工人, 联名向厂部、公安局和工厂的上级主管部门告状, 要求诉诸法律, 严惩恶霸工头。这次斗争由于有组织、有计划、有领导、有步骤、有声势, 特别是工人群众团结起来无所畏惧的精神, 迫使资本家开除了这名恶霸工头。

毛织厂当时实行12小时工作制, 中间没有休息时间, 工人上厕所都得跑步。资本家只知道要工人干活, 从来不管工人的死活, 工人们带着干粮上班, 开饭时间连个热饭的地方也没有, 大家不得不吃冷饭, 很多工人因此得了胃病。一天, 一名夜班工人因在茶炉上热饭被厂方抓住, 并且按惯例要对该工人进行惩罚。康永和据此又组织工人群众与厂方进行说理斗争, 资本家不仅没能处罚工人，还被迫解决了好几年都没有解决的为工人热饭的问题。一次又一次斗争的胜利，极大地鼓舞了广大工人群众的信心，使他们看到了团结起来开展斗争的重要性，也看到了自己的力量和希望，为工会的组织和建立奠定了基础。当山西省总工会成立后，太原各工厂工会纷纷建立，一个月内工会会员就发展到一两万人，康永和所在的毛织厂加入工会的工人更是高达90%。

1936年，中共中央北方局相继派李宝森和张友清到太原恢复了山西工委（后改称省委），又派薄一波等一批党员干部回山西从事公开抗日救亡工作。1936年冬至1937年春，康永和先后被调任中共太原市工人工作委员会组织委员、中共太原市委员会委员兼组织部长，工作重点是领导太原市工人工作委员会和工厂党支部。他带领工厂和企业里的广大共产党员，利用山西牺牲救国同盟会（简称牺盟会）的合法形式，迅速把全市工人抗日救亡运动推向了高潮。

牺盟会是中国共产党与山西地方实力派代表人物阎锡山建立的统一战线性质的群众性抗日救亡团体。康永和与太原工委根据党的指示，利用这种公开、合法的组织形式，开展党在工厂中的群众工作。他们首先发动工厂中的党员带头参加牺盟会，在城隍庙创办工人夜校，通过出壁报、组织工人歌咏队、演讲会、读报讨论会等形式，团结了各种不同爱好的工人群众，并在其中发展牺盟会员，形成了一支坚强的工人抗日救亡力量。1936年11月24日，绥东抗战取得了收复百灵庙的胜利，康永和与太原工委发动太原工人积极参加了由牺盟会组织的庆祝和慰劳前线部队的活动。

这个时期，康永和与太原工委在太原工运工作中取得的最重要的成果，是恢复和发展了党在工厂中的组织，培育锻炼了一批骨干力量。为了推动党组织在工厂中的发展，他们从毛织厂抽调了十几位同志到西北炼钢厂，兵工六厂、十一厂、十二厂、十三厂等单位去开展工作，发展党员、建立支部或小组等。到七七事变前，除了毛织厂党支部外，炼钢厂，兵工一厂、六厂、十六厂、十八厂，晋华卷烟厂、晋生纺织厂以及印刷厂、皮革厂等较大的企业，都建立起了党的支部，发展了一批产业工人出身的党员。为了提高这些新党员对党的认识，他们利用北方局和省委编写的《党员训练大纲》《党员须知》等党课教材，对各工厂的党员进行普遍的教育和训练，使新党员的思想觉悟和工作能力都有了很大提高，成为党在工厂开展工作的骨干。

为了动员工人群众积极参加抗日救亡运动，康永和与太原工委还注意领导工人同那些借口抗日、加重对工人剥削的资本家进行适当的斗争。1937年4

月1日，晋华卷烟厂工人因反对降低计件工资，自发进行罢工，提出"吃饱饭好抗日"的口号。西北实业公司的老板不仅不理睬工人的要求，反而扣押工人代表。这件事激怒了全市工人。康永和与太原工委组织晋华卷烟厂和一些兄弟工厂工人数千人上街游行，把工厂包围得水泄不通，迫使公司方面释放了被扣押的工人代表。当资本家对工人的工资问题和被开除工人的复工问题再三拖延不予解决时，康永和与太原工委一方面发动全市工人，人人捐献一个铜板，援助被开除工友；另一方面，派代表多次与资本家谈判，最后终于迫使资本家答应工资不减，被开除的工人也陆续复工。

晋华卷烟厂工人罢工的胜利，扩大了党在太原工人群众中的影响。这年五一国际劳动节，有1万多工人参加了太原党组织在海子边公园举行的庆祝大会，晋华卷烟厂女工任淑仙代表工人讲话，她呼吁团结抗战，言辞恳切，情绪激昂，全场为之振奋。这次大会的规模之大，工人群众情绪之高昂，在当时的太原是罕见的。它检阅了这个时期党在太原工人中的工作，表现了太原工人在党的领导下，在抗日救亡的旗帜下，团结起来的力量。

二、创建省总工会和工人自卫总队

七七事变爆发后，为了在太原进一步发动群众，武装群众，中共中央北方局决定，由北方局杨尚昆，中共山西工委林枫（又名罗鸿），中共太原市委赵林、康永和四人组成中共高级党团，进一步加强对工人运动的领导，建立工会组织，创建工人抗日武装。

中共山西工委提出了"武装山西工人，坚持山西抗战"的口号，决定把组建一支工人武装作为中心任务。为此，中共山西工委决定在1937年9月18日，召开以工人为主、发动各界群众参加的九一八事变六周年纪念大会，组织群众游行向太原绥靖公署请愿，要求阎锡山武装工人抗日救国，并筹备成立山西省总工会。

9月18日，康永和按照党的指示，公开组织万余名产业工人和二三万群众汇集到海子边中山公园，集会纪念九一八事变六周年。牺盟会、八路军驻太原办事处的负责同志及阎锡山的代表和群众代表分别讲了话，表示坚决抗战到底。纪念大会后，工人群众举行示威游行。游行队伍在省政府门口停下，向绥靖公署请愿，要求阎锡山发给工人武器，让工人武装起来进行抗日。最后，游行队伍来到大北门的小教场，召开工人大会。梁膺庸 (陈君)、康永和相继在会上讲话，倡议成立工人阶级自己的组织——山西省总工会，这个倡议得到大家的拥护，当场成立山西省总工会筹备委员会，选举康永和为筹委会主任。会后，经过省工会筹委会深入各工厂组织发动工人，仅仅一个多月，全市就有28个工厂建立了工会基层组织，会员发展到近2万人。10月8日，省城28个工厂的工会干部和工人代表共50多人召开会议，正式成立了山西省总工会。八路军驻太原办事处主任彭雪枫到会致词。大会通过了工会纲领、简章和宣言，选举产生了总工会执行委员会，康永和当选为主任。

中共山西工委在筹建山西省总工会的同时，还积极进行创建工人抗日武装的组织工作。他们一方面大力宣传武装抗日的必要性，号召工人拿起枪杆子，保卫家乡；一方面有组织地选派工人党员和积极分子，到设在省立国民师范学校的牺盟会军政训练班接受军事训练，这些接受过军事训练的工人，成为建立山西工人武装自卫队的骨干力量。由于中共山西工委先建立工会，再用工会的名义号召工人参加抗日武装，并与经济斗争的口号结合起来，因而得到工人群众的热烈响应。许多青年工人结伴前来报名，有一二个来的，有30或50集体来的，还有是父子一起、姐妹一道来的，甚至还有带着全家来的。为了收留这些携家带口前来参加抗日武装的群众，工卫队还组建了一个宣传队、一个儿童团和一个家属队。

在创建山西工人武装自卫队的过程中，中共山西工委还注意团结一切可以团结的力量，包括利用黄色工会。阎锡山有个公道团的工人工作委员会，就是黄色工会。其领导人郭挺一 (又名郭巨才，大革命时期曾担任中共太原地委宣传部长，后脱党) 是阎锡山的亲信，在阎锡山的支持下，他积极参加工人武装的组织工作。在合作过程中，通过加入工人工作委员会的中共地下党员李子丰、李明等同志，推动郭挺一做了一些有益于建立工人武装的事情。例如，在九一八纪念的游行请愿中，就是通过郭挺一的关系向阎锡山要枪，阎锡山最终发给工人武装自卫队冲锋枪500支，步枪2500支。

经过充分的准备，9月27日，山西工人武装自卫总队在省立国民师范正式宣告成立。总队长李子丰，政治部主任侯俊岩，副主任周子祯，总队政治委员郭挺一。这是抗日战争中在中共地方党组织领导下的第一支以产业工人为主体的抗日武装力量。后山西工人武装自卫总队编入山西新军，称为工卫旅。工卫旅主力第二十一团始终保持了工人为主的成分，第二十二团的骨干是由第二十一团工人干部组成的，一个营的士兵多系矿工，第二十三团领导人是党员，也是从第二十一团的骨干中抽调过来的。这支部队后来转战于山西腹地山区，有力地打击了日本侵略者，成为威震敌胆的抗日队伍。特别是工人战士，在战场上发挥了特殊的作用。在战局紧张的情况下，他们能把山炮拆开运走；当武器发生故障，机枪不能打了的危机时刻，两个战士马上就把机枪修好了又架起来打，转变了战场的形势。1942年4月，八路军第一二〇师师长贺龙在工卫旅全体大会上说：苏联有个工人师，中国有个工人旅，就是你们。这是你们的光荣，也是中国工人阶级的光荣。

工卫旅组建初期，阎锡山向其委派了一整套旧军官：团、营、连、排和班长，还硬要郭挺一当政委，企图搞双保险来控制这支工人武装。中共党组织坚持在统一战线中又联合又斗争的原则，一方面接受阎锡山的统管，以便向他要枪、要军装、要粮饷；另一方面在中共地方党的领导下选举产生的总队长、大队长、中队长、分队长到小队长的一整套的各级指挥官、各级政工人员仍然保留不变。由于这套建制的干部大都是共产党员和靠近党组织的积极分子，使中共党组织在工卫旅中占了优势。特别是在工卫旅的军队建设中，紧紧抓住了党在部队中的建设，党组织在部队始终起着坚强的核心作用，使工卫旅的军政领导权实际上掌握在中共地方党组织手中。这是工卫旅历经晋西事变却不曾有一人叛变逃跑；在战斗伤亡颇重的情况下仍保持旺盛的士气；在频繁的战斗和艰苦的生活中缩编，却越打越强的关键所在。

康永和参与了山西工人自卫队的创建，是中共工卫旅的党团成员，先后担任工卫旅政治部副主任、党委书记，负责工卫旅党的组织建设。工卫旅初期在太原时，部队党组织关系是按地下党工作原则建立的，领导干部中的党员与连队支部不发生关系。由赵林负责与上层领导人中的党员发生关系，康永和与连队支部发生关系，成立了一个临时性的联合支部。撤出太原后部队在交城召开工卫队党团第一次会议，成立党总支，周子桢为书记，康永和为副书记，部队中上层和下层党的关系都交给康永和负责。1938年下半年，党团改为党委。1939年12月晋西事变后，党组织在工卫旅得以公开，1940年2月，康永和任工卫旅党委书记。

不论是地下还是公开，工卫旅始终没有停止过党的活动。在太原组建初期，就成立了各连的党支部，党员是工厂工人参军后，从工厂转移到连队的，如毛织厂的25个党员，除了一个年老一个有病，都参加了工卫旅，编到第二连, 连支部、支委、小组长都不用变动。随着部队的扩大, 党员逐渐增多, 新成立的连队都有党组织, 至少也有党的小组。特别是工卫旅没有受"在友军内不发展共产党组织"的限制, 始终没有停止新军中党的活动, 对这个问题, 康永和专程代表工卫旅党团到晋西北区党委汇报, 并向区党委建议: 工卫旅是中共山西地方党组织成立的, 一不能"公开党员名单", 二不受"在友军内不发展共产党组织"的限制, 更不能停止党的活动。这个建议得到区党委的认同。

工卫旅党团在党的建设方面做了很多工作, 其中一个很好的办法就是借训练班、排干部的名义举办党员训练班, 而且是一批一批的办, 学员是从全旅调来的党员或重点培养对象。工卫旅党团还注意抓军政干部的培养和提高, 一是办教导队来培训提拔在职干部和战士; 二是利用阎锡山设在军、师的军政干部学校, 进行短期训练。附设在工卫旅的军政干校第五分校 (后改为第十三分校) 校长由阎锡山挂名, 副校长是郭挺一, 但真正的负责人和教职员都是中共党员。阎锡山的"按劳分配"、"物产证券"等课程都是幌子, 真正的课程是社会科学、政治经济学等等。第五分校共办了五期培训班, 500多名学员毕业后都分配在部队里。改为第十三分校后又举办二期, 共100多人。直到1939年12月晋西事变后, 该分校被阎锡山派来的人直接接管。

在晋西事变中, 郭挺一在参加了赵承绶召开的一次机密军事会议后, 命令工卫旅第二十一团从五寨前方调到赵承绶所在的兴县。为了防止第二十一团被赵承绶骑兵第一军控制或消灭, 第二十一团采取了"拖"的办法拒绝执行有关命令。1940年1月1日晚, 新军暂编第一师接到中共晋西北区党委加紧清理内部, 巩固部队, 把部队开往临县的指示。根据区党委的指示, 康永和、周子桢、曲俊等研究决定, 周子桢带第二、三营向临县方向转进, 康永和与曲俊带第一营逮捕郭挺一。整个事变中, 工卫旅采取非常措施, 先后处置了四个人。之后, 工卫旅旅长兼政委由侯俊岩担任, 政治部主任李明, 参谋长郑团九, 康永和担任政治部副主任, 仍然负责党的工作。阎锡山顽固军撤出晋西北之后, 康永和于1940年2月担任工卫旅党委书记。

三、在延安深造并出席中共七大

1940年10月, 康永和到延安学习的请求得到组织批准, 他与妻子王长秀一起离开工卫旅, 奔赴延安。王长秀原是太原晋华烟草厂的包装女工, 出生在一个小手工业者家庭，父亲是个皮匠，曾雇用两名学徒。由于父亲早逝，家庭生活陷入困境。王长秀就和妹妹一起到烟厂做工。姐妹俩都是热血青年，在晋华烟厂工人的自发罢工中，她们作为群众代表为工人出头，双双被警察拘留。后虽经多方努力得以释放，但却被老板开除了。1937年10月，山西工人自卫队成立后，王长秀加入工卫队宣传队。在共同的革命工作中，康永和与王长秀结为伉俪。他们生育了七个子女，有两个在艰苦的斗争环境中不幸夭折。

来到延安后，康永和作为从事职工运动的工人干部，曾经荣幸地被中共中央职工运动委员会选中，当面向毛泽东汇报山西工人运动的情况。见到毛泽东，康永和既激动又紧张，大冬天里竟然满头大汗，帽子都戴不住了。在延安，康永和先后进入延安军政学院、中共中央党校学习，之后任中央高级党校二部秘书科科长。1943年9月至1945年9月，康永和调任抗大第七分校政治部主任，大队政治委员。

在延安的生活非常艰苦，由于他们的第二个孩子（第一个孩子夭折了）降生了，组织上为养育孩子的干部特供一些白面和灯油，星期天康永和回到组织部招待所的家里，王长秀就做了用灯油烙的白面饼给他改善生活，但是康永和坚决不吃，他说不能吃"孩子的白面"。在抗大工作时期，康永和还参加了陕甘宁边区的大生产运动。他曾赋诗忆事，追忆在自己窑洞前担土造田，种出了"碧绿嫩鲜"的黄瓜。

1945年4月23日至6月11日，中国共产党第七次全国代表大会在延安召开。康永和作为中共晋绥区代表团成员，出席了在延安召开的党的七大。

在陕甘宁边区，在军政学院、中央高级党校和抗大七分校，康永和学习和工作五年，参加了整风，出席了中国共产党第七次全国代表大会，这些经历使他终身难忘。1996年，81岁的康永和赋诗忆事，称"延安深造效果好"：

> 革命圣地度五年，
> 先学后践务求全。
> 学风得益空前好，
> "抢救"过失教训残①。
> "七大"奇效结硕果，

---

① 原文如此。

德能修养大增添。

延安精神国家宝,

奋斗前程动力源。①

特别是整风扩大化问题, 给康永和留下了深刻的教训, "文化大革命" 中他曾对针对他的专案组的工作人员说: 你们不能这样啊, 是会犯错误的, 我是有教训的。

1945年2月, 为了加强各解放区工人运动的发展, 促进全国工人运动的统一和团结, 争取早日实现抗日战争和世界反法西斯战争的最后胜利, 中共中央决定成立中国解放区职工联合会。4月22日, 中国解放区职工联合会筹备会正式成立, 邓发任主任, 崔田夫为副主任。康永和是中国解放区职工联合会筹备委员会常务委员。

四、担任城市工作部部长

1945年9月, 康永和回到山西吕梁革命根据地, 担任中共晋绥八地委城工部部长、太原市工作委员会副书记、书记。1946年9月担任吕梁区党委委员、城市工作部部长。康永和在城工部工作期间, 逐步恢复了太原等地党的地下活动。

抗战期间, 原太原毛织厂支部书记田恒曾打进日军控制下的太原, 接上了不少旧关系, 并建立了太原工人抗日救国会, 但后来不幸被捕牺牲, 工作就中断了。1944年, 中央成立了城工部, 晋绥分局、吕梁区党委也成立了城工部, 加强了对太原等地的地下工作。1945年, 康永和调任晋绥分局太原市工委书记, 负责八分区城工部和吕梁区党委城工部的工作, 逐步恢复了这些地区党的地下活动。

1948年7月晋中战役结束后, 晋绥解放区与晋中连成一片, 中共中央计划撤销吕梁区党委, 组建准备接管阎锡山旧政权的太原区党委。中共中央与中央军委于7月22日就筹建中的太原行政区各机构及干部配备问题复电华北局和晋绥分局, 表示同意由罗贵波、康永和等七人组成太原区党委。8月1日, 中共太原区党委 (1948年8月15日改称晋中区党委, 1949年2月并入太原市委) 在

---

① 康永和:《诗词言志》(作者自行编印, 未公开出版), 2003 年, 第 60 页。

新解放区榆次成立, 康永和担任区党委城市工作部部长 (12月担任区党委常委), 负责针对太原的秘密情报工作。当月, 中共太原市工作委员会在榆次城内富户街佛爷巷成立, 康永和担任书记, 指挥和领导原属各解放区针对阎锡山统治的太原城地下情报工作。12月, 华北职工总会太原办事处成立, 暂驻榆次。1949年1月至8月, 康永和担任华北职工总会太原办事处主任。人民解放军围攻太原期间, 组成对敌斗争委员会, 康永和任委员会主任, 统一领导对太原的地下工作。

这一期间, 康永和领导的太原区党委城工部、太原市工委及其华北职工总会太原办事处, 为配合太原解放战役及其接收太原, 收集了大量情报。比如: 1948年9月, 晋中区党委城工部编印的《敌情介绍》第三、第四期, 内容包括: 敌军介绍、经济情况、阎匪军内部政治情况等。在敌军介绍中, 太原驻军和西北区敌军的驻扎地、人数、装备甚至子弹数都有详细报告。关于敌军官情况, 不仅有姓名、年龄, 还有性格、指挥特点、对士兵态度等情况。关于敌军的经济政治情况, 不仅有敌占领地区的经济情况, 还有敌军内部士兵的生活待遇、官兵情绪、敌军逃亡情况和敌人为了稳定士气进行的欺骗宣传和威胁手段。①

1948年10月, 晋中区党委城工部编印了《阎区组、政、军、经、教主要干部调查》, 内容有: "阎匪独裁统治整个机构系统表、正式与候补高干及干委等简况表、组织 (党派)、行政、军事、经济、教育各机构单位组织及其主要干部的调查", 并详细整理了上述60余机构数百名干部的姓名、年龄、籍贯等, 有些还对体貌特征进行了大致的描述, 并有详细的住址。材料主要来源于地下党的关系, 部分来自敌伪报纸杂志上发表的人事调动, 一小部分如军事调查中的某些人物材料来自于俘虏和逃兵。②

1949年4月, 华北总工会太原办事处编印了《阎匪统治下的太原市工厂及职工状况》的报告, 内容包括: 太原沿革、地理位置、气候、沼泽、行政区划、人口 (包括各种族人数统计表、各业人数统计表)、机关团体、文教 (包括学校、文化机关、报社、通讯社)、工厂 (包括厂名、负责人、员工人数、厂址)、职工

---

① 晋中区党委城工部编印:《敌情介绍》(1948 年 9 月), 原件存山西省档案馆。

② 晋中区党委城工部编印:《阎区组、政、军、经、教主要干部调查》(1948 年 10 月), 原件存山西省档案馆。

工资待遇、商业、交通、宗教、民情风俗、集会、名胜古迹等,还有1949年2月太原市政府绘制的太原市区地图和详细的统计表格,准确地反映了太原市的概况。①这些情报为解放太原战役取得胜利和人民解放军接管太原作出了重要贡献。

随着太原解放战役的提前发起,小店等市郊一些农村相继获得解放。1948年10月12日,太原市郊区办事处成立,康永和担任办事处主任,具体负责太原郊区的民主政权筹建工作和土地改革及支援太原前线等。10月中旬,中共中央华北局任命原太行区党委书记赖若愚担任新成立的太原市委书记,准备接管阎锡山旧政权。11月4日,赖若愚由太行区抵达晋中榆次城内富户街佛爷巷中共太原市工委驻地后,康永和立即向赖若愚汇报了工委工作情况和太原城内地下情报工作,协助开展省级建制的中共太原市委的筹建工作,并担任市委委员、职工工作委员会书记和对敌斗争委员会副主任。12月中旬,华北局调整太原市委组成人员,并批准太原市委设立常委,康永和作为华北总工会太原办事处主任,成为市委五名常委之一,仍然负责职工工作,在驻地开展进入太原前的职工培训与教育工作等。

1948年8月1日至22日,第六次全国劳动大会在哈尔滨召开,中华全国总工会恢复重建。康永和当选为中华全国总工会执行委员和候补常务委员。

五、出任山西省总工会主席

1949年4月,太原解放。康永和随军进入太原参与接管工作,并担任市军事管制委员会委员,同时兼任太原市政府劳动局局长、市委公营企业工厂党委会书记。8月22日,中共山西省委在太原成立,并于9月1日公开对外办公,康永和担任省委委员、省委职工工作委员会书记、山西省人民政府委员。根据太原广大工人的要求,9月6日成立了山西省总工会筹备委员会,省委副书记赖若愚担任筹委会主任,康永和为副主任。11月8日至22日,山西省工人代表大会在太原市国师街东缉虎营1号山西省总工会礼堂召开,大会认定非常时期的1937年10月8日选举产生的山西省总工会执委会为第一届执委会,此次选举产生的

---

① 华北总工会太原办事处编印:《阎匪统治下的太原市工厂及职工状况》(1949年4月),原件存山西省档案馆。

山西省总工会执委会为第二届执委会,康永和当选为山西省总工会第二届执委会主席。

在山西省第二次工人代表大会上,康永和致开幕词并作工作报告。他根据全国工会工作会议的精神,提出"争取在一年内把全省工人阶级组织起来"的目标,并在大会报告中明确了工会组织的一系列问题。如统一工会的名称,明确工会组织系统与组织办法等。

为了迅速地、统一地,有组织、有计划、有步骤地建立工会组织,康永和提出要自上而下地,首先把产业工人组织起来,其次是手工业和店员等。他要求工会组织,应该根据各种不同生产性质组织各种不同的工会,一行一业的来组织。在一个工厂内,有了一定的会员就成立工会小组和筹委会,会员过半数时就成立正式工会。康永和强调"民主是工会的灵魂",工会工作是依靠职工群众的自觉行动,大家来办的,不能包办代替,不能强迫命令。因此必须实行全面的真正的选举制度,不要包办代替的委派制度;一切问题都要本着民主集中制的原则讨论解决,不能独断独行命令主义。为了避免工会脱离群众的危险,康永和强调工会应该有自己独立的经费,工会的经费要用会费来解决。他说,要工人交会费,一方面可以加强工人的组织观念,关心和监督工会的工作;另一方面可以避免工会脱离群众。

关于工会的任务,康永和提出了五个方面:第一,拥护和保证政府一切法令的执行。他说新政权的巩固是工人阶级的最高利益,"如果政府不巩固,就谈不到工人的利益"。①第二,要把生产搞好。康永和指出:在新中国,我们是领导阶级,要负起恢复和发展生产的责任。发展生产是我们工人阶级的最高利益,私营工厂的工人也要对生产负责任。工会代表工人参加生产管理,成立厂长领导下的工厂管理委员会,就是为了体现工人的主人翁地位,就是为了提高工人对生产的责任心。在私营企业也可以组织工厂管理委员会,但是有一个条件,就是资本家愿意组织。他认为,在私营企业干活只管福利不管生产是完全错误的。第三,关心工人的日常需要,保护工人的日常利益。他说:关心工人的日常需要,保护工人的日常利益,工会和行政是一致的,但有时可能行政方

① 康永和:《在山西省第二次工人代表大会上的工作报告》(1949 年 11 月 12 日),见中华全国总工会工会理论研究会编:《康永和工运文集》(内部出版,出版社出版时间不详),第 7 页。

面只注意成本计算, 忽略了工人利益, 甚至产生官僚主义。他强调, 工会要反对官僚主义, 只有如此, 才能保证与巩固工人劳动的积极性, 发扬工人的生产积极性。解决的办法是由工厂管理委员会讨论, 求得意见的一致, 如不能解决可向上级反映。同时, 他强调工会不能存在片面的福利观点, 工会和行政要取得一致, 不要对立。在私营企业, 康永和指出: 工会要注意发展生产, 同时要进行适当的斗争, 实行劳资两利, 但是斗争的方式是通过谈判、调解、仲裁。康永和还强调指出: 福利事业应由工会来办, 它与劳动保险不同, 劳动保险是国家办的。工人应用团结互助的办法办福利, 如合作社应由工人储蓄入股的办法来办。例如, 某人病了, 除劳动保险外, 还要发动工人互助帮助解决困难等。除了上述三个方面, 康永和在报告中还提出加强工人文化教育工作和工会的组织工作。

在山西省总工会的领导下, 山西省工人运动克服了关门主义和形式主义的偏向, 至1950年4月, 仅太原市就成立工会51个 (其中行业工会2个), 分工会98个 (其中行业工会18个), 筹委会20个, 会员33533人, 占全市51762名职工的64.8%, 其中, 公营企业职工工会组建率为69%, 私营企业职工工会组建率为46.8%。[①]

解放初期的太原, 生产凋敝, 满目疮痍。工会的首要任务是发动群众, 找回离散工友, 维修破旧设备, 使停转的马达重新轰鸣, 使停产的工厂重新开工。华北职工总会筹备会太原办事处发表了《告太原市职工书》, 号召工人群众迅速向原厂办理登记, 回到自己的工作岗位, 保护工厂器材, 协助政府接管, 以早日复工, 恢复生产。为了激发工人阶级的生产热情, 使工人群众在政治上、思想上进一步得到解放, 破除给资本家干活的雇佣观念, 康永和和山西省工会效仿《工人日报》刊载并介绍的企业民主改革、民主管理的经验, 首先在3个公营企业进行试点, 逐步推向公营企业和私营企业, 推动了管理民主化运动。至1950年4月, 太原市已有20个单位成立了管委会, 11个单位成立了职工代表会, 在私营企业有棉、铁业等5个行业签订了劳资集体合同, 保证了生产的正常进行。

在山西省总工会的领导下, 组织起来的工人阶级在协助接管、迅速复工生产方面作出了巨大的贡献。到1950年4月, 大部分生产已经恢复到战前水平,

---

① 《太原市一年来的工人运动》,《太原工人报》1950 年 4 月 24 日。

公私企业职工比解放前增加了18608人。全市工人阶级以新的劳动态度，在生产节约、改建机器、技术创造、合理化建议、提高产品数量和质量等方面取得了显著的成绩。如第二发电厂工人发挥集体智慧，克服困难，用时18天修好了德、日工程师未曾修好的发电机。西山煤矿坑下掘煤每人每日产1.27吨，创造了15年未有的新纪录。同蒲铁路筑路员工每日平均铺路9公里，提前完成并超过1949年的抢修计划。晋生纺织厂1月份产量比去年11月份的最高产量增加32.2%，等等。

工会在组织工人恢复生产的同时，非常关注工人群众的生活和福利。太原解放初期，首先由军管会发给小米12.6万斤，救济在业和失业工人31457人，克服了当时工人中的严重饥饿。后来在恢复与发展生产的前提下，依靠工人分别保留、改造了旧有的福利事业。至1950年4月，公营企业除兵工、铁路外，有职工合作社27个，社员6442人，可以低于市价2%买到生活必需品。30个工厂统计有食堂45个。各厂有澡堂75个，理发所43个，医疗所33个。晋生纺织厂、烟草公司等设有托儿所和哺乳室。此外，全市设有"工人医院"1所，小型"工人残废院"1所，一年来为3万余职工（其中家属2000余人）进行了医疗救治。这个医院每月需要经费7万斤小米，政府补贴5万斤，工会负担2万斤。1951年，工会经费统一后，政府提出不再给医院补贴，但是工会认为医院在工人中的反映很好，极力为工人群众保住这个医院，康永和就到全总党委扩大会议上提请全总帮助想办法解决医院的经费问题。

1949年7月，太原市军管会公布了《太原市国公营企业劳保暂行办法》，9月，市工代会通过补充规定，1950年1月，由省府批准公布执行。至4月份，全市实行劳动保险的职工就达到23336人（不包括兵工铁路）。

工会在公私企业中还普遍开展政策宣传、轮训学习和文娱活动，各厂矿企业及地方都办有业余学校或识字班，一年来有6200余产业工人参加了补习学校，15230人受过轮训。全市有32个歌咏队、31个业余剧团，设有职工俱乐部和职工影剧院各1所、文工团1个。各厂30余个图书馆有书报45000余册。

总之，在康永和的领导下，党的七届二中全会提出的全心全意依靠工人阶级搞好生产的路线在山西省得到充分的贯彻和体现。由于生产的恢复和发展，工人群众的生活水平有了很大的改善，各级工会获得了工人的信任与支持，共产党的领导得到了人民大众的衷心拥护，为日后大规模经济建设的全面开展，奠定了坚实的基础。

六、调任华北工会工作委员会主任

1951年12月，康永和调离山西来到天津，担任中华全国总工会华北工作委员会主任，成为全国总工会党组成员之一。1953年1月至1954年8月，又担任华北行政委员会劳动局局长。5月，全国第七次工会代表大会召开，康永和当选为中华全国总工会第七届执行委员。

这个时期，华北全区共计有职工200多万人，截至1953年工会七大，已经有80%左右的工人群众组织到工会中。1952年，在康永和主持全总华北工作委员会工作期间，全区工会积极发动和组织工人开展"增产节约劳动竞赛"，参加竞赛的职工达到80多万人，占全区国营与地方国营企业职工总数的70%以上，不仅调动了广大职工的爱国劳动热情，而且超额完成全年的增产节约任务，使全区各种工业生产全面恢复并且部分超过了历史上的最好水平。在历次竞赛中，广大工人群众发挥了自己的聪明智慧，提出了大小20万件合理化建议，进行了一系列生产改革，对提高劳动生产率作出了重大贡献。如煤矿业马六孩的循环快速掘进、唐山钢厂的表面吹炼碱性转炉炼钢、铁路工厂刘喜振的"漏模翻砂造型法"、建筑业傅鸿宾设计的铺灰器、察哈尔龙烟铁矿马万水的快速掘进法等等。

在开展生产运动的同时，厂矿企业中进行的民主改革工作，清除了封建残余势力和反革命残余势力，改变了不合理的旧制度，建立了民主管理制度。在私营企业方面，工会依据"发展生产，劳资两利"的政策，协助政府，主动团结资本家，发展了生产，经过"五反"运动，更提高了工人的觉悟，建立了新的劳资关系。

在人民政府和工会的努力下，华北职工的劳动条件、物质文化生活也不断获得改善。职工工资较解放前有所提高，企业安全卫生状况也有了初步改善。至1953年中国工会七大召开，全区已有611个厂矿单位的工人享受到劳保待遇，兴办休养所、疗养院53个，托儿所220处，医院和卫生所865座，政府为工人建筑了10万间以上的宿舍。为提高职工政治、文化、技术水平，在全区2400所业余学校中，有51万工人参加学习。全区有10个市建立了文化宫，有800多个较大的职工俱乐部。

这一时期，华北私营企业工会工作也成绩斐然。华北各省市工会遵照自下而上组织工人积极开展工作的方针,开展了私营企业中的工会工作。比较显著的是在解放初期大力纠正了职工群众中的某些过左情绪,稳定了当时相当混乱的劳资关系,并协助政府完成了调整工商业的任务。职工群众在工会领导下,主动团结资本家,克服了困难,发展了生产,繁荣了市场。以天津为例,1951年底较之1949年私营企业增加了60%,同时期生产总值等于1945年的8倍多。特别是在"五反"运动中,华北区14个大中城市的工会在党的领导下发动95%以上的职工群众参加了斗争,纯洁了工会组织,发展了83366个会员,培养了46681个积极分子。私营企业中工会组织健全和壮大了,并通过开好生产会议、推行生产合同、劳资集体合同等一系列工作,广大工人群众主动团结资方搞好生产,使一度极为动荡的劳资关系稳定下来,真正出现了工人阶级领导下民主的、平等的、两利的、契约的新型劳资关系。

1953年,第一个五年计划开始实施,我国进入了有计划的经济建设时期。但是,企业中严重存在的职工无故或借故旷工的现象,与当时经济建设的要求格格不入。4月,天津市委给华北局和中共中央关于劳动纪律的报告引起中央的重视。为了整顿和巩固劳动纪律,全总七届执委会第二次主席团会议通过了《关于巩固劳动纪律的决议》。据此,全总华北工作委员会也发出了"关于在职工中加强教育巩固劳动纪律的指示"。针对一些人对劳动纪律不重视或不够重视,一些人认为"狠狠地整它一下,来个彻底解决"的急躁做法,以及"如何处理巩固劳动纪律和劳动竞赛的关系","私营企业是否也要巩固劳动纪律"的疑问,康永和在《工人日报》发表了《必须巩固劳动纪律》的文章,指出:在工人阶级成为国家的领导阶级之后,纪律本身就在性质上起了根本变化,它已不是剥削阶级束缚劳动者的纪律,而成为组织群众生产、使国家富强、改善人民生活之所必需;也是保障每一个工人的利益的必需。因此,巩固劳动纪律绝不是一个短时期的工作,而应该是工会的一种经常工作。工会要坚持不懈地教育工人群众,提高他们的觉悟,使他们深切了解"整体为个人,个人为整体"①的社会主义精神,自觉自愿地遵守劳动纪律。康永和强调,在加强教育的同时,对屡教不改、久教不悔,败坏劳动纪律的分子,必须给予应得处分,但是要防止和反对惩办主义。

---

① 康永和:《必须巩固劳动纪律》,见中华全国总工会工会理论研究会编:《康永和工运文集》(内部出版,出版社、出版时间不详),第23页。

有些工会干部把巩固劳动纪律和劳动竞赛对立起来，提出"又要搞劳动纪律了，竞赛怎么办？"康永和明确指明两者之间的关系是相辅相成的。他说：巩固劳动纪律的目的，是为了搞好生产，而搞好生产的基本办法就是开展劳动竞赛。关于私营企业是否要巩固劳动竞赛，康永和明确指出："这种怀疑是不必要的。"他说，一方面目前一切有利于国计民生的私营企业是有必要存在和发展的；另一方面，虽然私营企业中的工人还受着资本家的一定剥削，但是，他们和国营企业的工人一样是国家的主人翁。因此，私营企业的工会和工人，也应以生产为中心，这样对国家有利，对自己更为有利。

1954年4月，中华全国总工会主办的"鞍钢技术革新展览会"在北京劳动人民文化宫开幕，5月27日，全总七届执委会主席团第五次会议通过了《关于在全国范围内开展技术革新运动的决定》，掀起了在全国开展技术革新运动的高潮。5月30日，康永和在华北工作委员会进行部署，要求华北职工要"学习鞍钢经验，认真地开展技术革新运动"。他首先肯定华北工业系统在学习张明山、王崇伦等同志的革新精神，改进生产技术等方面取得了一定的成就。这些技术革新对于发挥企业潜力，提高劳动生产率，具有很大的作用。他还进一步提出，要十分重视推广鞍钢技术革新的经验，把技术革新运动在华北大地开展起来，根据华北的实际情况，有计划地逐步加以引导。他强调，把技术革新叫做运动，绝不是说这是突击性的工作，而是指技术革新具有广泛的群众性的规模而言。对个别地方由党、工会、青年团和妇女联合会组织的临时性的，实际上是以突击性为目标的"自动化、机械化，生产合理化委员会"来领导技术革新运动提出了批评。

新中国成立初期，由于劳动保护工作还没有建立起来，劳动安全的防护措施、设施的不完备，在生产过程中，职工因公伤亡问题十分严重。从1950年5月至1954年8月底，全国因公伤亡职工总数达到983550人，其中因公死亡14033人，重伤29645人，轻伤939822人，平均每天因公死亡9人左右，因公受伤600余人①。除了伤亡事故发生，烟害、高温、粉尘污染也对职工的身体健康造成严重的损害，职工群众对此很不满，生产也因此受到影响。对此，康永和指示华北工作委员会进行了深入的调查研究，并将调查报告送到华北局。毛泽东十分

---

① 《全总党组关于几年来全国伤亡事故简况报告》，见中华全国总工会办公厅编：《建国以来中共中央关于工人运动文件选编》，工人出版社1989版，第315页。

重视, 曾亲自批示, 责成华北局领导抓这一问题。康永和还将调查报告在《工人日报》上刊登出来, 引起很大的社会反响, 广大工人群众拍手叫好。由于《工人日报》积极发挥舆论监督作用, 由于毛泽东主席的直接干预, 促成了问题的进一步解决。

工会除了密切关心安全生产, 把问题及时向领导反映, 还采取一切办法为保证职工安全与健康而斗争。华北工作委员会在这一方面的工作, 行之有效的做法是: 一方面, 切实协助具体解决必要问题; 另一方面, 发动群众向一切忽视安全的官僚主义与资产阶级思想进行坚决斗争。同时, 组织工人学习技术与安全规程, 教育工人按规程操作, 严守劳动纪律和加强卫生知识教育。

华北工作委员会还加强在私营企业中的工会工作。以开展生产竞赛和开好劳资协商会议为贯彻"发展生产"、"劳资两利"政策的重要手段, 督促资方改善经营管理, 并保证使工人生活逐步得到改善。康永和强调, 私营企业工会要在资方具有正当经营意愿的情况下, 有条件地组织竞赛。他说, 只有工会在领导生产上表现了力量和成就, 才容易使资方信服工人阶级和工会的领导作用, 从而更加有利于工人合理要求的解决与生活的改善, 也只有工人切身利益真正得到解决, 工会才能团结所有群众, 激发他们积极劳动的情绪。

工会在私营企业还把群众监督作为经常的任务, 通过监督与检查防范资方的违法行为。其主要做法是, 建立必要的工作制度, 定期听取资方生产经营、开支盈亏的报告, 并定期向职工报告监督情况。

七、调任中国第一机械工会主席

1954年4月27日, 中共中央政治局扩大会议决定撤销大区一级党政机构。6月19日, 中央人民政府委员会第32次会议通过了《关于撤销大区一级行政机构和合并若干省、市建制的决定》。据此, 中华全国总工会于八九月间先后撤销了其在各大区的工作委员会。

由于重工业和机械工业是发展社会主义工业化的基础, 因此, 在第一个五年计划中, 国家以巨大的力量建设和发展机械工业。为了加强机械工业工会的筹备, 全国总工会华北工作委员会撤销后, 康永和调任第一机械工会筹备委员会主任。第一机械工会筹备会在1950年12月成立时定名为中国机器制造业工会。1952年9月，中华人民共和国第一机械工业部成立，为了与该部密切配合，经中华全国总工会批准于1953年9月改为中国第一机械工会。1955年4月，中华人民共和国第三机械工业部成立后，中华全国总工会指示工会组织照旧不变，仍沿用"中国第一机械工会"名称。

经过5年的筹备，1955年8月15日至21日，中国第一机械工会第一次全国代表大会在北京召开，出席会议的代表208名，列席的代表46名，代表全国机械工业42万会员。中共中央为大会发来祝词，希望通过这次会议，进一步密切工会与群众的联系，提高职工群众的政治觉悟，更好地开展群众性的合理化建议活动，把劳动竞赛推向新的高潮，为胜利完成第一个五年计划的光荣任务而奋斗。康永和在会议上作了《为完成和力求超额完成第一个五年计划而奋斗》的工作报告。大会正式成立第一机械工会，选举康永和为中国第一机械工会主席。

康永和根据我国第一个五年计划中机械工业的发展要求，提出第一机械工会的任务是：在中国共产党和中华全国总工会的领导下，密切配合行政工作，加强与工人群众的联系，提高工人群众的觉悟程度与组织程度，组织工人群众积极掌握新技术，广泛、深入地开展劳动竞赛，努力增产，厉行节约，以保证完成和力求超额完成第一个五年计划，并在发展生产和提高劳动生产率的基础上，逐步地改善工人群众的物质生活和文化生活，为逐步实现国家的社会主义工业化和社会主义改造事业而奋斗。

为了实现这一光荣而艰巨的任务，康永和根据产业特点和当时存在的问题，提出了第一机械工会的主要工作。第一，深入地、广泛地开展劳动竞赛，并把它推向新的高潮；第二，加强资本主义企业中的工会工作；第三，大力开展教育工作，提高职工的政治觉悟和技术、文化水平；第四，在发展生产和提高劳动生产率的基础上，逐步地改善职工群众的物质生活与文化生活；第五，加强工会建设，密切工会与群众的联系，更好地发挥工会组织的作用。

第一机械工会在康永和的领导下，在开展劳动竞赛方面进行了积极的探索，创造了先进经验，得到了中央的肯定。这就是针对机械工业的特点，在第一机械工业部系统开展的厂际劳动竞赛活动。第一机械工业部所属的天津、上海、沈阳三个自行车厂设备和规模大致相同，工人人数也相差不多。但是，1955年沈阳自行车厂计划生产自行车58775辆，是天津厂计划产量的44.7%，上海厂的41.4%；沈阳厂每辆自行车成本是110元，天津厂是79元，上海厂是88元；

在质量方面,沈阳厂自行车因质量问题,第一季度就返修14000辆,几乎关厂。针对这一问题,第一机械工会提出在天津、上海、沈阳三个自行车厂开展厂际劳动竞赛活动。在第一机械工业部的积极合作下,通过全面交流生产技术经验、改进工艺、提高质量和降低成本等措施,沈阳自行车厂在质量方面有了突出的进步,成本逐步降低,能按月完成国家计划。

第一机械工会三个自行车厂的厂际竞赛活动,对于生产技术的改进、产品质量的提高、生产成本的降低都起到了显著的作用。《工人日报》对此予以跟踪报道和宣传,《人民日报》也约康永和写了专题文章。由于《工人日报》和《人民日报》的宣传,引起了中央办公厅的注意,派人帮助第一机械工会总结了三个自行车厂厂际竞赛的经验。中共中央批转了中国第一机械工会全国委员会《关于三个自行车厂厂际竞赛的主要经验和改进今后劳动竞赛领导的意见》给各省、市、自治区党委,中央各部委,中央国家机关和人民团体各党组,认为这个经验很好,他们的经验证明:"组织类型相同、设备相仿、产品相近的工厂企业间的厂际竞赛,能更好地推动落后企业赶上先进企业,先进企业更加先进,达到共同提高的目的"[1],要求各地党组织、各工业行政部门和工会组织,必须十分重视劳动竞赛的这种新情况,及时发现、总结和推广先进经验,认真加强对劳动竞赛的领导。中共中央书记处总书记邓小平批转全总参照执行,并在批转报告中说:一个产业工会,一年干这么一件事就算是不小的成就了。

除了厂际劳动竞赛,第一机械工会的劳动竞赛还在工程技术人员中广泛开展起来。1956年1月26日,长春第一汽车制造厂全体工程技术人员提出"开展同产业工艺工作者社会主义竞赛"的挑战书,建议第一机械工业部系统各厂的工艺工作者共同开展社会主义竞赛,争取迅速掌握新技术和完成技术改造,提高技术能力和企业管理水平。2月3日,第一机械工业部和第一机械工会全国委员会向第一机械工业部系统的工程技术人员发出号召,响应第一汽车制造厂工艺工作者的挑战。

3月,全国总工会七届执委会第十次主席团会议做出了开展先进生产者运

---

① 《中共中央批发中国第一机械工会全国委员会〈关于三个自行车厂厂际竞赛的主要经验和改进今后劳动竞赛领导的意见〉的指示》,见中华全国总工会办公厅编:《建国以来中共中央关于工人运动文件选编》,工人出版社1989年版,第428页。

动的决议。在第一机械工会的领导下，机械工业系统已有90%以上的职工分别参加了机床、机车、农具、电机、开关、仪表、自行车和重型机械等20种同类型厂厂际社会主义竞赛；沈阳、旅大、天津、上海、南京、太原、武汉、重庆等十几个城市的机械系统都分别组织了厂际同工种竞赛和同业务竞赛。在竞赛中，广大职工纷纷突破计划指标，北京农业机械厂提前1年零10个月完成了第一个五年计划。马恒昌、刘立富等先进小组和盛利、詹水晶等许多先进生产者也提前完成了第一个五年计划的工作量。在竞赛的高潮中，职工们提出了成千上万件合理化建议。据不完全的统计，仅第一机械工业部的67个工厂，两个多月内就提出合理化建议38776件，比第一机械工业部所属企业1955年合理化建议总数超过了28%。1956年4月30日至5月10日，全国总工会根据中共中央和国务院的建议，在北京举行全国先进生产者代表大会。第一机械工会就推选了391名代表出席全国先进生产者代表大会。

1957年12月，中国工会第八次全国代表大会在北京召开，康永和代表中国第一机械工会在大会上发言。他指出，经过第一个五年计划，我国的机械工业已经摆脱落后，全国需要的机器设备几乎全部依靠进口的状况已经一去不复返，机械工业已经成为实现对国民经济各部门进行技术改造的一个相当强大的基地了。为了在我国建成一个基本上完整的工业体系，在第二个五年计划期间，国家将继续坚持优先发展重工业的方针，积极加强机械工业的建设。所以，动员和组织全国机械工业职工在即将到来的新的斗争中争取更辉煌的胜利，是第一机械工会面临的新的任务。

关于在新的形势下工会的作用和任务，康永和首先表示，完全拥护刘少奇代表中共中央所作的指示，同意赖若愚主席的报告。接着，他联系机械工业的实际情况，深刻阐述了群众生产工作中的思想政治工作问题。康永和提出，必须把思想政治工作作为群众生产工作的基础。他说：工会群众生产工作的作用在于，不仅要从群众思想方面为实现行政制订的生产计划和措施提供保证，而且要通过提高群众的自觉性，发扬生产中的先进因素，依靠群众扫除妨碍生产发展的落后因素，鼓励落后者赶上先进者，组织先进者帮助落后者，借以补救单纯行政方法所不能解决或没有解决的问题，克服行政工作中的毛病，达到促进社会主义生产更顺利发展的目的。这是政治工作与经济工作相结合的实际途径，也是我们党的群众路线传统在经济工作中的体现。

在全国工会第八次全国代表大会上，康永和当选为中华全国总工会第八届执行委员会委员。在中华全国总工会八届执委会第一次全体会议上，康永和当选为全国总工会主席团委员、书记处书记。

八、担任世界工联书记处书记

1962年至1964年，康永和担任世界工会联合会书记处书记，常驻布拉格处理日常事务。根据国家相关规定，康永和可以带夫人一起去布拉格赴任，王长秀也做好了随任准备，但是由于当时国家外汇紧张，他坚决服从组织决定，只身一人到布拉格赴任。

康永和从事工会国际工作，实际上从1950年就开始了。1950年12月，他出席了农林工会国际行政局会议，并在大会上作工作报告，当选为世界工联国际农林工会主席。1960年9月，康永和作为中国工会代表出席了世界工联非洲工作咨询会议。在会议上，康永和阐明了中国工会支援阿拉伯、非洲人民正义斗争的三项原则：第一，我们的支援是真诚的，不附加任何条件，决不利用支援介入受援工会的内部矛盾和干涉别国的内部事务；第二，支援是相互的，不是对受援者的恩赐，支援者和被支援者应当平等相待；第三，对受援工会不问其意识形态是否同我国有差异，也不问其参加哪个国际工会组织。在这一原则指导下，到20世纪60年代中期，中国工会逐渐同非洲和西亚40多个国家、50多个工会建立了联系，并保持友好往来。丰富的工会国际工作经验，为他担任世界工联书记处书记奠定了重要基础。

康永和担任世界工联书记处书记，常驻布拉格处理日常事务期间，正是中苏矛盾和分歧逐渐公开，双方关系日益恶化的时期，也是世界工联面临动荡、分化和改组的时期。

世界工联曾经是由苏联工会居主导地位、以社会主义国家工会为支柱的世界进步工会的联合组织。在20世纪50年代以前，中国工会同世界工联关系良好，双方互相支持，密切合作，尽管在一些问题上存在分歧，但是总的来说，双方还能以推动世界工会运动发展的大局为重，注意协商一致，维护团结。1956年苏共二十大以后，特别是随着1959年苏共领导人日益热衷于推行其苏美合作主宰世界的路线，世界工联沿着为推行一国外交政策服务的道路越走越远。这就使中国工会同苏联工会和世界工联一些领导人在一系列问题上的意见分歧与矛盾日益加深和激化。1960年, 在北京召开的世界工联第11次理事会会议发生了严重的争论, 争论涉及时代的特征、国际形势、战争与和平、核裁军、民族解放运动、国际工会运动的统一等一系列重大问题, 其实质是世界工联是否应当追随苏联外交路线的变化而改变自己的方针任务。这次会议标志着中苏工会之间的分歧, 已从内部协商、小范围讨论, 发展到在世界工联更大范围会议上的公开争论。

面对复杂的形势和逐步恶化的环境, 康永和与中国工会依据中共中央的指示, 高举"团结、协商、反帝、和平"的旗帜, 依靠左派, 团结中间派, 同苏联的国际霸权主义进行了有理、有利、有节的斗争。

1963年3月, 康永和在给全国总工会《关于半年来世界工联情况变化的综合报告》中, 总结了我国工会在世界工联工作和斗争的体会。他提出, 我们的力量不仅在于我们的正确性, 而且在于我们善于把以左派为核心的一切进步力量组织起来, 发挥他们的作用。他强调:"同左派合作斗争, 不允许指手画脚, 要向他们主动提供消息, 交换意见, 要尊重他们, 共商对策, 协调行动"①。在坚持以独立平等和通过协商达成一致的原则作为维护国际组织团结的基本准则下, 康永和还提出明确的斗争策略。他说, 要选择若干关键问题, 针锋相对地斗争。"他们用空洞的词句欺骗群众, 我们就摆开事实揭露真相; 他们用不着边际的空谈来纠缠, 我们就迫其进行实质问题的辩论"②。他强调, 既要抓住对方观点中最荒谬脆弱的环节, 狠狠地斗, 又要机敏地利用对方阵营中的矛盾, 使对方阵营出现裂缝, 以至动摇混乱。在达到打痛右派、教育中间分子的目的之后, 要及时地、出其不意地提出必要的妥协, 根据求同存异的精神, 在工会行动纲领的基础上, 力争达成双方都能接受的协议, 以便有利地使战斗告一段落。康永和说:"只有这样, 才便于鼓舞左派, 动摇中间派, 软化和瓦解右派阵营, 孤立顽固分子, 同时表现出我们真团结的诚意。"③

在这份报告中, 康永和还根据国际工联斗争形势的变化, 向全总提出"需

---

① 康永和:《康永和给全国总工会关于半年来世界工联情况变化的综合报告》(1963年3月), 原件存中央档案馆。

② 康永和:《康永和给全国总工会关于半年来世界工联情况变化的综合报告》(1963年3月), 原件存中央档案馆。

③ 康永和:《康永和给全国总工会关于半年来世界工联情况变化的综合报告》(1963年3月), 原件存中央档案馆。

要通盘研究我们在工联的活动和做法"。他建议应当考虑: 在工联的具体条件下, 怎样体现我们的"攻势"和"积极主动"? 除了利用国际会议的讲坛以外, 还能够做些什么? 是否要利用世界工联和工会国际的出版物? 对于工会国际的产业性活动是否我们至今采取着只要求他们不做或少做坏事的消极态度? 是否有必要和可能利用工会国际作些有益于左派的活动? 我们对工联和工会国际开展亚、非、拉美的活动采取什么对策? 是否应当采取措施从组织上适当加强左派在工联机关和工会国际领导机构中的力量? 对于工联的物质工作日益脱离书记处的监督应当采取什么对策? 等等。全总党组非常重视康永和提出的这些问题, 在1963年6月10日给中央联络部的请示中, 明确提出了我国工会在世界工联的斗争中应采取的原则立场及其在组织、宣传和经费问题上的策略。

1963年7月, 苏美英三国在莫斯科签订了《关于禁止在大气层、外层空间和水下进行核试验的条约》, 这个条约旨在巩固其核大国的垄断地位, 剥夺中国建立自己核力量的权利, 理所当然遭到中国政府、中国工会的反对和揭露。但是, 世界工联总书记赛扬不顾书记处内中国书记的反对, 发表声明欢呼这个条约。中华全国总工会于8月14日发表声明揭露这个条约是个骗局, 同时"对赛扬尾随一个国家的外交需要"表示十分遗憾。接着, 世界工联书记处发表声明, 指责中华全国总工会的声明是"十分错误的"。由此, 中国工会同世界工联的矛盾和分歧向世界公开, 双方关系急剧恶化, 中国工会同世界工联关系走向破裂。

1964年, 康永和结束了在世界工联书记处的任职回国, 但是, 仍然代表中国工会参加世界工联的重要活动, 在世界工联的舞台上, 同苏联加紧对世界工联进行控制的活动进行了针锋相对的斗争。1965年10月, 康永和作为中国代表团副团长参加了在莫斯科召开的国际工联第六次代表大会, 并作大会发言。在会议讨论修改章程问题上, 坚持"协商一致", 反对"多数表决"; 坚持"大小工会一律平等", 反对"大工会的控制"; 坚持"各国工会独立自主", 反对"干涉内政", 并且对"议事规则"投了反对票。

1966年12月, 在索非亚举行的世界工联第16次理事会会议上, 世界工联领导集团借口中国工会"违反议事规则", 竟然剥夺中国工会代表团参加这次会议的权利。中华全国总工会于12月31日发表声明, 提出世界工联必须公开承认错误等三点要求, 否则将停止参加其活动。从此, 中国工会终止了同世界工联的关系。

九、初任全国总工会副主席

全总党组第三次扩大会议以后，工会工作受到了很大的冲击，随着"左"的错误思想不断扩大，全国总工会有人又提出了"为工会消亡而斗争"。即使在这种环境下，康永和依然坚持做好工会的本职工作，尽可能发挥工会的基本职能。1960年4月，劳动部和全国总工会联合在长沙召开了第四次全国劳动保护工作会议。康永和作了题为《高举毛泽东思想旗帜，努力做好劳动保护工作，为实现1960年更好更全面的跃进而奋斗》的报告。会议总结和交流了一年半以来，在"大跃进"中进行劳动保护工作的经验；着重讨论了在生产建设持续"大跃进"和技术革命、技术革新运动发展的形势下，如何进一步加强劳动保护工作，同工伤事故作斗争、劳逸结合、女工保护等问题，并确定了今后工会劳动保护工作的任务。4月28日，《工人日报》为这次会议的召开，发表了题为《生产安全双跃进》的社论。6月16日，在《中共中央批转劳动部党组和全国总工会党组关于劳动保护工作的报告》中指出：中央同意劳动部党组和全国总工会党组提出的"力争减少和杜绝工伤事故、注意劳逸结合、加强女工保护等项意见"，为了加强这项工作，应该健全企业和各部门的劳动保护专管机构。①在中共中央的支持下，全国总工会在加强女工劳动保护和改善煤炭工业安全状况方面，作出了积极的努力。

1965年3月，当时主持全国总工会日常工作的常务副主席、书记处书记马纯古下基层蹲点，由康永和主持全总的日常工作。当时，由于"左"倾错误的影响，工会工作受到很大的挫折，工作局面很难打开，康永和感到工作起来既吃力，又很苦恼。经过全总党组的一再讨论研究，确认1964年全总执委开展的介绍、推广大庆经验的工作方向对头，只是贯彻不力。因此，决定进一步宣传和推广大庆经验。康永和代表全总党组给中央书记处写了报告，彭真同志很快就批准执行，并决定同经委、石油部联合起来，共同开展这项工作。为此，全总动员了各方面的力量，全力以赴，配合工作。同年10月至12月，《工人日报》组

① 《中共中央批转劳动部党组和全国总工会党组关于劳动保护工作的报告》，中华全国总工会办公厅：《建国以来中共中央关于工人运动文件选编》（下），中国工人出版社1988年版，第836页。

织大批人力奔赴大庆, 在实地进行调查、访问、座谈的基础上, 撰写了大量宣传材料。同年底, 为推广大庆经验在黑龙江省安达市召开的全国工会工作会议非常成功。《工人日报》每天以两个版面的篇幅宣传大庆, 持续一个月之久, 为普及大庆经验发挥了重大作用。全总工作的被动状况有所扭转。

1965年7月, 当工业交通系统四清座谈会筹备小组向中央领导作汇报时, 刘少奇在插话中提出: "职工代表大会的代表人数可以扩大一些。工会委员会要成为经常性的监督机构, 不要去搞事务性的工作, 主要搞发动群众, 做群众工作", 批评 "现在工会变成官僚主义了, 不参加劳动"①。会后, 全总立即召开省、市、自治区工会主席座谈会, 会期从7月28日至8月15日, 认真讨论了刘少奇关于工会加强群众工作, 组织群众监督, 克服官僚主义的指示。会议期间, 中央书记处又听取了会议情况汇报, 作了进一步的指示。会议起草了一个座谈会纪要, 即《整顿基层工会的若干意见 (草稿) 》报送中共中央, 提出了整顿工会, 活跃群众工作的具体意见: 整顿和健全职工代表大会, 加强领导, 调整和充实领导骨干, 整顿会员队伍, 干部参加劳动, 以及工会业务范围的调整和财务制度的改革等等, 并且提出要在年底或次年初, 召开一次基层工作会议, 交流经验, 进一步讨论这次会议纪要中提出的各项问题。中共中央批转了全总党组的报告, 同意先积极进行试验, 待经过一段典型试验和调查研究后, 再作正式决定。但是, 由于 "文化大革命" 的爆发, 工会整顿工作无疾而终。

1966年3月, 全国总工会八届六次执委会在北京召开, 增选康永和、顾大椿为全国总工会副主席。

同年12月, 全国总工会大楼被 "全国红色劳动者造反总团" 占领, 全国总工会陷入瘫痪。康永和也被打成 "走资派", 下放到 "五七干校" 劳动改造。康永和自嘲道: 革命革成 "反革命", 反修反为 "走资派"。尽管他被贬在 "五七干校" 打扫厕所、烧开水、放鹅, 但是这些灾难并没有压垮他, 反而成就了他学习写诗词的愿望。他利用休息时间, 写下大量诗词, 并以诗词的形式, 对 "文化大革命" 进行了深刻反思。他更多的是激励自己, 坚定信念, 信仰真理, 坚信总有 "雨住乌云散"②的时候。

"林彪事件" (九一三事件) 后, 周总理关心老干部, 决定让 "五七干校"

---

① 中华全国总工会 :《新中国工运大事记》, 中共中央党校出版社 1993 年版, 第 395 页。

② 康永和 :《诗词言志》(作者自行编印, 未公开出版), 2003 年, 第 88 页。

的干部回城检查身体。康永和经医生诊断身体有病，批准留京治疗。随后，康永和被军代表任命为全总政工组长，康永和获得了重新工作的机会，非常激动，他不顾身体疾病，放弃休养，回到了工作岗位。

十、担任国家劳动总局局长

1973年，康永和被调至劳动总局工作，担任国家计委劳动局局长。后任国家劳动总局局长。1975年9月至1982年5月，任国家劳动总局局长、党的核心小组组长，1975年10月起任国家劳动总局党组书记，1978年9月至1979年，任国家计委副主任。

1971年"林彪事件"后，国家恢复了劳动总局。康永和认为，恢复劳动总局意义重大。但是，在当时的历史背景下，劳动总局的工作开展受到重重限制。1975年9月，国务院召开工资会议，责令劳动总局主持。这次会议长达99天。会议经过反复讨论，拟定了改革工资制度的设想和调整工资的方案。但是，在"四人帮"的干扰下，最后无法形成决议，不得不于11月下旬宣布休会。

粉碎"四人帮"以后，在康永和领导下的国家劳动总局，迅速恢复了劳动计划管理工作，研究劳动计划体制和劳动力管理中存在的问题，恢复合理的规章制度，如岗位责任制、定员定额制度、考勤制度、安全生产制度等，以尽快恢复生产，把国民经济搞上去。"文化大革命"期间，由于在分配问题上的错误思想，把关心群众的正当物质利益说成是物质刺激，以致调整工资、改善人民生活的问题长期得不到解决。国家劳动总局在批判"四人帮"错误谬论的基础上，迅速把调整工资工作提上日程。

为了尽快落实中央调整工资的政策，国家劳动总局在1975年工资会议形成的设想和方案的基础上，重新研究修改，并在1977年1月召开的全国计划会议上征求各地负责同志的意见，并进行反复修改，经过国家计委党的核心小组多次讨论审定后，形成了《关于工资问题的汇报提纲》，正式上报国务院。国务院指示要听取各方面的意见，包括职工的意见，并决定全国工资工作会议复会，继续研究讨论这个提纲。1977年7月，全国工资工作会议休会1年零7个月后，重新复会，会议在康永和的主持下，确定了调整工资的原则、方针和办法。经国务院批准后，从当年10月1日起，按照五至七元的方案，给一部分职工增加了工资。

1977年的工资调整，是"文化大革命"后国务院第一次调整职工工资。由于特殊的历史原因, 职工工资20年没有调整。因此, 这次调资不仅广大职工非常关心, 国际上也很瞩目。由于当时国民经济刚开始有好转, 但困难还没有完全克服, 在通盘考虑了我国工农业生产水平, 积累和消费的关系、工农关系、城乡关系, 以及社会购买力和商品可供量的平衡关系等情况下, 这次工资调整只是职工总数的46%。另外, 还有百分之十几的职工, 也能适当增加一些工资。而工资制度中存在着的一些不合理的问题, 还不能马上解决。因此, 国务院工资调整通知下发以后, 也出现了一些问题, 有的省直机关、主管局机关或县党政机关工资调整面大于工人的调整面, 工人意见较大; 有的地方因为工资制度存在不合理的因素, 酝酿着闹事的苗头。为了将这件原本是惠及职工群众的调整工资的工作做好, 作为国家劳动总局局长, 康永和主持召开了全国工资工作座谈会, 总结了一些试点地区的经验, 并提出20个带有普遍性的问题的具体的解决办法, 并以文件的形式下发, 保证了这次调资严格按照国务院的方针政策进行。

劳动就业问题是当时国家劳动总局面临的又一个紧迫问题。由于粮食供应的限制, 国家不得不严格控制职工的增加, 1977年增加的全民所有制职工只有90万人, 国家劳动总局要求各地区各部门挖掘劳动潜力, 大力压缩非生产人员和二线人员充实生产一线, 提高劳动生产率, 提倡在县办工业试行亦工亦农的劳动制度, 在不增加城镇人口和商品粮的情况下, 解决县办工业所需要的劳动力。但是同时, 全国大量城镇待业人员的就业问题需要解决。1979年, 有2000万人待业, 为了要求解决就业问题, 不断闹事、包围省市政府、冲击办公大楼, 影响了正常的工作秩序。而"文化大革命"中"上山下乡"知识青年为了回到城市, 也不断进行请愿、罢工, 问题非常严重。

党的十一届三中全会以后, 中共中央及时提出了"广开门路, 集体所有"的城镇就业方针; 1980年8月中央召开的全国劳动就业会议, 进一步提出"实行劳动部门介绍就业、自愿组织起来和自谋职业相结合"的方针, 推动了劳动就业工作的开展, 到1981年, 全国大部分省、市、自治区就基本上将1979年以前的城镇待业人员安置完毕。在解决劳动就业问题中, 康永和非常重视总结和推广行之有效的经验。在1977年1月召开的全国劳动计划工作座谈会上, 他在会议的讲话中就重点介绍了山东省济南市的劳动就业经验, 即自力更生, 大力兴办街道工业和服务行业, 组织起来从事集体生产劳动, 在1976年底, 就将该市80%的留城青年和其他待业人员的就业问题解决了。

在以"三结合"的方针解决城镇劳动就业问题的过程中, 劳动服务公司发挥了很大的作用。1981年, 全国各省、市、自治区 (除西藏外) , 建立了1200多个劳动服务公司, 组织和安置了近200万就业人员。不仅如此, 劳动服务公司还在搞活劳动制度方面, 试行扩大临时工、合同工的比例, 推广招工考核、择优录取的办法, 在一定程度上开始改变统包统配的制度。同时, 劳动服务公司还取得了组织经济事业, 促进多种经济成分并存, 指导民办集体和个体就业, 组织就业训练, 统筹管理临时工、合同工等方面的经验。1981年3月, 国家劳动总局发出召开全国劳动服务公司工作座谈会的会议通知, 重点研究劳动服务公司的有关问题。在这次会议上讨论的问题, 实际上涉及城镇劳动就业的全面工作。会议通过总结交流经验, 讨论修改了两个文件, 一是代中共中央、国务院起草的《关于广开门路, 搞活经济, 解决城镇就业问题的若干意见》; 一是《关于劳动服务公司若干问题的意见》。这两个文件, 明确了今后城镇就业的方向, 并制定了相应的解决有关问题的政策。康永和在大会的讲话中强调: 在我们这样一个人口众多, 经济不发达的大国, 劳动就业"是一个长期的艰巨的任务", "是关系到广大人民切身利益", "关系到社会的安定团结和四化前途的一件大事"。①

这一时期, 国家劳动总局在康永和的主持下, 大力推动劳动管理制度的恢复和重建工作, 解决了大量的历史遗留问题。主要有国家劳动总局先后制定并由国务院颁布了《国务院关于职工探亲待遇的规定》《关于安置老弱病残干部的暂行办法》和《关于工人退休、退职的暂行办法》等法律法规。

我国的职工探亲制度是1958年建立的, 由于存在与亲属团聚时间过短, 不能探望住在外地的父母等问题, 从1978年到1980年, 国家劳动总局收到这方面的人民来信就有3000多件。在全国五届人大数次会议和政协会议上, 都有不少代表和委员提出提案, 要求尽快解决这个问题。据此, 国家劳动总局和财政部会同有关部门进行了研究, 并到部分省、市、自治区征求了意见, 对1958年《国务院关于工人、职员回家探亲的假期和工资待遇的暂行规定》作了一些修改和补充, 制定了《国务院关于职工探亲待遇的规定》, 于1981年3月6日在第五届全国人民代表大会常务委员会第十七次会议上通过。

我国宪法规定: 劳动者在年老、生病或者丧失劳动能力的时候, 有获得物

---

① 康永和:《在全国劳动服务公司工作座谈会开始时的讲话》(1981年3月), 原件存劳动部档案。

质帮助的权利。对老弱病残干部和工人及时地、妥善地进行安置，并适当地规定他们的生活待遇，这是保障劳动者享有宪法规定的权利的重要措施。我们党和政府对老弱病残干部和工人的安置，历来十分重视。早在1951年，原政务院就颁发了《中华人民共和国劳动保险条例》，对年老、疾病、伤残的干部和工人的待遇都作了适当的规定。以后，经全国人民代表大会常务委员会原则批准，国务院于1958年先后颁发了《国务院关于工人、职员退休处理的暂行规定》和《国务院关于工人、职员退职处理的暂行规定（草案）》。"文化大革命"中，由于"四人帮"进行百般阻挠和破坏，使需要安置的干部和工人不能得到及时安置。为了能更好地按照党的一贯政策，统筹安排，做好老弱病残干部和工人的安置工作，国家劳动总局修订了《关于安置老弱病残干部的暂行办法》和《关于工人退休、退职的暂行办法》，经第五届全国人民代表大会常务委员会第二次会议原则批准，由国务院批发给各地区、各部门选点试行。这些条例和规定的颁发实行，使老弱病残干部和工人得到了妥善安置，生活有了可靠的保障，充分体现了党和政府对老弱病残干部和工人的关怀和爱护，体现了我国社会主义制度的优越性。

康永和在国家劳动总局主持工作期间，正是从"文化大革命"后期到改革开放的初期，我国的经济体制和劳动工资制度都面临着深刻的变革。他在工作中特别强调要"注意新情况，调查新问题，研究新问题，解决新问题"①。随着城市经济体制改革的推进，企业的经济责任制推广很快，至1981年8月，全国县以上全民所有制企业有65%实行了利润留成和盈亏包干的经济责任制。经济责任制的实行，将当时实行的一套劳动工资制度冲击得一塌糊涂。为了研究这一问题，国家劳动总局于9月主持召开全国工资奖励经验交流会。康永和在会议的讲话中提出，要解决思想，要调查研究，并明确指出了在实行经济责任制的过程中，工资方面需要研究的几个问题：一是要正确处理国家、企业、个人三者的利益关系；二是搞经济责任制，浮动工资、计件、奖励等，都要搞"双定"——定员、定额；三是调动工人群众的积极性、主动性问题；四是工资占成本多少问题的研究；五是工资与各方面的比例关系问题，如工资与劳动生产率的比例关系，与利润的比例关系，与福利的比例关系，工资与物价的关系等等。

随着工资、劳动制度的改革，康永和强调劳动部门的工作方法要紧跟时

---

① 康永和：《在工资奖励经验交流会上的发言》（1981年9月13日），原件存劳动部档案。

代。他要求劳动部门的干部，要深入实际抓问题，打破框框闯新路。他说，我们劳动部门的干部，包括我自己，还在留恋50年代的老框框。他深刻分析了劳动工资方面存在的主要问题，以"低"、"平"、"死"、"乱"四个字来概括工资方面存在的问题，即工资水平低，平均主义，统的过死，工资标准乱。他说：28年来，劳动生产率每年增长4%，工资每年增长2.1%，这个比例是大体合理的。生产上不去，工资低的问题也就解决不了。因此，比较现实的问题是抓反对平均主义的问题。关于"死"的问题，康永和说，过去提出劳动工资大权集中在中央是对的，但因为有宁可不合理也得要统一的指导思想作怪，结果形成统的过死的问题，工作累得要死，还抓不住大问题。因此，劳动工资管理体制必须要改。

在劳动工资制度改革过程中，由于机构重叠，导致工作中互相扯皮，问题不能及时向上反映等等问题。如1981年文教、卫生系统调整工资，先是国家劳动总局管，后交给国家人事局管，结果工作扯皮，意见难以统一。同时，随着乡镇企业的发展，在那里务工的农民工有1000多万人，那里的劳动人事制度、工资制度、劳动保护制度也需要有统一的管理。这些都表明，随着经济体制改革的推进，建立全国统一的劳动人事管理机构的要求日益迫切。1981年，在劳动总局召开的省、市、自治区劳动局长研究班上，提出一个建议，主张我们国家管人的部门合并成一个机构，成立一个研究中心，建立一个学校，办一张报纸。这个建议得到中共中央的首肯。1982年，国家劳动总局、国家人事局、国务院科技干部局、国家编制委员会"三局一委"合并，成立了国家劳动人事部。

十一、再任全国总工会副主席

1978年10月，中国工会第九次全国代表大会召开，康永和当选为中华全国总工会第九届执行委员会副主席，1979年6月起又担任党组副书记。

在中国工会九大上，康永和受全国总工会第八届执行委员会的委托，向大会作了《关于修改中国工会章程的报告》。报告首先肯定工会章程修改草案，从根本上批判了"四人帮"的"工运黑线统治论"及其"生产工会"、"福利工会"、"全面工会"的谬论，明确了工会的地位和作用，工会在新时期的基本方针和工会必须接受党的领导等基本原则，对修改草案关于工会会员问题、工会的组织制度和组织机构问题、工会基层组织问题所作的修改进行了明确的说明和解释。

1979年4月，在中华全国总工会恢复活动后的第一个国际劳动节来临之前，康永和接受《北京周报》记者采访。他回顾了中华全国总工会的历史，肯定了工会在党的领导下，为新民主主义革命的胜利和社会主义建设所作出的巨大贡献。他回答了记者关于工会的性质、作用、任务，工会的组织机构、组织原则、经费，工人的民主权利和福利等一系列问题。明确了工会是党领导下的工人阶级的群众组织，是要维护职工群众的利益的，并且具有维护职工利益的民主权利。

关于会员资格，康永和强调：在我国工厂、商店、学校、医院、科研等单位工作的职工，不论是从事体力劳动还是从事脑力劳动，不分民族、性别和宗教信仰，都可以加入工会。批判了"四人帮"把工人阶级内部脑力劳动和体力劳动的分工歪曲为阶级对抗，把脑力劳动者当作专制对象，把脑力劳动者排斥在工会大门外的错误。

关于工会的民主权利，他明确指出，我国目前在企业实行的职工代表大会制度，就是监督干部、保证职工民主权利的一项根本制度。工会是职工代表大会的工作机构。企业的生产计划、资金使用、经营管理、人事安排、生活福利等重大问题，都要经过职工代表大会民主讨论。这样，就有可能使企业的集中领导和民主管理结合起来，使领导和群众的矛盾得到解决。

关于工会的生活福利工作，康永和说：我国工会坚持在发展生产的基础上逐步改善职工的物质文化生活。我们既教育工人不能脱离生产的发展水平提出过高的生活福利要求，又反对某些企业领导人漠视工人生活福利的官僚主义倾向。他强调，工会的生活福利工作包括：参与国家制定有关就业、工资和生活福利的政策和法令；工人的生、老、病、伤、残等劳动保险工作和工人疗养院等，都是国家委托工会经管的；各地工会还办有工人文化宫、俱乐部、图书馆等设施。他说，目前我国工人生活上还存在不少问题，政府正投入更多的资金和力量改善人民生活，工会也注意组织工人用自己的力量解决一部分问题，比如有工厂自筹资金，工会组织工人自己动手修建住房，组织家属办农副业生产，组织工人开展劳力互助，举办互助储金会等等，都解决了职工的一些暂时性困难。

关于工会对工人罢工的态度，康永和认为：我国宪法规定，工人有罢工的自由。如果发生罢工，工会的态度是：第一，工人提出的要求合理，应该解决而且可能解决，工会就坚决支持工人的要求，向官僚主义作斗争，向党委、行政反映，要求尽快解决。第二，工人的要求合理，但限于条件一时解决不了的，工会就要向工人做解释教育工作，并向党委和有关行政部门反映，要求逐步加以解决。第三，如果是少数坏人蛊惑群众，无理取闹，工会就要向受欺骗的群众进行解释，揭露坏人，协助行政或司法部门对他们采取纪律或法律措施。

从1967年到1978年，中华全国总工会被迫停止活动，中国工会17年来所推行的路线曾被"四人帮"诬蔑为修正主义路线，康永和的答记者问，事实上起到了"正视听"的社会效果。

党的十一届三中全会以后，党的工作重心转移到经济建设上来，工会工作也很快恢复了以生产为中心的优良传统，以增产节约和安全生产为主要内容的劳动竞赛在全国展开。作为劳动总局局长和全国总工会副主席，康永和非常重视职工在生产中的安全健康问题。当时，由于"四人帮"的干扰破坏，不少地区和企业的尘毒危害严重，职业病相当严重。据1977年底以前的矽肺普查累计，全国发现矽肺病患者，比1962年增加5倍多，并且又有明显发展趋势，1974至1976年，全国新发现的矽肺病人占全部矽肺病人数的54%。另据不完全统计，全国从事有毒物质作业的职工达300万人左右，患有各种慢性病的占职工总数的50%至60%。为了推动企业积极采取措施，把尘毒浓度大幅度降下来，最大限度地减轻尘毒对职工的危害，康永和于1978年8月主持召开全国防毒防尘工作会议。会议草拟了一个《关于制定和修改防尘防毒规划的意见》，强调要"把改善劳动条件问题，列入发展国民经济的长远规划和年度计划，采取行之有效的措施，认真予以解决"，提出"一定力争在三年内使防尘防毒工作大见成效"①。

1979年11月至12月，吉林省、天津市接连发生了三起恶性事故。11月23日，吉林通化矿务局松树镇煤矿二井506采区瓦斯爆炸事件；11月25日，天津石油海洋勘探局"渤海二号"钻井船翻船事件；12月18日吉林省煤气公司液化气厂气球罐连续爆炸事件。全国总工会参与了三起事件的调查工作，坚持依法追究违章失职人员的责任，使事故主要责任者受到应有的刑事处分和政纪处分。并与国家经委、劳动总局联合起草了《关于在工业交通企业加强法治教育

---

① 中华全国总工会、全国劳动总局：《关于制定和修改防尘防毒规划的意见》（1978 年 8 月），原件存劳动部档案。

严格依法处理职工伤亡事故的报告》，国务院转批了这个报告，要求各部门各地区贯彻执行。批示强调："要运用法律武器来预防和处理重大事故的发生，刑法已经生效，从今年起处理重大事故，应依法惩处。"①

1980年6月，康永和主持召开了第三次工会群众劳动保护工作会议。在"左"倾错误路线指导下，全总已经20年没有开这样的会议了，还是在"一五"期间召开过两次，第一次是1955年，第二次是1957年。粉碎"四人帮"以后再次召开这样的会议，具有重要的意义。工会作为工人阶级的群众组织，是职工利益的代表者，要替职工说话办事，对此"人命关天"的大事，更具有重大的责任，应该发挥好监督作用。随着党和国家把工作重心转移到经济建设上来，搞好劳动保护，关系到保护和发展生产力，关系到四个现代化建设的顺利进行。

为了使安全生产、文明生产深入人心，使之经常化、制度化，1980年，经国务院批准，我国开始建立"安全月"制度，将每年的五月份定为"安全月"，开展安全生产宣传活动。是年5月，第一个"安全月"正式开始，康永和主持了会议，并发表开幕词。全国总工会、国家劳动总局和国家科委，组织拍摄了大量劳动保护影片，组织电影专场，大力宣传劳动保护。1981年1月28日，劳动保护电影专场放映前，国家劳动总局局长、全国总工会副主席康永和作了重要讲话。他在讲话中强调，做好劳动保护宣传工作很重要，要求各方面共同努力，进一步大幅度减少伤亡事故。

在中共中央、国务院的重视和关怀下，在全国总工会、国家劳动总局的直接领导下，劳动保护工作得到进一步加强，伤亡事故连续下降。1979年，职工因工死亡人数比1978年减少7.8%；1980年1月至11月，比前一年同期又减少了12.6%；1981年全国职工工伤事故比1980年再减少15%以上。

十二、担任全国总工会顾问

1982年5月，康永和退居二线。他先后任国务院劳动人事部顾问、全国总工会顾问、中国劳动学会会长、中国工运研究会会长等职。作为中国劳动学会会

---

① 全国总工会、国家经委、劳动总局联合起草：《关于在工业交通企业加强法治教育严格依法处理职工伤亡事故的报告》，原件存劳动部档案。

长、中国工运研究会会长，康永和要求会员经常从事一些研究活动。他说，我们的研究成果可以是一本著作，一篇论文，也可以是一条建议，一篇调查报告，一个工作总结，一个方案，一个工作提纲，一篇回忆录。他这样要求大家，也这样要求自己，身体力行，写下了大量关于我国劳动工资制度、工运理论和工会工作等方面的研究文章。

由于长期从事劳动工资管理工作，康永和对我国劳动工资制度进行了深刻的反思，对劳动工资制度改革提出了很多建设性的意见。在《对改革我国工资制度的认识与意见》一文中，他明确指出了我国工资制度的四大弊病：平均主义；管理过死；标准混乱；明扣暗补。①他强调工资分配必须适应和保证生产力的发展，其《三十五年来工资九次变动给我们的启示》一文，从无锡市港务管理处35年工资9次变动的典型事例，从其正面的经验和反面的教训说明：在社会主义社会里，国家、集体和个人三者的利益，从根本上说是一致的。三者利益一致了，大家的积极性就高了，劳动的经济效益、工作的效率也必然提高。如果不一致，只顾一头，国民经济的发展就要受挫折，社会的安定团结会受到影响。②他倡导实行效益工资，使职工的劳动所得同劳动成果相联系。他说"工资是一个很重要的经济杠杆，它能够促使劳动者积极性和创造性的发挥，成为增多物质财富和有效供给的一个原动力"。③

康永和提出，我国工资改革在明确了改革工资制度的指导思想和重大原则的前提下，还需要科学地研究工资同各个有关方面的合理比例，如工资同净产值、总产值、税金、利润、工业成本等比例关系，必须研究总结。他说，职工工资总额是国民收入中消费基金的组成部分，是一项由国家控制，并由银行监督使用的指令性指标，是直接关系到积累与消费的比例，社会购买力和社会必需品可供量的平衡，影响货币流通和物价稳定的重要指标，工资改革方案的远期和近期目标，都应该据此制定。

为了推动劳动工资制度改革的研究，1984年11月，康永和组织中国劳动学

---

① 康永和：《对改革我国工资制度的认识与意见》，见中华全国总工会工会理论研究会编：《康永和工运文集》（内部出版，出版社出版时间不详），第75—81页。

② 康永和：《三十五年来工资九次变动给我们的启示》，见中华全国总工会工会理论研究会编：《康永和工运文集》（内部出版，出版社出版时间不详），第95页。

③ 康永和：《论工资分配在国民经济中的地位》，见中华全国总工会工会理论研究会编：《康永和工运文集》（内部出版，出版社出版时间不详），第273页。

会召开"职工生活福利学术研讨会"。在大会发言中,他指出:要把职工生活福利和整个劳动工资体制改革联系进行讨论,要和整个经济体制改革联系起来进行讨论,把职工生活福利工作提到了劳动工作的重要组成部分。他说:完全可以预见,它(职工生活福利工作)将日益成为人们关注的重大问题。

20世纪80年代的中国城市经济体制改革,主要方式是实行承包责任制。实行承包制还要不要企业民主管理?工人阶级的主人翁地位如何体现?在当时引起了广泛的社会讨论。康永和发表了大量的文章,从理论上和实践上论证了维护职工的主人翁地位是深化企业改革的关键。在《承包制的根本在于职工当家作主》一文中,他强调,继承和发展群众观点、群众路线,全心全意依靠工人阶级办一切事业的指导思想,对改革绝对有利而无害。职工能不能当家作主,是社会主义区别于资本主义的实质和核心。随着改革的深化和加快,工人阶级和全体人民当家作主的问题,越来越紧迫,已经到了不解决改革就难以深化的地步,提出要从法律上保障职工群众的主人翁地位、义务和权益。①在《学习李双良工人阶级主人翁精神》一文中,他以太原钢铁公司退休工人李双良的事迹诠释了工人阶级的主人翁精神和深刻内涵。

康永和认为,"职工群众当家作主决定社会主义的命运"②。他说:"国民经济的出路,就在于调动亿万人民的积极性。深化企业改革,就得依靠职工群众。"③当时,有人认为这种观点已经过时了,要靠经营者、精英集团来决定中国的经济命脉。那么,如何在企业中落实工人阶级的领导地位、主力军地位、职工的主人翁地位?康永和在《主人翁 积极性 活力——在华北地区第五次工运史年会暨"三晋"工运史征编委会议上的讲话》中,大力倡导创建"企业命运和利益共同体"。他认为,建立企业利益共同体,那么旧体制中的一切弊端就可以克服,被旧体制架在空中的职工主人翁地位便可落到实处,产业大军与企业领导人共负责任,共担风险,合力创造,利用共享,荣辱与共。他

---

① 康永和:《承包制的根本在于职工当家作主》,见中华全国总工会工会理论研究会编:《康永和工运文集》(内部出版,出版社出版时间不详),第109—122页。

② 康永和:《学习李双良工人阶级主人翁精神》,见中华全国总工会工会理论研究会编:《康永和工运文集》(内部出版,出版社出版时间不详),第363页。

③ 康永和:《新时代 新问题 新认识——在全总工人运动研究会理事会上的讲话》,见中华全国总工会工会理论研究会编:《康永和工运文集》(内部出版,出版社出版时间不详),第258页。

说:"积极创造财富,合理分配财富,是企业命运和利益共同体的生命线。"职工群众的工资的多少,由自己贡献的大小和群体劳动效益的高低来决定,职工就会以主人翁精神承担责任,积极主动地从事劳动和创造。因此,"从理论高度上说,将企业建设成为命运和利益共同体,完全符合解放了的自由劳动者联合起来生产创造的原理"①。

康永和从1982年退居二线到1996年离休,10多年间,他不仅自己身先士卒,而且组织中国劳动学会和中国工运研究会,紧跟时代,研究新问题,积极参与改革中的理论和实践探索。中国劳动学会和中国工运研究会组织召开的专题研讨会,涉及劳动工资制度改革、工会理论、工会工作的方方面面,这些理论探索服务于工会工作的与时俱进,对工会主动参与和协同有关部门处理好职工群众政治、经济权益的重大政策、制度问题,充分发挥工会在改革中的重大作用,以及工会适应不同经济类型和管理结构,进行自身体制和组织结构等方面的改革,具有重要的意义和作用。

1996年,康永和离休以后,开始把精力放在自己一直酷爱但由于工作繁忙却无暇顾及的诗词上面。他参加了全总老干部处组织的"霞光诗社"活动。他说:诗词成了生活中的重要精神食粮,一天也不能缺少。他把自己在一生中各个时期的重要事件都以诗词的形式记录下来,并与"文化大革命"期间在"五七干校"时写成的40余首诗词一起,编纂成册,题名《诗词言志》。

2013年12月17日,康永和因病于北京逝世,享年98岁。

高爱娣

---

① 康永和:《主人翁 积极性 活力——在华北地区第五次工运史年会暨"三晋"工运史征编委会议上的讲话》,见中华全国总工会工会理论研究会编:《康永和工运文集》(内部出版,出版社出版时间不详),第268页。

图书在版编目(CIP)数据

中共党史人物传.第89卷/中国中共党史人物研究会编.
—北京:中共党史出版社,2015.11
ISBN 978-7-5098-3042-0

Ⅰ.①中… Ⅱ.①中… Ⅲ.①中国共产党—历史人物—列传
Ⅳ.①K820.7

中国版本图书馆 CIP 数据核字(2015)第 051225 号

出版发行:**中共党史出版社**
责任编辑:黄　艳
复　　审:李亚平
终　　审:汪晓军
责任校对:龚秀华
责任印制:谷智宇
责任监制:贺冬英
社　　址:北京市海淀区芙蓉里南街6号院1号楼
邮　　编:100080
网　　址:www.dscbs.com
经　　销:新华书店
印　　刷:北京君升印刷有限公司
开　　本:170mm×240mm　1/16
字　　数:386千字
印　　张:24　前插4面
印　　数:1—3050册
版　　次:2015年11月第1版
印　　次:2015年11月第1次印刷
ISBN 978-7-5098-3042-0
定　　价:45.00元

此书如有印制质量问题,请与中共党史出版社出版业务部联系
电话:010—82517197